AF666516

Karin Hildebrandt

Alles Liebe, dein Krebs

Der Zauber meiner Seelenreise

Roman

© tao.de in J. Kamphausen Mediengruppe GmbH, Bielefeld

1. Auflage 2016

Autor: Karin Hildebrandt
Umschlaggestaltung, Illustration: Christiane Hibbe
Printed in Germany

Verlag: tao.de in J. Kamphausen Mediengruppe GmbH, Bielefeld,
www.tao.de, eMail: info@tao.de

Bibliografische Information der Deutschen Nationalbibliothek:
Die Deutsche Nationalbibliothek verzeichnet diese Publikation
in der Deutschen Nationalbibliografie; detaillierte bibliografische Daten
sind im Internet über http://dnb.de abrufbar.

ISBN Hardcover: 978-3-96051-214-1
ISBN Paperback: 978-3-96051-213-4
ISBN e-Book: 978-3-96051-215-8

Das Werk, einschließlich seiner Teile, ist urheberrechtlich geschützt.
Jede Verwertung ist ohne Zustimmung des Verlages unzulässig.
Dies gilt insbesondere für die elektronische oder sonstige
Vervielfältigung, Übersetzung, Verbreitung und sonstige Veröffentlichungen.

Inhalt

Einleitung

Seit vielen Jahren schon etabliert sich auf dem Büchermarkt ein Typ Geschichten, der sich mit Krankheiten, Heilungen und Leidenswegen bis zum Tod und darüber hinaus beschäftigt. Ich konnte die Gründe für diesen schweren Prozess des Schreibens, das Eintauchen oder Wiedereintauchen in oft finsterste Kapitel der Not und Verzweiflung nur erahnen, da ich mich immer geweigert hatte, freiwillig in das tiefe und reale Leid anderer Menschen einzutauchen, und daher nur die Titel auf den Büchertischen gestreift hatte. Das mochte zum einen mit meiner persönlichen Neigung des Mitleidens, des Mich-Nicht-Abgrenzen-Könnens und daraus ableitend eines gewissen Selbstschutzes zusammenhängen, zum anderen aber mit meiner persönlichen Einstellung, mein Augenmerk möglichst auf Licht und nicht auf Dunkelheit zu richten. Als geborener Pessimist hatte ich in den letzten Jahren meines Lebens intensiv daran gearbeitet, diese Prädestination, um es mal so auszudrücken, loszulassen. Vielleicht beschreibt das Wort *umwandeln* diesen Prozess treffender, denn es war keinesfalls ein simpler Akt des Anschubsens und Laufenlassens. Im Wörterbuch fand ich zum Begriff *Loslassen* unter anderem *die Freiheit wiedergeben*. Diese Umschreibung gefällt mir ausgesprochen gut, da ich den Vorgang genauso empfinde.

Ich habe gelernt, dass die Freiheit unser höchstes Gut ist. Nun, diese Aussage ist nicht neu und auch leicht daher gesagt. Natürlich und glücklicherweise trifft sie derzeit auf die äußeren Bereiche meines Lebens zu. Die Freiheit zu reisen, der Wohnungs- und Berufswahl, zu allem meine Meinung äußern zu dürfen und überhaupt so zu leben wie ich es für richtig halte. Das alles sind große und bedeutende Geschenke im Leben. Und dennoch meine ich an dieser Stelle etwas anderes, nämlich die Freiheit der Einflussnahme auf die eigenen Gedanken. Die Freiheit zu wählen, was sich in meinem Kopf breitmachen darf und was nicht. Die Freiheit, selber zu entscheiden, womit ich mich auseinandersetzen möchte und womit nicht. Die Freiheit, über das zu bestimmen, was mich prägen darf.

Ich habe erst spät in meinem Leben erfahren, welche Möglichkeiten auf diesem Gebiet in uns schlummern und welche Auswirkungen damit verbunden sind. Seither versuche ich, möglichst viele Tage als Geschenk zu betrachten und sie mit Leichtigkeit und Abstand zu würdigen. Und ich versuche, meinen Alltag so einzurichten, dass er Glück bedeutet.

Nun ist es auch nicht so, dass ich mich zu einer gnadenlosen Optimistin gewandelt habe. Wie heißt es so treffend: *Niemand kann aus seiner Haut heraus.* Doch ich entscheide selber mehr und mehr, wie tief ich mich in zehrende Emotionen hineinfallen lassen möchte, unabhängig davon, ob diese in mir aufgeblüht sind oder ich die Sorgen anderer teile. Das ist die Freiheit, die ich meine, und mein größtes Ziel. Zu entscheiden, was ich denke und mich nicht mehr von meinen eigenen Gedanken gängeln zu lassen, denn die kummervollen und freudlosen unter ihnen sind immer die zähesten.

Die eigentliche Frage hieß nun: Welchen Nutzen hatte mir meine neue Freiheit in Bezug auf meine eigene Krankengeschichte gebracht, dass sie es wert war, aufgeschrieben zu werden? Dass ich freiwillig noch einmal in mein eigenes Tal der Tränen hinabgestiegen war? Was war neu oder anders? Auf keinen Fall wollte ich meine Leser, so sich denn welche finden würden, durch ein rührseliges Herz-Schmerz-Kino gewinnen. Meinen eigenen Krankenweg dafür zu benutzen, wäre mir erbärmlich vorgekommen.

Ich habe Brustkrebs. Und ich versuche aufzuzeigen, wie ein geänderter Blickwinkel auf das Leben mir half, andere Wege der Heilung zu gehen. Wie ich durch schwierige Zeiten getragen wurde, weil ich bereit war, die mir entgegen gestreckten Hände zu nehmen, die das Leben für mich bereithielt. Wie sich Dinge veränderten, als mir bewusst wurde, dass meine eigene Verantwortung jeden Augenblick meines Daseins bestimmt. Auch im Hinblick auf Krankheiten, die wir gerne als ausschließlich genetisch oder Schicksal bedingt ansehen. Besonders für negative Entwicklungen legen wir die Zuständigkeit gerne in die Hände anderer. Das ist verständlich, denn dieser Weg ist weniger schmerzhaft, und die totale Verantwortung für uns selber zu tragen, haben wir in der Regel nicht gelernt. Doch wir können Körper und Seele nicht trennen, das wusste ich längst. Zumindest in der Theorie, wie mir bald nach der Diagnose klar wurde.

Das Leben hält viele Wunder für uns bereit. Unerklärliche Geschehnisse, seltsame Zufälle, interessante Begegnungen, Träume, Eingebungen. Wenn wir genau hinschauen, können wir diese Geschenke für uns sichtbar und natürlich auch nutzbar machen, denn das ist ihr eigentlicher Zweck. Die uns geschenkten Zeichen sollen uns führen, bewahren, heilen und erfreuen. Es ist nicht schwer, sie zu finden. Die einzige Bedingung besteht darin, unseren Blick zu öffnen. Sowohl nach innen als nach außen.

So geht es in jedem Kapitel meines Buches immer um die eigene Aufmerksamkeit und Ehrlichkeit. Um eine aufrechte offene Einschätzung meines Innenlebens und eine möglichst neutrale Beurteilung dieser Strukturen im Kontext meiner sozialen Umgebung. Denn nur so öffne ich mich und lasse neue Gedanken, Sichtweisen oder Ideen wachsen und Früchte tragen. Die Bereitschaft zur eigenen Authentizität bildet die Grundlage für den oben genannten anderen Blickwinkel, der deutlich macht, wie stark das Leben ist und über welches Potential es verfügt, wenn bestimmte Ziele erreicht oder unser Augenmerk auf etwas Wichtiges gerichtet werden soll.

Als ich vor Jahren im Außen feststeckte, hatte ich begonnen, meinen Blick nach innen zu richten und eine faszinierende Welt entdeckt. Mich selber zu reflektieren, zu begleiten und mit neuen fremden Augen zu sehen, hatte mir das Tor zu Macht und Glück geöffnet. Die Macht, mehr Einfluss auf die Zufriedenheit im eigenen Leben zu nehmen, und das Glück, neue Wege kennenzulernen und zu entscheiden, welcher in der jeweiligen Situation der richtige für mich war. Denn ich begriff, dass wir alle frei sind und immer eine Wahl haben.

So nehme ich inzwischen unser Leben als großes Theater wahr, in dem jeder von uns auf zwei Bühnen spielt. Auf der einen stellen wir unser äußeres Leben dar. Dieses Spektakel wächst zusehends und wird immer aufwendiger und prächtiger ausgestaltet. Hier spielt die Musik, hier liegen Spannung und Lebendigkeit. Mit aller Kraft versuchen wir, die Regie unseres Lebensdramas in den Händen zu halten, denn die Kontrolle ist uns wichtig, vielleicht auch das dünne Gefühl von Sicherheit.

Die zweite Bühne präsentiert unsere innere Welt. Sie befindet sich irgendwo im dunklen Kellergewölbe des Theaters und wird von den meisten Menschen sehr stiefmütterlich behandelt und nur wenig besucht. Meist aus Angst, einen Vorhang zu lüften, der bestimmte Szenen wohl behütet. Man hat uns auch nie beigebracht, in dieser Welt souverän zu agieren. Und in unserer modernen leistungsorientierten Welt ist es auch nicht angesagt, sich um Emotionales intensiv und öffentlich zu kümmern. Alles soll funktionieren, schnell und reibungslos. So auch wir.

Ich hatte selber erst sehr spät begriffen, wie getrennt voneinander mein inneres und äußeres Leben existiert hatten. Auch mein Bewusstsein war nicht entsprechend geschult worden, meine Augen und Ohren zur lauten Welt ausgerichtet und meine Gedanken mit Schrott verstellt. Jetzt versuche ich mehr und mehr, diese beiden Ebenen auf einer großen Bühne zu vereinen, denn mir ist der Weg in den Keller inzwischen zu mühselig und weit geworden. Körper und Seele sind ohnehin viel enger miteinander verbunden als ich früher glaubte und nehmen unentwegt Einfluss aufeinander. Auch wenn ich das in aller Konsequenz erst durch meine Krankheit erkennen durfte.

Das ausgebaute Podium mit den beiden gleichranging wahrgenommenen Bühnen erweiterte meine Möglichkeiten um ein Vielfaches. Es ist plötzlich mehr Platz da für besondere Eindrücke und Abläufe, mehr Mut für Gestaltung und Einschätzungen. Und die Gewichtungen haben sich unmerklich verändert. Mir sind die Menschen wichtiger geworden, denn ich kann mehr und mehr auch deren Vielfalt und Tiefe entdecken und dadurch wiederum meinen eigenen Horizont erweitern. Neue Beziehungen wuchsen und eroberten sich eine besondere Stellung in meinem Herzen. Andere wiederum entschieden sich für eine Richtung ohne mich. Ich lernte, auch solche Dinge theatermäßig einzuordnen. Ein Akt geht zu Ende, der Vorhang fällt. Ich weine, lache oder bin ungerührt, aber gespannt auf die nächste Szene. Mein Leben ist um eine Dimension reicher und spannender geworden. Und vor allem viel leichter. Natürlich nicht immer, aber immer öfter. All diese Veränderungen offenbaren eine zusehende Befreiung von Ängsten. Denn sie sind es letztendlich, die uns bremsen.

Natürlich gelang mir diese Wandlung nicht ohne Unterstützung. Hier gab es Hilfsangebote, die ich anzunehmen lernte. Besondere Freunde begleiteten mich auf meinem

Weg und stärkten damit ganz maßgeblich meine Verankerung im Dasein. Des Weiteren erhielt ich entscheidende Inspirationen aus dem Meer des unendlichen Bewusstseins, wo alle Geheimnisse des Universums verborgen liegen und aus dem jeder Einzelne von uns schöpfen darf. Zumindest nach meiner Lebensphilosophie. Denn ebenso eng verzahnt, wie Körper und Seele für mich wirken, so verflochten sind wir auch mit den kosmischen Gesetzen. Für mich ist der Glaube an verschiedene Realitäten eine Selbstverständlichkeit. Da gibt es unsere sichtbare reale, aber kleine und eingeschränkte Welt hier auf der Erde und dann die unsichtbare geistige im Universum mit ihrem überdimensionierten Sichtfeld, die allzeit ihre Hilfe bereithält. Viele von uns lehnen eine solche Kraft ab, andere verklären sie zu einer unerreichbaren Autorität. Ich persönlich hatte schon vor Jahren die Erfahrung gemacht, dass es Möglichkeiten gibt, dieses allumfassende Wissen dosiert anzuzapfen. Um Dinge zu verstehen, zu denen ich keinen Zugang finde. Und auf dieses Hilfsmittel, diese Begleitung, dieses Wissen stützte ich mich auch ganz bewusst, nachdem ich die Diagnose Brustkrebs erhalten hatte. Denn mir war sehr bewusst, dass ich ein so großes Problem nicht gänzlich alleine lösen konnte.

In diesem Zusammenspiel gelang es mir, das erste Jahr meiner Krankheit, das ich in diesem Buch beschrieben habe, mit der Verarbeitung der Krebsdiagnose und den wichtigsten Therapien verhältnismäßig leicht zu überstehen und sogar emotional gestärkt daraus hervor zu gehen. So liegt es mir am Herzen, all den Menschen einen Impuls zu schenken, die sich öffnen möchten für einen in unserer modernen Welt ungewohnten Blickwinkel auf die Beziehung von Körper und Seele bei der Entstehung von Krankheiten und ihre Heilungschancen zu erhöhen. Denn was in der Seele entsteht, kann auch nur dort geheilt werden.

Die Diagnose

Ich nahm die Nachricht auf, als würde jemand zu mir sagen: Hast du schon gesehen, dein linker Schuh hat ein Loch? Nun ja, ein Loch im Schuh war vielleicht ärgerlich, wenn es sich um neue oder besonders schöne Schuhe handelte, aber eben auch keine große Sache. Ein Knoten in der Brust war da schon etwas anderes. Das war mir auch irgendwie klar, als ich mit nacktem Oberkörper auf der Längsseite der Liege saß und meine Beine locker baumeln ließ. Dennoch hatte ich das Gefühl, dass mich die Worte des Radiologen nicht betrafen. Es war mir auch nicht komisch vorgekommen, nach der Röntgenaufnahme noch zum Ultraschall geschickt zu werden. *Routine*, dachte ich, *gründliche Arbeit. Okay.* Aber so einfach war es wohl doch nicht. Dr. Gohr, ein kleiner asiatischer Mann mittleren Alters und Leiter des nuklearmedizinischen Zentrums, schaute mich ruhig und abwartend an. Nein, eher aufmerksam. Ein wenig wie auf dem Sprung, allzeit bereit, aus einer Lauerstellung emporzuschnellen, um adäquat reagieren zu können. Doch womit rechnete er? Was erwartete er von mir? Ich wusste es nicht. Ich saß einfach nur da und schaute beinah gelangweilt auf den Monitor. Nach einer Weile des Schweigens markierte Dr. Gohr die Abmessungen des Knotens und erklärte mir die Unterschiede zu den anderen dunklen Flecken auf dem Bildschirm. Derart mutwillig und verifizierbar eingegrenzt, erhielt der Knoten plötzlich handfeste Konturen. Keine

Form, dazu fehlte das Körperliche, das Dreidimensionale. Aber ein festgelegtes Maß, eine deutlich erkennbare Größe, die förmlich nach Beachtung gierte. Der Knoten war da, keine Frage. Und dennoch gelang es mir trotz aller Bemühungen des Arztes nicht, die Überzeugung abzuschütteln, dass er nicht zu mir gehörte. Er war gefühlt kein Teil von mir.

»Zwei mal zwei Zentimeter«, sagte Dr. Gohr, wiederum nach einer längeren Pause. Inzwischen spürte ich fast körperlich seine stumme Bitte, endlich irgendeine greifbare Reaktion zu zeigen. Sein Blick war unaufdringlich, aber hochkonzentriert. Er schien viel Erfahrung mit ernst zu nehmenden Diagnosen zu haben. Ging er in Gedanken die ihm bekannten Reaktionsmuster der Krebspatientinnen durch? Wie viele waren vor seinen Augen schon zusammengebrochen, von Weinkrämpfen geschüttelt? Hatten laut oder leise schluchzend nach Antworten gefragt: Warum ich? Warum gerade jetzt? Oder wollten wissen, wie es weiterging? Überschütteten ihn vielleicht mit Fragen oder Problemen, für die er gar nicht zuständig war, die sich aber in diesem Augenblick in den Frauen auftürmten? Möglicherweise ohne greifbaren Ausweg. Andere mochten aus dem Zimmer gerannt sein, wortlos und voller Panik.

Nun ja, aber was war mit mir? Gab es auch ein Paradigma für meine Reaktion, die irgendwie gar keine war? Wie auch immer. Mir kam keine der aufgezählten Möglichkeiten in den Sinn, ebenso wenig eine konkrete Frage, so sehr ich mich auch anstrengte. Die einzigen Worte, die mir zu guter Letzt einfielen, während mein Blick weiterhin an den Markierungen auf dem Monitor klebte, lauteten: »Ist das groß?« Nach dieser geistigen Höchstleistung hätte ich mich zumindest ein wenig erleichtert fühlen können. Schließlich war der Bann nun gebrochen, die Stille überwunden. Doch so war es nicht. Kaum waren mir die Worte entschlüpft, erkannte ich, wie dumm und lächerlich sie klangen. Denn jeder Depp hätte die Dimension des Knotens einordnen können. Genau wie ich selber auch.

»Ja, er ist groß«, antwortete Dr. Gohr geduldig und ohne Hohn. »Außerdem ist er böse«, fügte er hinzu und schaute mir eindringlich ins Gesicht. »Haben Sie noch Fragen?«, sagte er noch schnell, vielleicht in der stillen Hoffnung, den dünnen Faden des gerade aufgekommenen Gespräches nicht reißen zu lassen.

»Nein.«

Wenige Minuten später radelte ich nach Hause. Es war der 18. Februar 2014. Alles in meiner Umgebung erschien mir unrealistisch, nicht fassbar. Ich wusste aus eigenem Erleben, wie treffend der Begriff des Neben-Sich-Stehens formuliert ist. Jetzt war es ähnlich und doch wieder anders. Ich fühlte mich wie in einem Film, doch nicht als Zuschauer, der aus sicherer Entfernung beobachtet, eher als Statist, ohne aktive Rolle am Geschehen. Und trotz aller inneren Abwesenheit registrierte ich im hintersten Winkel meines Bewusstseins völlig klar und deutlich, dass dieser Film Realität hieß und ich darin die Hauptrolle spielte.

Sicherheitshalber entschied ich mich für kleine Nebenstraßen, die in der Mittagszeit wenig befahren waren. Eine weise Entscheidung, da ich Mühe hatte, mich auf den Verkehr zu konzentrieren. Meine Gedanken kreisten unentwegt um das neue ungewollte Krankheitsthema und ließen sich nicht abstellen. Wie ein Kinderkreisel, der immer wieder aufgezogen wurde. Bestand die Möglichkeit einer Fehldiagnose? Bisher gab es doch nur die Einschätzung von Dr. Gohr. Er war bestimmt ein erfahrener Arzt, aber sicher nicht frei von Irrtum. Und als stichhaltiger Nachweis existierten bisher nur diese Bilder. Wie verlässlich konnten sie überhaupt sein? Ich jedenfalls hatte nur verschwommene Wolkenschatten vor einem dunklen Gewitterhimmel erkennen können.

Während solche im Straßenverkehr durchaus verzichtbare Überlegungen schwerelos in meinem Gehirn waberten, arbeitete sich auch ein oppositioneller Gedanke an die Oberfläche: All diese Überlegungen, die in Richtung einer möglichen Fehldiagnose marschierten, waren doch nach Hoffnung schreiende Strohhalme. Brauchte ich solche? Brauchte ich ein Gefühl der Hoffnung? Anders ausgedrückt: Hatte sich durch die Diagnose meine grundsätzliche Einstellung zum Leben irgendwie geändert? Hatte ich das Gefühl, dass mein Leben bald zu Ende ging? Da erst erkannte ich, dass ich keinerlei Angst empfand.

Der Weg nach Hause war nicht lang. Ich brauchte eine Viertelstunde, wobei die reine Fahrtzeit ohne Ampeln höchstens zehn Minuten beansprucht hätte. Ich stellte mein Fahrrad in die Garage und ging ins Haus. Ob ich den Aufzug oder die Treppe in die zweite Etage nahm, weiß ich nicht mehr. Jedenfalls war ich froh darüber, niemanden im Hausflur zu treffen, so dass ich völlig auf mich bezogen in die Wohnung ging und behutsam die Tür hinter mir schloss. Augenblicklich wurde es still. Alle Außengeräusche von der Straße, die ich entfernt wahrgenommen haben musste, waren verstummt. Natürlich erwartet man als Single keine Geräusche in der eigenen Wohnung, wenn man sie betritt. Das wäre wohl eher ein beängstigendes Erlebnis. Aber diese Stille war anders. Auch wenn das komisch klingt, die Stille war eine Spur zu ruhig. Ja, und dann war da noch etwas. Das, was sonst ein Eintauchen in ein abgeschirmtes warmes Nest bedeutete, war jetzt kälter. Auch hier in vertrauter und nicht steriler Umgebung empfand ich alles um mich herum abständig und weit von mir entfernt. Das hatte ich nicht erwartet. Doch was hatte ich überhaupt erwartet? Ich wusste es nicht. Ganz plötzlich kam ich mir ein wenig verloren vor. Allein? Nein, das nicht. Einfach nur ein wenig verloren. Ich denke, dass sich jeder Mensch schon einmal die Frage gestellt hat, wie er eine bittere, eventuell lebensbedrohliche Nachricht wohl aufnehmen würde. So war ich immer davon ausgegangen, am Boden zerstört zu sein, hilflos und unglücklich. Da ich sehr nah am Wasser gebaut habe, würde ich wohl tagelang weinen. Wie lange würde ich brauchen, um mich wieder zu fangen? Und würde ich das Gewicht einer solchen Krankheit auch allein tragen können? Wollte ich das vielleicht sogar? All diese Bilder realisierten sich an diesem Tag jedenfalls nicht. Ich fühlte mich fast wie immer, mit der kleinen Einschränkung, noch einen Platz für meinen kaputten Schuh suchen zu müssen.

Ich zog die dicken Wintersachen aus und ging in die Küche. Dort merkte ich, wie trocken sich meine Kehle anfühlte. So trank ich ein großes Glas Wasser und stellte anschließend den Kaffeeautomaten an. Das Rattern der Maschine kam mir extrem laut vor, aber auch vertraut und real. Das Geräusch tat mir gut. Es vertrieb die Ruhe und die Kälte zugleich. Noch in der Küche stehend nahm ich einen großen Schluck Kaffee. Ich verfolgte, wie sich die heiße Flüssigkeit ihren Weg in meinen Magen bahnte, und schaute aus dem Fenster in die Nachbargärten. Bis auf die großen Tannen hatten alle Bäume längst ihr Laub abgeschüttelt, ebenso wie die meisten Hecken und Sträucher. Alles wirkte wintertauglich. Ich kenne mich nicht aus mit der Botanik und mag auch keine Gartenarbeit. So war mein kleiner Balkon genau passend für meine Bedürfnisse, obwohl ich auch gerne in einem grünen Garten saß. Aber das eine war ohne das andere halt nicht möglich. Den Kaffeepott in beiden Händen drehend, nahm ich einige Schlucke. Im Winter wirkten die Gärten nackt und ungeschützt. Das fehlende Laub gewährte mir einen freien Blick in jeden Winkel der nachbarlichen Grundstücke und offenbarte mir einige im Sommer gut verborgene Schätze: Schaukeln und Spielgeräte für die Kinder, Sandkästen, reich verzierte Blumenkübel und sogar einen kleinen Teich. Die Gärten waren direkt aneinander gereihte lange Schläuche, eingefriedet von hohen Hecken und Zäunen. Im hinteren Teil jedes Gartens stand ein Gartenhaus. Sehr praktisch, aber irgendwie auch spießig, kam mir in den Sinn.

Als Kaffeetrinkerin der amerikanischen Art liebte ich große Portionen eines nicht so starken Kaffees. Für einige meiner Freunde war das eine dünne Plörre, aber darüber machte ich mir keine Gedanken, als ich die Tasse auf die Anrichte stellte und wie ein programmierter Automat ins Badezimmer ging. Irgendetwas in meinem Inneren hatte einen Entschluss gefasst. Jedenfalls zog ich meinen Pullover aus, schob die Träger von Unterhemd und BH über meinen Ellbogen und legte meine linke Brust frei, um sie systematisch abzutasten. Genau so, wie ich es am Tag zuvor getan hatte, um mich auf die Routineuntersuchung bei meinem Gynäkologen vorzubereiten. Nichts. Mit den normalen Tastgriffen konnte ich den Knoten nicht finden. Das beruhigte mich ein wenig, hätte ich ansonsten doch sehr oberflächlich gearbeitet. Und nicht nur ich. Doch irgendwo musste er sein. Ich hob meine Brust an und begann wieder von vorne. Und siehe da, jetzt konnte auch ich ihn fühlen. Zum ersten Mal. Er war also kein Phantom. Er war tatsächlich vorhanden, allerdings gut verborgen.

Ich zog mich wieder an. Mit meinem Telefon und dem restlichen Kaffee ausgestattet, setzte ich mich an den Esszimmertisch und wählte die Nummer meines Gynäkologen Dr. Beilen.

»Wir schicken alle Unterlagen heute noch zu Ihrem Arzt«, hatte mir Dr. Gohr noch mit auf den Weg gegeben. Wie schnell und einfach heute der Datenaustausch funktionierte.

Ich kenne Dr. Beilen seit mehr als zwanzig Jahren. Damals, ich war gerade nach Aachen gezogen, hatte er seine erste Praxis in der Nachbarschaft eröffnet. Da ich sowohl von seiner ruhigen liebenswerten Art als auch von seinen Fachkenntnissen überzeugt war, war ich ihm all die Jahre treu geblieben. Inzwischen hatte sich zwischen uns ein offenes und vertrauensvolles Verhältnis entwickelt. Wir begegneten uns auf Augenhöhe, lachten miteinander und unterhielten uns auch über Themen, die nichts mit der Medizin zu tun hatten. Meist waren es gesellschaftspolitische Gedanken, die einer von uns in die Diskussion warf. Und niemals hatte ich das Gefühl, eine Patientennummer zu sein oder unter Zeitdruck zu stehen.

Dr. Beilen konnte nicht glauben, was ich ihm berichtete. Schließlich hatte er mich am Tag zuvor gründlich untersucht und ebenfalls nichts Auffälliges gefunden. Die Tatsache, dass er mir dennoch zu einer Mammographie geraten hatte, war eher seinem Gespür oder Sicherheitsbedürfnis geschuldet, da die letzte Röntgenaufnahme drei Jahre zurückgelegen hatte. Nach heutigen Maßstäben zur Vorsorge in meinem Alter, ich hatte gerade meinen 60. Geburtstag gefeiert, war das ein sehr langer Zeitraum. Wahrscheinlich zu lang. Aber ich dachte nicht in solchen Maßstäben, sonst hätte ich mich auch nicht aus dem landesweiten Screening-Programm abgemeldet, das alle Frauen einlud, sich durchleuchten zu lassen. Dreimal hatte ich an diesem Prozedere teilgenommen, doch diese Massenabfertigung war nicht mein Ding. Außerdem glaube ich an das Gesetz der Resonanz. Ich weiß, für die meisten Menschen in den westlichen Breitengraden klingt das recht abenteuerlich, aber für mich schwingt all das Gedankengut, das ich beständig aussende, irgendwann in gleicher Stimmungslage zu mir zurück. Ich möchte damit sagen, dass sich die Krankheiten, die ich mir permanent in meinem Kopf ausmale, auch irgendwann in meinem Körper realisieren werden. So widerstrebt mir die eng getaktete und systematische Suche nach Krankheiten. An einer beständigen Suche nach Gesundheiten würde ich bedenkenlos teilnehmen. Aber einen solchen Ansatz habe ich in unserem Gesundheitssystem noch nicht gefunden.

»Lassen Sie sich eine Überweisung geben«, hatte Dr. Beilen gemeint, nachdem er mich von der Notwendigkeit einer Mammographie überzeugt hatte. »Wahrscheinlich werden Sie erst in einigen Monaten einen Termin erhalten, aber das macht nichts, es liegt ja nichts vor.«

Ja, es lag ja nichts vor. Das hatten wir beide gedacht. Am gestrigen Montag.

Mein Verlangen nach einer Mammographie hatte sich stark in Grenzen gehalten, auch weil sie recht schmerzhaft war. Um die Sache schnell hinter mich zu bringen, hatte ich mich gleich heute früh entschlossen, in der Radiologie anzurufen. Das war um 9 Uhr gewesen und in der sicheren Erwartung geschehen, dass es sich dabei um eine Terminvereinbarung frühestens im Mai handeln würde.

»Wenn Sie flexibel sind, können Sie um 12.30 Uhr vorbeikommen.«

Wie bitte? Heute schon?

»Es ist ein Termin frei geworden.«

Also gut. Ja, also gut.

Während ich meinen Kaffee trank, hörte ich mir die beruhigenden Worte von Dr. Beilen an: »Ich kenne Dr. Gohr. Er ist sehr gut, aber manchmal etwas schnell mit seinen Diagnosen. Machen Sie sich erst einmal keine Sorgen. Ich möchte mir selber ein Bild machen. Können Sie gleich vorbeikommen?«

»Ja, das geht.«

Ich blieb noch eine Weile am Tisch sitzen und dachte über das kurze Telefonat nach. Wie beruhigend und zuversichtlich sich die Worte meines Gynäkologen angehört hatten. Wie gut sie mir tun sollten. Ich lächelte. Ich lächelte zum einen in dem sicheren Bewusstsein, dass Dr. Gohr

Recht hatte, und zum anderen in der Gewissheit, dass ich mich nicht schlecht fühlte. Irgendwie komisch, das schon, aber nicht deprimiert oder pessimistisch.

Eine Stunde später zeigte ich Dr. Beilen, wie er den Knoten ertasten konnte. Per Email hatte er inzwischen alle Unterlagen von der Radiologie erhalten, so dass er mir nach wenigen Minuten die Diagnose bestätigte: Mammakarzinom links oben außen.

Der Knoten war schon ziemlich groß. Wann hatte er zu wachsen begonnen? Wäre er schon vor einem Jahr entdeckt worden, wenn ich mich nicht vom Screening abgemeldet hätte? Oder hatte er erst vor wenigen Monaten beschlossen, loszulegen? Egal. Solche Gedanken halfen jetzt nicht weiter. So verbot ich mir rigoros alle Selbstvorwürfe. Stattdessen machte ich mir klar, dass ich keine Zeit zu verschenken hatte. Ich ließ die Ereignisse noch einmal Revue passieren. Gestern hatte ich eine Routineuntersuchung bei meinem Gynäkologen. Ohne Befund. Dennoch schickte er mich zur Mammographie. Heute Morgen drängte es mich, dort anzurufen und einen Termin zu vereinbaren. Wider Erwarten war am Mittag einer frei geworden. Genau im richtigen Augenblick für mich, auf den Tag, vielleicht sogar auf die Stunde genau ausgerichtet.

Die meisten Menschen, die ich kannte, würden jetzt von Glück oder Zufall sprechen. Ich persönlich jedoch glaubte nicht an solche Zufälle, schon lange nicht mehr. Für mich bedeutete die Abfolge dieser Geschehnisse ein ganz besonderes Geschenk. Ein Geschenk des Universums, des Lebens und auf jeden Fall der Liebe. Ich erkannte, dass der Krebs nicht unentdeckt bleiben sollte.

Das Geschenk

Am Abend war ich mit meiner Freundin Frieda verabredet. Der Termin hatte schon lange festgestanden. Wir wollten meinen Geburtstag mit einem leckeren und gemütlichen Abendessen ein wenig nachfeiern. Ich freute mich sehr auf unser Treffen, denn wir hatten uns lange nicht gesehen, und nach den Ereignissen des Tages brauchte ich auch jemanden zum Reden. Und zwar jemanden, der meine Überzeugungen teilte und mich ohne nähere Erklärungen verstehen und beraten konnte. Ich brauchte einen Menschen, mit dem ich in die gleiche Richtung nachdenken konnte, um Klarheit in meine Gedankenwelt und vor allem Gefühlswelt zu erhalten. So hatte ich keinen Augenblick daran gedacht, den Termin zu verschieben. Was hätte ich auch Besseres tun können? Fernsehen? Lesen? Im Regen spazieren gehen? Eine Flasche Wein leeren? Im Bett heulen? Telefonieren? Nein, diese Verabredung passte so perfekt, als hätte jemand im Hintergrund Regie geführt.

Frieda war also die Erste, die von meiner Diagnose erfuhr. Pünktlich um 18 Uhr holte sie mich zu Hause ab und schon im Hausflur überfiel ich sie mit meiner Neuigkeit. Ich wunderte mich selbst ein wenig darüber, dass ich es damit so eilig hatte. War ich doch nervöser, als ich mir eingestehen wollte? Vielleicht. Frieda war total geschockt. Keine von uns beiden hatte je mit einem solchen Befund gerechnet, weder für sich selber noch für die andere. Sie fand viele Trost spendende Worte, die ich dankbar aufsog. Da ich das Thema jedoch nicht zwischen Tür und Angel besprechen wollte, schilderte ich ihr nur kurz die Ereignisse des Tages, bevor wir uns zu Fuß auf den Weg zu einem kleinen italienischen Restaurant machten, wo ich für uns einen Tisch reserviert hatte. Und anstatt über Reisen, Literatur, Mode oder unsere Arbeit zu sprechen, philosophierten wir über die tiefe Bedeutung von Krankheiten.

»Natürlich frage ich mich, ob ich den Knoten durch das Screening früher entdeckt hätte?«

»Das glaube ich nicht«, antwortete Frieda. »Was kommen soll, findet seinen Weg.«

Ja, das war seit langem unsere Überzeugung und ihre Worte bestärkten mich. Und sie bestätigten und beruhigten mich zugleich.

»Weißt du, was eigenartig ist? Ich habe bisher keine einzige Träne vergossen«, offenbarte ich ihr nach einer Weile. »Wo ich doch sonst bei jeder rührseligen Szene heulen muss, egal ob im Theater, Film oder Buch. Ist das normal? Bin ich normal?«

Frieda grinste: »Normal? Gute Frage. Haben wir uns die nicht schon oft gestellt?«

Allerdings.

Das Restaurant war noch nicht sehr voll, aber auf etlichen Tischen stand ein Schild *Reserviert.* Wir gaben unsere Bestellung auf und freuten uns, dass sowohl die Getränke als auch kleine Brötchen und Kräuterbutter sehr schnell serviert wurden. Seit dem Frühstück hatten wir beide kaum etwas gegessen, entsprechend groß war unser ohnehin nie geringer Appetit. Wir stießen mit einem Schluck Weißwein auf meinen Geburtstag an und da wir immer noch über unsere fehlende Normalität lachen mussten, war der zweite Schluck dem Anderssein gewidmet. Danach machten wir uns über die Brötchen her. Frisch gebackene, noch warme italienische

Brötchen sind einfach nicht zu toppen und gut geeignet, von drängenden Themen abzulenken. Zumindest für kurze Zeit.

Nun ja, das Anderssein. Friedas und meine Betrachtungsweise des Lebens unterschied sich so grundlegend vom Standpunkt der breiten Masse, dass man uns guten Gewissens als nicht normal bezeichnen konnte. Auf jeden Fall so lange die Norm, also das angeblich Normale exklusiv an dem Parameter *Menge* ausgerichtet wurde. Frieda und ich waren uns einig darin, dass die derzeitige Normalität für uns nicht erstrebenswert war. Die Verehrung der heiligen Kühe Geld, Egoismus, Gier, Macht, Lüge und Gewalt. Nein danke. All das waren keine Fundamente für unser Leben und sollten es auch niemals werden.

Als wir uns vor neun Jahren langsam angefreundet hatten, steckte jede von uns in einer tiefen Lebenskrise. Gemeinsam waren wir aus einigen tiefen Fallgruben herausgeklettert und gaben uns seitdem gegenseitig viel Halt. Durch die Konfrontation mit den existentiell empfundenen emotionalen Ausnahmezuständen waren wir ohne unser Zutun langsam, aber zielstrebig den grundlegenden Fragen des Lebens entgegengesteuert. Wir hatten begonnen, nach Antworten zu suchen, und solche gefunden, die sich gut anfühlten, obwohl wir sie oft nur ansatzweise verstanden hatten, und andere, die unsere bisherige Sichtweise auf die Welt völlig auf den Kopf gestellt hatten. Wie Süchtige hatten wir alles verschlungen, was uns in die Hände fiel: Bücher, CDs, Veröffentlichungen, Radiosendungen, Fernsehbeiträge. Jede exotisch anmutende Idee war eingehend und möglichst ohne Vorbehalte diskutiert worden. Heute würde ich sagen, dass uns gerade diese Offenheit für Neues vorangebracht hatte, so dass wir immer mehr Zusammenhänge erkennen und uns zusehends stärker in uns selbst verankern konnten. Ich persönlich hatte in dieser Zeit elementar begriffen, wie wichtig es ist, sich mit unterschiedlichen Haltungen und Werten, unbekannten

Theorien und Philosophien auseinander zu setzen, um überhaupt eine Wahl treffen zu können. Wenn man das möchte.

Schon immer hatte ich mich anders gefühlt als die meisten anderen Menschen. Glanz und Glamour interessierten mich noch nie, ebenso wenig wie Mode, Schmuck oder tolle Autos. Auch präsentierte ich mich nie gerne in der Öffentlichkeit. Menschen, die sich ständig selber darstellten und die Aufmerksamkeit aller auf sich ziehen mussten, langweilten mich schnell, da ich selten etwas Substanzielles aus ihrem Mund gehört hatte. Dazu empfand ich ein solches Verhalten egoistisch und rücksichtslos. Es kostete die Kraft und Nachsicht der Mitmenschen.

Langsam kroch ein Kribbeln in meine Kehle und ich fragte meine Freundin mit grinsenden Mundwinkeln:

»Kennst du eigentlich schon mein Jahresmotto für 2014?«

Vor einigen Jahren hatte ich begonnen, mir zwischen Weihnachten und Neujahr die Zeit für eine Rückschau zu nehmen. Ich ließ dann das verstrichene Jahr Revue passieren, und zwar auf der äußeren und inneren Ebene meines Lebens. Welche Ziele hatte ich gehabt? War es mir gelungen, einige zu realisieren? Wenn ja, welche? Wenn nein, warum nicht? Das alles arbeite ich schriftlich aus, in ähnlicher Form wie meine Tagebücher. Nach diesem Schritt formulierte ich jeweils meine Vorsätze für das nächste Jahr und legte mir einen Leitsatz zurecht, den ich optisch ein wenig aufbereitete und so deponierte, dass er mich täglich begleitete und erinnerte.

Frieda schaute mich neugierig an und schüttelte den Kopf.

»Also«, begann ich langsam und nahm einen großen Schluck Wein. »Mein Motto lautet: *Alles willkommen heißen und aus vollem Herzen über das Leben lachen.*«

Die Augen meiner Freundin weiteten sich ungläubig.

»Na, das passt ja großartig. Eine Steilvorlage, würde ich sagen.«

»Allerdings. Und ein interessanter Blickwinkel in meiner jetzigen Situation.«

Erst in diesem Augenblick wurde mir bewusst, wie tiefgründig sich diese Devise offenbarte, wenn man mit einem ernsten Problem konfrontiert war. Wie schnell ein solcher Satz zu einer Phrase mutieren konnte, formulierte man ihn in einer wenig problembehafteten Zeit, sozusagen in der Theorie. Bei näherer Betrachtung sah ich nun in meinem Leitsatz zusehends mehr eine große Weisheit verborgen und zugleich eine große Chance.

»Hast du eigentlich Angst?«, unterbrach Frieda meinen Gedankengang. »Wenn du aus vollem Herzen über die Diagnose lachen willst, müsstest du zuerst die Angst überwinden.«

»Nein«, antwortete ich, »ich spür keine Angst. Das ist ja auch so bizarr. Der Knoten fühlt sich total abständig an. Ich glaube, dieses Wort gibt es gar nicht, aber ich finde kein passenderes. Es ist so, als gehöre er überhaupt nicht zu mir. Wie ein gebrauchter oder kaputter Schuh, den ich einfach ausziehen und wegwerfen oder in die Ecke stellen kann. Verstehst du? Er hat nur vordergründig mit mir zu tun, betrifft mich im Grunde genommen nicht.«

»Das ist komisch.«

»Finde ich auch.«

»Lehnst du ihn ab?«

»Das brauche ich gar nicht, weil er ja nichts mit mir zu tun hat.«

»Hm.« Frieda dachte eine Weile nach. »Ich frage mich, ob das gut oder schlecht ist?«

»Keine Ahnung, ehrlich gesagt. Es ist ein sonderbares und äußerst fremdartiges Gefühl. Der Knoten ist auf seltsame Art nicht real und doch nicht zu leugnen. Er ist schließlich da, ich kann ihn selber ertasten. Wenn auch erst, seitdem ich sein Versteck kenne.«

»Mach dir auf jeden Fall keine Gedanken wegen des verpassten Screenings. Wenn du dich nicht abgemeldet hättest, wäre der nächste Routinetermin vor einem Jahr gewesen. Ich bin überzeugt davon, dass man dabei nichts entdeckt hätte, weil der Knoten noch zu klein oder gar nicht vorhanden war. Es wird irgendeinen Grund dafür geben, dass er gerade jetzt aufgetaucht ist.«

Friedas Worte sprachen mir aus der Seele. In meinem tiefsten Inneren spürte ich, dass sie Recht hatte, und ihre Zustimmung tat mir gut.

»Wir haben doch schon häufiger über das Screening gesprochen«, erinnerte sie mich, »und sind uns längst einig über die Fragwürdigkeit dieser Reihenuntersuchung. Eine Handvoll Leute verdient sich vermutlich eine goldene Nase damit. Punkt. Das allein begründet diesen Riesenaufwand.«

»Ja, das stimmt wohl. Der Prozentsatz der dabei entdeckten Krankheiten soll nicht allzu hoch sein. Aber kann man sich überhaupt auf die Informationen verlassen, die veröffentlicht werden? Hältst du sie für ehrlich und zuverlässig?«

Frieda lachte. »Auf gar keinen Fall! Unser Gesundheitssystem ist viel zu undurchsichtig und durch und durch vom Geld beherrscht. Da ist die Gefahr von Abwegen groß. Übrigens wollte ich mich auch schon lange vom Screening abgemeldet haben. Hab's nur noch nicht auf die Reihe gekriegt.«

»Mein Gyn. erzählte mir mal, dass die meisten Knoten in seiner Praxis von den Betroffenen selber entdeckt würden.«

»Das wundert mich nicht«, sagte Frieda und schmunzelte: »Aber sein sechster Sinn gestern hat schon was.«

»Das kannst du wohl sagen. Es kommt mir ein wenig so vor, als sei er geführt worden.«

Die Vorspeise wurde serviert: Rinder-Carpaccio. Wie konnte es auch anders sein! Wir beide liebten dieses Gericht innig und waren selten in der Lage, es zu ignorieren, wenn wir es auf der Speisekarte entdeckten.

»2014 sollte für mich ein ruhiges Jahr werden«, erklärte ich weiter, »voller Gelassenheit und Gleichmut. Diese Eigenschaften wollte ich intensiv trainieren. Ich habe mir lange genug die Sorgen anderer zu Eigen gemacht und versucht, ihre Probleme zu lösen, zumindest im meinem Kopf.«

Genüsslich drapierte ich ein Stück des hauchdünnen Rinderfilets, einen Pinienkern und etwas Parmesankäse auf meiner Gabel und schob es in den Mund.

»Mmh. Nicht schlecht.«

»Ja, aber nicht so gut wie bei Antonio's.«

»Da hast du Recht. Möchtest du noch etwas Brot?«

Frieda nickte mit vollem Mund und ich reichte ihr den Brotkorb, bevor ich den Faden wieder aufnahm.

»Es ist schwer für mich, anderen dabei zuzusehen, wie sie leiden.«

»Wenn sie überhaupt leiden.«

»Das ist ja genau der Punkt. Ich habe endlich begriffen, dass der Druck bei mir oft viel größer war als bei den anderen. Ich sehe die Muster, in denen sie sich verstrickt haben, deutlich vor mir und male ihnen dann Wege auf, wie sie sich das Leben erleichtern können. Bestimmt sehr oft viel zu eindringlich.«

»Um nachher festzustellen, dass sie nichts davon umgesetzt haben, nicht einmal ansatzweise«, vollendete Frieda meinen Gedankengang. »Vielleicht ist ihr Leidensdruck noch nicht groß genug? Oder ihr Leid spielt eine ganz andere Rolle?«

»Ganz genau. Aber im Grunde genommen spielten ihre Beweggründe doch für mich gar keine Rolle. Das einzige, was ich erkennen musste, war die Tatsache, dass mein Einsatz überflüssig war. Vielleicht sogar anmaßend. Mein Mitleiden jedenfalls hat noch nie jemandem geholfen.«

»Aber dir geschadet.«

»Auf jeden Fall. Ich habe einfach nicht verstehen können

oder vielleicht auch wollen, dass die meisten Menschen nur jemanden zum Zuhören brauchen. Sie wollen ihren aufgestauten Ballast und ihre verqueren Gedanken loswerden. Immer und immer wieder aufs Neue. Und sonst gar nichts. Sie wollen keine Veränderung.«

Nachdenklich tunkte ich das letzte Stück Baguette in die Balsamicosoße.

»Warum musste ich bloß so alt werden, um das zu begreifen?«

Frieda lächelte. »Tja. Weil jeder von uns seine individuelle emotionale Wunde trägt, die immer wieder aufbricht, bevor sie g a n z langsam heilt.«

»Und das auch nur, wenn wir es selber wollen.«

»Richtig. Wenn die Zeit reif ist, werden wir angestoßen, etwas zu verändern. So wie wir damals angestoßen wurden, die Welt mit anderen Augen zu sehen. In dieser Hinsicht sind wir nicht anders als die anderen.«

Nickend zermalmte ich das letzte Stückchen Weißbrot in meinem Mund.

»Du hast schon sehr viele Menschen angestoßen«, sagte Frieda, »ihnen Mut gemacht und auch deine Hilfe angeboten. Sie hatten dann die Wahl, alles beim Alten zu lassen oder einen Schritt weiter zu gehen.«

Wie immer genoss ich jede Minute unseres Zusammenseins. Frieda und ich teilten dieselbe Lebensphilosophie. Unsere Gespräche waren immer bereichernd für mich, doch an diesem Tag empfand ich unser Miteinander als besonders wohltuend.

»Die Krebsdiagnose in diesem Jahr ist kein Zufall, das wissen wir beide«, sagte Frieda. »Vielleicht ist es an der Zeit für dich, unter das Kapitel Mitleid endlich einen Strich zu ziehen?«

Sie lachte: »Ohne schlechtes Gewissen natürlich. Es klingt ein bisschen merkwürdig, aber jetzt hättest du einen überzeugenden Grund, dich erst einmal um dich selber zu kümmern und das Mitgefühl der anderen einzufordern.«

Vielleicht, dachte ich.

Das kleine Restaurant hatte sich inzwischen gut gefüllt. Jeder Tisch war besetzt. Dennoch herrschte eine entspannte Gemütlichkeit. Allein der Lautstärkepegel war deutlich angestiegen. Als die Hauptspeise serviert wurde, sagte ich:

»Es hat gutgetan, mit dir über den heutigen Tag zu sprechen. Das hat mir geholfen, ein wenig Klarheit in meine Gedanken zu bringen. Ich sehe einen riesigen Berg vor mir, den ich in den nächsten Wochen oder Monaten abarbeiten muss.«

Ich drehte den Stiel des Weinglases zwischen meinen Fingern.

»Organisatorisch und vor allem emotional. Das einzige, was ich bisher sicher fühle ist, dass dort eine Herausforderung auf mich wartet, mit der ich im Traum nicht gerechnet habe.«

»Das ist doch klar. Eine Krebsdiagnose muss man erst mal verdauen.«

»Am Donnerstag habe ich schon einen Termin im Luisenhospital. Dort ist das Brustzentrum angesiedelt, wusstest du das?«

Frieda nickte.

»Alles Weitere wird von dieser Stelle organisiert und ich werde erfahren, wie es weitergeht. Dr. Beilen sagte, das Zentrum hätte einen ausgezeichneten Ruf.«

»Das klingt gut. Dann bist du dort in den besten Händen. Und hast darüber hinaus keinen weiten Weg.«

Das stimmte. Die Klinik befand sich wenige Gehminuten von meiner Wohnung entfernt.

»Ich kann alle Termine zu Fuß wahrnehmen. Man soll ja auch die positiven Aspekte nicht außer Acht lassen«, grinste ich und inspizierte meine *Spaghetti Mare*.

»Komm, lass uns jetzt das Thema wechseln und das Essen genießen. Es sieht köstlich aus. Was macht eigentlich mein Patenhund?«

Frieda hatte sich für ein vegetarisches Gericht mit Gemüse entschieden, *Fettucine Ortolana*. Es war wie meines sehr appetitlich auf einem riesigen Teller angerichtet und ich befürchtete, nur die Hälfte schaffen zu können, weil die Vorspeise schon so üppig ausgefallen war. Was soll's. Manchmal muss man sich selber verwöhnen.

Die Nudeln schmeckten gut, waren aber nicht überragend, so dass es uns nicht allzu sehr schmerzte, einige auf unseren Tellern liegen zu lassen. Ja, mein Patenhund Fleki. Frieda war über eine dieser Hunde-Hilfsorganisationen auf ihn aufmerksam geworden. Das war mindestens sechs Jahre her. Er war direkt aus Ungarn gekommen. Ein ungarischer Husar, wie ich ihn gerne nannte, der seinerzeit ziemlich verstört gewesen war. Kein Wunder, denn er hatte hier in Deutschland nichts Vertrautes vorgefunden, weder Mensch noch Natur. Alles hatte fremd gerochen. Die Umgebung war exotisch gewesen und die liebevollen Menschen, die sich um ihn sorgten, hatten in einer unbekannten Sprache auf ihn eingeredet. Er hatte damals viel lernen müssen. Wie ich zu meiner Patenschaft gekommen war, weiß ich nicht mehr genau. Ich erinnere mich nur noch daran, dass sie an irgendeine Bedingung geknüpft war. So in etwa wie: ›Das kannst du überhaupt nicht ablehnen, weil Fleki dein Patenhund ist.‹ Seither haben wir oft über diese Rolle gelacht. Jetzt erfuhr ich, dass es ihm gut ging und er nach wie vor vielen Streichen zugeneigt war.

An den Nachtisch erinnere ich mich nicht mehr genau. Es könnte *Dame Blanche* gewesen sein. Ich legte noch nie großen Wert auf Nachspeisen, aber da Frieda sie liebte, ließ ich mich schon mal dazu überreden.

»Mensch, das hätte ich jetzt fast vergessen«, sagte sie plötzlich und begann, in ihrer Handtasche zu kramen. Sie zog ein Taschenbuch heraus und gab es mir.

»Louise Hay: Wahre Kraft kommt von Innen«, las ich und erzählte Frieda, dass ich mir einige Wochen zuvor die CD zu diesem Buch gekauft hatte. Einfach so.

»Das Buch ist mir gestern zufällig in die Hände gefallen. Ich habe es doppelt. Wenn du es noch nicht kennst, kannst du es behalten.«

Ich nahm es gern, hatte ich doch noch nie ein Buch der Autorin gelesen.

Der Therapiebeginn

Noch in derselben Nacht begann ich zu lesen. Nun könnte man meinen, dass mich die schlimme Nachricht vom Morgen ohnehin nicht hätte schlafen lassen, aber das war nicht der Fall. Ich las einfach sehr gerne noch einige Seiten vor dem Einschlafen. Wenn ich nicht gerade unfreiwillig einen furchterregenden Stoff erwischt hatte, beruhigte mich das Lesen und konzentrierte meine Gedanken auf ein einziges Thema, so dass ich alles Erlebte vom Tag leichter loslassen konnte.

Meist nahm ich abends eine Lektüre zur Hand, die meine Seele inspirierte. In manchen Buchläden fand ich diese Art von Büchern in der Rubrik *Lebenshilfe*. Ein für mich sehr unglücklich gewählter Begriff, obwohl er faktisch den Kern trifft. Denn welches Thema hilft uns nicht auf irgendeine Art und Weise, unser Leben zu bereichern, zu klären oder zu ergänzen? Jedes Buch, das uns berührt, bringt eine Saite in uns zum Klingen, die Beachtung finden möchte, und hilft uns daher im Leben weiter, auch wenn uns das in diesem Augenblick nicht immer bewusst ist. Im anderen Fall legen wir die Lektüre zur Seite und sagen, das interessiert uns im Moment nicht. Natürlich nicht, denn irgendetwas in unserem Inneren möchte sich mit einer anderen Sache beschäftigen, aus welchen Gründen auch immer.

Ich war auch neugierig auf das Buch. Würden mir die Ideen von Louise Hay hilfreiche Anregungen schenken? Die

CD zu ihrem Buch hatte ich mir vor einigen Wochen mehrere Male angehört. Sie hatte mir gefallen, mich aber nicht gefesselt oder inspiriert und so war ich meistens beim Hören eingeschlafen. Was aber auch nicht schlimm war, denn der Körper holt sich immer das, was für ihn am Wichtigsten ist und sollte das auch tun. Und manchmal ist es eben Schlaf. Hinzu kommt, dass mich Bücher schon immer mehr angesprochen haben als akustische Medien, die selten meinem Arbeitstempo entsprechen oder besser ausgedrückt, meinem Aufnahmetempo. Vielleicht bin ich nicht nur ein visueller, sondern vor allem ein langsamer Denktyp? Interessiert mich ein Buch, das gespickt ist mit mir unbekannten Überzeugungen oder interessanten Ideen, so lasse ich mir sehr viel Zeit mit jedem Kapitel, manchmal auch mit einzelnen Sätzen oder Abschnitten. Ich lese sie mehrfach und scheue mich auch nicht, im Buch zurückzublättern, um mir bereits Gelesenes wieder in Erinnerung zu rufen oder Inhalte zu vergleichen. Es kann sein, dass ich ein Buch mehrfach zur Seite lege, um nachzudenken oder einen Impuls auf meine Lebenssituation zu übertragen. Und nach jedem Kapitel drängt es mich, inne zu halten und das Gelesene ein Weilchen wirken zu lassen. Manche Bücher berühren mich emotional so stark, dass ich sie immer wieder für ein paar Stunden oder sogar Tage zur Seite legen muss, um den Inhalt zu verarbeiten.

Textmarker und Eselsohren sind wichtige Hilfsmittel für mich. Ebenso liegen Stift und Notizblock, mindestens aber ein Zettel auf meinem Nachttisch, damit ich besonders kraftvolle Sätze oder Gedanken festhalten kann, wenn sie mich inspirieren oder auch zur Weiterverarbeitung motivieren. Zum Beispiel zu Gedichten. Das ist sehr wichtig für mich, denn daraus schöpfe ich einen Teil meiner Kreativität und ein hohes Maß an Selbstreflexion. So trug ich mich mit der Hoffnung, das Buch von Louise Hay durch meine persönliche Lesegewohnheit intensiver aufzunehmen als die CD.

Die Lebensphilosophie der Autorin war mir vertraut. Ich selber hatte eine protestantische Erziehung erfahren in einer streng katholischen Gegend im Münsterland. Die Religion hatte in meiner Kindheit eine große Rolle gespielt, nicht nur im Elternhaus, sondern auch in der konfessionsgebundenen Grundschule und in großen Teilen der Freizeit. Unsere Kirchengemeinde war äußerst aktiv gewesen. Sie hatte Kinder- und Jugendscharen gegründet, wahrscheinlich um die Mütter zu entlasten, denn der Alltag der meist kinderreichen Familien in den fünfziger Jahren war äußerst arbeitsreich gewesen. Ich erinnere mich mit Freude an diese Spielgruppen, die meist von Jugendlichen organisiert waren und sich durch viel Kreativität und Lebendigkeit ausgezeichnet hatten. Auch die organisierten Feste und Ausflüge der Kirche waren für uns Kinder ein Highlight gewesen. Später war auch eine Bibliothek aufgebaut worden, eine regelmäßige Anlaufstelle für mich.

Das Gemeindeleben hatte also eine feste und sichere Struktur im Leben der meisten Familien gebildet. Mit dem sonntäglichen Kirchgang als fixem Bestandteil des Wochenendes. Erst nach der Konfirmation, der ein zweijähriges Pauken von Gebeten, Liedern und Bibelversen vorausgegangen war, zumindest ist mir hauptsächlich das in Erinnerung geblieben, war Selbstbestimmung angesagt.

Nach dem Scheitern meiner Ehe vor zehn Jahren hatte ich Halt und Trost in meiner Religion gesucht. Verzweiflung und Hoffnungslosigkeit hatten mich gepackt, so dass ich nach jedem Strohhalm gegriffen hätte. Doch ich war nur auf ein Regelwerk von festgefügten Grundsätzen gestoßen, verwoben mit Ängsten und Schuldgefühlen. Damals war mir schmerzlich bewusst geworden, dass ich keine Lebensfesseln brauchte, sondern Freiheit. Freiheit im Denken und Freiheit im Fühlen. Ohne einschränkende Barrieren, ohne ein Fegefeuer im Nacken, ohne einen erhobenen Zeigefinger und ohne nachgebetete, aber keineswegs verinnerlichte Gebote. Zutiefst verunsichert hatte ich mich gefragt, welchen Sinn die Religion für mich darstellte, wenn sie mir in dieser schweren Zeit keinen Anker bieten konnte? Was war schiefgelaufen? Hatte es an den Inhalten der Religion gelegen, an einer falschen Wissensvermittlung oder einfach nur an meiner Unfähigkeit, den Glauben annehmen zu können? Sollte ich neu suchen? Wo konnte ich beginnen? Wollte ich das überhaupt? Oder hatte mich die Erkenntnis, nicht einen Hauch Trost gefunden zu haben, so erschreckt, dass ich nichts mehr mit einer religiösen Weltanschauung zu tun haben wollte?

Die Loslösung von allem Vertrauten und Gelernten hatte schleichend und leise eingesetzt, eher unterbewusst als von großen Gedanken getragen. Irgendwann hatte ich etwas Neues gespürt, eine innere Offenheit und vor allem Neugier. Das war der Beginn einer aufregenden inneren Reise gewesen, die bis heute anhält. So konnte ich die Ansichten von Louise Hay sofort richtig verstehen und annehmen. In der mir eigenen Gemächlichkeit verschlang ich jedes Wort und spürte von der ersten Seite an, dass sich in dieser Lektüre der Schlüssel zu meiner Heilung verbarg.

Zwei Tage später lernte ich das Brustzentrum im Luisenhospital kennen und war begeistert. Noch nie zuvor hatte ich in einem Krankenhaus eine so vorbildliche und individuelle Betreuung erlebt. So fühlte ich mich vom ersten Tag an nicht als hilfloses Opfer, bemitleidenswerte Kranke oder gar als Nummer, sondern als gleichberechtigte Partnerin, die Aufklärung und Hilfe suchte. Schwester Anke nahm mich in Empfang und klärte mich über die Arbeitsweise ihrer Abteilung auf. Das Brustzentrum beschäftigte zwei Krankenschwestern, die ausschließlich für die Brustkrebspatientinnen zuständig waren. Jede von ihnen betreute einen festen Personenkreis, um uns Patientinnen immer dieselbe Ansprechpartnerin zu bieten. Und nur im Falle von Urlaub oder Krankheit sprang die Kollegin ein, damit keine Lücke im Therapieverlauf entstand. Schwester Anke gab mir ihre Visitenkarte mit allen wichtigen Daten wie Telefonnummer und Emailadresse verbunden mit der ausdrücklichen Bitte, mich bei jeglichen Fragen und Unklarheiten sofort an sie zu wenden. Sie stellte sich als Bindeglied und Koordinatorin aller Belange zwischen den Ärzten der verschiedenen Kliniken, dem Hausarzt und anderen in die Behandlung eingebundenen Arztpraxen und mir vor.

Frau Anke Keuper las ich ihren vollständigen Namen. Sie hatte sich mir gegenüber schlicht mit Schwester Anke vorgestellt, aber diese in meinen Augen ungleiche Ebene erschien mir respektarm. So entschied ich mich für die Anrede Frau Keuper und fühlte mich dabei wesentlich besser. Sie war eine resolute Frau in den Dreißigern, der man nichts vormachen konnte. Und sie stand für ein offenes klares Wort. Dafür war ich ihr sehr dankbar. Sachlich und unmissverständlich erklärte sie mir den routinemäßigen und seit Jahren etablierten Therapieablauf. In allen Einzelheiten, mit allen Risiken und Chancen. Sie schien fundierte Fachkenntnisse und viel Erfahrung zu besitzen. Doch vor allem ausreichend Zeit für mich. Jede Frage, jede Sorge wurde ernst genommen und ausführlich und ehrlich beantwortet, jeder medizinische Vorgang geduldig erläutert, bis alle Unklarheiten beseitigt waren. Frau Keuper sagte, es sei ihr wichtig, dass ich jeden einzelnen Schritt verstünde und mittrüge. Der Therapieplan sei ein Angebot seitens der Klinik und erfordere selbstverständlich in allen Details meine Zustimmung. Ich hatte also eine immer Wahl. Alle Achtung! Ich war beeindruckt und überzeugt.

Nach diesem ersten tieferen Eindringen in die Krankheit und den Behandlungsablauf lernte ich den Chefarzt des Brustzentrums, Dr. Crommert, kennen. Er war ein Mann im besten Alter, wie man so sagt, und an Ruhe und Freundlichkeit nicht zu übertreffen. Er interessierte sich intensiv dafür, wie und von wem der Knoten gefunden worden und ob ich familiär belastet war. Aber in direkter weiblicher Linie, Schwester – Mutter – Oma, wusste ich niemanden zu nennen.

»Sie nehmen schon sehr lange Hormontabletten. Darf ich den Grund erfahren?«

Ich berichtete ihm in groben Zügen von meinen Wechseljahresproblemen, die schon mit Ende dreißig eingesetzt hatten, wobei ich die bekannten und für mich seinerzeit trivialen Beschwerden wie Gelenkschmerzen und Hitzewallungen nicht erwähnte. Es waren die extreme Energielosigkeit und schnelle Erschöpfung, die mich nach leidvollen Jahren um medikamentöse Hilfe hatten bitten lassen. Schon Jahre vorher hatten mein Mann und ich auf unsere jährlichen Wanderurlaube verzichtet. Ich erinnere mich noch gut daran, wie sorgenvoll ich oft dem Abend entgegen gesehen hatte in der Befürchtung, er wollte mich noch zu einem gemeinsamen Spaziergang ermuntern, was ich mir oft nicht mehr zugetraut hatte. Und dann war da auch noch mein Job. Nein, so hatte es auf Dauer nicht weitergehen können. Genau betrachtet war nicht die fehlende Lebensqualität ausschlaggebend für meine Entscheidung gewesen, sondern vielmehr die wachsenden Probleme, den Alltag körperlich bewältigen zu können.

Dr. Crommert schaute mich ungläubig an. Ich hatte schon oft erfahren, dass ich mit diesen Symptomen zu den Ausnahmefällen zählte und allein dadurch auf wenig Verständnis stieß.

Er versteht dich nicht, schoss mir durch den Kopf. *Erspar dir weitere Erklärungen. Kein Mann kann das nachempfinden. Vielleicht auch keine Frau? Vielleicht nur die Betroffenen selber.*

Die Einnahme von Hormonen in den Wechseljahren war immer umstritten gewesen. Ich wusste das von Anfang an und hatte mich daher sehr intensiv mit diesem Thema auseinandergesetzt. Aber irgendwann musste ich abwägen zwischen dem potentiellen Risiko und meinem Wohlbefinden. So einfach war das. Und auch so schwer.

»Es gibt verschiedene Arten von Tumoren«, erklärte mir Dr. Crommert. »Bei Ihnen vermute ich ein hormongesteuertes Karzinom. Das heißt, Sie sollten Ihre Tabletten sofort absetzen, sonst füttern Sie den Tumor weiter.«

Ich nickte bekümmert.

»Sollte sich meine Annahme durch die folgenden Untersuchungen bestätigen, so bestehen die nächsten Maßnahmen in der Entfernung des Knotens, einer Strahlentherapie und einer fünfjährigen Tablettentherapie.«

Ich nickte wieder, denn Frau Keuper hatte mir den Ablauf bereits beschrieben.

»Aber alles hängt von den weiteren Befunden ab. Sollte es sich nicht um einen hormonell gesteuerten Tumor handeln, werden wir Ihnen vor der Bestrahlung eine Chemotherapie empfehlen. Wir arbeiten eng mit dem Klinikum zusammen und werden jeden einzelnen Schritt mit den Ärzten dort abstimmen. Brustkrebs ist heute in den überwiegenden Fällen heilbar.«

Krebs. Karzinom. Tumor. Knoten.

Das Grauen hatte Namen erhalten. Vokabeln, die ausschließlich mit Angst und Schrecken besetzt waren, lagen nun auf dem Tisch. Und sie hatten eindeutig mit mir zu tun. Doch in meinem Inneren fühlte ich nichts davon. Ich konnte immer nur an einen kaputten Schuh denken, der virtuell zwischen dem Arzt und mir auf dem Schreibtisch stand wie ein herrenloser Gegenstand. Und mir dämmerte allmählich, dass ich diesen Zustand unbedingt verändern musste. Aber wie?

Dr. Crommert untersuchte meine Brust und die Achselhöhlen wegen möglicher geschwollener Lymphdrüsen. Ich ließ die Untersuchung entsprechend unaufgeregt über mich ergehen und schwieg. Während ich mit nacktem Oberkörper und leichtem Achselschweiß, der mir sehr unangenehm war und sich trotz gründlicher Vorbereitung auf diesen Termin nicht hatte vermeiden lassen, vor diesem fremden Mann stand, arbeitete dieser gedanklich schon die Operation aus. Mit seinen warmen Händen zeichnete er Linien über meine linke Brust, um mir die Größe und Wichtigkeit des Eingriffes zu verdeutlichen.

»Hat Schwester Anke Sie über die Stanzbiopsie aufgeklärt, die wir gleich durchführen möchten?«, fragte er in seiner lieben Art.

Ich nickte. Bei einer Stanzbiopsie wird dem Knoten ein Gewebezylinder entnommen, um ihn dann in einer feingeweblichen Untersuchung genau zu bestimmen. Dann erst können die Tumorart diagnostiziert und die weitere Behandlung festgelegt werden.

»Der Tumor ist ziemlich groß. Ich werde versuchen, brusterhaltend zu operieren. Ich schneide dann hier entlang«, erklärte Dr. Crommert und fuhr mit dem Finger am oberen Rand meiner Brustwarze entlang, »und entferne den Knoten und das gesamte betroffene Gewebe. Wie viel das sein wird, kann ich erst bei der Operation sehen.«

»Das klingt gut«, hörte ich mich sagen.

»Aber es ist ein großer Eingriff. Sie werden es nachher sehen.«

Ich nickte wieder.

»Sollte sich herausstellen, dass die gesamte Brust entfernt werden muss, so kann sie später mit Eigengewebe aus dem Rücken«, dieses Mal fuhr er mit seiner Hand über meine Schulter entlang zum Schulterblatt, »und eventueller Prothese als Volumenersatz wieder aufgebaut werden.«

Ich sah ihm an, dass seine Worte zuversichtlich klingen sollten, schließlich war diese Möglichkeit als Geschenk an die Frauen gedacht. Daher hoffte ich inständig, mein Gesicht würde meine eigenen Gedankengänge nicht widerspiegeln, denn irgendetwas in meinem Inneren wollte ihn nicht enttäuschen. *Du meine Güte, Frankensteins Gesellenstück,* dachte ich nämlich boshaft und unreflektiert. Auch undankbar, aber ich konnte nicht anders. Ein Schauder lief mir über den Rücken. Die ganze Situation war so fremd, so unheimlich und so weit weg.

Im Nebenraum war alles für die Stanzbiopsie vorbereitet. Dr. Klaaßen, die Stationsärztin wie ich später erfuhr, assistierte dabei. Ich lag auf der Liege und durfte mich glücklicherweise zur Wand drehen, was aber allein der Tatsache geschuldet war, dass meine linke Brust betroffen war und der Knoten sich auf ihrer linken Seite befand. Ansonsten hätte ich nur meine Augen schließen können, um den Bildern auf dem Monitor zu entgehen. Doch der Blick zur Wand, der den Gerätschaften abgewandte Seite, war mir irgendwie sympathischer. Die Gewebeentnahme selber war unspektakulär. Allein die Tatsache, eine Art Tackergeräusch in der Brust wahrzunehmen, empfand ich etwas gewöhnungsbedürftig. Doch die Sache war zu schnell vorüber, als dass sich dieses Gefühl lange festsetzen konnte. Und mit diesem kleinen Eingriff war der erste Schritt geschafft, beziehungsweise die Tür geöffnet zu einer langen Reihe von mehr oder weniger bewegenden Behandlungsfeldern.

Die Erkenntnis

Während ich meinen Alltag entspannt und gewohnt weiterlebte, beschäftigte mich der Gedanke, ob ich jemandem von meiner Krankheit erzählen oder sie alleine tragen sollte? Schon früher hatte ich mir diese Frage gestellt, sozusagen als Gedankenexperiment, das selbstverständlich hypothetisch bleiben würde. Davon war ich jedenfalls immer ausgegangen. Nun hatte sich das Blatt gewendet und aus der Mutmaßung war Realität geworden. Bei näherer Betrachtung der Sachlage wurde mir schnell klar, dass viele Untersuchungstermine in meiner Arbeitszeit liegen würden. Zudem stand eine Operation bevor; ich würde also eine Zeitlang krankfeiern müssen, wie man so schön sagt. Das bedeutete, dass ich zumindest mein Arbeitsumfeld ins Vertrauen ziehen musste. Doch wesentlich stärker als dieser äußerliche Druck wog letztlich die Tatsache, dass ich seit Jahren ein ausgesprochen intensives und ehrliches Verhältnis sowohl zu meinem Chef als auch zu allen Kollegen pflegte. Dieses wollte ich auf gar keinen Fall durch Lügen oder fadenscheinige Ausreden aufs Spiel setzen. So stand schnell fest, dass ich zumindest mein berufliches Umfeld über meine Krankheit informieren würde.

Der Gedanke, so viele außenstehende Menschen in meine Krankengeschichte mit einzubeziehen, war mir äußerst fremd. Schon als Kind hatte ich gelernt, meine Sorgen alleine zu tragen. Dadurch war ich recht belastbar und emotional autonom geworden. Allerdings gehe ich nicht so weit zu sagen, dass mir dieses Verhalten uneingeschränkt gutgetan hatte. Es war eher so, dass die kindlichen Bedürfnisse in den fünfziger Jahren weniger im Vordergrund gestanden hatten als heute und vielleicht eine gewisse Neigung zur mentalen Einigelung auch in meinem Naturell verankert war. Auf jeden Fall kostete es mich einige Überwindung, jeden Einzelnen im Büro über meine Krankheit ins Bild zu setzen. So versuchte ich, die Betroffenheit auf der anderen Seite durch ein hohes Maß an Sachlichkeit meinerseits einzudämmen. Das gelang mir auch recht gut, vor allem deshalb, weil sich meine Tränen erstaunlicherweise immer noch versteckt hielten. Der Zuspruch meiner Kollegen war unglaublich. Jeder von ihnen bot mir sofort seine Hilfe an, sowohl am Arbeitsplatz als auch privat. Ich freute mich sehr darüber und genoss dieses unbeschreiblich schöne Gefühl.

Nur wer sich öffnet, kann das Gute in Empfang nehmen. Diesen Satz hatte ich mir irgendwann einmal notiert. Ob ich ihn sogleich auf mich bezogen hatte, weiß ich nicht mehr. Auf jeden Fall durfte ich seinen Wahrheitsgehalt in den kommenden Monaten in vielfacher Weise bestätigt finden.

Vier Tage waren seit der Krebsdiagnose vergangen. Vier Tage, an denen ich mich nicht nur mit organisatorischen Belangen auseinandersetzte, sondern mich gleichzeitig intensiv auf die Suche nach dem Knoten begab. Natürlich nicht physisch. Seine Position war klar definiert. Es ging um die psychische Ebene. Vielleicht sollte ich an dieser Stelle erklären, dass ich an eine enge Beziehung zwischen Körper und Seele glaube, an einen permanenten Austausch zwischen diesen beiden Elementen und eine gegenseitige intensive Einflussnahme. So besitzt in meinen Augen jede Krankheit eine Verbindung zur Seele. Diese möchte die Aufmerksamkeit auf etwas lenken, das ins Ungleichgewicht oder aus dem Blickwinkel geraten ist und der Heilung bedarf. Die Sichtbarmachung, also die Krankheit selber ist folglich für mich das körperliche Sprachrohr eines seelischen Problems. Die gleiche Auffassung vertrat auch Louise Hay in ihrem Buch. Aus dieser Perspektive heraus sollte ich mich glücklich schätzen, in meiner Krankheit ein solches Zeichen als Chance zur Veränderung und zu dauerhafter Heilung erhalten zu haben. So viel zur theoretischen Betrachtungsweise meiner spirituellen Grundeinstellung.

Wo drückte nun mein Schuh? Da mir dieses Bild nicht aus dem Kopf gehen wollte, konnte ich es sinnbildlich ebenso gut in meine Überlegungen mit einbeziehen. Ich hatte weder Schmerzen beim Laufen gespürt, noch eine Blase oder Druckstelle an den Füßen gefunden. Anscheinend war der kaputte Schuh so gut eingelaufen, dass ich nichts Drückendes oder Störendes mehr fühlte. Vielleicht hatte ich mir einen schiefen Gang angewöhnt? Oder mir Hornhaut zugelegt? Auf jeden Fall würde mir kein neuer heiler Schuh schnell genug diesen Komfort bieten, daher scheute ich womöglich jede Veränderung. Und doch witterte ich, dass sich genau dort diese alten, längst überwunden geglaubten oder gehofften Ängste verdichtet ballten. Wenn ich sie nun suchte und mich gedanklich wieder auf sie einließe, wäre der Schmerz wohl wieder da. Wozu ich keinerlei Drang verspürte, hatte ich doch den einengenden Teil meines Lebens hinter mir gelassen und begonnen, eine neue Ära zu leben, und zwar in Freiheit. Um genau zu sein, im Freisein von Angst und Enge. Oder doch nicht? Ich war ratlos.

Der kaputte Schuh, den ich anscheinend seit Jahren trug, hatte mir also so gute Dienste geleistet, dass ich seine Löcher oder aufgeplatzten Nähte oder was auch immer nicht mehr wahrnahm. Meine Füße hatten sich angepasst, an die widrigen Umstände gewöhnt, so dass diese von mir nicht mehr als störend oder belastend empfunden wurden.

Es war mir immer noch nicht gelungen, das seltsame Gefühl der Abständigkeit abzuschütteln. In den Gesprächen mit meinen Kollegen war mir aufgefallen, dass ich nicht *mein Knoten* sagen konnte. Es war *der* Knoten oder *ein* Knoten in meiner Brust. *Mein Knoten* hätte eine Form von Integration bedeutet, die mir nicht möglich war. Diese interessante Erkenntnis führte mich zu der Frage, ob ich glaubte, den Tumor leichter loswerden zu können, wenn er in meiner Wahrnehmung außerhalb von mir existierte? Aber das war nicht der Fall. Ich spürte genau, dass das nicht der Fall war. Die Ursache für diese Verweigerung lag tiefer, viel tiefer in meinem Bewusstsein vergraben. Es war eher so, dass dieser ungebetene Knubbel aus einem Bereich meines Lebens herausgekrochen war, den ich abgeschlossen glaubte. Ich schrieb ein Gedicht:

Das alte Leid

Das alte Leid will meist nicht weichen
und kann dir leicht zum Freund gereichen.
Stets motiviert und auf dem Sprung
verliert es nie den frischen Schwung.

Schon in meiner Jugend hatte ich gerne Gedichte geschrieben. Eine Leidenschaft, die später für einige Jahrzehnte im Alltagsgewühl untergehen sollte. Heute drängen sich die Verse immer dann an die Oberfläche meines Bewusstseins, wenn sich mein Herz angesprochen fühlt. Das kann ein zufälliges Aufschnappen einer interessanten Beobachtung sein, aber auch mitfühlende Gedanken oder Impulse. Zum Beispiel die Unzufriedenheit vieler Menschen, die mir immer dann auffällt, wenn ich im Café sitze und in ihre düsteren Gesichter schaue. Das Rauschen des Meeres bei einem Strandspaziergang. Die Augen eines lachenden Kindes. Ein Radiobericht. Das Wort eines Freundes. Sofort spüre ich dann den Impuls einer Inspiration in mir und zugleich die Gewissheit, diesen Gedanken weiterzuverarbeiten. Irgendwann, wenn die Zeit dafür gekommen ist. Nie setze ich mich dabei unter Druck, denn dann öffnet sich die Tür zu meiner Kreativität nicht.

Dieses Gedicht war einfach so aus mir herausgekrabbelt. Ich hatte gemütlich in eine Decke gekuschelt auf dem Sofa gesessen und eine Tasse Tee genossen. Es hört sich ein wenig verrückt an, aber in dieser gemütlichen entspannten Lage hatte ich mir ein paar Gedanken zu meiner Krankheit notiert, als die Worte *altes Leid* aufgetaucht waren und nach Verarbeitung verlangt hatten. Doch wo lag die Verbindung zu den alten emotionalen Wunden, die immer noch in meinem Inneren zu gären schienen?

Ich fragte mich auch, warum mich das Buch von Louise Hay derart fesselte, wo ich ihre grundlegenden Ansichten längst verinnerlicht hatte? Insofern bot es mir keinerlei neue elementare Erkenntnisse, mit denen ich mich hätte weiter auseinandersetzen können. Beim Notieren all dieser Überlegungen erkannte ich plötzlich, dass ich keine theoretische Wissensauffrischung benötigte, sondern praktische Nachhilfe. In genial einfacher Form stellte die Autorin Grundsätze auf, das eigene Leben selbstbestimmt zu führen. Natürlich tun wir das alle! Keiner mag zugeben, nicht alles im Griff zu haben. Aber haben wir wirklich die Kontrolle über uns selbst? Was ist zum Beispiel mit unseren Gedanken? Können wir diese je nach Bedarf in bestimmte Richtungen lenken? Sicherlich hat sich jeder von uns schon einmal vorgenommen: Heute möchte ich nur an Schönes denken! Und wie lange hielt dieser Grundsatz? Bis zum nächsten Telefonanruf zehn Minuten später? Oder bis zum Marmeladenglas, das der Partner mal wieder nicht richtig zugedreht hat? Spätestens bei den Nachrichten im Radio oder Fernsehen werden wir regelmäßig in den Sog negativer Gedanken gezogen, die nicht selten den ganzen Tag die Vorherrschaft in unserem Gehirn übernehmen. Vielleicht handelt es sich bei diesen Beispielen um unbedeutende Punkte, ohne Wert für ein Gedankenexperiment. Aber was geschieht in unserem Kopf nach einem Streit mit unserem Partner, nach einem misslungenen Projekt im Büro oder nach einer ernsten Krankheitsdiagnose? Gelingt es uns dann immer noch, an positive Dinge zu denken, wenn wir uns das vornehmen? Mir persönlich fällt es sehr schwer, nur gewünschte Einflüsse zuzulassen. Und gerade in dieser Zeit erschien es mir außerordentlich wichtig, dass ich mir Freiräume der Stille und Erholung einräumte, um Kraft zu schöpfen. Und das war nicht möglich, wenn ich meine Gedanken in einem Krebs-Folterkerker gefangen hielt oder der Knoten wie ein Ping-Pong-Ball durch meinen Kopf hüpfte.

So ging es in dem Buch von Louise Hay ausschließlich um unsere persönliche Entwicklung, um das Kennenlernen innerer Stärken und um praktische Methoden, einen Weg der Verantwortung einzuschlagen. Ich spürte zwischen den Zeilen ihr großes Vertrauen in die Lernwilligkeit und Veränderungsbereitschaft der Menschen. Doch wenn ich mich so umschaue, mehr als zwanzig Jahre nach Veröffentlichung ihres Buches, so scheint mir unser Blickwinkel stärker denn je auf das Äußerliche, also das materielle und ökonomische Denken gerichtet zu sein und weniger auf unsere inneren Bedürfnisse. Und die Vokabel *Leistung* schwebt bereits über der Kinderwiege. Natürlich registriere ich auch den wachsenden Zustrom von Yogaschulen, Achtsamkeitslehrgängen und Meditations-Workshops, die den Anschein vermitteln, dass sich unsere Gesellschaft intensiv mit philosophischen Grundfragen beschäftigt. Doch ist dieser Boom in meinen Augen lediglich der Tatsache geschuldet, dass immer mehr Menschen sich überfordert, krank oder ausgelaugt fühlen und in körperlichen Übungen Entspannung und Hilfe suchen. Doch machen sie sich wirklich klar, was ihnen in ihrem Inneren fehlt? Ich vermisse ein Klima der offenen und vor allem umfassenden Auseinandersetzung mit philosophischem Gedankengut. Wie möchte ich leben? Welche Möglichkeiten habe ich? Was tut mir gut? Warum suche ich neue Lebensformen? Welche gibt es überhaupt? Das, was heute vordergründig den Eindruck einer Innenschau vermittelt, ist in meinen Augen überwiegend ein engagierter Konsum philosophisch orientierter Angebote. Ein körperliches Training, während dessen man den Alltag vergessen kann, sich aber nicht mit der eigenen Persönlichkeit auseinandersetzt. Wozu auch dieser esoterische Quatsch? Wer Probleme hat, soll doch zum Arzt oder Psychologen gehen.

Hatte ich selber die Kontrolle über meinen Kopf? Gelang es mir, nicht an den Knoten zu denken, wenn ich es mir vornahm? Eindeutig nein. Es war zwar nicht so, dass er mein Gefühlsleben dominierte, aber in meinem Kopf war er stets präsent. Das konnte ich nicht leugnen. Allerdings überwog der Druck, die Wurzel meines Übels zu finden. Woher dieser starke Wunsch rührte, kann ich bis heute nicht sagen. Wahrscheinlich aus der Tatsache heraus, leben zu wollen. Was ja auch keine ungeeignete Antriebsfeder ist. Daher las ich bei jeder möglichen Gelegenheit. Besser ausgedrückt, ich arbeitete systematisch meine neue Lektüre durch und verband alle emotionalen Knackpunkte mit mir selber und meinem Leben. Und ganz langsam entwickelte ich drei Grundsäulen, die mir für mein persönliches Weiterkommen notwendig erschienen. Zum einen, weil ich in mir einen entsprechenden Mangel erkannt und zum anderen einen gangbaren Weg zur Veränderung für mich gefunden hatte.

Diese drei Bausteine hießen:

- Mich selbst uneingeschränkt lieben.
- Das Vertrauen in meine innere Kraft zurückgewinnen.
- Den Kontakt zu meiner inneren Führung verstärken.

Der letzte Punkt erschien mir der einfachste zu sein, obwohl er für viele Menschen sicherlich die meisten Fragezeichen aufwirft. Daher möchte ich ihn an den Anfang stellen. Meine vor Jahren begonnene intensive Auseinandersetzung mit spirituellen Fragestellungen hatte mich auf geradem Weg wieder zu Gott geführt. Oder zur Kraft des Universums. Zur Universellen Energie. Oder zum Unendlichen Geist oder Höheren Selbst. Es gibt viele Bezeichnungen, das Göttliche auszudrücken. Für mich waren sie alle gleichrangig. Ich mochte die Vielfalt, die jedem ermöglichte, für sich eine Bezeichnung zu finden, frei von drückenden Lasten. Meine neue Auffassung vom Glauben war geprägt von der Kraft der Liebe als alles und alle umspannende Energie und der beständigen liebevollen Begleitung unseres eigenen Wachstums und Seins durch eine höhere Autorität. Die Liebe ist der Beginn und das Ende von allem. Meiner Meinung nach besteht unsere Lebensaufgabe darin, die Liebe in ihrer ganzen Macht und Fülle zu leben und dadurch weiterzugeben. Eine große Aufgabe, die im Alltag oftmals untergeht. Auch haben wir verlernt, diese Maxime als Grundregel für unser Miteinander und unsere Entscheidungen mit einzubeziehen. Das Ergebnis dessen kann nur ein Ansteigen von Egoismus, Gewalt und Intoleranz sein.

Schon immer besaß ich ein hohes Maß an Sensibilität und Einfühlungsvermögen. Sehr oft glaube ich zu spüren, was in anderen Menschen vorgeht. Nicht, was sie denken, sondern wie eingeengt sie ihr Leben wahrnehmen. Wie kraftlos sie ihre Lage empfinden. Oder wie mutlos sie sich notwendigen Veränderungen gegenüber fühlen. Ich erkenne die ausweglosen Muster, in denen sie sich seit Jahren oder Jahrzehnten bewegen, und ihre Hoffnungslosigkeit. All das nehme ich intuitiv wahr. Vielleicht mehr als manch andere Menschen. Eine große Anzahl der aufgezählten Probleme kenne ich aus meinem eigenen Leben und frage mich daher häufig, ob darin der Schlüssel für mein großes Verständnis liegt? Andererseits machen doch alle Menschen irgendwann schwierige Zeit durch, so dass sich auch bei ihnen ein hohes Einfühlungsvermögen entwickeln müsste. Warum war das nicht der Fall? Warum registriere ich um mich herum einen wachsenden Anstieg von Egoismus und fehlendem Zartgefühl? Worin liegt der Unterschied zu meinem Empfinden?

Ich glaube, dass die Antwort in der Verbindung zu meinem inneren Bewusstsein liegt. Dieser Kanal war schon immer recht offen und durchlässig gewesen. Und da aus dem Inneren heraus alle Emotionen gedeihen, finden sie bei mir sehr schnell den Weg ins Freie. Und damit auch zu anderen Menschen. Dieses Potential kann man durchaus unterschiedlich bewerten. Ist man sich dieser Kraft nicht bewusst, kann sie selbstzerstörerische oder belastende Auswirkungen haben. Bei mir hatte es dazu geführt, dass ich Zeit meines Lebens mit anderen Menschen viel zu stark mitlitt und ihre Probleme gerne zu meinen machte. Ein wenig konstruktiver Ansatz, aus dem ich noch keinen Ausweg gefunden hatte.

Aber darum ging es jetzt nicht. Einen Zugang zu meinem inneren oder höheren Selbst, zu meiner inneren Führung hatte ich also längst gefunden. Somit war der erste Baustein bereits gelegt. Diesen galt es nun zu akzeptieren und weiter zu verstärken als wichtige Grundlage für das Wachsen von Vertrauen. Vertrauen in meine eigenen Gefühle und in mich selber. Denn nur durch meine Gefühle kann sich mein Innenleben ausdrücken. Eine andere Möglichkeit besteht nicht.

Unser inneres Leben ist sehr reich, nicht nur an Erfahrungen, sondern auch an Wissen. Und nur durch eine Kommunikation mit uns selber erhalten wir Klarheit und Sicherheit und können neue Wege suchen. Ich finde, dass wir in unserer modernen Zeit sehr einseitig geworden sind. Wir handeln, leben und entscheiden überwiegend aus dem Verstand heraus. Dadurch geht uns viel Potential verloren, denn wir sind nur zu einem Teil Verstand, der andere Teil ist Geist oder Seele. Beide Seiten müssen von uns beachtet werden, da uns nur die Ausgewogenheit ins Gleichgewicht bringen kann. Meine zweite Aufgabe bestand also darin, an meine inneren Kräfte zu glauben, so dass sie sich positiv entfalten konnten.

Mich selber lieben. Den dritten Leitsatz hatte ich an den Schluss gestellt, obwohl Louise Hay ihn schon in ihrem Vorwort betonte und ich selber aus schmerzlicher Erfahrung weiß, wie vielfältig und groß der Schmerz ist, wenn man sich nicht oder zu wenig liebt. Sich selber wert zu schätzen ist die wichtigste Lebensregel überhaupt. Das Fundament dafür wird im Kindesalter gelegt. Ich selbst war ohne ein stark ausgeprägtes Selbstwertgefühl und Selbstbewusstsein durch mehrere Jahrzehnte meines Lebens gegangen, hatte immer darunter gelitten, aber nie so richtig gewusst, wie ich diesen Zustand verändern konnte. Später hatten die berufliche Anerkennung und eine glückliche Partnerschaft für einen gewissen Ausgleich gesorgt. Aber erst durch meine intensive Suche nach Selbsterkenntnis in den letzten Jahren war es mir gelungen, diesen als Defizit empfundenen Mangelzustand größtenteils zu überwinden. So las ich die Erläuterungen von Louise Hay mit einem zustimmenden inneren Nicken, aber ohne mich besonders betroffen zu fühlen. Wie sehr man sich doch täuschen kann?

Die nächsten freien Abende verbrachte ich größtenteils am Telefon. Nachdem ich mich entschlossen hatte, meine Krebserkrankung nicht zu verheimlichen, sollten auch meine Familie und die engsten Freunde schnell davon erfahren. Bis heute wundere ich mich darüber, wie kühl und schmucklos ich über meine Krankheit reden konnte. Nicht ein einziges Mal vergoss ich Tränen. Meistens war ich diejenige, die den anderen die Betroffenheit nehmen und ihnen Mut zusprechen konnte. Wie war das möglich? Überspielte ich meine Gefühle, ohne mir dessen bewusst zu sein? Oder verdrängte ich die Ernsthaftigkeit meiner Lage? War mein Inneres auf die Krankheit bezogen versteinert?

Eine befriedigende Antwort fand ich nicht. Auf irgendeine unerklärliche Art und Weise wusste ich, dass ich alles gut überstehen würde. Diese Gewissheit schenkte mir Sicherheit und vielleicht auch meine Angstfreiheit. Natürlich übermannte mich in regelmäßigen Abständen auch eine gewisse Verunsicherung, da ich nicht einschätzen konnte, was noch alles auf mich zukommen würde. Und ich wusste auch, dass die nächsten Wochen und Monate kein Spaziergang würden. Dennoch blieb meine Zuversicht unerschütterlich.

So gelang es mir in den Telefonaten meist nach kurzer Zeit, wieder eine ungezwungene Atmosphäre zu schaffen. Die meisten meiner Freunde wohnten nicht in meiner Nähe, so dass keiner schnell vorbeikommen konnte, um mich in den Arm zu nehmen. Das tat allen sehr leid und mir auch, aber ich genoss ihre guten Wünsche.

Von meiner engeren Familie lebten mein Vater und meine drei Geschwister ebenfalls zwei Autofahrtstunden von mir entfernt. Mein Verhältnis zu ihnen war durchwachsen. Ich möchte es einmal so ausdrücken, dass das Beziehungsgeflecht in unserer Familie recht verwoben und unbestimmt war. Wir sind vier Kinder. Als Zweitälteste verstand ich mich mit meiner älteren Schwester Veronika und meinem jüngeren Bruder Georg sehr gut. Zu meinem inzwischen 90jährigen Vater hatte ich kein inniges und unbelastetes Verhältnis aufbauen können und die ambivalente Beziehung zwischen meiner jüngeren Schwester Sabine, die mit meinem Vater in einer Hausgemeinschaft lebte, und mir verstärkte diesen Spannungszustand. Sabine litt unter einem körperlichen Handicap, mit dem sie sich zwar arrangiert, das sie aber im Grunde ihres Herzens stets abgelehnt hatte. Aus dieser Unzufriedenheit heraus erwuchsen immer wieder schwere Herausforderungen und Belastungen für die Familie. Bis in die Gegenwart hinein. So hatte Sabine drei Jahre zuvor den Kontakt zu mir vollständig abgebrochen. Eine für unsere Familie charakteristische Reaktion, denn wir hatten gelernt, Probleme durch Schweigen aus der Welt zu schaffen.

Nachdem ich nun meinem Vater von meiner Krankheit erzählt hatte, bat ich ihn, mir meine Schwester ans Telefon zu holen. Wenige Wochen vor meiner Diagnose hatte Sabine wieder Kontakt zu mir aufgenommen. Ich hatte das grundsätzlich sehr begrüßt, aber gleichzeitig darauf bestanden, die alte schwelende Geschichte zu klären. Mit dieser Bedingung hatte sich meine Schwester jedoch nicht anfreunden können. So war die Zeit der Stille fortgeführt worden.

Krebs bedeutet auf der seelischen Ebene Ablehnung oder Nicht-Annahme. Das hatte ich am Abend zuvor bei Louise Hay gelesen. Lag hier die Wurzel meines Übels? Lehnte ich im tiefsten Herzen meine Schwester ab? Ich hatte tief in mich hineingehorcht, aber keine Zustimmung gefunden. Unsere Beziehung war kompliziert und ich fühlte mich durch ihre Verhaltensweise oftmals überfordert, doch hatte ich nicht den Eindruck, meine Schwester abzulehnen, hatten wir doch viele Jahre hindurch ein sehr enges Verhältnis gepflegt. Ablehnung, ein hartes Wort. Meine Gedanken hatten ihm nachgespürt. Verweigerung, Verneinung, Zurückweisung, Rückzug. Rückzug? Rückzug! Mein ganzer Körper hatte sich plötzlich angesprochen gefühlt. Wer oder was hatte sich von wem oder was zurückgezogen? Wo sollte ich beginnen zu suchen? Die starke Reaktion meines Körpers hatte mir den Weg gewiesen. So hatte ich alles aufgeschrieben, was mir durch den Kopf gegangen war und ich dabei gefühlt hatte. Ehrlich und unnachgiebig. Schonungslos und offen. Und ganz allmählich hatte ich erkennen können, dass ich mich selber in diesen drei Jahren innerlich zurückgezogen hatte, und zwar nicht nur von meiner Schwester, sondern von meiner gesamten Familie, also auch von meinem Vater und den beiden anderen Geschwistern. Ich hatte keinen anderen Weg gesehen, mich selber zu schützen und endlich zu Ruhe und Frieden zu gelangen.

Ich brauche euch nicht, ich komme auch ohne euch zurecht, vielleicht sogar viel besser, lautete meine innere Devise, die sich in dieser Zeit mehr und mehr verfestigt hatte und mit der ich mich, wie ich mir jetzt eingestehen musste, auch recht wohl fühlte. Denn sie verschaffte mir Distanz und dadurch eine gewisse Erleichterung.

Nicht-Annahme, dachte ich wieder. Ja, ich hatte sie gefunden. Aber nicht bei anderen, sondern bei mir selber. So hatte ich schleichend einen inneren Prozess in Gang gesetzt, der mich selber zerstörte. Diese Erkenntnis schmerzte mich sehr. Auf der anderen Seite fühlte sie sich auch gut und richtig an. Nach und nach erkannte ich, dass sich in meiner abständigen Einstellung zum Knoten die abständige

Einstellung zu meiner Familie widerspiegelte, die sich nun gegen mich selber richtete. Die eigene Familie nicht anzunehmen bedeutete, einen Teil seiner Persönlichkeit nicht anzunehmen. Aber wie ich es auch drehen und wenden wollte, meine Familie war und blieb ein Teil von mir. Unabhängig davon, was alles geschehen war. Unabhängig davon, was noch geschehen würde.

Erst nachdem ich diese Zusammenhänge verdaut hatte, war es mir möglich, auf Sabine zuzugehen. Wie alle anderen war auch sie geschockt über meine Krebsdiagnose. Doch diese Information war ja nicht der einzige Grund meines Anrufes. Ich hatte inzwischen auch begriffen, dass die Jahre des Abstandes zwischen uns zwar falsch gewesen waren, mir aber dennoch geholfen hatten, mich ein Stück aus einer emotionalen Abhängigkeit von meiner Schwester zu befreien. Und dieses kleine, aber nicht unbedeutende Stück innerer Freiheit wollte ich keinesfalls wieder aufgeben.

»Ich weiß, dass du über die alten Sachen nicht reden willst«, formulierte ich vorsichtig, »daher möchte ich dir ein Angebot machen.«

Sofort spürte ich durch den Telefonhörer, wie sich ihre Antennen auf *Achtung Abwehr!* ausrichteten, während ich versuchte, mich davon nicht beeindrucken zu lassen.

»Ich schlage dir vor, dass wir wieder miteinander reden«, sagte ich mit ruhiger konzentrierter Stimme, »aber unter anderen Bedingungen. Drei Jahre sind eine lange Zeit, in der auch ich mich verändert habe. Ich werde nicht mehr der Adressat für deinen Frust sein. Das war ich viel zu lange und es hat mir nicht gut getan. Wenn du damit einverstanden bist, stellen wir unsere Beziehung auf neue, andere Füße.«

Auf der anderen Seite der Leitung blieb es still. Sabine hatte sich schon immer gut verteidigen können, hatte Verteidigung von klein auf zu einer vermeintlichen Überlebensstrategie ausgebaut und trainiert. Immer schon hatte ich mich ihr in diesem Punkt unterlegen gefühlt. So empfand ich meine eigenen Worte als riesengroßen Schritt aus mir heraus, um endlich meine eigenen Wünsche zu formulieren und nicht die anderer zu befriedigen.

»Du musst nicht sofort antworten«, schob ich nach, »du kannst es dir in Ruhe überlegen.«

»Das ist nicht nötig«, sagte sie schnell. »Ich bin damit einverstanden.«

Uff! Das war geschafft. Für eine Familie, in denen Worte über eigene Befindlichkeiten und Emotionen nicht flossen, sondern irgendwo im Gefaser innerer Gefühlsmuster steckenblieben, ein beachtlicher Satz. Natürlich begann damit keine Aufarbeitung irgendwelcher familiärer Probleme. Aber darum ging es jetzt auch nicht. Es war mein erster schwerer Schritt Richtung Familie.

Die Tränen

Das Wochenende war erreicht. Endlich fand ich Muße, die letzten Tage aufzuarbeiten. Ich setzte mich an den Schreibtisch und verbrachte viele Stunden mit meinem Tagebuch. Dabei handelte es sich nicht um ein Buch im klassischen Sinne, also aus gebundenem Papier, sondern um elektronische Dokumente, denn das Schreiben am Rechner ging mir wesentlich schneller von der Hand als das manuelle. So konnte ich fast zeitgleich denken und schreiben, und zwar stundenlang, ohne dass sich meine Hand verkrampfte. Seit vielen Jahren schon begleitete ich mich selber auf diese Weise. Intensiv, ehrlich und konstruktiv. Die meisten Ideen und Einsichten kamen mir während dieses Prozesses, aber was viel wichtiger war: Ich fühlte mich nach dem Schreiben immer ruhiger, ausgeglichener und harmonischer als vorher. So als hätte ich mir ein entspanntes Seelenbad gegönnt.

Dabei ging es vorwiegend um das Revue passieren lassen des Geschehenen mit dem Effekt, die aufkommenden Ängste, Sorgen und Ziele neu zu betrachten und einzuordnen. Ich wusste nie im Voraus, wie viel Zeit ich für diesen Vorgang benötigte, und es spielte auch keine Rolle. Denn ich genoss diese Beschäftigung sehr. Nicht, um in Selbstmitleid zu versinken. Ganz im Gegenteil, um Dinge in mir zu klären und aufzuarbeiten. Oftmals schrieb ich auch nur interessante Ereignisse des Tages oder der Woche auf, ohne sie zu analysieren. Dadurch vergegenwärtige ich sie mir noch einmal und kostete sie erneut aus. Für mich bedeutete diese Art, mit mir und meinem Leben umzugehen, ein Stück bewusster zu leben. Zu schauen, ob ich auch nichts Wesentliches übersah oder vergaß.

Wohin ich auch hörte, alle Welt beschwerte sich darüber, dass die Zeit an ihnen vorüber flöge. Ich hatte mir abgewöhnt, solche Aussagen zu kommentieren, da ich inzwischen begriffen hatte, dass die meisten Menschen lediglich ein offenes Ohr für ihre Klagen suchten, ihr Leben aber nicht verändern wollten. Auch ich hatte mich jahrelang vom Alltag dominieren lassen. Ich kannte die Mechanismen gut. Jetzt lebte ich anders. Ich setzte meine Verabredungen zeitlich nicht so eng aneinander und verspürte nicht mehr den Druck, an jedem Event teilzunehmen. Mut zur Lücke. Zudem hatte ich längst ein Alter erreicht, wo ich nicht mehr jedem Trend hinterherlaufen musste. Das ersparte mir viel Zeit. Alles wiederholte sich ohnehin. Warum sollte ich mich also selber stressen? Verpasste Kinofilme beispielsweise konnte ich mir kurze Zeit später im Fernsehen anschauen und die interessanten Fernsehfilme rotierten ohnehin durch alle Sender. Mehr und mehr machte es auch das Internet möglich, sich solche Wünsche sofort zu erfüllen. Geduld war keine Tugend mehr, sondern ein Auslaufmodell.

Schon vor fünfzig Jahren hörte ich die Alten traurig sagen: Die Welt dreht sich immer schneller! Heute können wir nur darüber lachen, wenn wir die Filme oder Erzählungen dieser angeblich so schnelllebigen Zeitepoche der ersten Hälfte des letzten Jahrhunderts verinnerlichten. Doch alles hat mindestens zwei Seiten. Ist unsere Schnelllebigkeit vielleicht der unbewusste Grund dafür, dass sich so viele alte Menschen in die Demenz zurückziehen? Weil sie sich restlos überfordert fühlen mit dem modernen Leben in all seinen Facetten? Zusätzlich abgehängt und unverstanden? Vielleicht.

Ich saß also am Schreibtisch und versuchte, meine eigene Zeit anzuhalten beziehungsweise zu verlangsamen, um eine gedankliche Struktur in meinen Heilungsprozess zu knüpfen. Der physische Ablauf unterlag den medizinischen Kriterien und würde nach meinen ersten Erfahrungen mit der Klinik wie geschmiert ablaufen. Hier brauchte ich mich um gar nichts zu kümmern. Frau Keuper würde alles Notwendige veranlassen und auch die Termine vereinbaren. Sie hatte mir am Donnerstag schon ein weißes Ringbuch in die Hand gedrückt, das ein Register für alle relevanten Bereiche enthielt: Persönliche Daten, Betreuungsteam, Diagnostik und Tumorstadium, Anamnese und Körperliche Befunde, Histologie, Operation, Postoperative Diagnose, Therapien, Rehabilitation, Beratung, Nachsorge, Rückfallbehandlung, wichtige Adressen, Arztbriefe und Schriftwechsel mit der Krankenkasse. Erschlagend vollständig und schockierend deutlich für ein erstes Treffen. Ich hatte mich leicht überfordert gefühlt und den Ordner zu Hause aufs Regal gestellt. Jetzt nahm ich ihn zur Hand und entdeckte, dass einige Register bereits sorgfältig mit vielen nützlichen Informationen gefüllt waren. Damit würde ich mich dennoch erst bei Bedarf auseinandersetzen. Doch diese Möglichkeit zu haben, tat irgendwie gut.

Das Organisatorische wurde mir also liebevoll aus der Hand genommen. Ich grinste. Wahrscheinlich geschah das aus gutem Grund. Der Stresszustand der Frauen war extrem hoch und konnte zu vielen Missverständnissen führen. Außerdem waren der Klinik alle in den Heilungsplan eingebundenen Ansprechpartner bestens bekannt, so dass die Absprachen in direkter Linie reibungsloser vonstattengehen konnten. So bestand meine Aufgabe ausschließlich darin, allen Instruktionen Folge zu leisten und die notwendigen Untersuchungen über mich ergehen zu lassen. *Ein Schaf*, dachte ich, *ein Schaf, das willenlos durch die Maschinerie unseres Kranken-*

systems geführt wird. Keine erbauliche Vorstellung. Doch im Augenblick war ich mehr als froh, dass alles so systematisch und ohne mein Zutun seinen Gang nahm. Mein Kopf war ohnehin voll mit Informationen, Fragen und Überlegungen. Und mein Herz hatte genug damit zu tun, eine emotionale Lösung zu finden. Eine schwere Aufgabe, die in meinen Augen der physischen Therapie in nichts nachstand.

Ich schaute aus dem Fenster zum klaren Winterhimmel hinauf und staunte über ein so makelloses Blau, wie man es in unseren Breitengraden nur selten zu Gesicht bekommt. Kein Wölkchen störte das Bild, kein Vogel, keine graue Schliere. Stattdessen verlief eine schneeweiße scharfkantige Linie schnurgerade über das Firmament und teilte den Himmel in eine nördliche und eine südliche Hälfte. Wie von Künstlerhand gezogen erschien mir dieser ungewöhnlich breite Strich, eher ein Streifen, und unwirklich nah. Das Flugzeug, das ihn verursacht hatte, war meinem Fensterausschnitt längst entflogen. Ich konnte mich des Gefühls nicht entziehen, dass dieses futuristisch anmutende Kunstwerk nur mir galt. Ein harmonisches Zusammenspiel von Technik und Natur. Tief berührt von ihrer Schönheit saugte ich die Impression in mich auf. *Es sieht aus wie ein Weg*, kam mir plötzlich in den Sinn, *ein Weg des Lichts, klar und zielgerichtet.* Wollte mir jemand eine solche Bedeutung suggerieren? Vielleicht. *Auf jeden Fall gibt es einen Weg*, entschied ich. *Und ich werde sehen, wohin er mich führt.*

Kaum hatte ich diese Einschätzung getroffen, verschwamm das Meisterwerk zu kurzen Wellen und immer blasser werdenden Schleiern, so dass mir innerhalb weniger Augenblicke nur noch traumhafte Erinnerungen blieben. *Es gibt einen Weg*, sagte ich mir erneut, *und alles ist endlich. Alles in der Natur ist vergänglich, so wie auch wir.* Bei solchen Gelegenheiten wünsche ich mir immer, malen zu können. Wie schön wäre es gewesen, diese kurze Darbietung am Himmel auf einer Leinwand festzuhalten, um sich immer wieder daran zu erfreuen? Da ich diese Fähigkeit jedoch nicht besitze, würde mir nur die Erinnerung an diesen magischen Augenblick bleiben. Ich hatte mir die kleine Episode notiert und fand ich sie jetzt beim Schreiben dieses Buches wieder.

In der Nacht zum Sonntag hörte ich mir die Heilungs-CD zu dem Buch von Louise Hay an in der Hoffnung, durch ihre beruhigenden Worte wieder einschlafen zu können, wie es schon oft der Fall gewesen war. Doch es kam völlig anders. Ich lag warm eingekuschelt und entspannt in meinem Bett und ließ den vertrauten Text in mich hineinfließen. Irgendwann gelangte ich an eine Stelle, die mir völlig fremd erschien. Von der ich felsenfest behauptet hätte, sie noch nie zuvor gehört zu haben. Wie war das möglich, wo ich die CD in ihrer gesamten Länge schon mehrfach abgespielt hatte? Konnte es sein, dass ich jedes Mal kurz vor dieser Stelle eingeschlafen war? Noch heute versetzt mich der Gedanke daran in Erstaunen.

Louise Hay stellte den Hörern eine Aufgabe. Das Thema waren Visualisierungen aus der Kindheit. Kein Problem. Ich hatte noch eine gute Erinnerung an alle möglichen Situationen und ließ verschiedene Episoden an mir vorüberziehen. Das nächste Bild sollte darin bestehen, sich seine Eltern als Kinder im Alter von ungefähr fünf Jahren vorzustellen. Es wurden alltägliche Situationen vorgegeben, die in jede Zeit passten. Zuerst war die Mutter an der Reihe. Dann der Vater, jeweils verbunden mit der Bitte, sie in Liebe zu betrachten und anzunehmen.

Plötzlich geschah etwas Seltsames. Ich stellte mir also meine Eltern als Fünfjährige vor und ließ dabei meine Phantasie spielen, denn ich hatte sie ja nie als Kinder gesehen. Auch existierten keine Fotos aus ihrer Kindheit. Der Krieg hatte alles zerstört oder verlustig gehen lassen. Kaum hatte ich nun die Gesichter meiner Eltern vor meinem geistigen

Auge und nach meiner eigenen Vorstellungskraft geformt, schossen mir die Tränen in die Augen. Und nicht nur das. Mein gesamter Körper begann, sich krampfartig zu schütteln. Ich hatte mich nicht mehr unter Kontrolle. Sturzbäche an Wasser flossen aus mir heraus. Mühsam setzte ich mich im Bett auf, um nach Taschentüchern zu greifen. Ich stoppte die CD und ließ meine Tränen hemmungslos fließen. Etwas anderes war ohnehin nicht möglich. Wie lange dieser Zustand anhielt, vermag ich nicht zu sagen. Irgendwann jedoch beruhigte ich mich. Mein Oberkörper schmerzte. Meine Augen brannten. Und neben meinem Bett türmte sich ein weißer Berg aus Papiertaschentüchern.

Was war geschehen? Bisher hatte ich wegen meiner Krankheit keine einzige Träne vergossen. Das war zwar untypisch für mich, aber im Grunde genommen genoss ich diese Tatsache sehr, da ich so keine unkontrollierbaren Situationen zu befürchten hatte. War jetzt der Bann gebrochen? Hatte ich diesen langen Zeitraum gebraucht, um Gefühle zulassen zu können? Musste ich mich zuerst mit der Thematik intensiver auseinandersetzen, um an diesen Punkt zu gelangen? Warum sollte ich überhaupt weinen? Nein, nein, nichts davon passte. All diese Überlegungen mochten zwar irgendwo richtig sein, aber sie fühlten sich nicht stimmig an. Für mich war es kein Zufall, dass ich diese Stelle der CD bisher nicht bewusst wahrgenommen hatte. Mir wurde klar, dass die richtige Zeit für dieses Intermezzo, für diesen Baustein erst jetzt gekommen war. Die Heftigkeit meines Gefühlsausbruches machte mir zusätzlich deutlich, dass ich auf den Kern meines emotionalen Problems gestoßen war. *Genauso ist es*, sagte mein Verstand. Und mein Gefühl antwortete: *Jetzt hast du deinen Knoten gefunden.*

Am nächsten Morgen stand ich immer noch unter dem Eindruck meines nächtlichen Ausbruchs. Doch seltsamerweise fühlte ich mich frei und gelöst. Mein ganzer Körper war erfüllt von Dankbarkeit. Ich war beseelt. Mir ist klar, dass diese Worte sich sonderbar anhören, aber so war es. Mein Herz war erfüllt von Dankbarkeit. Anders kann ich es nicht ausdrücken. Ich spürte, dass ich meinen Weg zur Heilung gefunden hatte. Noch war es nur ein unübersichtlicher steiniger Trampelpfad, aber ich wusste genau, ich war auf der richtigen Spur.

Es war Sonntag. Am Dienstag zuvor hatte ich die Diagnose erhalten. Also hatte ich nur fünf Tage gebraucht, um meinen Knoten zu finden. Und er hatte primär nichts mit meiner Schwester Sabine zu tun, sondern mit meinen Eltern. Das hatte meine Reaktion in der Nacht eindeutig bewiesen. Ich war einen wesentlichen Schritt vorangekommen, wenngleich ich noch keine Erklärungen gefunden hatte. Doch meine Reaktion in der Nacht hatte mir aufgezeigt, wo ich suchen musste.

Angeregt durch das Buch von Louise Hay hatte ich wieder begonnen, täglich zu meditieren. Diese Übung praktizierte ich seit Jahren, nur nicht so regelmäßig. Ich setzte mich dann auf mein Meditationskissen, ließ den Tag Revue passieren oder öffnete mein Inneres, um Antworten auf bestimmte Fragen zu finden. Die Innenwelt der Menschen entpuppte sich für mich schon immer mindestens so spannend wie ihre äußere Erscheinungsform. Unser Seelenleben gehört zu unserer Identität. Daher ist es mir wichtig, meines zu kennen. Außerdem werden wir alle von unserem Inneren geleitet, und zwar auf eine spezielle Art und Weise durch Gefühle, Einsichten und Ereignisse. Nichts geschieht zufällig. Je mehr wir uns öffnen, desto stärker kann sich diese Energie entfalten und desto klarer erkennen wir die Zusammenhänge zwischen unserem äußeren und inneren Leben. In unserer modernen Welt sind wir überzeugt davon, in erster Linie körperliche Wesen und vom Verstand geleitet zu sein. Ich persönlich glaube das nicht. Unsere seelische Gesundheit und ihr Gleichgewicht sind der materiellen Welt in keiner Weise untergeordnet. Daher ist es wichtig für mich, auch sie zu ehren und zu schützen, um eine Balance zwischen Körper und Seele aufzubauen. In jeder Minute meines Lebens.

Mein größtes und schwerstes Ziel in der Meditation bestand darin, nichts zu denken. Die Welt um uns herum wird immer lauter, und mit jedem Phon sinkt unsere Sensibilität für die feinen Schwingungen des Lebens, sowohl im Äußeren als auch in unserem Inneren. Wird uns alles zu viel, gönnen wir unserem Körper Ruhe und Entspannung. Wir schlafen lange oder machen Ferien. Aber was ist mit unserem Verstand? Wann darf unser Kopf Urlaub machen und sich erholen? Natürlich denken wir auch in diesem Zusammenhang wieder an Schlaf. Aber jedes Schlaflabor beweist uns sehr schnell, was unser Kopf in den nächtlichen Stunden leistet. Da kann von Erholung keine Rede sein. Aus diesem Grund versuchte ich mit jeder Meditationsübung, für einige Minuten das Denken auszuschalten.

Jetzt saß ich wieder im Schneidersitz auf meinem indischen Kissen. Schneidersitz. Ich grinste, denn ich wusste, dass man inzwischen Lotossitz sagt, doch mir gefallen viele alte Begriffe einfach besser. Sie besitzen meist mehr Charme und manchmal beinhalten sie auch eine kleine Geschichte ihrer Herkunft. Daher bedauere ich, dass sie mehr und mehr verloren gehen. Ich atmete einige Male tief durch und entspannte mich so gut es ging. Danach versetzte ich mich noch einmal in die Situation vom frühen Morgen und stellte mir meine Eltern als Kinder vor. Im selben Augenblick gerieten meine Gefühle wieder in Aufruhr. Aber ich weinte dieses Mal nicht. Ich empfand ein übergroßes Mitgefühl mit ihnen. Mit diesen niedlichen Kindern, die so gefangen waren in ihren schwierigen Situationen, so traurig schauten und keinen Ausweg sahen. Noch nie zuvor hatte ich mir Gedanken über die Kindheit meiner Eltern gemacht. Meine Mutter hatte früher ein wenig aus dieser Epoche erzählt, aber meistens war es um Erlebnisse aus der Kriegszeit gegangen, als sie bereits ein Teenager gewesen war, und nie war es um ihre Gefühlswelt gegangen. Wie hatte sie ihre Kindheit erlebt? War sie angenommen oder abgelehnt worden? Welche Sehnsüchte und Träume hatten sie erfüllt? Wie war ihr Verhältnis zu ihren vier Geschwistern gewesen? Welche Beziehung hatte sie zu ihrer später im Krieg vermissten jüngeren Schwester gehabt? Fragen über Fragen bohrten sich an die Oberfläche und keine konnte ich beantworten, weil ich sie ihr nie gestellt hatte. Und mein Vater? Von ihm wusste ich noch weniger, allein die Tatsache, dass er mit neun Geschwistern in Polen groß geworden war und sehr früh in den Krieg ziehen musste. Schon mit 17 Jahren. Zehn Jahre seines Lebens unterlagen der Gewalt, 5 Jahre Krieg und 5 Jahre Gefangenschaft in Jugoslawien.

So wurde mir langsam bewusst, dass die Kindheit meiner Eltern überhaupt keinen Raum in meinen Erinnerungen einnahm. Und ich begriff, dass die Ursache meiner schwierigen Erfahrungen in ihren schwierigen Erfahrungen lag. Vielleicht konnte man diese Ereigniskette noch weiter in die Vergangenheit zurückführen zu den Großeltern. Aber das wollte ich nicht, denn ich hatte verstanden, was ich verstehen sollte.

An dieser Stelle möchte ich betonen, dass es bei dieser Erkenntnis nicht um ein logisches Begreifen ging. Natürlich wusste ich, dass die Kindheit meiner Eltern zum Teil schwierig gewesen war, von den Entbehrungen und Erlebnissen der Kriegsjahre ganz zu schweigen. Mein Verstand kannte seit langem diese Zusammenhänge. Nein, es war zum ersten Mal ein emotionales Nachvollziehen. Ein Fühlen dieser Muster. Ein Verstehen mit dem Herzen sozusagen. Und mit dieser emotionalen Erkenntnis entwickelte sich eine neue Intuition, ganz stark und klar. In mir hatte sich eine Tür geöffnet. Ich hatte sie schon lange vergebens gesucht und so manches Mal geglaubt, sie gefunden zu haben. Jetzt aber erkannte ich den Trugschluss und fragte mich, ob es überhaupt eine Tür gab, die weniger robust und verriegelt war als diese? Ich glaubte nicht. Die Tür, die ich vor mir sah, war die Tür zur aufrichtigen Vergebung.

Bisher hatte ich mit diesem Begriff nur abstrakte theoretische Bedeutungen verbinden können. Jetzt war es mir zum ersten Mal möglich, die Dimension dieses Ausdruckes in meinem Herzen zu spüren. Es war wunderbar. Mehr kann ich dazu nicht sagen. Dieses Gefühl war einfach wunderbar, so tief, so rein, ein wenig überirdisch. Natürlich ist mir bewusst, dass diese Beschreibungen klischeehaft oder kitschig klingen, doch ist es mir nicht möglich, passendere Worte zu finden.

Nun war es keineswegs so, dass meine Probleme mit der gewonnenen Fähigkeit zu diesem Gefühl gelöst waren. Doch darum ging es in diesem Augenblick nicht. Es ging allein darum, jene Tür des Verzeihens gefunden und geöffnet zu haben, wenn auch nur einen Spalt breit. Denn darin bestand die Chance, meine Probleme aufzuspüren und loszulassen. Alles andere konnte meiner Meinung nach nicht funktionieren.

Ich betastete meinen Knoten. *Ich habe ihn gefunden*, dachte ich. *Es ist ein Familienknoten. Es war gar nicht so schwer, ihn zu finden. Vielleicht habe ich ihn noch nicht in Gänze, in seiner vollen Tiefe erfasst und vielleicht ist das auch nicht nötig, aber ich weiß die Richtung meines Weges. Jetzt habe ich die Chance, heil zu werden. Von meinen alten zerstörerischen Mustern und vom Knoten.*

Ich lächelte dankbar.

Das Heilungsbuch

Und mir ist, als ob ich die maßlose Einsamkeit dieses Volkes spüre. Als ich diese Zeilen von Andreas Altmann in seinem Buch »Verdammtes Land. Eine Reise durch Palästina« las, war ich tief berührt. Nur selten offenbart jemand, einen kollektiven Schmerz wahrzunehmen. Und noch seltener geschieht dieses durch einen Mann. Ich frage mich oft, ob das Gespür für die Feinheiten menschlicher Empfindungen ein so dünngesätes Gut ist? Oder nur eines, zu dem wir in der heutigen fortschrittlichen Welt nicht stehen möchten?

An anderer Stelle im selben Buch las ich noch einen interessanten Satz: *Ich bohre nach Hirn.* Diese Worte machten mir schlagartig klar, dass auch ich bei meinem Umgang mit anderen Menschen oftmals auf der Suche nach irgendetwas bin, ohne diese Unbestimmtheit benennen zu können. Wäre ich mir dieser Tatsache nämlich bewusst gewesen, hätte ich systematischer forschen können. So aber blieben viele Fragezeichen in mir zurück, wie schemenhafte Umrisse im Nebel. Nach diesem Anstoß dachte ich intensiv über meine eigenen Intentionen nach und wurde zufrieden bei den folgenden Worten: Ich bohre nach Seele. Mit anderen Worten nach Liebe, Güte, Herzenswärme. Nicht um meinetwillen, sondern um des anderen willen. Damit dessen Leben schöner, leichter und erfüllender wird.

Warum bin ich so anders geraten als die Masse der anderen? Warum ist es mir wichtiger, über solche Dinge nachzusinnen oder ein spirituelles Buch zu lesen als den neusten Kinofilm zu schauen? Warum bin ich so interessiert an der Weltsicht der anderen? Ich glaube, ich möchte einfach mehr verstehen. Deswegen schreibe ich auch so viel. Um mich selber zu begreifen, aber zum anderen auch, um eine Erklärung für das Leben zu finden. Das Leben ganz allgemein und meines im Speziellen. Es ist überaus spannend zu erforschen, wie alles zusammenhängt oder zusammenhängen könnte. Und jedes passende Puzzleteil erfüllt mich und treibt mich weiter an. Das Schreiben hilft mir beim Verarbeiten und Sortieren. Glücklicherweise habe ich Freunde, die sehr offen sind, denen ich alles anvertrauen kann, was ich erlebe oder denke. Auch über spirituelle Themen. Oder esoterische, wie wir gerne all das zusammenfassend benennen, was wir nicht verstehen, womit wir uns aber auch nicht näher auseinandersetzen möchten. Nicht alle Freunde teilen meine Einstellung, und das ist gut und richtig so. Denn es geht um den Austausch von Erkenntnissen und Erfahrungen, um das Annehmen neuer Ideen, um das Lernen voneinander und nicht um ein Nach-dem-Munde-reden.

Wer bin ich? Woher komme ich und wohin gehe ich? Warum bin ich überhaupt hier? Gibt es Lebensaufgaben für jeden Einzelnen von uns? Gibt es ein Leben nach dem Tod? Wenn ja, wie könnte es aussehen? Worin besteht der Sinn unserer Existenz? Und dann die entscheidende Frage: Wo finde ich Antworten, die mich befriedigen? Solche Themenbereiche anzusprechen, erfordert viel Vertrauen. Aber warum eigentlich? Warum ist eine Auseinandersetzung mit Glaubensfragen sofort ein Problem, wenn man die Lehrmeinung der Kirche verlässt? Und das im 21. Jahrhundert. Ich bin der Überzeugung, dass wir uns viel zu wenig mit den existentiellen Fragen des Lebens befassen, dass wir aber alle tief in unserem Inneren nach Antworten lechzen, je älter wir werden. Doch werden wir keine finden, wenn wir nicht aktiv nach ihnen suchen.

Mir ist es nicht mehr wichtig, das Denkmodell irgendeiner Konfession zu übernehmen. Ganz im Gegenteil. Für mich enthalten alle Religionen einen einheitlichen Motor, der unser Dasein in all seinen Facetten prägen und definieren soll. Eine treibende Kraft oder einen göttlichen Kern, der nur aus Liebe besteht. Und diese Liebe ist so bedingungslos und allumfassend, dass sie unser Vorstellungsvermögen sprengt. So hatten wir irgendwann begonnen, Regelwerke aufzustellen, die uns Halt und Orientierung geben sollten, wo vom Grundsatz her Freiheit geboten war. Denn Glaube kann nur Freiheit bedeuten. Unser Verstand hat seine Grenzen, daher funktioniert der Glaube auch auf einer anderen Ebene, einer spirituellen oder geistigen. Also einer grenzenlosen. Nur dort kann meiner Meinung nach Liebe wachsen. In der Kraft der Freiheit, der Weite und Ungebundenheit. Irgendwann hatte ein Prozess eingesetzt, der uns immer weiter von dieser universellen Dynamik, der Liebe, unserer Chance auf Freiheit entfernte. Manchmal kann ich mich des Eindrucks nicht erwehren, dass wir einige technische Daten in unserem Gehirn diesbezüglich komplett vertauscht haben. So halten wir Liebe oftmals für Schwäche und Hass für Stärke. Auf diese Weise haben wir zugelassen, dass sich Hass und Gewalt einen selbstverständlichen Platz in unserem Alltag erobern durften mit einem ständig steigenden Anteil. Schauen wir uns die Programme der Fernsehsender oder Kinos an. Welche Filme verkaufen sich am besten? Oder welche Bücher werden am meisten gelesen? Furcht bringt Geld, eine erschreckende Realität.

Was um uns herum geschieht, sind keine einzelnen Ausreißer mehr, sondern ein Stück gewalttätigen Alltags, der sich detailliert vor unseren Augen abspielt. Der Bequemlichkeit halber besetzen wir ihn mehr und mehr mit dem Begriff Normalität und schauen widerstandslos zu, wie er sich täglich in unserer Seele einquartiert. Ich stelle mir oft die Frage, warum Gewalt und Hass eine solche Faszination auf uns ausüben? Ich bin selber von dieser Zeit geprägt und obwohl ich die negativen Muster erkenne, kann auch ich mich nicht vollständig dem Sog der Spannung in den Medien entziehen. Darüber ärgere ich mich häufig, beschwichtige mich aber gleichzeitig mit der Überlegung, dass ich mir wenigstens Gedanken über das mache, was ich konsumiere, und die Menge der brutalen Bilder eindämme.

Geschieht in unserem Alltag so wenig Ereignisreiches? So wenig Spannendes? Sind wir schon so abgestumpft, dass der Thrill immer rabiater und roher werden musste, damit wir noch etwas empfinden können? Was muten wir uns zu? Und vor allem, welche Auswirkungen wird unser Verhalten auf Dauer zeigen? Für mich besitzt jeder Mensch einen eigenen Prozessor. Dieser befindet sich nicht in unserem Verstand oder unserem Herzen, sondern in jeder einzelnen Zelle. Eingebunden wie unsere DNS. Und dieser Rechner speichert alles. Nichts, aber auch gar nichts geht verloren. Alles, was wir aufnehmen, wird dadurch sowohl in unserem Körper als auch in unserer Seele sorgfältig aufbewahrt. Schließlich ist es nicht unwahrscheinlich, dass wir diese Informationen noch einmal benötigen. Auch haben wir keinen Einfluss darauf oder zumindest die meisten von uns nicht, wo die einzelnen Daten abgelegt werden. Es handelt sich um einen Automatismus, dem wir ausgeliefert sind. Um einen unbewussten Vorgang, der im Hintergrund abläuft, unaufhörlich und zuverlässig wie ein Arbeitsspeicher.

Manchmal gelangt das Gespeicherte, aber längst vergessen Geglaubte, an die Oberfläche unseres Bewusstseins. Zum Beispiel in Träumen, Emotionen oder unerwarteten Reaktionen. Der Prozessor in uns entscheidet nicht, ob uns eine Datensammlung guttun oder schaden könnte. Darin besteht nicht seine Aufgabe. Er speichert ab. Und zwar alles, was ihm geboten wird. Also alles, was wir ihm bieten.

Gelingt es uns, Informationen zu löschen? Selten. Wenn das so einfach wäre, hätten die therapeutischen Praxen nicht solchen Zulauf. Was können wir also tun?

Ich habe begriffen, dass ich zum größten Teil selber für die Daten verantwortlich bin, die mein Körper aufnimmt. So habe ich schon vor Jahren begonnen, bewusster zu leben und negative Einflüsse möglichst zu vermeiden. In der westlichen friedlichen Welt sein Zuhause haben zu dürfen, half dabei sehr, denn ich konnte Situationen, die mir nicht guttaten, leichter aus dem Weg gehen. Diese Filterfunktion war ein wesentlicher Punkt, den ich in meinem Alltag mehr und mehr zu berücksichtigen versuchte.

Des Weiteren bin ich überzeugt davon, dass der Körper für eine sinnvolle Datenspeicherung Zeit und Muße braucht. Wenn ich an Tagen, wo ich nervös reagiere, in mich hineinhorche, realisiere ich meistens eine große Reizüberflutung. Innerhalb eines bestimmten Zeitraumes sind also zu viele Daten in mich hineingeflossen, die noch nicht geordnet werden konnten. Das wirkt sich bei mir sofort aus. Auf körperlicher Ebene werde ich zappelig und auf emotionaler Ebene genervt. Im Laufe der Zeit lernte ich immer mehr zu unterscheiden, welche Daten mir zugutekommen und welche nicht. Dazu gehören nicht nur Informationen, sondern auch Menschen, die auf mich einwirken. Nicht immer ist es möglich oder sinnvoll, die Menschen zu meiden, unter denen ich leide. In diesen Fällen versuche ich, meine Einstellung ihnen gegenüber zu lockern und mehr Gelassenheit zu praktizieren. Schließlich weiß ich, dass es meinem Körper keinesfalls verborgen bleibt, wenn ich zu viele belastende Informationen aufsauge. Damit würde allein die Gefahr, krank an Körper oder Seele zu werden, steigen. So einfach und logisch funktionieren wir. Zumindest nach meiner Überzeugung.

Ich fasste den Entschluss, ein Heilungsbuch anzulegen. In meinem Bestand befanden sich noch mehrere unbeschriebene kleine Kladden. Wunderbare Geschenke, für die ich bisher noch keine Verwendung gefunden hatte. Glücklicherweise. Ich wählte ein rotes aus mit einem feinen goldenen Ornament. Dieses orientalisch anmutende Design sprach mich sofort an. Ich bewegte das Büchlein in meinen Händen. Es fühlte sich stimmig an. Dann schlug ich es auf, um seine Zweckmäßigkeit zu prüfen. Die cremefarbenen Blätter schmeichelten meinen Augen und die dünnen Linien würden mir eine große Schreibhilfe sein. Ein fest eingearbeitetes rotes Seidenbändchen diente als Lesezeichen, in meinem Fall als Schreibzeichen. Ich war hoch zufrieden.

Zuerst hatte ich an ein Krebsbuch gedacht, das ich immer bei mir führen wollte, um alle Gedanken auf meiner Spurensuche sofort notieren zu können. Louise Hay hatte viel mit Aids-Patienten gearbeitet. Irgendwann war sie dazu übergegangen, das Wort aids klein zu schreiben, um ihm die Schärfe und Kraft zu nehmen. Eine interessante Idee. Sollte ich krebsbuch sagen?

Ich erinnerte mich daran, dass wir dankbar sein sollen für jede Krankheit, da sie uns den seelischen Bereich aufzeigt, der noch nicht geheilt ist. So erhalten wir die Chance, uns darum zu kümmern. Aus diesem Blickwinkel heraus entschied ich mich für eine optimistische Bezeichnung meines Büchleins und nannte es *Mein Heilungsbuch*.

Es sollte alles umfassen, was mich bewegte: Ziele, Affirmationen, Ideen für Meditationen, Gedanken, Erinnerungen, Erfahrungen, Erlebnisse, Gedichte, Einsichten. Ich definierte nur einen einzigen Grundsatz: Ich wollte ausschließlich positive Dinge darin festhalten, um diesen ohnehin belasteten Bereich meines Lebens nicht zusätzlich zu beschweren. Sehr schnell merkte ich, dass diese einzige Bedingung auch die schwierigste war. Immer wieder musste ich mich spontan beim Schreiben zurückhalten, weil mein Gedanke negativ war, und ihn umformulieren. Das war wirklich nicht immer leicht, doch es klappte. Und wenn ich heute in meinem Heilungsbuch lese, tut es mir immer noch gut, mich nicht in einer Sammlung destruktiver Aussagen und Beschreibungen zu verlieren, sondern in jeder Zeile eine hoffnungsvolle Haltung zu spüren.

Am Abend traf ich eine meiner besten Freundinnen, Alexandra. Ich hatte sie bisher noch nicht über meine Krankheit informiert, da dieses Treffen kurz bevorstand und ich die Gelegenheit nutzen wollte, es ihr persönlich zu sagen. Ihr Rat und ihr Trost waren mir besonders wichtig, weil auch sie meine spirituelle Einstellung teilte. So brauchte ich nicht nach passenden Vokabeln zu suchen. Alexandra konnte ich alles offenbaren, meine unaufgespürten Ängste und Hoffnungen, meine Zweifel und Fragen. Sie verstand auch meine Spurensuche in der Familie sofort, da sie ähnliche Probleme zu bewältigen hatte. So bedeutete ihr Rat eine besondere Qualität für mich. Außerdem kannte ich niemanden, der so schnell kombinieren und treffsicher auf den Punkt kommen konnte wie sie, manchmal auch auf den wunden Punkt. Es tat mir zwar weh, sie belasten zu müssen, doch das konnte ich wohl nicht ändern. Ehrlichkeit ist auch ein Stück Selbstliebe.

Es waren erfüllende und wertvolle Stunden. Meine Freundin erinnerte mich daran, dass ich aus einem inneren Drang heraus immer die Verantwortung für andere getragen hatte. Dieses müsse eine Ursache haben. Außerdem seien wir nicht auf der Erde, um zu leiden. Jedes Leid sei menschen-gemacht und nicht Gott-gewollt. Ja, das sah ich auch so. Daher musste es doch Möglichkeiten geben, es zu vermeiden. Es war gut, dass ich mit der Suche begonnen hatte. Und es war noch besser, dass ich meine Freunde in diese Suche mit einbezog. An diesem Tag fühlte ich mich wie ein großer Topf, in den immer neue wertvolle Zutaten hineingelegt wurden. Ich wurde immer reicher.

Alexandra gefiel die Idee mit meinem Heilungsbuch sehr. Angespornt durch unsere gemeinsame Familienanalyse schrieb ich vor dem Schlafengehen alle Erinnerungen und Gedanken aus meiner Kindheit und an meine Angehörigen auf, ohne irgendetwas zu bewerten oder zu ordnen. Aber auch hier nur das Positive. Nur das Gute und Schöne. Anfangs vermutete ich, mich bei dieser Suche anstrengen zu müssen, doch nachdem ich einmal begonnen hatte, mich in die Vergangenheit zu versetzen, ging alles wie von selbst. Als hätte ich einen alten Film zurückgespult, der jetzt vor meinem geistigen Auge episodenhaft ablief. Nachmittage voller Kreativität. Wir bastelten, sangen und flöteten in unserer winzigen Wohnung, die ich in der Rückschau aber nicht als belastend empfand. Für unsere Eltern durfte das wohl anders gewesen sein, aber wir vier Kinder waren von klein auf daran gewöhnt, zusammen zu rutschen, aufeinander Rücksicht zu nehmen und alles miteinander zu teilen. Die Kleinen lernten von den Großen und die Großen achteten auf die Kleinen. Ein normaler Vorgang. Ich dachte an die harten und schneereichen Winter, in denen wir überwiegend im Haus spielen mussten. Wir gestalteten uns zum Beispiel ein umfangreiches Memoryspiel, das eine Zeitlang täglich zum Einsatz kam. Und es wurde viel vorgelesen. Auch hier kamen die älteren Geschwister zum Zug, in erster Linie meine Schwester Veronika. Stundenlang drängten wir uns vor das kleine Küchenfenster und zählten die Autos, die wir zwischen den Häuserreihen auf der etwas entfernt liegenden Bundesstraße vorbeiflitzen sahen. Das war Ende der fünfziger Jahre, als jedes Auto noch bestaunt wurde. Zumindest auf dem Land. Allerdings konnten wir mit dieser spannenden Tätigkeit erst beginnen, nachdem wir mit vereinten Kräften einen großen Fensterausschnitt eisblumenfrei gehaucht hatten. Das Autozählen gehörte zu den Winterbeschäftigungen.

In der Adventszeit bastelten wir natürlich den Weihnachtsschmuck und alle Geschenke selber. Sogar in der kleinen Wohnung gab es Platz für einen Weihnachtsbaum. Es wurde viel gebacken, und wir durften helfen und naschen. Plätzchen ausstechen, aufs Backblech legen und den Restteig immer wieder neu ausrollen, bis alles verbraucht war. Die Plätzchen verzieren mit Nüssen oder Mandeln, Zucker- oder Schokoladenguss. In der ganzen Wohnung duftete es dann nach Keksen. Und sobald wir fertig waren, setzten wir uns gemütlich um den Tisch herum, zündeten die entsprechende Anzahl Kerzen auf dem Adventskranz an, sangen Weihnachtslieder und genossen die frisch gebackenen Plätzchen.

Im Sommer spielten wir überwiegend draußen. Jeden Nachmittag, sofern das Wetter es zuließ, wanderte unsere Mutter mit uns in den nahegelegenen Wald. Ich erfuhr erst viel später, dass diese Waldaufenthalte für sie eine Flucht aus der Enge der Wohnung und Nachbarschaft bedeutete. Auf dem Moosboden breitete sie eine große Decke aus, machte es sich darauf gemütlich und nahm ihr Stopf- oder Strickzeug zur Hand. Ich kann mich an keine Spielgeräte erinnern, mit denen wir uns die Zeit vertrieben, außer einem Puppenwagen. Wir sammelten und sortierten Blätter, Beeren, Rinde, Stöckchen, halt alles, was im Umkreis zu finden war. Und natürlich Käfer, Schnecken und Raupen. Alles war interessant und wertvoll für uns. Und bis heute liebe ich Laubwälder und Moosböden.

Wenn wir uns nicht im Wald aufhielten, spielten wir auf der Straße. Dort waren wir nie allein. Jede Familie hatte damals mindestens zwei, eher drei bis fünf Kinder. Viele lebten wie wir in beengten Verhältnissen, so dass wir uns so viel wie möglich draußen aufhielten. Da die wenigen Autos überwiegend auf den Hauptstraßen unterwegs waren, standen uns die Straßen zur Verfügung. Ich erinnere mich an stundenlange Spiele wie Völkerball, Seilspringen oder »Wer fürchtet sich vorm schwarzen Mann?« Gummitwist war jahrelang die Nummer 1 bei uns Mädchen. Nach dem Abendessen, wenn es die Zeit erlaubte, nahmen sich die Eltern einen Stuhl und setzten sich vor das Haus auf den Bürgersteig. Die Nachbarn kamen hinzu und gemeinsam ließen die Erwachsenen den Tag ausklingen. Wir Kinder spielten Federball oder fuhren mit unseren Rollern und Rädchen. Und bis es dunkel wurde, durften wir in den Straßen und Gärten Verstecken spielen.

Jeden Sonntag marschierten wir zur Kirche. Veronika und ich als die Ältesten durften auch alleine gehen, wenn unsere Eltern keine Zeit hatten. Der Besuch des Kindergottesdienstes war eine Selbstverständlichkeit und keine Frage der Lust oder Laune. Der Weg war weit, denn die Kirche stand auf der anderen Seite des Dorfes jenseits des Ortskerns. Sicherlich benötigten wir mindestens eine halbe Stunde für den Weg. Immer erhielten wir zwei Groschen für den Klingelbeutel, einen für jede von uns. Manchmal hatten wir Glück und bekamen von unserer Mutter einen Groschen und zwei Fünf-Pfennig-Stücke. In der Summe war das einerlei, doch stand auf unserem Weg ein Kaugummi-Automat, der nur Groschen akzeptierte. So nahm jede von uns einen der beiden Fünfer für die Kollekte und das Zehn-Pfennig-Stück wurde kurzerhand in Naturalien umgesetzt.

Es waren schwere Zeiten gewesen. Der wirtschaftliche Aufschwung hatte zwar schon begonnen, aber in der Rückschau brachte ich ihn lediglich mit Arbeit zusammen. Genauer gesagt mit Arbeit für unsere Eltern. Sie waren Anfang der Fünfzigerjahre als Flüchtlinge ins Münsterland gekommen, ohne Geld und ohne Besitz. Ihr Startkapital hatte aus ihren Händen und dem eisernen Willen, sich eine neue Existenz aufzubauen, bestanden. Hatte ich als Kind etwas davon bemerkt? Wenig. Unsere Eltern waren jung und ausgesprochen fleißig gewesen. Und beide hatten gerne gearbeitet. Arbeit hatte für sie ein Stück Leben, sicher auch ein

Stück Normalität nach den schweren Kriegsjahren bedeutet, in denen sie ihre Jugend verloren hatten. Vielleicht auch ein Stück Vergessen. So hatten sie nach besten Kräften versucht, uns nicht nur mit dem Notwendigsten zu versorgen, sondern auch kleine Extras zu ermöglichen. Unser Vater war lediglich spätabends und sonntags zu Hause gewesen, so dass unsere Mutter den gesamten Haushalt organisiert und uns vier Kinder versorgt hatte. Sie war eine perfekte Köchin gewesen, wenngleich ich viele Gerichte, die sie zubereitete, nicht mochte, und eine sehr gute Schneiderin. Ihr waren unsere hübschen Sonntagskleider zu verdanken, immer mindestens im Zweierpack hergestellt. Bei drei aufeinander folgenden Mädchen war es daher unvermeidlich, dass sich das einheitliche Outfit durch die Jahre zog. Doch bis zum Ende der Grundschulzeit hatte die Kleidung für mich keine Rolle gespielt.

Mein Heilungsbuch füllte sich mit Erinnerungen. Ich notierte nur Stichworte, während die Ereignisse wie im Film vor meinem geistigen Auge abliefen. Alle schwierigen und negativen Erinnerungen ließ ich nicht zu. Drängten sie sich dennoch auf, schob ich sie in den Hintergrund und konzentrierte mich wieder auf die schönen Erlebnisse. Ich schrieb mehrere Seiten voll. Tränen standen mir in den Augen. Doch waren es keine Tränen der Trauer, denn ich war erfüllt von der Wirkung dieser vielen reichhaltigen Erlebnisse meiner Kindheit.

Die Entspannung

Das Telefon klingelte.

»Gerade habe ich die Ergebnisse der Stanzbiopsie erhalten«, eröffnete mir Frau Keuper. »Sie hatten Recht mit Ihrem Gefühl: Es ist ein hormonbedingter Tumor. Und die Lymphknoten sind nicht befallen. Gratuliere.«

Mir fiel ein mittelgroßer Stein vom Herzen. Obwohl mir meine innere Stimme dieses Ergebnis ganz deutlich in Aussicht gestellt hatte, freute ich mich über den offiziellen Befund wie ein kleines Kind. Erleichtert lächelte ich in den Hörer hinein.

»Eine wunderbare Nachricht, Frau Keuper. Ich danke Ihnen vielmals für die schnelle Mitteilung.«

Frau Keuper lachte. »Das ist keine Gesundschreibung. Jetzt geht's erst richtig los, das wissen Sie.«

»Ja, ich weiß«, sagte ich.

Dennoch spürte ich ein erlösendes Gefühl durch meinen Körper wandern. Zum einen wurde ich darin bestätigt, dass ich mich auf meine Intuition verlassen konnte, dass mein Zugang zu mir selber funktionierte. Zum anderen bedeutete dieser Befund, dass ich mit hoher Wahrscheinlichkeit keine Chemotherapie durchleiden musste. Ich schrieb ganz bewusst *durchleiden*, obwohl ich ja auf negative Vokabeln verzichten wollte. Aber vor einer Chemotherapie hatte ich einen Heidenrespekt, um nicht zu sagen Angst. Ich war überzeugt davon, dass ich alle anderen Maßnahmen relativ leicht bewältigen konnte. Doch die Aussicht auf eine Chemo lag mir schwer im Magen, und ich spielte mit dem Gedanken, mich gar nicht erst darauf einzulassen, obwohl ich mich mit dieser Therapie überhaupt noch nicht beschäftigt hatte. Doch jetzt sah alles anders aus. Ich wusste zwar, dass die endgültige Entscheidung erst nach der Operation fallen würde in Verbindung mit den Analysen aller Gewebeproben, aber meine Zuversicht wich einer verheißungsvollen, allein auf meinem Glauben basierenden Gewissheit.

»Übermorgen, also am Mittwoch, haben Sie einen Termin im Klinikum. Um 11 Uhr. Können Sie das einrichten?«

»Ja, das kann ich.«

»Gut. Dort wird das MRT gemacht. Wir haben ja schon darüber gesprochen.«

Bei der Kernspintomographie werden mit Hilfe eines Magnetfeldes Radiowellen erzeugt, auf bestimmte Körperbereiche geschickt und die entstehenden Echosignale gemessen. Ein Computer erstellt daraus Querschnittsbilder der untersuchten Körperregion. So können krankhafte Veränderungen exakt nachgewiesen werden, ohne Röntgenstrahlen zu benutzen. Diese Erläuterung stand in den Aufklärungsunterlagen, die ich später im Klinikum erhalten sollte.

»Nach der Untersuchung werden Ihnen die Aufnahmen ausgehändigt. Bitte vergessen Sie nicht, diese in Empfang zu nehmen und mitzubringen.«

»Ich werde daran denken«, versprach ich.

»Es geht jetzt Schlag auf Schlag. Am Donnerstag um 15.30 Uhr habe ich für Sie wieder einen Termin bei uns im Hause eingetragen. Dann wird Doktor Dr. Crommert das Ergebnis der Stanzbiopsie und die nächsten Schritte bis zur OP mit Ihnen besprechen. Das macht er immer persönlich.«

»Okay. Geht auch in Ordnung.«

»Wenn Sie möchten, kann ich Ihnen auch schon den Operationstermin sagen, den ich für Sie reserviert habe? Ich weiß, das sind jetzt viele Termine, aber vielleicht möchten

Sie frühzeitig organisieren? Ich weiß selber, wie es ist, wenn man einige Zeit ausfällt.«

»Ja, das ist fantastisch. Dann kann ich schon ein wenig planen und mein Büro organisieren.«

»Es ist der 1. April.«

Ein Aprilscherz, dachte ich, *wie sinnig*. Auf der anderen Seite bei meinem schlechten Zahlengedächtnis eine schöne Eselsbrücke.

»Die Aufnahme ist am 1. April, die Operation dann am nächsten Tag.«

»Gut, darauf werde ich mich einrichten. Können Sie abschätzen, wie viel Zeit ich für den Krankenhausaufenthalt einrechnen muss? Sie haben doch viel Erfahrung.«

»So zwischen 4 und 7 Tagen, wenn alles gut verläuft.«

»Gut. Jetzt habe ich eine ungefähre Richtschnur. Das hilft mir weiter.«

Frau Keuper nannte mir noch die Station im Klinikum, wo das MRT durchgeführt würde. Dann bedankte ich mich für ihre perfekte Organisation und legte auf. Wieder war ich begeistert von der individuellen Betreuung durch das Brustzentrum. Mir wurde klar, dass eine Koordination von Krankenhaus zu Krankenhaus der einfachste und schnellste Weg war, sozusagen von Fachkraft zu Fachkraft. Da brauchte nichts erklärt oder hinterfragt zu werden. Die Krankheiten der Patienten waren ihr Tagesgeschäft. Das mochte sich jetzt etwas funktional und unpersönlich anhören, aber mir kam dieser sachliche und pragmatische Umgang mit dem physischen Part meiner Therapie sehr entgegen. Ich brauchte das medizinische Personal nicht für aufbauende emotionale oder psychologische Gespräche. Mir genügten die Faktenlage und die Möglichkeit, in Ruhe meine Fragen stellen zu dürfen. Das musste mir aber auch genügen, denn wem sollte ich meine ausgefallene und für viele sicher schräge Einstellung zu Krankheiten schon erklären? Wer würde verstehen, dass ich in meinem Inneren nach meinem Knoten suchen musste, um ihn loszuwerden? Ich war zutiefst überzeugt davon, dass nur die Doppelstrategie eine dauerhafte Heilung bewirken würde. Natürlich würde der greifbare Tumor nach der physischen Therapie beseitigt sein. Für Jahre, Jahrzehnte oder hoffentlich für den Rest meines Lebens. Aber ich wollte mehr.

Ich gehe davon aus, dass alle Körperzellen immer und überall nur das Beste für unseren Körper anstreben. Das ist ihre Bestimmung oder Aufgabe, die sie zum überwiegenden Teil auch in hervorragender Weise erfüllen. Warum sonst gibt es ein Immunsystem, dass nur eine einzige Funktion hat, nämlich uns zu schützen? Krebszellen sind entartet. Irgendwann wurden ihre Zellen umprogrammiert in zerstörerische Einheiten. Aber wann und wodurch, wenn wir unser Leben nicht groß verändert und keine negativen Einflüsse von außen auf uns eingewirkt haben? Wir wissen es nicht. Wir wissen lediglich, dass Krebszellen sich immer weiter ausbreiten. Der Knoten in meiner Brust fraß sich also durch meinen Körper, würde sich immer mehr aufblähen und auf nichts Rücksicht nehmen, was sich ihm in den Weg stellte. Er wollte gesehen werden, mit allen Mitteln auf sich aufmerksam machen. *Hier bin ich. Schau mich endlich an! Jetzt kannst du nicht mehr wegsehen.*

Das bezeichnen wir als böse. Aber ist es das wirklich? Nach meiner Lebensphilosophie macht der Körper nur das sichtbar, was die Seele ausdrücken möchte. Also gab es irgendetwas in meinem Inneren, das sich zerstörerisch ausbreitete. Irgendetwas hatte die Oberhand gewonnen und tat mir ausgesprochen ungut. Nein, das war falsch ausgedrückt. Das klang viel zu neutral, zu unbeteiligt. Schließlich war ich immer selber verantwortlich für mein Seelenleben, auf jeden Fall seitdem ich erwachsen war. So hatte ich wohl zugelassen, dass irgendetwas in mir völlig aus dem Gleichgewicht geraten war. Hatte ich das bewusst toleriert? Wann oder wo hätte ich mich anders verhalten sollen? Wusste ich überhaupt von diesem Kampf in meiner Seele? Ahnte ich etwas, wenn ich völlig ehrlich zu mir selber war? Und wenn ja, warum war ich mir nicht wichtig genug gewesen, entsprechende heilende Maßnahmen zu ergreifen?

All diese Fragen waren zwar nicht unwichtig, spielten aber nur eine bedingte Rolle, da sie sich auf die Vergangenheit bezogen. Man kann zwar aus seiner Geschichte lernen, doch war es nicht mehr möglich, sie zu verändern. Ich hatte meinen Knoten lokalisiert. Nicht nur in meiner linken Brust, sondern auf Seelenebene in meiner Familie. Nun galt es, ihn zu spezifizieren. Zu ergründen, welche genauen Faktoren es waren, die mich zerstörten und ihn nährten? Wo lag die Ausgangszelle dieser ungesunden Entwicklung?

Überall hörte und las ich: Du musst den Kampf aufnehmen! Der Krebs muss besiegt werden! Und bei jedem dieser kriegerischen Worte spürte ich einen unangenehmen Druck in meinem Bauch. Das war also nicht mein Weg. So viel war klar.

Mammakarzinom. Mamma und Karzinom. Man musste kein Sprachwissenschaftler sein, um in dieser Wortkonstellation die Mutter zu finden. Sollte ich mich wie eine Mutter um meinen Knoten kümmern? In uneingeschränkter Liebe? Dazu hatte ich noch keine Einstellung, speicherte den Gedanken jedoch ab, um später darüber nachzudenken.

Stattdessen nahm ich den Telefonhörer wieder in die Hand.

»Haben Sie heute noch einen Termin frei?«, erkundigte ich mich. »Ich könnte ab 13 Uhr, also in einer Stunde.«

»Für wie lange?«

»Für 60 Minuten.«

»Ja, das geht. Also um 13 Uhr.«

Wunderbar. Der Gedanke war mir ganz spontan gekommen. Warum sollte ich mich nicht verwöhnen lassen und nach diesem positiven Ergebnis etwas entspannen? Gerade in dieser Zeit der Belastung. Und wer wusste schon, was noch alles auf mich zukommen würde. Vielleicht würde ich in nächster Zeit gar keine Gelegenheit oder Muße mehr haben für ein wenig Wellness. Also räumte ich noch ein wenig auf, zog mich an und machte mich auf den Weg zur Thai-Massage.

Es ist immer ein wenig wie auf einer Schlachtbank, dachte ich eine Stunde später, als unvermittelt eine Frauenstimme leise »Hallo« hauchte. Meine Bauchlage war extrem begrüßungsfeindlich. So begnügte ich mich mit einer steifen Kopfdrehung und einem ebenso leisen »Hallo«.

»Probleme?«

Selbst dieses eine Wort verriet die asiatische Herkunft meiner Dienerin, meiner Göttin.

»Nein, alles okay. Nur die üblichen Nackenverspannungen.«

Ihr »Okay« vernahm ich schon wieder bäuchlings auf der Massagebank liegend, den Kopf auf das ausgesparte Gesichtsloch und die Arme neben meinen Körper gelegt. Sechzig Minuten Entspannung pur. Wellness für Körper und Seele.

Ich spürte, wie ich mit mehreren warmen Tüchern zugedeckt wurde, so dass es möglich war, immer nur den Körperteil freizulegen, der gerade an der Reihe war, damit alles andere nicht auskühlte. Zuerst wurden meine Füße gewaschen. Beim Umrunden der Zehen musste ich an meinen geschiedenen Mann denken und grinsen. Spätestens bei dieser Berührung wäre er im hohen Satz von der Liege gesprungen. Zum Glück war ich nicht kitzlig. Ich atmete vor Wonne tief durch, um im nächsten Augenblick vor Schmerz reflexartig die Luft anzuhalten, als der Reihe nach die einzelnen Energiepunkte meiner Fußsohlen geknetet wurden. Warum mussten es da unten nur so viele sein?

Auf allen Vieren arbeitete sich nun die junge Thailänderin auf meiner Rückseite nach oben. Dabei schob sie meine Muskeln oder das, was ich dafür hielt, auf der akribischen Suche nach Verhärtungen hin und her. Zuerst meine Waden, anschließend meine Oberschenkel und mein Gesäß. Mit beiden Händen – und diese schienen heute kräftiger als jemals zuvor zu sein – bog sie danach mehrfach meinen Oberkörper gegen die Liege, bis keine Luft mehr aus meinen Lungenflügeln entweichen wollte. Kurz vor dem gefühlten Bruch meiner Wirbelsäule, ließ sie kurz los, um mir die Möglichkeit für einen Atemzug zu bieten. Als hätte ich eine Wahl! Im Gegenteil, mein ganzes Sinnen und Trachten war darauf ausgerichtet, diesen Augenblick nicht zu verpassen. Mit dem beschwörenden Gedanken, sie wisse sicher, was sie tue, passte ich meinen Atemfluss ihrem Rhythmus an, meine einzige Chance zu überleben.

Nach dieser Prozedur wurde mein Rücken freigelegt und der eigentliche Genuss begann. Ich liebte die Rückenmassage, das gezielte Abtasten jedes einzelnen Wirbels, das gleichmäßige Durchwalken meiner Nackenmuskulatur, der Schulterblätter bis hinunter zu Taille und Hüfte. Immer und immer wieder. Herrlich! Vielleicht ließe sich ja auch auf diese wohltuende Weise mein kleiner Rettungsring um den Bauch herum wegmassieren? Ich wagte zu träumen. Aaah. Mmmh.

Die Hände meiner Wohltäterin waren immer in Bewegung. Schon wieder schoben sie sich nach oben. Hoffentlich nur kurz, schoss es mir durch den Kopf, aber nein, ihr zielsicherer Spürsinn ertastete meine Nackenblockaden, um nicht zu sagen die Verhärtungen, die sich über Jahre aufgebaut und verfestigt hatten. Schlechte Haltung beim Sitzen, Gehen, Stehen, Schreiben und wahrscheinlich selbst beim Schlafen. Oh je. Ein fester Knoten auf jeder Seite. Ja, ich kannte sie gut. Mit großer Leidenschaft wurde jetzt jeder einzelne von ihnen malträtiert. Es tat höllisch weh. Dennoch empfand ich die ersten, vielleicht fünf Walkbewegungen irgendwie erlösend. Ein Schritt zur Lockerung. Und mit der Lockerung würde die Entspannung kommen. Das wusste ich aus Erfahrung. Aber so weit war es noch lange nicht. Mit jedem weiteren Handgriff stieg der Schmerz. So, als würde immer wieder über einen großen blauen Fleck massiert.

Ich könnte nicht widersprechen, wenn andere mein Empfinden dabei als leicht masochistisch bezeichnen würden. Aber immer, wenn ich glaubte, diese Tortur kein einziges Mal mehr aushalten zu können und mit dem Gedanken spielte, bei der nächsten Berührung aufzuschreien, glitten die walkenden Hände sanft und wissend zu einer anderen Stelle. Aah!

Ich wusste, je mehr ich aushielt, desto besser würde es mir gehen, später, morgen, vielleicht auch übermorgen, aber selbst beim Wellness gab es Grenzen. Noch einmal glitten die Hände Richtung Kopf, und ich versuchte, nicht die Luft anzuhalten. Aber die junge Frau streifte nur sanft über meine Schulterblätter, um das Handtuch zu greifen und es mir behutsam über meinen geschundenen Oberkörper zu legen.

Mit der Beinmassage ging es weiter. Kein Muskel, keine Sehne wurde vergessen, alles gedehnt, gelockert, beklopft. Einfach göttlich. Blieben noch Hände und Arme. Ich verschmolz mit den kreisenden Bewegungen, genoss jeden Handgriff und das Baden im duftenden Öl. So vergaß ich die Zeit. Als ein »Bitte umdrehen.« geflüstert wurde, entschlüpften mir ein paar selige Glückslaute. Wieder begann das Streicheln und Lockern meiner Gliedmaßen, dieses Mal nur auf meiner Vorderseite, das Massieren des Gesichtes und des Kopfes. Ich war inzwischen total entspannt und hätte singen können vor Freude. Meinen Tumor hatte ich völlig vergessen.

Stattdessen kam mir meine inzwischen völlig verölte Frisur in den Sinn. Was soll's? Ich wollte jeden Augenblick voll auskosten. Mit allen Sinnen begleitete ich die arbeitenden Hände, die gerade an meinen Ohrläppchen zupften, noch einmal über meine Stirn fuhren, in kreisenden Bewegungen zu meinen Wangen glitten und dann gefühlvoll an meinem Hals weiter hinunter wanderten bis zu … oh nein, oh nein, bitte nicht, bitte nicht noch einmal … schrie ich ohne Worte und in dem Wissen, dass alles gut würde. Bald.

Der Therapieplan

Ich fuhr mit dem Linienbus bis an die Stadtgrenze zu den Niederlanden. Der elektronische Fahrplan hatte mir eine Fahrtzeit von sechs Minuten errechnet, aber die Fahrt kam mir länger vor. War ich doch nervöser, als ich mir eingestehen wollte? Nach sechs Stationen sah ich das Universitätsklinikum vor mir. Eine riesige skelettförmige Stahlkonstruktion, die in den dreißig Jahren ihres Bestehens wohl zur Hälfte Anhänger als auch Gegner gefunden hatte. Auf mich wirkte der Komplex wie ein riesiges Betonmonster, eher abschreckend als einladend. Ein architektonisches Produkt der siebziger Jahre, seelenlos und kalt, aber auch futuristisch und imposant.

Nur wenige Male hatte ich es bisher von innen gesehen, meistens als Besucher. Jetzt erblickte ich zum ersten Mal den kreativen neuen Hubschrauberlandeplatz direkt vor dem Haupteingang, wo auch mein Bus hielt. Die *Rettende Hand.* Der Name ergab sich aus der Konstruktion der Plattform, die sich in fünfzehn Metern Höhe befand und wie ein abgewinkelter Zeigefinger aussah. Diese Landeplattform machte es möglich, dass die Patienten aus dem Rettungshubschrauber ohne weitere Transportmittel über einen Schrägaufzug direkt in die Notaufnahme der Klinik transportiert werden konnten. Eine tolle Idee, musste ich anerkennend zugeben. Und baulich fügte sie sich gut in die High-Tech-Architektur ein.

Ich ließ mir nicht viel Zeit, den Bau zu bewundern, und lief über den großen Vorplatz zum Haupteingang. Direkt hinter der Drehtür wandte ich mich an den Informationsstand, um mich in den verworrenen Gängen der Klinik nicht zu verirren. Mit einer detaillierten Beschreibung machte ich mich auf den Weg zur Station. Unterwegs sah nur Grün und Silber, die vorherrschenden Farben im Innenbereich. Grün in allen Schattierungen für die Böden, Türen und Wände und Silber für die Stahlgerüste der Treppenbereiche sowie die sichtbaren Heizungs- und Lüftungsschächte. Ein gigantischer Organismus aus Stahl und Beton.

Das Klinikum war eine kleine Stadt für sich. Einige Geschäfte im Eingangsbereich hielten das Nötigste für Patienten und Besucher bereit: Schreibwaren, Zeitschriften, Lotto, Blumen, Getränke und Süßigkeiten. Es gab einen großen Briefkasten der Deutschen Post, einen Automaten für Briefmarken und einen Geldautomaten. Außerdem erblickte ich ein Büro der Krankenkasse. Durchaus sinnvoll und durchdacht.

Ich durchstreifte endlose grüne Korridore, die alle gleich aussahen. Schon nach wenigen Minuten hatte ich die Orientierung verloren. Aber mit Hilfe meines Zettels und den Flurbeschriftungen erreichte ich ohne Umwege, so glaubte ich wenigstens, mein Ziel. Ich meldete mich an und wurde von einer freundlichen jungen Frau begrüßt. Da ich fünfzehn Minuten zu früh war, stellte ich mich auf eine längere Wartezeit ein. In meiner Handtasche befand sich mein Heilungsbuch. Ich wollte die Zeit nutzen, um einige Einträge zu vervollständigen. Aber dazu kam es nicht, denn ich wurde sogleich zum Fachpersonal geleitet. Dann ging alles sehr schnell. In einer kleinen Umkleidekabine machte ich meinen Oberkörper frei. Anschließend ging ich in den Behandlungsraum, der durch eine Fensterscheibe von einem Nebenraum mit den technischen Steuerungsanlagen getrennt war. Mir kam der Raum riesig vor. In der Mitte stand der Kernspintomograph, das Herzstück, ein protziges Unikum. Zwei Frauen mittleren Alters kümmerten sich um mich, die eine um die Technik und die andere um meine Einweisung in die richtige Lage. Beide waren ausnehmend freundlich und fürsorglich, außerdem sehr routiniert. Als alles geregelt war, ließen sie mich allein. Immer wieder schauten sie vom Nebenraum aus nach dem Rechten. Ich beobachtete sie durch die Glasscheibe, da mir sonst keinerlei Ablenkung geboten wurde. Dann fuhr der röhrenförmige Magnet über meinen Oberkörper.

Er war recht laut, darüber hinaus jedoch ziemlich unspektakulär. Ich versuchte, mich abzulenken. Aber es wollte mir nicht gelingen. Meine Gedanken kehrten immer wieder zu meinem Knoten zurück. Das MRT würde alles offenbaren. Die Größe des Tumors und die Menge des befallenen Gewebes. Ich wusste, dass er nicht abgegrenzt war. Das Karzinom war unscharf. Seine Konturen bezogen das umliegende Gewebe mit ein. Von dieser Untersuchung hing also ab, wie groß die Operation werden würde. Ob wirklich brusterhaltend operiert werden konnte oder die gesamte Brust entfernt werden musste. In meinem Inneren war ich mir hundertprozentig sicher, dass ich meine Brust behalten durfte. Warum also tauchten immer wieder nagende Zweifel auf? Warum genügte es nicht, meinem Kopf zu sagen: Hör auf zu denken!

Ich durfte mich nicht bewegen. Nur ganz entspannt atmen. Daher wäre es gut gewesen, wenn ich mich zum Beispiel in eine schöne Urlaubsstimmung hätte entführen können. Zu einem Strandspaziergang oder einer Radpartie durch den Wald. Und die lauten Klopfgeräusche der Maschinerie ganz einfach mit in meine Phantasien hätte einbeziehen können. Aber es funktionierte nicht. Nein. Es war meine eigene Unfähigkeit, abzuschalten. Wieder einmal musste ich einräumen, wie lohnend es ist, sich nicht von seinen Gedanken beherrschen zu lassen. Wieder nahm ich mir vor, das mehr zu üben.

Die gesamte Prozedur dauerte etwa eine halbe Stunde. Während mich das Verfahren selbst kaum beeindruckt hatte, durchfuhr mich im Anschluss ein kleiner Schock, denn eine der beiden Frauen ergriff meinen Arm und half mir von der Liege! Im ersten Augenblick realisierte ich gar nicht, was sie von mir wollte, da ich bereits Richtung Boden rutschte. Wobei es sich um eine maximale Entfernung von zehn Zentimetern handelte. Sah ich so krank und gebrechlich aus? Oder so alt und unbeholfen? Einen Moment lang war ich versucht, ihre Hand abzuschütteln, doch ihr gutgemeintes Lächeln und meine eigene Höflichkeit hielten mich zurück. Außerdem ging alles so schnell, dass ich im nächsten Augenblick auch schon wieder in meiner Ankleidekabine verschwunden war.

Mit einem großen Briefumschlag in der Tasche folgte ich den Ausgang-Schildern zurück durch die Flure und verließ das Klinikum. Ich schlenderte über den Vorplatz zu den wartenden Bussen. Nach wenigen Minuten kam auch meine Linie um die Ecke gebogen. Es war Mittwoch, kurz vor 10 Uhr morgens. Ich fuhr direkt ins Büro.

Der nächste Tag stand ganz im Stern des Karnevals. Schon morgens auf dem Weg zur Arbeit begegneten mir die ersten Jecken. Mütter mit hübsch verkleideten, aber vor allem bunt geschminkten Kindern an der Hand schlenderten Richtung Innenstadt. Piraten, Mönche und Eisbären standen an der Bushaltestelle, ihre Aktentaschen unter dem Arm. Ein Scheich mit Rucksack radelte an mir vorüber zur Uni. Es war Fettdonnerstag. Diese Tatsache ließ sich in Aachen nicht übersehen. Wie alle Rheinländer, so gehen auch die Aachener völlig offen und stolz mit dieser Tradition um. Als ich vor mehr als zwanzig Jahren in die alte Kaiserstadt gezogen war, hatte ich den Mut der Menschen bewundert, sich so maskiert durch die Straßen zu bewegen, außerhalb des Rosenmontags. Das war mir sehr fremd erschienen und ich selber hätte mich das nie getraut. Aber da mir ohnehin dieses spezielle Karnevalsgen fehlt, war meine Kühnheit auch nie herausgefordert worden. Obgleich ich mich daran erinnerte, mich in manchen Jahren für das Büro ein wenig karnevalistisch heraus geputzt zu haben. Mit einem blinkenden Herzen oder Ring.

Inzwischen hatte auch ich mich an die Kostümierung im Straßenbild während der Karnevalszeit gewöhnt. Ich freute mich über die phantasievollen Verkleidungen und Bemalungen, über die stolzen Gesichter der Kinder und die feixenden Augen der Studenten. Auch wenn ich selber in den vielen Jahren kein Karnevalist geworden bin. An diesem Morgen war ich zu Fuß unterwegs. Von weitem sah ich schon die hell erleuchtete Bäckerei an der nächsten Ecke, die nur wenige Schritte von meinem Büro entfernt war. Durch das Schaufenster lachte mir die verkleidete Verkäuferin entgegen. Sie stand vor einem riesigen Tablett mit frisch gebackenen Berlinern. Spontan ging ich hinein.

»Guten Morgen. Ihre Berliner sehen so lecker aus. Da habe ich mir überlegt, dass ich welche mit ins Büro nehmen könnte. Schließlich heißt der heutige Tag ja nicht umsonst Fettdonnerstag, oder?«

Die Verkäuferin schmunzelte unter ihrer roten Pipi-Langstrumpf-Perücke.

»Ganz richtig. Wie viele brauchen Sie denn?«

Rasch überschlug ich die Anzahl meiner Kollegen am heutigen Tag und rundete auf zehn auf. Alle Teilchen wurden nicht in einer Tüte aufgestapelt, wie ich es aus dem Münsterland kannte, sondern sorgfältig auf ein Papptablett gelegt, damit die Puderzuckerschicht unbeschädigt blieb. Dieses Arrangement fürs Auge gefiel mir ausgesprochen gut.

Im Büro war ich wie immer die Erste. Ich schaltete Rechner und Monitor ein und anschließend den Kaffeeautomaten. Das Kuchentablett stellte ich auf die Fensterbank, wo unsere mitgebrachten Leckereien ihren traditionellen Platz gefunden hatten, so dass jeder wusste, dass alles, was dort stand, von allen verputzt werden durfte. Es dauerte auch nicht lange, bis die ersten Kollegen, wir waren an diesem Tag drei Frauen und drei Männer, eintrudelten. Sofort wurden die Berliner entdeckt.

»Super, die runden unser Frühstück ab«, freute sich Dana und packte alles Mögliche aus ihrer Einkaufstasche in den Kühlschrank. »Hast du die mitgebracht?«

»Ja.«

Durch meinen Termin im Klinikum hatte ich das gemeinsame Frühstück heute Vormittag völlig vergessen.

»Kommst du nachher auch mit?«

»Auf gar keinen Fall«, grinste ich. »Erstens bin ich kein Jeck, wie du weißt. Und zweitens habe ich heute Mittag doch noch einen Arzttermin.«

Meine Kollegen wussten über meine Termine Bescheid, zumindest über die in der Arbeitszeit.

»Ach ja, das hatte ich ganz vergessen. Schade.«

»Na, ich weiß nicht«, antwortete ich lachend.

»Sogar Lukas kommt mit«, klärte mich Dana auf. »Wir sind gestern alle zum Karnevalswiertz gefahren und haben uns Kostüme gekauft.«

Der Karnevalswiertz war eine Institution in Aachen. Hier wurde jedes Karnevalsherz beglückt. Es hatte Jahre gedauert, bis ich das Geschäft zum ersten Mal betreten hatte. Damals war ich auf der Suche nach einem Doktorhut für einen Kollegen gewesen. Mir stand sofort wieder dieses unglaublich opulente und vielseitige Angebot vor Augen: Hüte, Gürtel, Stiefel, Perücken, Schmuck, Schminke und Accessoires wie Brillen, Pappnasen, Schnurbärte in allen Ausführungen, riesige Ohren und gruselige Zähne, um nur einige wenige Artikel abseits der Kostüme zu nennen, die in allen thematischen Variationen und Größen vorhanden gewesen waren. Außerdem hatte ich kaum fassen können, dass der Shop nicht nur in der Karnevalszeit, sondern ganzjährig geöffnet ist.

»Wer sind denn alle?«, fragte ich.

In diesem Augenblick öffnete sich meine Bürotür und Julia erschien, ebenfalls mit einer Tüte beladen. Sie hatte sofort unser Thema erfasst und beide Frauen bogen sich vor Lachten.

»Lukas geht als Säugling.«

Jetzt musste auch ich grinsen, weil dieses Kostüm für jemanden, der nicht allzu groß geraten war, eine große Portion Humor beinhaltete. Aber die hatte er.

»Herrlich. Und ihr?«

»Dana und ich sind Fliegenpilze. Und Jens eine Kuh«, erklärte Julia. »Du wirst uns ja gleich sehen. Wir ziehen uns vor dem Frühstück um und wollen so gegen 11 Uhr zum Marktplatz losziehen.«

Der Weg in die Innenstadt war nicht weit. Das närrische Treiben konnte also in wenigen Gehminuten erreicht werden. Und so war an diesem Bürotag an Arbeiten nicht groß zu denken. Ich hatte gerade das Notwendigste erledigt, als die jecke Bande gut gelaunt und mit vollbeladenen Armen wieder auftauchte und schnurstracks durch mein Büro in das angrenzende Arbeitszimmer unseres Chefs marschierte. Da dieser verreist war, konnte der Raum für andere Zwecke genutzt werden. Heute also zum Umkleiden und Schminken. Die Stimmung war ausgelassen. Die Kostüme herrlich bunt und originell. Alle hatten sich mit dicker Skiunterwäsche ausgestattet, da es draußen sehr kalt bleiben würde. Die Frauen schminkten die Männer. Die Männer öffneten den Sekt. Und gemeinsam deckten wir anschließend den Frühstückstisch. Natürlich wurde auch ein Foto gemacht, das später noch einige Wochen lang an der Pinwand meines Büros hängen würde. Dana und Julia trugen riesige rote Pilzhüte mit weißen Punkten, darunter enganliegende weiße Hosen und Oberteile. Sie sahen klasse aus und wurden von den beiden Männern eingerahmt. Links stand Lukas in seinem riesengroßen hellblauen Strampler, dessen Aufmachung durch eine gleichfarbige Rüschenhaube, an der ein überdimensionaler Schnuller hing, den letzten Pfiff erhielt. Jens bestach durch eine schwarz-weiß gemusterte Latzhose mit dem passenden Hut aus Kuhfell. Allesamt würden sie auffallen, keine Frage.

Laute Karnevalsmusik erinnerte selbst den letzten Nichtjecken auf unserer Büroetage an den Altweibertag. Auch die Kollegen der anderen Abteilungen präparierten sich. Immer wieder tauchte jemand in einem phantasievollen Kostüm auf. Überall herrschte eine ausgelassene Stimmung. Gegen 11 Uhr brachen alle auf, um in der Stadt weiter zu feiern und auch ich fuhr meinen Rechner hinunter und machte mich auf den Weg zum Krankenhaus.

Sogar das Luisenhospital war im Eingangsbereich karnevalistisch geschmückt. Bunte Luftballons gaben sich alle Mühe, die Gedanken der Anwesenden auf ein Leben abseits von Krankheit, Tod und Elend zu lenken. Ich fuhr in die 4. Etage und brauchte auch nicht lange zu warten, bis ich von Dr. Crommert empfangen wurde. Es ging um die Nachbesprechung der bisherigen Untersuchungsergebnisse und die Vorbesprechung des weiteren Behandlungsverlaufs. Die Atmosphäre war ruhig und freundlich.

Die gute Nachricht: Bei meinem Tumor handelte es sich um einen hormonbedingten Knoten mit guten Heilungschancen. Sollten die weiteren Untersuchungen keine entgegenstehenden Ergebnisse hervorbringen, sah der empfohlene Heilungsplan die folgenden Schritte vor: Entfernung des Knotens, Strahlentherapie und eine Antihormontherapie in Tablettenform über einen Zeitraum von fünf Jahren. Gottseidank keine Chemotherapie. In meinem Inneren schlug ich ein paar Purzelbäume.

Die schlechte Nachricht: Das Karzinom war bereits recht groß und vor allem nicht abgegrenzt, so dass wahrscheinlich mehr von meinem Brustgewebe entfernt werden musste, als ihr optisch guttat. Aber das würde sich erst während der Operation zeigen. Dr. Crommert würde selber operieren. Das beruhigte mich, denn er hatte nicht nur einen sehr guten Ruf. Ich vertraute ihm blind. Jedes seiner Worte drückte Ehrlichkeit, Empathie und viel Erfahrung aus. Er schien immer auf die Gefühle der Frauen Rücksicht zu nehmen mit dem Ziel, ihre Körper und Seelen so wenig wie möglich zu beeinträchtigen. Das empfand ich als besonderes Geschenk.

Auch an diesem Tag versuchte er, mich durch die Option eines nachträglichen Brustaufbaus zu beruhigen, falls eine Amputation unvermeidbar sein sollte. Aber ich spürte genau, dass es soweit nicht kommen würde. Zudem war ich mir auch nicht sicher, ob ich mich in diesem Falle einer solchen Tortur unterziehen wollte. Meine Zweifel mussten mir wohl im Gesicht gestanden haben, denn Dr. Crommert sagte in seiner liebevollen Art: »Sie sind noch eine junge Frau.«

Er war viel jünger als ich und ich fragte mich, ob er meine Akte vielleicht vertauscht hatte. Ich fühlte mich zwar noch nicht so alt, aber mit 61 Jahren als junge Frau bezeichnet zu werden, erschien mir dann doch arg übertrieben. Ich lächelte ihn an.

»Vielen Dank.«

»Und so weit sind wir ja noch nicht. Haben Sie Ihre Hormontabletten schon abgesetzt?«

»Nein. Bisher noch nicht.«

»Nach dem jetzigen Stand der Dinge würden Sie den Tumor damit ernähren. Und das wollen wir ja nicht.«

Ich schüttelte zustimmend meinen Kopf.

»Ich möchte, dass Sie bis zur Operation einen sogenannten Aromatasehemmer nehmen. Diese Tabletten unterbinden die Östrogenproduktion in Ihrem Körper. Vielleicht lässt sich der Tumor dadurch etwas verkleinern.«

Was sich so salopp und beiläufig anhörte, blieb in jeder Zelle meines Körpers beharrlich hängen. Ich sollte also nicht nur auf die Tabletten verzichten, die mir in den vergangenen 16 Jahren das Leben erträglich gemacht hatten, sondern zusätzlich die Östrogenproduktion in meinem Körper auf Null setzen. Welche Auswirkungen würde das haben? Hatte ich die Talsohle meiner Wechseljahre bereits überschritten und mein Körper sich schon auf die letzte Phase meines Lebens umgestellt? Ich konnte es nicht abschätzen, würde es aber bald wissen.

»Sie haben sich für das Klinikum entschieden, um die Bereiche abdecken zu lassen, die wir nicht leisten können. Wie zum Beispiel die Strahlentherapie.«

»Das ist richtig.«

»Wir arbeiten sehr eng mit dem Klinikum zusammen. In der sogenannten Tumorkonferenz, die einmal wöchentlich stattfindet, besprechen wir alle Krebspatienten. Die Konferenz setzt sich aus den verschiedensten Disziplinen zusammen, so dass alle notwendigen medizinischen Bereiche abgedeckt werden. Jeder einzelne Abschnitt des Therapieplans wird diskutiert und genau abgewogen. Und alle Entscheidungen anschließend gemeinsam getroffen. Schritt für Schritt. So kann ich Ihnen zu diesem Zeitpunkt noch nicht den endgültigen Ablauf sagen. Alles hängt von den weiteren Ergebnissen ab.«

Ich war beeindruckt. Noch nie hatte ich erlebt, dass Krankenhäuser so eng zusammenarbeiteten.

»Das klingt sehr professionell und Vertrauen erweckend.«

»Ja«, sagte Dr. Crommert, »damit haben wir auch beste Erfahrungen gemacht. Haben Sie noch irgendwelche Fragen?«

»Nein«, sagte ich nach kurzer Überlegung, »und vielen Dank.«

»Sie haben jetzt im Anschluss einen Termin mit Frau Keuper?«

»Ja.«

»Gut. Sie wird alles Organisatorische weiter mit Ihnen besprechen.«

Frau Keuper, meine persönliche Beraterin, wartete bereits auf mich. Auch dieses Mal gelang es ihr, das kleine Büro in eine angenehme Atmosphäre zu tauchen, allein durch ihre offene und herzliche Art.

»Wie geht es Ihnen?«, fragte sie.

»Sehr gut. Ich hoffe, Ihnen auch?«

»Ja. Vielen Dank.«

Wir saßen uns gegenüber, und ich schaute in ihr fröhliches Gesicht. Ihre lebensbejahende Einstellung gefiel mir. So bestand keinerlei Gefahr, dass mich ihr Mitgefühl erdrücken könnte, da ich selber keine Trauer empfand. Ein wenig Ratlosigkeit und Besorgnis, das ja. Aber nichts, was mein Lebensgefühl, meinen Alltag oder meinen Umgang mit anderen Menschen beeinträchtigte. Das wollte ich auch nicht zulassen. Mit jeder Faser meines Körpers spürte ich, dass ich einen bedeutenden Lernschritt zu absolvieren hatte. Und ich war bereit, mich dieser Herausforderung zu stellen. So glaubte ich auch nicht an einen Zufall, dass mir Frau Keuper zugewiesen worden war und nicht ihre Kollegin. Ganz offensichtlich waren wir uns beide sympathisch. Daher traute ich mich auch, die folgende Frage zu stellen.

»Darf ich Sie etwas Persönliches fragen, Frau Keuper?«

»Aber jederzeit.«

»Was ist Ihr Geheimnis, jeden Tag mit Tod und lebensbedrohenden Krankheiten umzugehen und sich trotzdem ihre Fröhlichkeit zu bewahren? Ich finde das großartig, weiß aber nicht, ob ich das könnte?«

Frau Keuper schaute mich offen an.

»Ich habe viele Jahre auf der Station gearbeitet und war

eingebunden in den oft stressigen Ablauf. Das Organisatorische fraß immer mehr Zeit und Kraft. Das hat mich viel mehr belastet als meine jetzige Arbeit.«

Sie lehnte sich in ihrem Stuhl zurück und schlug die Beine übereinander.

»Ich habe dann selber Krebs bekommen. Es war ein Zufallsbefund.« Sie lächelte. »Ich kenne also auch die andere Seite aus eigener Erfahrung.«

»Das hilft Ihnen sicherlich sehr oft beim Umgang mit den Patientinnen?«

»Allerdings. Meine Krankheit wurde geheilt. Als man mir dann diese Stelle anbot, habe ich sofort zugegriffen. Und es nie bereut. Ich kann gar nicht in Worte fassen, wie viel Zuspruch ich von den Frauen zurückbekomme, die ich hier betreue. Es ist eine wundervolle Aufgabe.«

»Diese Begeisterung strahlen Sie auch aus. Es ist schön für mich zu wissen, dass da jemand ist, an den ich mich immer wenden kann, egal, welche Fragen oder Probleme ich habe. Auch dass es eine Frau ist mit so viel Verständnis. Das hilft sehr.«

»Das freut mich.«

»Und dafür möchte ich mich bei Ihnen auch mit einem kleinen Geschenk bedanken.«

Ich kramte in meiner Handtasche herum und zog ein Exemplar meines Gedichtbandes *»Es war 1x«* heraus.

»Ich schreibe seit ein paar Jahren Gedichte. Und einige habe ich in diesem kleinen Buch zusammengefasst. Das möchte ich Ihnen gerne schenken.«

Frau Keuper strahlte mich an.

»Sie haben doch noch gar nicht viel von meiner Arbeit profitiert?«

»Doch, das habe ich jetzt schon. Und ich bin sicher, dass ich Ihre helfende Hand noch oft in Anspruch nehmen werde. Wahrscheinlich kann ich gar nicht ermessen, was so alles auf mich zukommen wird.«

Sie lachte wieder. »Ja, das ist gut möglich. Aber gemeinsam kriegen wir das schon gebacken. Ich danke Ihnen sehr für das Geschenk. Und bin gespannt drauf.«

»Das freut mich«, sagte ich und suchte nach passenden Worten, um wieder zum Geschäftlichen zurückzufinden.

»Dr. Crommert hat mir die nächsten Schritte erklärt. Ich habe sie auch soweit verstanden und akzeptiert.«

»Lassen Sie sich von Ihrem Gynäkologen ein Rezept für den Aromatasehemmer geben.«

»Soll es ein bestimmtes Fabrikat sein?«

»Nein. Ihr Arzt kann frei entscheiden. Wir haben dann vier Wochen bis zur OP. Ich weiß, Sie haben etwas Sorge vor dieser Zeit.«

»Allerdings. Aber ich werde optimistisch an die Sache herangehen. Das wird bestimmt helfen, meine Angst vor den Tabletten gering zu halten.«

»Ganz sicher sogar. Die Operation wird am 2. April stattfinden, die Uhrzeit steht noch nicht fest. Die Krankenhauseinweisung ist am Tag zuvor. Diesen Tag brauchen wir auch, um die entsprechenden Vorbereitungsmaßnahmen zu treffen. Sie wissen, dass zusätzlich zum Tumor auf jeden Fall ein Lymphknoten entfernt wird. Früher hat man grundsätzlich alle herausgenommen. Heute sind wir weiter. Heute wissen wir, dass der sogenannte Wächterknoten der erste eines ganzen Bündels von verstreuten Lymphknoten ist. Wenn dieser krebsfrei ist, sind auch alle anderen nicht befallen.«

»Aha?«

»Wir arbeiten dazu mit der Ihnen bekannten Radiologie eng zusammen. Dort wird Ihnen ein radioaktives Kontrastmittel in die Brust gespritzt, das sich dann auf den Weg durch die Lymphbahnen macht. Nach zwei Stunden etwa hat es den Wächterknoten erreicht. Dann wird eine Aufnahme gemacht und seine Lage für die Operation genau bestimmt.«

»Das ist interessant.«

»Ja, aber vor allem viel schonender für die Frauen. Der Wächterknoten wird in jedem Fall entfernt. Ein Schnelltest wird noch während der OP gemacht. Werden keine Krebszellen gefunden, wird die Naht in der Achselhöhle sofort verschlossen.«

Ich nickte, so dass Frau Keuper wusste, dass ich alles verstanden hatte.

»Werden Krebszellen gefunden, arbeitet man sich schichtweise voran. Das heißt, man nimmt sich immer die nächstliegenden Lymphknoten vor, bis der Befund negativ ist. Das ist das Standardverfahren. Nach bisherigem Stand der Dinge können wir bei Ihnen davon ausgehen, dass es beim Wächterknoten bleibt.«

»Davon bin ich auch überzeugt«, sagte ich zuversichtlich.

»Gut. Dann weiter im Text. Ich habe noch weitere Termine für Sie vereinbart.«

Ich schaute etwas verwirrt.

»Ja, ja, bis zur OP haben wir noch einiges zu tun. Am 11. März finden Sie sich bitte wieder in der Neurologie am Kapuzinerkarree ein, und zwar um 8.15 Uhr. Auf dem Programm stehen eine Röntgenaufnahme der Lunge, ein Ultraschall der inneren Organe und ein Knochenszintigramm. Das sind die Organe, die bei Brustkrebs gern in Mitleidenschaft gezogen werden. Daher werden sie vor der Operation genau untersucht. Auch das gehört zum Standardprogramm.«

Ich nahm meinen Kalender zur Hand und trug die neuen Termine ein.

»Kein Problem. Das kann ich gut einrichten.«

»Schön. Für Ihren Aufenthalt bei uns habe ich Ihnen ein Doppelzimmer reserviert. Die Zimmernummer kann ich Ihnen aber erst bei Ihrer Ankunft sagen.«

Während Frau Keuper in ihren Unterlagen blätterte, spürte ich ein leichtes Unbehagen in meinem Bauch. Ich war sicher keine komplizierte oder anspruchsvolle Patientin, aber ich brauchte mehr Ruhe als andere. Das war grundsätzlich der Fall, aber ganz besonders in einer Genesungsphase. Da wollte ich stundenlang niemanden sehen oder hören. Bilder einer potentiellen Zimmernachbarin, die den ganzen Tag lang auf mich einredete oder fernsah, erschienen vor meinem geistigen Auge. Und Besucherströme, die es mir unmöglich machten, Herr über mein kleines Krankenreich zu bleiben.

Aber das war nur die eine Seite. Mir fielen meine Schlafstörungen ein. Wie oft las ich in der Nacht noch einige Seiten in einem Buch oder hörte Radio? Unzumutbar für einen Zimmernachbarn. Nein, das passte alles nicht.

»Ich habe eine Zusatzversicherung für das Krankenhaus«, sagte ich zu Frau Keuper. »Ich werde dort anrufen und nach einem Einzelzimmer fragen. Das wäre mir lieber.«

»Welche Versicherung ist das?«

Ich nannte sie ihr.

»Dann können Sie in jedem Fall wählen zwischen Einzel- oder Doppelzimmer. Gut, dass Sie Ihren Wunsch jetzt schon geäußert haben. Es ist kein Problem, umzudisponieren. Sie bekommen auf jeden Fall ein Einzelzimmer.«

Mir fiel ein Stein vom Herzen.

»Das ist großartig.«

»Wir wollen ja schließlich, dass Sie sich bei uns wohl fühlen. Soweit möglich«, lachte sie.

»Dann kommen wir zum letzten Punkt. Ich habe Ihnen bereits in der letzten Woche von der großen, über viele Jahre angelegten Studie über Brustkrebs berichtet. Wir unterstützen dieses Forschungsprojekt dadurch, dass wir in Frage kommende Patientinnen auswählen und ansprechen. Nun passen die Parameter Ihres Karzinoms exakt in das gesuchte

Schema. Daher frage ich auch Sie, ob Sie bereit wären, dabei mitzumachen?«

»Was würde das für mich bedeuten?«

»Die Studie heißt ADAPT Studie. Es ist eine klinische Studie, die vom Bundesinstitut für Arzneimittel und Medizinprodukte beaufsichtigt wird. Dabei geht es um die Wirksamkeit der Antihormontherapie, die ja auch auf Sie zukommen wird. In erster Linie bedeutet eine Teilnahme für Sie Ihr Einverständnis, dass Ihre Daten zu Forschungszwecken weitergegeben werden dürfen. Die Studie soll insgesamt 5.000 Personen umfassen. Wir sind lediglich die Vermittler.«

Ich machte ein fragendes Gesicht, denn ich war mir unsicher, ob ich mir gerade in dieser Zeit einen zusätzlichen Aufwand zumuten wollte. Außerdem drängte sich eine andere Frage auf:

»Geht es dabei um neue unerforschte Medikamente?«

»Nein. Da kann ich Sie beruhigen. Es geht um bewährte und ausgetestete Arzneimittel, für die es aber noch keine fundierten Testergebnisse gibt. Unser Brustzentrum hält diese Studie für sehr wichtig, daher unterstützen wir sie auch.«

»Ist der Aufwand für mich sehr groß?«

»Nein, es geht wirklich überwiegend um die Weitergabe der medizinischen Daten. Vielleicht ist auch mal ein Fragebogen fällig. Oder ein Telefonat.«

Warum eigentlich nicht? Warum sollte ich meine Daten nicht zur Verfügung stellen? Was sprach dagegen? Und wenn das Brustzentrum das Projekt unterstützte, konnte ich mich darauf verlassen, dass es eine seriöse Forschung war.

»Also gut.«

»Schön. Ich war so frei und habe auch in dieser Sache schon einen Termin für Sie vereinbart. Nächste Woche Freitag um 14 Uhr hier auf unserer Station. Dr. Berg vom Klinikum, wo das Projekt angesiedelt ist, kommt zu uns ins Haus.

Er wird Ihnen alles ausführlich darlegen und auch alle Ihre Fragen beantworten, die in der Zwischenzeit auftauchen sollten.«

Ich trug auch diesen Termin in meinen Kalender ein. Frau Keuper hatte wieder ganze Arbeit geleistet, nicht nur hinsichtlich Überzeugungskraft, sondern auch bezüglich des organisatorischen Aufwandes. War diese Arbeitsweise das Ergebnis jahrelanger Erfahrungen? Oder steckte ein hohes Maß an Einfühlungsvermögen dahinter, die Frauen in ihrer ohnehin sehr angespannten Lage nicht noch zusätzlich zu belasten? Vielleicht würde ich Frau Keuper irgendwann auch danach fragen. Im Augenblick genoss ich ihre liebevolle Fürsorge und fühlte mich ein wenig wie ein Zirkuspferd, das nach Anweisung tanzte.

Die Vergangenheit

Nach der Trennung von meinem Ehemann war ich auf eine spektakuläre Reise aufgebrochen. Während die Menschen um mich herum Länder wie Afrika, Asien oder Neuseeland kennenlernen wollten und viel Geld dafür bezahlten, hatte mich meine Expedition hauptsächlich Mut gekostet. Dennoch hatte sie sich ungewöhnlich und durchaus spektakulär gestaltet. Nachdem ich die ersten Meter gelaufen war, hatte es kein Zurück mehr gegeben. Wie von Zauberhand gezogen, war ich voran gestolpert. Mal schnell, mal langsam. Mal leichtfüßig oder schleppend. Nicht selten hatte ich mir blutige Füße geholt und Pausen einlegen müssen, um meine Wunden zu pflegen. Und ich kann auch nicht sagen, dass der Weg gut gepflastert und ohne Hindernisse gewesen war. Absolut nicht. Auf Schritt und Tritt war ich auf Steine gestoßen. Viele große und noch mehr kleine. Heute würde die Tour als Weltreise bezeichnen, ohne konkretes Ziel und ohne zeitliches Limit. Oft hatte ich mich des Eindrucks nicht erwehren können, viel zu langsam voranzukommen. Doch jeder Schritt hatte sich richtig angefühlt und was ebenso entscheidend war, noch nie hatte ich auf einer Reise so viel Freude und Faszination empfunden, so viel Erfüllung und Einsicht. Es war die persönlichste Reise, die ich je unternommen hatte. Es war meine Reise nach innen.

Sie hatte mir nicht nur geholfen, die Trennung zu verarbeiten, sondern in viel stärkerem Maße, ein philosophisches

Fundament für mich zu errichten. Eines, wonach ich immer gesucht hatte, ohne mir dessen so richtig bewusst zu sein. Die Evangelische Kirche als Leitfaden während meiner Kindheit hatte das letztendlich nicht leisten können und heute bin ich überzeugt davon, dass keine Religion dazu in der Lage gewesen wäre. So war es seit langem mein Wunsch gewesen, mich von jeglichen Glaubensrichtlinien zu befreien, um mir völlig unbelastet ein Verständnis für die Welt aufzubauen, das ich annehmen und leben kann. Frei von Dogmen. Frei von Vorschriften und Zwängen. Frei von Drohungen und Strafen. Und vor allem, frei von Schuld. Denn all diese Maßgaben waren mir noch nie erfolgversprechend erschienen, die Welt zu retten, das oberste Ziel aller Konfessionen. Im Gegenteil, ich war mehr und mehr zu der Ansicht gelangt, die Welt müsste vor uns Menschen gerettet werden. Ob mit oder ohne Religion.

Mal wieder hatte alles mit einem speziellen Buch begonnen. Titel und Autor sind mir entfallen, was jedoch keine Rolle spielt. Ich war mit meiner Freundin Frieda und meinem Patenhund Fleki für ein paar Tage an die holländische Küste gefahren und da lag es plötzlich auf dem Tisch. Wie zufällig. Meine Freundin hatte gewusst, dass ich an keinem Buch vorbeigehen kann, ohne es in die Hand zu nehmen. Wie sie mir nachher erzählt hatte, war ihr Plan der folgende gewesen: Entweder das Thema interessierte mich nicht, dann würde ich das Buch liegen lassen, oder ich fand den Themenbereich ebenso spannend wie sie und würde darauf anspringen. Letzteres war dann der Fall gewesen. Glücklicherweise. Doch ihr Verhalten machte sehr deutlich, wie schräg oder gar ketzerisch wir uns gefühlt hatten, und das im 21. Jahrhundert.

Dabei beschrieb das Buch lediglich einen interessanten Ansatz zur Entstehung unseres Kosmos, allerdings jenseits der kirchlichen Deutung. Frieda hatte einen Radiobeitrag gehört, in dem der Autor, ein Arzt aus unserer Region, sein Werk vorgestellt hatte. Mit meinen einfachen Worten zusammengefasst erklärte er darin die Entwicklung und Funktionsweise unseres gesamten Universums mit Hilfe mathematischer Grundsätze. Da mir diese gänzlich fehlen, kann ich sie hier auch nicht ansatzweise wiedergeben. Auch damals hatte ich sie nicht verstanden. Aber entscheidend war für mich allein die Tatsache gewesen, mit völlig neuen Augen unsere Welt und das Leben als Gesamtheit zu entdecken. Frieda war glücklich gewesen. Endlich hatte sie jemanden gefunden, der sie auf ihrer Suche nach Erkenntnissen begleitete.

Keine Ahnung, wie viele Bücher ich damals über diesen Themenkomplex verschlungen hatte? Noch während ich mit einem beschäftigt war, suchte ich schon im Literaturverzeichnis nach neuen Werken, die mich neugierig machten und mir weiterhalfen bei meiner Beschäftigung mit dem Thema Leben und Tod, Entstehen und Vergehen, dem ewigen Kreislauf der Natur im Kleinen wie im Großen. Wie eine Süchtige hatte ich mich entlang eines roten Fadens gehangelt, der mir erklären sollte, wie mein inneres und äußeres Dasein arbeitete und welches Geheimnis das Leben verbarg. Nach und nach hatte ich genug Vertrauen in mich selbst aufgebaut, um neue Literatur nach meinem Bauchempfinden auszuwählen. So lasse ich mich bis heute von meiner Intuition leiten. Fühlt sich das Anlesen gut an, wird das Buch gekauft, ansonsten nicht. Meistens hatte sich dieser Weg als richtig erwiesen. Aber nicht immer. Ich hatte zum Beispiel auch einige Bücher über die Quantenphysik erwischt, die mich restlos überfordert hatten.

Schon bald waren Menschen in mein Leben getreten, die ebenso offen für spirituelle Fragen waren wie ich, so dass ein vorsichtiger Austausch möglich geworden war und neue Bücher und damit neue Impulse mein Leben bereichert hatten. Der Literaturkanon reichte von philosophischen und physikalischen Sachbüchern, meditativen und spirituellen Erfahrungsberichten sowie kirchlichen Schriften. Immer wieder hatte ich gelesen, dass alle diejenigen, die sich einmal auf die Suche nach der Wahrheit begeben haben, bis an ihr Lebensende Suchende blieben. Das kann ich nur unterstreichen. Unser Universum ist so überwältigend und einzigartig, dass kein noch so langes Leben ausreicht, um es auch nur ansatzweise zu verstehen. Wie hatte Einstein so schön formuliert? *Wer es unternimmt, auf dem Gebiet der Wahrheit und der Erkenntnis als Autorität aufzutreten, scheitert am Gelächter der Götter.*

Auf diesem Weg hatte ich gelernt, dass unsere Innenwelt ebenso spannend ist wie die Außenwelt und vor allem, **dass** und ein winziges Stückchen vom **wie** alles zusammen hängt. Unser Innenleben ist ein Teil unserer Identität. Daher halte ich es für unerlässlich, sich gut zu kennen. Es kostet viel Kraft, sein Bewusstsein in diese Richtung zu öffnen. Und Mut, weil man ziemlich allein ist. Im Glücksfall mit einzelnen Vertrauten in einer Masse von sogenannten Normalen. Die verschlossen sind gegenüber neuen Theorien und keine Veränderung zulassen, aber vor allem sich selber nicht hinterfragen wollen.

Seit zehn Tagen trug ich nun den Knoten in meinem Bewusstsein. Er war immer da. Ich konnte ihn jederzeit fühlen, wenn ich wollte. Mein physischer Heilungsplan stand fest. Alle Termine waren auf meinem Kalender markiert. Ich würde sie nacheinander abarbeiten und ohne große Unruhe in meinen Tagesablauf integrieren. Bis zur Operation, danach würde ich weitersehen.

Und der psychische Knoten? Noch immer nahm der Tumor keinen nennenswerten Raum in meinem Bewusstsein ein. Eigentlich dachte ich nur an ihn, wenn ich telefonierte und auf ihn angesprochen wurde. Oder wenn die nächsten

Untersuchungen anstanden. Dennoch blieb die entscheidende Frage offen: Was wollte mir der Knoten hinsichtlich meiner Familie so drastisch aufzeigen?

Kämpfen heißt, gegen etwas zu sein, gegen etwas zu arbeiten. Wollte ich einen Kampf gegen den Krebs führen, so hieße das, gegen meinen eigenen Körper anzugehen. Kampf hat auch immer etwas mit Angst und Schmerz zu tun. Allein diese Worte aufzuschreiben, bereitete mir Unbehagen. Ich konnte und wollte so nicht denken und erst recht nicht handeln.

Das Buch von Louise Hay hatte mir aufgezeigt, dass der Knoten für etwas stand, das ich ablehnte. Und das, was ich ablehnte, spiegelte den Teil wider, den ich in mir selber nicht annehmen konnte. Noch weiter in der Familiendramatik zu stochern, hätte ich gerne vermieden. Aber es schien offensichtlich zu sein, dass ich das Thema nicht ausklammern konnte, wollte ich gesund werden. Wieder schoben sich die Worte Ablehnung und Verleugnung in den Vordergrund meiner Überlegungen. Welche Teile meiner Persönlichkeit versteckten sich hinter diesen Begriffen, welche Teile hatte ich in der Dunkelheit vergessen oder bewusst ausgeklammert?

In war in den 50er Jahren aufgewachsen, einer Zeit, in der die meisten Familien noch mit ihren Kriegstraumata zu kämpfen hatten. Einer Zeit, in der die vorherrschende Therapieform die Verdrängung und das Vergessen gewesen war. Einer Zeit der vielen ungeplanten Kinder. Gehörte auch ich dazu? In der Geschwisterfolge hatte ich wohl die schwierigste Position erwischt. Nach meiner ältesten Schwester Veronika wurde auf jeden Fall ein Sohn erwartet. Wie groß musste die Enttäuschung meiner Eltern gewesen sein, als ich in ihr Leben getreten war? Dann, zwei Jahre später, war es meine jüngere Schwester Sabine, die die Illusionen der Eltern auf einen Stammhalter erneut zerstört hatte. Zudem hatte sie aufgrund ihrer angeborenen Sehbehinderung von Anfang an mehr Fürsorge und Aufmerksamkeit bedurft als wir anderen, was die Situation innerhalb der Familie in vielen Bereichen deutlich erschwert haben musste. So waren wir als eine Allianz von drei Mädels aufgewachsen ohne nennenswertes Image. Als hoch sensitives Kind hatte ich schon früh die Überforderung meiner Mutter gespürt und mich zu einer anspruchslosen und sehr braven Sandwich-Schwester entwickelt, was mir allerdings erst im Erwachsenenalter in aller Deutlichkeit bewusst geworden war. Weitere zwei Jahre später wurde endlich mein Bruder Georg geboren, so dass der Kindersegen ein Ende finden konnte und mit ihm die dadurch ständig wachsende Belastung der Familie.

Hatte ich eine andere Chance gehabt, als mich zu einem ängstlichen und angepassten Kind zu entwickeln? Den Hang zur Ernsthaftigkeit hatte ich vielleicht schon mit in dieses Leben gebracht? Doch war er durch die äußeren Umstände verschärft worden, so dass mir das Leben stets schwer und kompliziert erschienen war. Die besondere Rolle Georgs als Nesthäkchen und Sohn war uns Mädchen ziemlich schnell klargeworden und jede von uns arrangierte sich mit diesem Umstand auf seine Weise. Die ständige Redensart unserer Mutter hatte »Nun lasst doch den Kleinen« gelautet. Mit dem Kleinen war natürlich unser Bruder gemeint gewesen. Keine Frage. Der Satz war Ausdruck ihres unerschöpflichen Schutzbedürfnisses für ihren einzigen Sohn gewesen, das sie hoffnungsvoll auf uns übertragen wollte. Doch wie es so geht mit ständigen Wiederholungen, sie verlieren ihre Kraft. In der Rückschau betrachtet drückte dieser Ausspruch weit mehr aus, als ich mir bislang vor Augen geführt hatte. Er offenbarte die Hilflosigkeit und Überforderung unserer Mutter, die ich aus heutiger Sicht sehr gut nachvollziehen kann.

Kinder sind extrem anpassungsfähig und belastbar. Während meiner Kindheit waren wir es nicht gewohnt gewesen, ständig eine Hauptrolle zu spielen, was nicht nur dem Kinderreichtum, sondern in viel stärkerem Maße dem Zeitgeist geschuldet war. So hatte ich schnell gelernt, ein gewisses Maß an Aushalten oder Leiden müssen für normal zu halten und mich irgendwie damit arrangiert. Aber trotz all dieser Erschwernisse war ich längst davon überzeugt, die Herausforderungen meiner Kindheit gut verarbeitet zu haben. Ein Trugschluss? Ein Wunsch? Augenwischerei? In meinen täglichen Meditationen hatte ich mich emotional mehr und mehr meinen Eltern genähert. Ich wusste, dass sie immer ihr Bestes gegeben hatten, unter schweren Bedingungen und vielen persönlichen Opfern. Ich selber hätte in ihrer Situation sicherlich weit mehr Fehler gemacht hätte als sie. Aber darum ging es nicht. Das alles war Geschichte und konnte nicht verändert werden. Ich war seit Jahrzehnten erwachsen und für mich selber verantwortlich. Schuldzuweisungen waren also völlig nutzlos und führten zu nichts. Wahrscheinlich gab es ohnehin kaum ein Kind dieser Zeit, das nicht mehr oder weniger große Probleme mit sich herumtrug, die auf schwierige Kindheitserfahrungen zurückzuführen waren. Nein, Schuldzuweisungen lagen nicht in meinem Interesse und waren nicht zielführend.

Trotzdem musste ich mich intensiver mit meiner Kindheit auseinandersetzen, um einige Strukturen in mir selber zu erkennen. So verstand ich bald, dass ich selber auf seelischer Ebene noch nicht erwachsen geworden war und tief in meinem Inneren immer noch meine Eltern für meine eigenen Ängste und Schuldgefühle verantwortlich machte. Und meine Schwester für mein übersteigertes Verantwortungsgefühl. Diese Erkenntnis war zum einen beschämend für mich, bedeutete aber auf der anderen Seite, dass ich einen Ansatzpunkt gefunden hatte. Und da alle diese Muster Menschen-gemacht waren, konnten sie auch losgelassen werden. Warum war mir das bisher noch nicht gelungen?

Natürlich spürte ich, dass mich die familiären Umstände immer noch emotional erdrückten. Und das, obwohl ich weit weg von allen wohnte und selten um Hilfe gebeten wurde. Aber die Entfernung spielt für die Seele keine Rolle. Immer wieder hatte ich mir in der Vergangenheit klarzumachen versucht, dass meine Probleme ausschließlich in den alten Paradigmen lagen, die irgendwo in meinem Bewusstsein abgespeichert waren und ein unkontrolliertes Eigenleben führten. Und eine Schwere verursachten, von der ich mich noch immer nicht gelöst hatte. Warum nicht? In dieser unbeantworteten Frage lag vermutlich die Ursache meines Tumors.

Natürlich wusste ich auch, dass jede Entwicklungsphase eines Menschen für das Erlernen von physischen und psychischen Fähigkeiten bedeutend ist. Und in jedem Stadium benötigen wir ausreichend Liebe und Anerkennung, um uns gesund entwickeln zu können. Vom Kindesalter über den Jugendlichen bis zum Erwachsenen. Dass jedoch alle diese Persönlichkeitsanteile bis zum Tod in unserem Bewusstsein aufbewahrt werden, war mir neu. Wir alle tragen also unser Inneres Kind, den Inneren Teenager und auch unseren Inneren Erwachsenen durch unser Leben und sind mit den dreien eng verbunden, so dass alle Erfahrungen und Erlebnisse in unserem Gedächtnis, in unserem Herzen, in unserer Seele erhalten bleiben. Wenn wir eine glückliche und zufriedene Kindheit verleben durften, ist das eine wunderbare Sache. Dann werden Vertrauen und Sicherheit die grundlegenden Merkmale unseres Lebens sein. Ist das nicht der Fall, verfolgen uns vielleicht Ängste und Unsicherheiten über Jahre oder gar Jahrzehnte.

Nachdem ich realisiert hatte, dass Teile meiner Persönlichkeit entscheidende Entwicklungsschritte noch nicht vollzogen hatten, suchte ich nach einer Möglichkeit, mich diesem Problem zu nähern. Ich folgte dem Rat von Louise Hay und kramte in alten Fotoalben nach einem Bild aus meiner Kindheit. Nach kurzer Zeit fand ich eines, auf dem ich alleine, also ohne meine Geschwister oder Eltern zu sehen war. Es war das einzige Foto dieser Art, das ich besaß. Damals waren Fotografien noch etwas Besonderes und auch sehr teuer. So gab es nur wenige Schnappschüsse. Die meisten Aufnahmen zeigten bestimmte Anlässe wie Geburtstage, Hochzeiten oder den ersten Schultag.

Ich stehe auf einer Waldlichtung. Stolz schiebe ich einen großen schneeweiß lackierten Puppenwagen aus Korb vor mir her. Er reicht mir bis zu Taille und hat verhältnismäßig kleine Räder, so dass ich mich anstrengen muss, ihn zu schieben. Das Kopfteil ist hochgeklappt, um die vermutete Puppe vor Sonne, Wind oder fremden Blicken zu schützen. Ich erinnere mich, dass wir nur den einen Wagen besessen hatten und uns beim Spielen immer abwechseln mussten, was bei drei Mädchen nicht ganz einfach gewesen sein dürfte. *Die große Lichtung eignet sich hervorragend für ausgiebige Puppenspaziergänge. Etliche Meter hinter mir stehen ein paar Laubbäume in vollem Kleid. Davor liegt ausgebreitet die riesige Wiese, auf der ich stehe. Es ist vermutlich Sommer.* Ich drehte das Foto neugierig um, aber es enthielt keinen Datumsstempel wie viele aus dieser Zeit. So konnte ich mein Alter nur schätzen, war mir aber ziemlich sicher, dass ich noch nicht zur Schule ging. Ich schätzte mich auf etwa fünf Jahre.

Das Bild ist natürlich ein Schwarz-Weiß-Foto, an manchen Stellen schon ein wenig unscharf, jedoch ohne eine für die Zeit typische gezackte weiße Umrandung. Ich wirke etwas verloren darauf. Mein gesamter Unterkörper versteckt sich hinter dem massigen Bollwerk von Puppenwagen, während mein magerer Oberkörper in einen gemusterten Anorak gehüllt ist, dessen Reißverschluss ich bis zum Hals zugezogen habe. Ich schmunzelte bei den Erinnerungen daran, schon als Kind leicht gefroren zu haben. Du musst mehr essen, hatte es immer geheißen. Oder: Isst du auch genug Gemüse? Die Bilder in meinem Kopf überschwemmten mich. Ja, ich war bis Anfang zwanzig auffallend dünn gewesen. Nur Haut und Knochen, das hatte ich immer wieder gehört.

So stehe ich da, ganz allein auf der Waldlichtung, mit beiden Händen den großen Puppenwagen und mit ernster Miene den Kopf Richtung Kamera haltend. Meine fast weißen Haare sind zu einem Pferdeschwanz zusammengebunden. Ein Teil der Schleife ist zu sehen. Sie wirkt so weiß wie der Wagen, kann aber ebenso gut eine andere helle Farbe haben. Natürlich hat sie nicht alle meine Haare fassen können. Viele Strähnen haben sich gelöst und umranden mein Gesicht. Das wunderte mich nicht, denn ebenso dünn wie mein Körper waren auch meine Haare. Ich schaute sofort auf meine Segelohren, die bei dieser Frisur zum vollen Einsatz kamen. Nach meiner Geburt hatte meine Mutter sie mit Heftpflaster an meinen Kopf geklebt in der Hoffnung, das Schlimmste zu verhindern. Natürlich ohne Erfolg. So jedenfalls lautete die lustige Familiengeschichte dazu. Weniger lustig war, dass sie mir dadurch einen Komplex eingepflanzt hatte, den ich erst im Erwachsenenalter abbauen konnte. Als ich mir jetzt selber ins Gesicht schaute, fand ich meine Ohren gar nicht mehr so schlimm. Wieder musste ich schmunzeln.

Ich sehe ein sehr hübsches Mädchen und mein Herz erwärmt sich. Am liebsten hätte ich mich selber in den Arm genommen, denn mein Blick auf dem Bild ist so ernst. Ich schaue zwar geradeaus in die Kamera, aber bei genauem Hinsehen halte ich lediglich meinen Kopf in diese Richtung und blinzele misstrauisch auf etwas, das sich links vom Fotografen abspielt. Warum nur ist mein Gesichtsausdruck so grimmig? Ahne ich, dass ich nach diesem Schnappschuss den Puppenwagen wieder an meine Geschwister abgeben muss, weil sie dann an der Reihe sind? Möchte ich vielleicht gar nicht für ein Foto posieren, sondern lieber weiterspielen? Oder hat es vorher Ärger gegeben? Keine Ahnung. Diese Frage würde auch nicht mehr zu klären sein. Und für mein Anliegen war die Antwort auch nicht wichtig.

Ich setzte mich auf mein indisches Meditationskissen, das aus einem roten Saristoff genäht war. Das jedenfalls hatte mir die Verkäuferin in einem dieser esoterisch anmutenden Geschäfte erzählt, die stets in einer Duftwolke von

Räucherstäbchen versanken. Mein Kissen begleitete mich schon viele Jahre. Noch immer war es nicht durchgesessen, dafür aber seine Vorderseite, also die mit Goldfäden durchwirkte Schmuckseite von der Sonne völlig ausgebleicht. Auch die Goldfäden hatten sich mehr und mehr aus den engen Nähten befreit, interessanterweise ausschließlich an den vier Außenkanten, so dass das Kissen inzwischen von einem feinen fransigen Strahlenkranz eingerahmt wurde. Mir gefiel dieser leicht morbide Charme. Und solange das Sitzpolster selber noch fest genug war, würde ich es nicht ersetzen.

Da saß ich nun schön warm in eine Decke gehüllt und bequem im Schneidersitz auf meinem Kissen. Ich schloss die Augen und atmete ein paar Mal tief durch, wie ich es früher beim Yoga gelernt hatte. Dabei spürte ich meine innere Anspannung. Es war lange her, dass ich themenbezogen meditiert hatte. In den letzten zwei Jahren war es mir wichtig gewesen, zur Ruhe zu kommen und mein Kopfkino abzuschalten. Jetzt ging es darum, anhand von Erinnerungen Gefühle entstehen zu lassen und damit eine Möglichkeit zu schaffen, sie wiederzuentdecken oder neu zu betrachten.

Ich schaute auf das kleine blonde Mädchen. Plötzlich kam es mir so vor, als müsste es sich hinter ihrem Puppenwagen verschanzen, als brauchte es diesen Schutz vor der Welt. Und der ernste und argwöhnische Gesichtsausdruck bedeutete Angst. Aber wovor? Ich schloss meine Augen wieder und versetzte mich gedanklich auf die Waldlichtung. Schnell tauchten alle meine Geschwister und meine Mutter auf. Wir spielten und lachten und genossen die Zeit im Freien. Ich versuchte, mich nicht ablenken zu lassen und bei mir selber als Kind zu bleiben. Neue Bilder tauchten auf. Situationen, die ich als bedrohlich empfand, ungerecht und schmerzhaft. Tränen liefen über mein Gesicht. Eine große Welle des Mitgefühls überschwemmte mich, denn eine

Empfindung schob sich mit aller Kraft in den Vordergrund und ließ sich nicht verdrängen oder abmildern. Es war das Gefühl des Alleinseins.

Schlagartig wurde mir klar, dass ich schon in dieser Phase meines Lebens alles mit mir alleine ausgemacht, alles alleine getragen hatte. Trotz der großen Familie. So hatte ich durch mein Bemühen, den Eltern so viel wie möglich abzunehmen, vergessen, eigene Wünsche und Bedürfnisse zu entwickeln. Und meine Umgebung hatte sich schnell darauf eingestellt und meine Unauffälligkeit und Selbstlosigkeit als willkommenes Geschenk angenommen, ohne sich dessen bewusst zu sein. Daher hatte ich auch nicht lernen können, mich zu wehren, denn das hätte ja bedeutet, immer einen anderen belasten zu müssen.

Es war wie ein Schleier, der vor meinen Augen gelüftet wurde und zum ersten Mal einen klaren Blick auf mein Leben erlaubte. Ich versuchte, jemanden zu finden, von dem mein Inneres Kind ausreichend Liebe und Anerkennung erhalten haben könnte? So ließ ich die einzelnen Familienmitglieder in meiner Erinnerung Revue passieren. Aber ich fand nur Rückzug. Nur im Rückzug fand es Sicherheit und fühlte sich nicht bedroht, weder körperlich noch seelisch. Aber kann ein Kind sich selber so viel Kraft geben, um unbeschadet sein Leben zu meistern? Das ist nur schwer vorstellbar. Ich spürte einen tiefen emotionalen Schmerz. Und Schuldgefühle. Wie hatte ich das alles zulassen können? Wie hatte ich mich so abkapseln können? Aber ich war doch ein Kind gewesen! Hatte ich denn eine Wahl gehabt?

Ich rief mir die Ausführungen von Louise Hay ins Gedächtnis, dass der erste Schritt zur Heilung darin liegt, uns selber zu vergeben. Auch unsere Schuldgefühle. Vielleicht sogar sie ganz besonders. So begann ich damit, dankbar dafür zu sein, dass ich diese Erkenntnisse so schnell gewinnen durfte. Und plötzlich entdeckte ich auch einen Zusammenhang zu meiner Krankheit, denn so abgekapselt, wie sich der Knoten in meiner Brust emotional anfühlte, so abgekapselt und allein war auch mein Inneres Kind. Der Teil meiner Persönlichkeit, der noch nicht stark und erwachsen geworden war.

Meine Tränen versiegten. Voller Wertschätzung, Dankbarkeit und Stolz lief ich in Gedanken zu dem kleinen ernsten Mädchen hinter dem weißen Puppenwagen, nahm es auf den Arm und entführte es auf eine riesige Blumenwiese. Sie duftete herrlich. Gelbe und weiße Margeriten, blaue Kornblumen, Löwenmäulchen und bunte Wicken, alle Blumen aus meiner Kindheit blühten dort in prächtiger Vielfalt, und überall summten die Bienen. Gemeinsam schauten wir in den klaren Himmel und ließen uns von den Sonnenstrahlen wärmen. Es war ein wunderbarer Augenblick. Die Kleine schmiegte sich an meinen Körper. Unsere Blicke trafen sich und ich hatte das Gefühl, in eine unendlich tiefe Seele zu schauen, voller Weisheit und Liebe und Dankbarkeit.

Die Studie

Karneval war vorüber. Die Narren hatten sich beruhigt und viele von ihnen starteten ihr Fastenprogramm. Ich selber verzichtete auch seit Jahren in dieser Zeit auf bestimmte Genüsse, meistens auf Alkohol und Süßigkeiten. Meine Motivation entsprang dabei keiner religiösen Einstellung, sondern der Überzeugung, dass eine gewisse Entschlackung und Enthaltung sowohl dem Körper als auch der Seele guttat. Wofür sollte ich mich in diesem Jahr entscheiden? Würde ich meinen Körper zu stark belasten, wenn ich ihm noch zusätzliche Einschränkungen zumutete? Auch lag mein Krankenhausaufenthalt in der Fastenzeit. Machte ein Verzicht dann Sinn? Andererseits wollte ich meinen Alltag ja so normal wie möglich gestalten und mich so wenig wie nötig von meiner Krankheit dominieren lassen. Soviel zum physischen Bereich. Und meine Seele? Diese Frage konnte ich leichter beantworten. Meine Seele stand derzeit unter Volldampf. Wie eine antike Lokomotive arbeitete sie sich durch einen langen dunklen Tunnel, an dessen Ende hoffentlich die Sonne der Gegenwart scheinen würde. Da war kein Stehenbleiben angesagt. Nur das regelmäßige Abkühlen des alten Kessels. Nach all diesen Pro- und Contra-Überlegungen hinsichtlich Körper und Seele entschied ich mich letztendlich doch gegen das Fasten, um mich nicht unnötig zu beschweren.

Schon zum dritten Mal innerhalb von zwei Wochen lief ich durch die Gänge des Luisenhospitals zur Station 4B.

Wie immer begegneten mir viele Kranke und Besucher, die anhand ihrer Kleidung oder ihres Equipments nicht zu verwechseln waren: Trainingsanzug versus Straßenkleidung. Oder Blumensträuße versus Krücken. Vor dem Aufzug bildete sich eine kleine Gruppe von Wartenden. Ihr Schweigen packte mich sofort. Wie ein schwerer Nebel umhüllten mich Sorge und Trauer. Eine ältere Frau hielt ein Mädchen von etwa acht Jahren an der Hand, dessen Unterarm in einer Schiene steckte. Das Mädchen schaute mich so bekümmert an, dass ich gar nicht anders konnte, als es fröhlich anzulächeln. Doch es dauerte eine Weile, bis ein zögerliches Grinsen seinen Mund umspielte. Dann öffnete sich die Aufzugtür und unsere Wege trennten sich. Ein wenig Stolz blieb in meinem Herzen zurück.

Dr. Berg hätte mein Sohn sein können, so jung erschien er mir und so jung war er wohl auch. Er war kein Freund von großen Worten, vielleicht ein Nordlicht wie ich, so dass er nach einer kurzen Begrüßung sogleich zum Thema kam. Vielleicht war auch die tägliche Arbeit mit Krebspatienten so belastend für ihn, dass er einen emotionalen Schutzschild benötigte. Mir war sein Verhalten sehr Recht, hielt sich doch mein eigenes Mitteilungsbedürfnis bezüglich meiner Krankheit in engen Grenzen. Noch immer saß der Knoten wie ein Fremdkörper in meiner Brust. *Ich muss einen Zugang zu ihm finden, bevor er entfernt wird,* dachte ich plötzlich, *sonst verpasse ich eine Chance.* Mit diesem Unbehagen in den Eingeweiden wandte ich meine Aufmerksamkeit dem Arzt zu, der in seinen Papieren wühlte und einige Probleme damit hatte, die richtigen Unterlagen zu finden. Er kramte mit großem Bedacht und unerschütterlicher Ruhe. Ich beobachtete ihn mit einem gewissen Amüsement. Wie menschlich es doch auch auf der anderen Seite der unsichtbaren Trennlinie zwischen Patient und Arzt zuging. Und wie beruhigend das war. So legte sich auch meine innere Unruhe und ich schlug entspannt die Beine übereinander. Irgendwann hatte Dr. Berg alles sortiert und entschuldigte sich mit einigen erklärenden Worten hinsichtlich der bürokratischen Papierfülle. Dann stellte er ein paar einleitende Fragen zur Entdeckung meines Tumors und begann, mir in Grundzügen die ADAPT-Studie zu erklären. Wenn ich mir allein den Namen der Erhebung anschaute, so fand ich darin schon alle entscheidenden Eckpunkte:

»Adjuvante, an dynamischen Tumormarkern orientierte, personalisierte Therapie bei Brustkrebs im frühen Stadium, bei der die Risikoeinschätzung und die Vorhersage des Therapieansprechens optimiert werden.«

Uff. Auf diesem Niveau ging auch die Aufklärung weiter. Wissenschaftlich prägnant und zwischenmenschlich ungesellig. Ich konnte mich eines inneren Schmunzelns nicht erwehren und versuchte, eine Entscheidung zu treffen zwischen kognitivem Abschalten bei klugem Gesichtsausdruck oder geistiger Hochleistung. Wenn ich mich recht erinnere, entschied ich mich für eine gesunde Mischung aus beiden Variationen mit einer stärkeren Tendenz zum Abschalten und dem Ziel, die wichtigsten Eckdaten aufzuschnappen.

Die Studie wurde veranlasst von einer nationalen Forschungseinrichtung, deren Schwerpunkt klinische Studien bei Mammakarzinomen waren, und die eng mit einigen Pharmaunternehmen sowie den Krankenkassen zusammenarbeitete. Dabei ging es um eine umfassende Datensammlung mit dem Ziel, möglichst im Frühstadium eine dem Tumor angepasste wirksame Therapieempfehlung abgeben zu können. Also nicht wirksame Behandlungen zu vermeiden. Dieser wissenschaftliche Ansatz klang in meinen Ohren mehr als erstrebenswert, hoffte ich doch selber darauf, jede überflüssige Behandlung oder Medikation abwenden zu können. Und die Tatsache, dass diese Erhebung vom Brustzentrum unterstützt wurde, verschaffte mir ausreichend Vertrauen in die Maßnahme.

Gesucht wurden etwa 5.000 Studienteilnehmerinnen. Nach der bisherigen Diagnosestellung passten meine Daten in das gesuchte Schema. Ich hatte nichts dagegen, mein Tumormaterial, wie es so schön hieß, zu Forschungszwecken zur Verfügung zu stellen und meine Behandlung nach neusten medizinischen Ergebnissen ausrichten zu lassen. Und die Tatsache, dass ich meine Teilnahme jederzeit ohne Nennung von Gründen abbrechen konnte, überzeugte mich vollends von meiner Bereitschaft, zuzusagen.

Die nächsten Schritte sahen für mich nun folgendermaßen aus.

1. Einnahme eines Aromatasehemmers über einen Restzeitraum von drei Wochen bis zu meiner Operation.
2. Erneute Untersuchung einer Tumorprobe, um das Ansprechen des Knotens auf das Medikament zu überprüfen. In meinem Falle würde das Gewebe bei der OP entnommen. Ein Rückgang der Zellteilungsaktivität würde als Erfolg gemessen.
3. Es standen zwei Therapiekonzepte zur Verfügung, was für mich so viel bedeutete wie zwei verschiedene Tablettenarten. Das erste bestand aus der bereits etablierten Antihormontherapie mit dem langjährig erprobten Einsatz des Medikamentes Tamoxifen oder eines Aromatasehemmers. Die zweite Säule war ein neues Therapiekonzept.

Dr. Berg spulte sein Informationsprogramm zügig ab. Auf seine Zwischenfragen, ob ich alles verstanden hätte, nickte ich größtenteils. Ich saß dort wie eine freundliche Puppe, unfähig, großes Interesse zu zeigen. Zu diesem Zeitpunkt befand sich die Studie so weit von mir entfernt wie der Mond und ich verspürte keine Veranlassung, mich näher mit ihr zu beschäftigen. Die Weitergabe und Auswertung meiner Krankheitsdaten war in Ordnung. Alles andere würde sich zu gegebener Zeit finden. Ich verstand gerade noch, dass ein

Zufallsgenerator die Entscheidung über das entsprechende Therapiekonzept übernehmen würde. Ein faires Verfahren? Wahrscheinlich. Dr. Berg stellte es auf jeden Fall so dar, aber auch das spielte für mich zu diesem Zeitpunkt keine Rolle.

Mich beschäftigten zwei andere Probleme. Ich hatte meine Hormontabletten bereits abgesetzt. Sie hatten in den vergangenen 15 Jahren mein Leben lebenswert und meinen Alltag möglich gemacht. Jetzt sollte drei Wochen lang die Östrogenproduktion in meinem Körper auf Null gesetzt werden. Wie würde ich das verkraften? Mit welchen Beeinträchtigungen würde ich zu kämpfen haben? Dass ich ohne nennenswerte Nebenwirkungen zurechtkommen würde, wagte ich nicht zu hoffen. Meine zweite Sorge galt der Operation. Würde brusterhaltend operiert werden können? In meinem tiefsten Inneren war ich fest davon überzeugt. Aber ich konnte mich ja auch irren?

Mit aller Kraft schob ich diese Gedanken beiseite und konzentrierte mich wieder auf mein Gegenüber. Vor mir auf dem Tisch lagen verschiedene Papierstapel. Dr. Berg begann, sie der Reihe nach zu unterschreiben, und schob sie mir anschließend zu. Bedenkenlos unterzeichnete auch ich sie.

Das 1. Coaching

Als ich damit begonnen hatte, dieses Buchprojekt inhaltlich zu umreißen, war ich immer wieder von einem Thema massiv blockiert worden. Krampfhaft hatte ich meinen Kopf durchforstet und nach Möglichkeiten gesucht, diesen Bereich zu verschleiern. Auslassen wäre nicht möglich gewesen, da er eine zentrale Rolle spielte. Aber verändern oder anders umschreiben schon. Aber wie? Welche Optionen hatte ich, die Inhalte so darzulegen, dass sie von meinen eventuellen Lesern angenommen würden? Wie konnte ich einen Rahmen aufbauen, der ihnen verständlich war? Was konnte und wollte ich preisgeben? Was konnte und wollte ich ihnen zumuten? Und mir?

Bis zum Beginn dieses Kapitels hatte ich mich absolut nicht in der Lage gesehen, mein größtes und zugleich wichtigstes Geheimnis zu lüften. Nur einzelne Freunde wussten überhaupt davon, waren fasziniert und beeindruckt zugleich, berieten mich sogar, blieben jedoch auf ihren eigenen, gänzlich anderen Wegen. Ich war stets dankbar gewesen für jeden gedanklichen Austausch mit ihnen, ohne ausgelacht oder für durchgedreht gehalten zu werden. Daneben half es mir, meine eigene Position zu finden und zu stärken.

Wie weit wollte ich mich nun in diesem Buch öffnen? Was traute ich mir zu? Je intensiver ich mich mit dem anstehenden Thema befasste, desto mehr sank mein Mut. Wie konnte ich Dinge erklären, ohne sie zu benennen? Wie konnte ich Personen beschreiben, die nur virtuell existierten, für mich aber real waren? Welche Vokabeln waren imstande, das Problem elegant zu umschiffen? Der Fragenkatalog rotierte seit Monaten in meinem Kopf. Leider ohne ernst zu nehmende Antworten.

Regelmäßig war auch die andere Seite der Medaille aufgetaucht und ich redete mir ein, die Zeit sei längst reif für Ungewöhnliches und Mystisches. Ein Blick in jede beliebige Buchhandlung genügte, diesen Eindruck zu untermauern. Natürlich war mir von Anfang an bewusst gewesen, dass mein Buch eine starke spirituelle Ausrichtung haben würde. Geschrieben für eine limitierte Leserschaft, die diesem Themengebiet sehr aufgeschlossen gegenübersteht. Für offene Menschen, die vielleicht so wie ich auf der Suche nach Selbsterkenntnis sind. Sie würden meine Abenteuer vielleicht als letzten Anstoß für einen eigenen beherzten Schritt in diese Richtung nehmen, den sie schon immer geplant, sich aber nie zugetraut hatten? Oder eine weitere Bestätigung für diesen Weg der Heilung sammeln, der für sie bisher noch mit zu vielen hinderlichen Steinen gepflastert war? Vielleicht würden viele auch mit dem Kopf schütteln und das Kapitel wohlwollend, aber als indiskutabel abschließen? Oder das Buch zur Seite legen?

Die Tatsache, dass es in meinem persönlichen Umfeld bislang nur wenige Eingeweihte gab, sprach eine eigene deutliche Sprache. So waren mir alle Zweifel aus eigenem Erleben vertraut und nah. Ich würde niemanden dafür kritisieren, meine Erfahrungen nicht annehmen zu können oder zu wollen, denn lange genug war ich selbst der größte Bedenkenträger gewesen. Bei der anstehenden Entscheidung hatte ich jedoch nicht nur die anonyme Leserschaft zu berücksichtigen. Da gab es ja auch meine Familie, Freunde, Kollegen, Bekannte, Nachbarn, die sicherlich neugierig auf mein Buch würden. Die meisten wussten nichts von meiner spirituellen

Suche und erst recht nichts von meinem spirituellen Weg der Heilung. Mit ihnen hatte ich tagtäglich zu tun, ihnen konnte ich also nicht aus dem Weg gehen. Wie würden sie reagieren? Den Kontakt zu mir schleichend abbrechen? Oder in einen neugierigen Dialog mit mir treten? Sollte, nein wollte ich es darauf ankommen lassen?

Immer wieder hatte ich alle Variationen, die ich mir auszumalen vermochte, durchgespielt und nach einem Ausweg gesucht. Doch jeder Ansatz war unbefriedigend geblieben und hatte nur zu weiteren offenen Fragen geführt. Ich hatte festgesessen und zu schreiben begonnen, ohne dieses Problem gelöst zu haben im Vertrauen darauf, dass mir meine Innere Weisheit zu gegebener Zeit den Weg zu einer Lösung aufzeigen würde.

Und so geschah es auch. Während ich mich mit jedem geschriebenen Kapitel diesem kritischen Punkt näherte, führte mir die Aufarbeitung meiner Krankheit zusätzlich immer deutlicher vor Augen, wie stark alle Geschehnisse um uns herum zusammenwirken. Schon der Schweizer Psychologe C. G. Jung hatte sich intensiv mit der Synchronizität beschäftigt. Er beschrieb sie als *scheinbaren Zufall, der oft als Wunder angesehen wird.* Wenn wir jedoch anerkennen, dass alle Dinge, alle Ereignisse und alle Menschen auf eine nicht sichtbare Weise miteinander verbunden sind, wird auch deutlich, dass alles miteinander agiert. Im Hintergrund, ohne dass unser Bewusstsein davon etwas wahrnehmen kann. Und wir ernten die Früchte dieser Wirkweise. Im Positiven wie im Negativen.

Von Anfang an war ich davon überzeugt gewesen, von einer helfenden Hand geleitet worden zu sein. Zielgerichtet und systematisch. Die entsprechenden Anzeichen waren vielfältig und deutlich gewesen, für mich jedenfalls nicht zu leugnen. Begonnen hatte es bereits mit der Entdeckung des Tumors. Weder ich selber noch mein Arzt hatten den Knoten ertastet, obwohl er schon ziemlich groß gewesen war.

Nur seiner Intuition oder Erfahrung folgend hatte mir mein Gynäkologe zu einer Mammographie geraten, der ich mehr oder weniger großmütig zugestimmt hatte. Trotz einer regulären Wartezeit von mindestens drei Monaten war dann am Folgetag ein Termin frei geworden. Der Knoten sollte entdeckt werden, das stand für mich außer Frage. Als mir meine Freundin Frieda dann am Tag meiner Krebsdiagnose das Buch von Louise Hay geschenkt hatte, war mir noch in der Nacht klargeworden, dass ich auch gesundwerden sollte. Und die temporale Abfolge dieser Ereignisse ließ für mich nur einen Schluss zu: Die Zeit drängte.

Mit meiner Entscheidung, ein biographisches Buch zu schreiben, akzeptierte ich die Tatsache, nicht nur grob in die Vergangenheit einzutauchen. Ich stieß auf Situationen, die vorher keine große Bedeutung gespielt hatten oder scheinbar unwichtig waren. Viele Episoden durchlebte ich nun immer und immer wieder. Das half mir, den Wahrheitsgehalt meiner Erinnerungen zu prüfen und auch, alle Emotionen wieder einzufangen. Denn erst dadurch vermochte ich sie authentisch zu beschreiben. Ein Prozess, der oftmals sehr schmerzhaft war und mit dessen Intensität ich nicht gerechnet hatte.

Nun war ich bis zu diesem Kapitel vorgedrungen und empfand ein intensives Störgefühl. Es galt, eine Kooperation zu beschreiben, mit deren Hilfe ich die Sackgasse der psychischen Ursachensuche meiner Krankheit zu verlassen hoffte. Jedes Erwägen, das folgende Ereignis zu kaschieren, bereitete mir Unbehagen. Warum nur? Ich hatte nichts Unredliches getan oder jemandem Schaden zugefügt. So benötigte ich eine ganze Weile, um die Ursache meines Störgefühls zu ergründen, und stieß auf den Faktor der Unehrlichkeit. Und plötzlich lag alles ganz klar vor mir. Jede Vermeidung, jedes Nicht-Aussprechen oder Umschiffen dessen, was geschehen, aber so schwer zu offenbaren war, gehörte in den Bereich der Unaufrichtigkeit. Nachdem mir diese Tatsache bewusst geworden war, verschwand jeder Zwiespalt in mir. Nein, ich wollte auf gar keinen Fall lügen oder die Unwahrheit schreiben. Das widerstrebte mir zutiefst und vor allem auch der Botschaft meines Buches. Es würde außerdem der wunderbare Umstand boykottiert werden, dass ich in den vergangenen Jahren mehr und mehr gelernt habe, zu mir selber und meinem ungewöhnlichen Weg zu stehen, auch wenn meine Ansichten dem Mainstream entgegenstehen. So würde ich meinen persönlichen Erfolg erheblich schmälern und mich selber im Stich lassen, wenn ich dieses Kapitel ausließe oder nicht wahrheitsgemäß beschreiben würde. Mit dieser Erkenntnis waren die Würfel gefallen.

Die Fahrt dauerte eine gute halbe Stunde. Gleich nach dem Erhalt meiner Krebsdiagnose hatte ich diesen Termin vereinbart, weil ich wusste, dass ich die Krankheit alleine nicht tragen konnte, aber auch nicht tragen musste. Frühere Besuche hatten meist ein erwartungsvolles Bauchkribbeln ausgelöst. Eine Vorfreude auf die bevorstehenden liebevollen Worte, auf hilfreiche Erkenntnisse und klare Vorausschauen. An diesem Morgen waren meine Gefühle gemischter, denn etwas war anders als sonst. Bisher hatte ich immer Rat und Unterstützung für Prozesse in mir gesucht, mit denen ich nicht zurechtkam oder bei denen ich unsicher war. Schon immer hatte ich verstehen wollen, warum sich Menschen so verhielten, wie sie sich verhielten. Warum ich mir selber so oft im Wege stand? Und es immer noch tu? Heute vielleicht etwas seltener. Die Wissenschaften der Psychologie und Psychiatrie haben schon immer eine besondere Faszination auf mich ausgeübt. Bücher dieser Fachbereiche haben mich mein ganzes Leben begleitet und mein Verständnis der wichtigsten Zusammenhänge gefördert.

Mein spiritueller Werdegang half mir nun, dieses Wissen mit Erkenntnissen aus einer höheren Dimension zu verbinden. Mit einer Sichtweise, losgelöst von meinem begrenzten irdischen Dasein. Von meiner beengten Wahrnehmung auf Erden. Ich bin immer erstaunt darüber, wie hochmütig und respektlos wir Menschen uns über den Rest der Schöpfung erheben und mit ihr umgehen. Mit den Tieren, der Natur, unserer Erde, aber auch mit neuen Sichtweisen, die nicht in unser Weltbild passen. Wir haben unsere Ehrfurcht verloren und erkennen nicht mehr die Einzigartigkeit der Vollkommenheit, die uns umgibt und mit allem versorgt, was wir für unsere Existenz benötigen. Dabei werden wir jeden Tag mit unserer eigenen Begrenztheit konfrontiert. Grund genug, unsere Überheblichkeit abzulegen.

Ich habe gelesen, dass ein Falke eine Taube aus acht Kilometern Entfernung erspäht, während wir schon zum Lesen eine Brille brauchen. Eine Stubenfliege sieht die Fliegenklatsche in Zeitlupe auf sich zukommen, so dass ihr genug Zeit bleibt, sich davonzumachen. Als hätte die Natur geahnt, dass wir eines Tages die Fliegenklatsche erfinden würden. Wie schön wäre es, wenn wir über dieselbe Fähigkeit verfügten, um Schlägen, Kugeln und Bomben ausweichen zu können. Ein interessanter Ansatz, um Kriege und Gewalt zu vermeiden. Unübertroffen ist auch die Nase des Hundes. Ich vergleiche sie gerne mit einem Hochleistungscomputer, der rund tausend verschiedene Duftnoten unterscheiden kann, während wir kaum unseren eigenen Körpergeruch wahrnehmen. Oder Delphine. Sie verfügen über ein eigenes Kommunikationssystem, basierend auf Sonarlauten. Manche Wissenschaftler sprechen sogar von einer Art Telepathie.

Auf Schritt und Tritt begegnen uns also atemberaubende Fähigkeiten. Wenn wir uns öffneten für eine sorgfältigere Wahrnehmung, könnten wir uns jeden Tag an ihnen berauschen. Früher bezeichneten wir alle Unerklärlichkeiten als Wunder, schoben sie ins Reich der Mystik und belegten sie mit einer großen Portion Angst. Hat sich bis heute unsere Einstellung geändert?

Für mich ist es nicht nur so, dass unsere menschlichen Fähigkeiten äußerst überschaubar sind, sondern in gleichem Maße unser Wissen. Jede errungene Erkenntnis ist wunderbar, führt uns aber auch zu unzähligen neuen Fragen. Und in jedem Jahrhundert durften wir uns von einigen dieser gefeierten oder gefürchteten wissenschaftlichen Errungenschaften wieder verabschieden und Neues erkennen. Eine geschichtliche Rückschau müsste eigentlich ausreichen, unser Wissen gleichgültig welcher Disziplin grundsätzlich als vorübergehenden Status zu betrachten und uns automatisch öffnen für neue Ideen.

Unser Universum ist einzigartig. Es funktioniert in großartiger Harmonie. Für mich ist es ein Zusammenspiel unendlicher Kräfte, die nichts dem Zufall überlassen. Alles hat eine Bedeutung, alles hat eine Auswirkung, alles hat einen Wert. Im Großen wie im Kleinen. Angefangen von unbekannten Veränderungen in anderen Sonnensystemen über atmosphärische Entwicklungen auf unserer Erde bis hin zu unseren Gefühlen und Gedanken. Alles lebt und wirkt innerhalb eines munteren Organismus, für den ich die Bezeichnung globales Bewusstsein sehr zutreffend finde. Vor diesem Hintergrund sollten wir Menschen uns durchaus sehr wichtig und ernst nehmen als ein Modul in einem riesigen Zentralcomputer, der alles erfasst und auswertet und nach festen Gesetzmäßigkeiten weiterverarbeitet. Nicht mehr, aber auch nicht weniger.

Kahle Bäume zogen an mir vorüber. Sie begrenzten karge Felder, die die Ruhe des Winters nutzten, um sich auf das bevorstehende Erwachen der Natur vorzubereiten. Ein Kreislauf des Lebens, des Werdens und des Vergehens, an den wir uns partout nicht anpassen möchten in unserem Bestreben, ewig zu leben, ewig jung zu bleiben. Nur wenige Autos begegneten mir, so dass ich in aller Gemütlichkeit über die Landstraßen tuckern konnte. Ich hatte Mühe, mich auf die Straße zu konzentrieren und fuhr bewusst langsam. Zu viele Gedanken wühlten in meinen Kopf. Zum ersten Mal suchte ich Hilfe, um ein mögliches baldiges Ende meines eigenen Lebens zu hinterfragen. Dieses Mal ging es nicht um die Bewältigung irgendwelcher Probleme, sondern um mich und meine lebensbedrohende Krankheit.

Ich hatte keine Angst vor dem Tod. Dazu habe ich mich zu intensiv mit dem Thema auseinandergesetzt und in den karmischen Gesetzen eine Heimat gefunden, die mir zum einen sinnvoll erscheint und zum anderen eine große innere Zufriedenheit beschert. Außerdem habe ich gelernt, mich auf meine Gefühle zu verlassen. Und ich spürte sehr genau, dass meine Zeit des Abschieds noch nicht gekommen war. Aber ich fühlte ebenso deutlich, dass sowohl die Art des Krebses als auch der Zeitpunkt seines Auftauchens nicht zufällig gewählt waren. Gleich würde ich hoffentlich erfahren, worin der tiefere seelische Sinn in allem lag.

Ich parkte meinen Wagen, verstaute das Navigationsgerät sicher unter meinem Sitz und schlenderte durch den Park, der zu dieser Uhrzeit menschenleer war. Meist vergnügten sich einige Kinder auf dem Spielplatz, während ihre Mütter auf den umliegenden Bänken saßen und sich unterhielten. Da ich ein paar Minuten zu früh war, drehte ich noch eine kleine Runde, bevor ich klingelte. Birgit öffnete mir und nahm mich sofort in den Arm. Sie wusste von meiner Krankheit und machte ein ernstes Gesicht. Ich beugte mich zu ihr hinunter, denn sie war noch einige Zentimeter kleiner als ich, und strahlte sie an.

»Mach dir keine Gedanken«, beruhigte ich sie. »Alles wird gut. Ich brauche nur ein paar Erklärungen, damit ich weiß, in welche Richtung ich jetzt laufen muss.«

Birgit hielt meine Hände fest und nach wenigen Augenblicken lächelte sie ebenfalls.

»Auch ich spüre, dass alles gut wird«, sagte sie und ließ meine Hände wieder los.

Birgit ist hellsichtig. Birgit ist ein Medium, eine Mittlerin zwischen verschiedenen Bewusstseinszuständen. Mit Hilfe der Trance begibt sie sich in einen Geisteszustand, der sie mit dem Universum oder mit dem Göttlichen verbindet. Das ist kein esoterischer Zauberkult, sondern in vielen asiatischen Kulturen und Religionen eine gängige Praxis. Auch viele Naturvölker bedienen sich solcher Methoden, um besondere Informationen zu bekommen. Sie wissen noch, dass alles, was geschieht, als Energie erhalten bleibt. Auch die moderne Wissenschaft schließt eine solche Theorie inzwischen nicht mehr aus. Allerdings ist sie noch nicht in der Lage, diese Zusammenhänge zu beweisen. Und ohne Belege bleibt jede Erkenntnis außerhalb der Religionen bestenfalls eine Hypothese, eher Spekulation, zumindest in unserer modernen Welt. Für mich besteht das Leben hauptsächlich aus Zusammenhängen, die ich nicht verstehe. Dennoch akzeptiere ich sie und versuche, offen und neugierig zu bleiben.

Im Buch des Lebens oder zeitgemäßer ausgedrückt im universellen Bewusstsein wird meines Erachtens nach alles aufgezeichnet, was geschieht. Und jeder von uns kann lernen, einen Zugang zu seinem persönlichen Bereich zu erhalten. Wir brauchen uns nur intensiv genug mit meditativen Techniken zu beschäftigen und sie zu üben.

Meine Freundin Frieda war immer schon mutiger als ich gewesen. Vor acht Jahren hatte sie von dieser Möglichkeit des Lernens erfahren und Birgit zum ersten Mal besucht. Ihre anschließenden Schilderungen hatten mich dermaßen beeindruckt, dass ich noch im selben Jahr ebenfalls diesen fremden Schritt wagte. Seitdem wurde ich regelmäßig von einer unsichtbaren Kraft beraten und begleitet. Ja, ich bin immer großartig beschenkt worden, wenn auch aus einer ungewöhnlichen Perspektive heraus.

Birgit kochte Tee für uns. Ich wählte für mich eine Melissenmischung aus und trug meine Tasse in ihr Arbeitszimmer.

Sanfte Meditationsklänge erfüllten den Raum. Ich setzte mich auf das blaue Sofa, meinen Stammplatz, und begann zu erzählen. Von meinem Befund, den bisherigen Ergebnissen und dem bevorstehenden Therapieplan. Und vor allem von meiner Suche nach dem emotionalen Knoten in mir, der anscheinend keine andere Möglichkeit gesehen hatte, als sich mir in dieser drastischen Form zu offenbaren.

»Weißt du, ich habe in den letzten Jahren so viele Ängste und Probleme verarbeitet und losgelassen, dass ich nicht verstehe, warum mich jetzt diese heftige Krankheit erwischt hat.«

Birgit nickte. Sie kannte meine Geschichte. Es hatte auch keinen Sinn, ihr etwas zu verheimlichen oder vorzumachen, denn sie würde die Unwahrheit sofort spüren. Außerdem wollte ich das auch gar nicht. Wir waren freundschaftlich verbunden, und sie genoss mein uneingeschränktes Vertrauen.

»Dieses Jahr sollte für mich ein leichtes Jahr werden, in dem ich innerlich und äußerlich zur Ruhe kommen wollte.« Während ich einen Schluck Tee trank, beobachtete ich, wie sie ihren dicken schwarzen, von feinen Silberfäden durchzogenen, geflochtenen Zopf über die Schulter nach vorne holte und die Spitze über ihren Zeigefinger drehte.

»Daraus wird jetzt wohl nichts«, lächelte sie.

»Ja, das habe ich auch begriffen. Ich werde mich wohl vorher um andere Dinge kümmern müssen.«

»Danach sieht es aus.«

Ich drehte die Tasse in meiner Hand und wurde immer ruhiger. Birgits Anwesenheit tat mir gut. Ihr Vertrauen in das Leben und in Gott und ihre Zuversicht, dass sich alles irgendwann und irgendwie zum Guten wenden wird, übertrugen sich auf mich. So berichtete ich weiter:

»Angeregt durch die Meditations-CD von Louise Hay habe ich meine Eltern visualisiert und jedes Mal einen deutlich wahrnehmbaren Druck in meiner linken Brust gespürt. Konkreter ausgedrückt: im Knoten.«

Viele Leser werden mich spätestens jetzt für ziemlich schräg halten, aber ich schreibe nur das auf, was wirklich gewesen ist. Wieder nahm ich einen Schluck Tee.

»Kann es sein, dass dort noch viel verborgenes Leid liegt«, fragte ich, »wo ich doch dachte, ich hätte das Meiste losgelassen? Aber jetzt habe ich ein Mamma-Karzinom in der linken Brust«, führte ich weiter aus. »Nun, das Wort Mamma muss nicht erklärt werden. Und die linke Brust steht für die weiblichen Anteile. Im Prinzip eine klare Botschaft.«

Ein LKW fuhr vorbei, so dass ich meine Ausführungen für einen Augenblick unterbrach.

»Und genau damit komme ich nicht klar. Bisher habe ich immer meinen Vater für meine Ängste und die fehlende Liebe verantwortlich gemacht. Natürlich trug auch meine Mutter ihren Anteil daran, aber letztlich hat sie sich immer für uns Kinder eingesetzt.«

Als Kind ist man von seinen Eltern abhängig und bei großer Abwesenheit des Vaters überwiegend von der Mutter und vertraut darauf, dass sie alles richtig macht. Hatte ich es mir zu leicht gemacht, überwiegend meinen Vater in die Verantwortung zu nehmen? Meine Mutter war schon vor Jahren gestorben, ich konnte sie nicht mehr danach fragen.

»Das scheint mir der wichtigste Punkt zu sein, Birgit. Welcher Zusammenhang besteht zwischen meiner Mutter und dem Knoten? Es muss einen geben, das spüre ich genau. Aber ich kann ihn nicht fassen. Doch das muss ich, wenn ich gesund werden möchte.«

»Ja, das sehe ich auch so. Ich schlage vor, dass wir dann mal beginnen.«

Mit diesen Worten beendeten wir unser Vorgespräch. Während ich meinen letzten Schluck Tee trank, begann Birgit mit den Vorbereitungen zu unserer Trance-Sitzung. Ich freute mich. Ich freute mich, weil ich wusste, dass ich nur hier die richtigen Antworten erhalten würde. Antworten von oben sozusagen. Von einer Ebene, die wir weder akzeptieren noch wissenschaftlich erfassen möchten. Und es daher auch nicht versuchen. Höchstens im Geheimen wie ich. Ich bin auf meinem spirituellen Weg stets meinem Herzen gefolgt und irgendwann auf diesem Sofa gelandet. Seitdem gelingt es mir mehr und mehr, die Puzzleteile meines Lebens zusammenzusetzen. Und zwar an die für mich richtige Stelle.

Nicht nach jedem Coaching hatte ich die empfangenen Mitteilungen sogleich verstanden. Sie waren in eine gestrige Sprache gekleidet, in die ich mich erst einhören musste. Doch das war nicht der einzige Grund. Die Informationen setzten ein gewisses Verständnis von Zusammenhängen voraus, über das ich oftmals noch nicht verfügt hatte. Daher war es mir in der Vergangenheit so manches Mal erst nach Monaten oder gar Jahren möglich gewesen, manche Aussagen in ihrer Tiefe zu erfassen und auch anzunehmen. Aber in der Rückschau hatte sich jede Interpretation und jeder Rat als aufrichtig und wahr und äußerst hilfreich erwiesen.

Bei Birgit ist mir zum ersten Mal bewusst geworden, wie eingeengt und klein mein Denken war. Noch nie war ich auf die Idee gekommen, über unsere materielle Welt hinaus zu denken. In der Kirche hatte ich gelernt, dass es einen Himmel gibt. Und wer sich in seinem Leben gut benimmt, landet irgendwann dort oben. Im anderen Fall unten in der Hölle. Aber wo ist oben und wo unten? Und was spielt sich dort ab? Und wie lange? Darauf wurden keine Antworten gegeben. Auch wurde immer vom ewigen Leben gesprochen. Doch was bedeutet diese Aussage konkret? Ich hatte sie nie mit Inhalt füllen können und erst in der Lehre von der Reinkarnation Antworten gefunden.

Einstein hatte wiederentdeckt, was in vielen alten philosophischen Lehren längst überliefert war: *Es gibt keine Zeit.* In unserer von Uhr und Kalender dominierten westlichen Welt eine kaum vorstellbare Sichtweise. Doch die Quantenphysik ist gerade dabei, unsere Wissenschaft auf den Kopf zu stellen, weil sie herausgefunden hat, dass manche Dinge so funktionieren, wie es nicht sein darf, weil sie unseren bisherigen Regeln widersprechen. Die Welt ist in Bewegung geraten bis in die kleinsten Teilchen hinein.

Mit Freude habe ich auch gelesen, dass einzelne moderne Physiker die Existenz eines kollektiven Bewusstseins nicht mehr ausschließen. Es gibt also eine Welt hinter unserer Welt. Eine zweite oder höhere Realität, mit der wir alle jeden Augenblick unseres Daseins verbunden sind. Für mich ist es unsere Verbindung zum Licht, zum Göttlichen oder zu uns selbst, je nach Weltanschauung oder Geschmack. Diese feinstoffliche Welt ist ebenso vielschichtig und facettenreich wie unsere materielle. Ich stelle mir immer vor, dass ich dort oben eine eigene Festplatte besitze, auf die nur ich Zugriff habe, und auf der alles, war ich erfahre und erlebe, sorgfältig abgespeichert wird. Allerdings in verschlüsselter Form. Um an meine persönlichen Daten zu gelangen, stehen mir nach meinem heutigen Kenntnisstand zwei Wege zur Verfügung. Der eine verläuft über die tiefe Meditation. Das kostet viel Zeit und Übung, hat aber den Vorteil, diese Quelle irgendwann eigenständig und zu beliebiger Zeit nutzen zu können. Leider hatte sich mir diese Option noch nicht erschlossen, so dass ich bei Bedarf auf die zweite Variante zurückgreifen musste. Es war der Weg über ein Medium, dem ich die Erlaubnis erteilte, auf meine Daten zuzugreifen.

Inzwischen hatte Birgit drei Stühle in der Mitte des Raumes angeordnet und einen großen Lichterkreis aus Kerzen um sie herum drapiert. Als sie die Jalousien herunterließ, wurde es augenblicklich stimmungsvoll. Ich saß noch immer auf dem Sofa in der Ecke des Raumes und begleitete ihre Bewegungen mit meinen Augen. Ich spürte eine Nervosität in meinem Bauch, als stünde ich vor einer schweren Prüfung. Was würde ich nun erfahren?

»Darf ich ein Räucherstäbchen anzünden«, fragte Birgit.

»Ja, sehr gerne«, antwortete ich und versuchte vergeblich, mich zu beruhigen.

»Können wir die Musik ausschalten, Birgit? Ich kann mich dann besser konzentrieren.«

»Aber natürlich.«

Sie lief zu der kleinen Stereoanlage auf dem Sideboard und drückte den entsprechenden Knopf.

»So, dann können wir. Mal schauen, was ER uns zu sagen hat.«

Mit ER war ihr direkter Ansprechpartner auf der Ebene der feinstofflichen Welt gemeint, der Erzengel Raphael. Natürlich hatte ich die geheimnisvolle Existenz von Engeln aus der Bibel gekannt, aber sie war mir immer fremd gewesen und ich hatte den Glauben an Schutzpatronen ausschließlich mit der katholischen Kirche verbunden. So hatte ich Raphael von der ersten Sitzung an schlicht und liebevoll Raffi genannt, weil mir der Kosename dabei half, dieser unsichtbaren Kraft etwas Wirklicheres und Irdischeres zu verleihen.

Mit einem großen Schritt stieg ich über die Lichterkette und setzte mich auf meinen Platz. Ich legte ein paar Taschentücher auf den freien Stuhl neben mir, denn ich war überzeugt davon, sie in dieser Sitzung zu brauchen. Birgit nahm auf dem Sessel mir gegenüber Platz, schaltete das Aufnahmegerät ein und stellte es neben die Schnupftücher. Ich kannte die Prozedur im Schlaf und nutzte die letzten Augenblicke, mich in Stille zu sammeln. Dann nahm Birgit meine beiden Hände in die ihren und schloss die Augen, um sich auf eine Ebene zu versetzen, deren Schwingung sich von unserer Realität völlig unterscheidet. Ich wusste, dass sie meine Hände während der gesamten Sitzung festhalten würde. Das hatte sie früher nicht gemacht. Bei unseren ersten beiden Sitzungen hatte sie sich nach einer Weile körperlich von mir gelöst. Aber ich genoss es, den Kontakt zu halten. Es gab mir stärker das Gefühl, dazu zu gehören und nicht nur diejenige zu sein, um die es ging.

Nach einer Weile begann sie zu sprechen. Die Tonlage ihrer Stimme hatte sich völlig verändert. Ihr Oberkörper wiegte sanft hin und her. Ab und zu spürte ich ein Zucken in ihren Fingern. Jetzt war sie mit ihrem Bewusstsein völlig in der anderen Welt angekommen, während ihr Körper die empfangenen Botschaften für mich in eine mir verständliche Sprache übersetzte. Wie immer schloss auch ich meine Augen, um mich mit allen Sinnen auf das einzulassen, was ich nun hören würde.

Die gesamte Sitzung dauerte eine knappe Stunde. Viele Tränen waren geflossen. Natürlich hatte ich mit einer Exkursion in meine Kindheit gerechnet, die nicht zum ersten Mal stattgefunden, doch jedes Mal zu tränenreichen Gefühlen geführt hatte. Nicht, weil ich von großen Trauer überschwemmt worden war, sondern weil mich Emotionen überspült hatten, die sehr tief in meiner Seele vergraben waren. Und auch Ängste. So manche hatte ich überwunden geglaubt. Und doch hatte Raffi immer noch einen bohrenden Stachel unbearbeiteter Konflikte entdeckt. Heute war ein bunter Strauß an vertrauten und nicht vertrauten Gefühlen aus mir herausgebrochen und stand in leuchtender Vielfalt vor mir. Raffi hatte mein Inneres nach außen gestülpt, damit ich es mir ansehen und einen Weg der Erlösung finden konnte. Erlösung, ein großes schönes altes Wort. Ich möchte es hier etwas schlichter, aber nicht weniger mächtig, mit Befreiung umschreiben.

Was waren nun die Inhalte seiner Ausführungen? Hatte mein himmlischer Coach mir Einsichten vermitteln können, die mir halfen, meine Krankheit zu verstehen? Und vor allem: Gab es eine Möglichkeit, gesund zu werden? Sollte das überhaupt geschehen?

Es war schwer, das Erlebte und Gehörte in Worte zu fassen und Außenstehenden nahe zu bringen. Diese äußerst fremdartige, andererseits unglaublich einfühlsame und liebevolle Erfahrung hatte ich noch nie außerhalb der Sitzungen erlebt. Jedes noch so schwere oder dramatische Ereignis oder Gefühl wurde mit vielen lieben und verständnisvollen Worten bedacht. Nie wurden Verurteilungen ausgesprochen, immer nur Erklärungen. Nie gab es Mutmaßungen, immer nur die Wahrheit. Diese jedoch aus einer Perspektive, die sich mir oft nicht erschließen wollte. Und ohne Hilfe nie erschließen würde.

Raffi sprach mir zuerst große Anerkennung für das aus, was ich in meinem Inneren bereits bewirkt, wieviel Freiheit ich mir schon erarbeitet hatte. Besonders dadurch, dass ich mein Denken verändert und viele Belastungen losgelassen hatte. Diese gewonnene Stärke sei der Auslöser dafür gewesen, die Krankheit jetzt entstehen zu lassen, um die letzten entscheidenden Hürden zu nehmen. Der Knoten sei ein Spiegel der Familienstruktur und beinhalte alle Verklebungen, Verstrickungen und Verhaftungen einer alten Familienlast. Es sei wichtig für mich, mir diese Muster, Gefühle und Gedanken anzuschauen, um sie abwerfen zu können. Meine Belohnung wären Reife, Heilung und Frieden.

In aller Deutlichkeit hielt er mir unser nicht leicht zu durchschauendes Familiengeflecht vor Augen. Ein System, das durchzogen war von Last und Verantwortung, Macht und Gewalt, unerfüllter Liebe, vielen Heimlichkeiten und einer großen Sprachlosigkeit. Es beschrieb eine grausame Zeit, in der Kinder keine Rechte gehabt hätten. Unsere Mutter habe sich nach einem Sohn gesehnt, um dem Vater zu gefallen. Als dann das dritte Mädchen geboren worden war, hätten Enttäuschung und Schuldgefühle in ihr die Oberhand gewonnen. So habe sie mir die Bürde der Verantwortung für Sabine übertragen, um sich selber zu entlasten und zu erleichtern. Das Handikap meiner Schwester habe die Schwere meiner Aufgabe verstärkt. Aber da auch mir die Überforderung der Eltern bewusst gewesen war, habe ich alles getan, um sie zu unterstützen. So war ich schwerelos geworden, um zu helfen und um angenommen und akzeptiert zu werden. Und auch geliebt.

Das waren sehr deutliche Worte. Sie machten mir klar, welche große Last ich als Kind getragen hatte und immer noch trug, weil ich mich von der Verantwortung für meine Schwester bisher nicht hatte lösen können. Endlich begriff ich, warum ich als einziges Geschwisterkind so litt, wenn es Sabine nicht gut ging. Alles fügte sich wie von selbst zu einem vollständigen Bild zusammen. Und ich erkannte außerdem, dass die kindlichen Anteile in mir auf dieser Entwicklungsstufe stehen geblieben waren, da ich den damit verbundenen belastenden Zustand immer noch nicht abgelegt hatte. Hier war ich noch nicht erwachsen geworden.

In diesem Zusammenhang wurde ich noch einmal daran erinnert, dass es nicht darum ginge, meine Familie zu verändern. Das sei ohnehin nicht möglich. Nein, der einzige erfolgversprechende Weg führe immer über die eigene Veränderung. Meine Aufgabe würde darin bestehen zu lernen, keine Lasten mehr von anderen zu tragen, mein Mitleid abzulegen. Jeder Mensch habe nicht nur das Recht, sondern auch die Pflicht, Eigenverantwortung zu leben.

Raffi ermunterte mich, herauszutreten aus den Strukturen der Machtlosigkeit, die ich als Kind erfahren habe, ausgelöst durch eine Vernetzung von viel zu starker Verantwortung, Bestrafung und Angst. Ich habe mich als Kind sehr angestrengt, der Familie Hilfe zu schenken. Und alle meine Bemühungen seien auch gerne angenommen, aber weder gesehen noch wertgeschätzt worden.

Ich schluckte. Ich hatte also als Kind viel zu viel gegeben. Auf jeden Fall mehr, als mir gutgetan hatte. Und nicht nur das. Meine Überforderung war als selbstverständlich hingenommen und meine Anstrengungen daher nie belohnt worden. Jetzt kannte ich die Ursache der Schwere, die mich stets begleitet hatte. Und den Hintergrund der vielen Fluchtgedanken während meiner Kindheit, um diesem Joch zu entkommen. Hätte ich eine Chance gehabt, mich anders zu verhalten? Eine müßige Überlegung, die zu nichts führte, da das Vergangene vergangen war. Wahrscheinlich hätte ich unter diesem Druck aber auch keinen Ausweg sehen können. Auf jeden Fall hatte ich so viel getragen, weil ich einen Teil der Verantwortung meiner Eltern übernommen hatte. Weil sie überfordert gewesen waren, einen weniger mühevollen Weg gehen wollten oder vielleicht auch, weil ich ein leichtes Opfer war.

Ich erfuhr weiter, dass meine Schwester mit ihrer Krankheit eine große Macht in der Familie ausgeübt habe und immer noch ausübe. Ich solle mir diese Strukturen noch einmal verdeutlichen, um die belastenden Zusammenhänge besser zu erkennen. Mit meiner inzwischen gewonnenen inneren Stärke sei ich nun in der Lage, loszulassen. Es sei nicht mehr nötig, diese Opfer zu bringen, um sich ihre Liebe zu sichern. In meiner Freiheit könne ich lernen, auf neue Art zu lieben, mit Zärtlichkeit und Abstand, jedoch ohne Abhängigkeit.

Was anschließend folgte, gab mir die meiste Kraft und Zuversicht. Mein himmlischer Coach sagte mir Heilung zu, Heilung von meinem Krebs. *In liebevollen Worten schmückte er aus, dass er die Hand des Operateurs führen und alles gut verlaufen würde. Ich solle mir keine Gedanken machen. Die Krankheit könne mich nicht fassen.* Ja, so drückte er sich aus. Es war ein wunderbares Geschenk, diese Worte zu hören. Ein wohliges und erleichtertes Gefühl durchströmte mich zum Abschluss der Sitzung. Tränen liefen über mein Gesicht und ich lächelte. Lächelte über mein Glück, diese Hilfe erfahren zu dürfen. Zu wissen, dass ich wieder gesund würde, und ebenfalls zu wissen, welche Fäden ich noch glätten musste, um den emotionalen Knoten in mir zu lösen. Noch während ich dort saß, sah ich einen steinigen Weg vor mir. Zu lange schon war ich diesem Konflikt ausgewichen, obwohl mir eine innere Stimme oftmals geraten hatte, mich zu wehren. Aber es war mir nie möglich gewesen. Nun schien die Zeit dafür gekommen zu sein.

Zuletzt eröffnete mir Raffi noch, dass ich ein neues Buch hervorbringen würde. Ein Buch der Tiefe, der Freude und des Lichts. Schon damals meinte er dieses Buch, was ich allerdings erst ein halbes Jahr später in einer weiteren Sitzung realisieren sollte. Dann verabschiedete er sich wortreich und liebevoll von mir und verschwand in seine himmlischen Sphären.

Sogleich tauchte Birgit wieder in unsere materielle Welt ein und nahm mich herzlich in den Arm. Sie konnte sich nur an wenige Details ihrer Trance erinnern, so dass ich ihr die wichtigsten Eckdaten wiederholte. Gemeinsam freuten wir uns über die positiven Aussichten hinsichtlich meiner Krankheit und die vielen hilfreichen Impulse, die ich erhalten hatte. Dennoch blieb ich wortkarger als sonst, denn ich war aufgewühlt und auch überwältigt von der Tragweite des Gehörten. Doch auch überglücklich. Noch tummelten sich viele Fragezeichen in meinem Kopf und in meinem Herzen. Aus Erfahrung wusste ich, dass sich einige verlieren würden, sobald ich die Sitzung noch einmal nachhörte. Mit den restlichen hatte ich mich intensiv auseinanderzusetzen. Noch war ich viel zu aufgewühlt, um klar denken zu können. Daher nahm ich die CD, auf der Birgit mir die Sitzung abgespeichert hatte, an mich und trug sie wie einen wertvollen Schatz zu meinem Auto.

Der Weg

Der folgende Tag begann wieder mit medizinischen Untersuchungen. Das Wetter war kalt und trocken. Da ich nicht mit verkehrstechnischen Beeinträchtigungen durch die Untersuchungen rechnete, entschied ich mich fürs Fahrrad. Der klare blaue Himmel verhieß einen herrlichen Wintertag. Ich radelte auf dem kürzlich aufgemalten Radweg entlang der Hauptstraße, dick eingepackt in Mütze, Schal und Handschuhe. Der Verkehr lenkte mich ab von einem dumpfen Gefühl, das sich in meinem Bauch wälzte. Es hatte sich sofort nach dem Aufstehen eingestellt und seitdem nicht mehr verdrängen lassen. Kein Wunder. Ich war noch nie ein Meister der Verdrängung gewesen und hatte diese Tatsache schon oft in meinem Leben arg bedauert. *Aber keiner kann aus seiner Haut heraus,* wie es so schön heißt.

Gemeinschaftspraxis Radiologie + Nuklearmedizin las ich, als ich mein Fahrrad an eine Laterne kettete. Es war ein recht modernes Gebäude mitten in der Innenstadt, direkt neben einem großen Kinokomplex. Das Gebäude umfasste drei Etagen und jede beherbergte einen Fachbereich. Es begann im ersten Obergeschoss mit *Radiologie – Mammographie.* Dort war mein Krebs entdeckt worden. Weiter ging es mit *Nuklearmedizin – Sonographie.* Und auf der dritten und obersten Etage befanden sich *Neuroradiologie – CT – MRT – Osteo.* Während ich durch das helle und geräumige Treppenhaus langsam nach oben stieg, verbanden sich die

Namen der medizinischen Fachbereiche in meinem Bauch zu einem nicht fassbaren und zum Teil auch nicht mit Inhalt zu füllenden Begriffs-Wirrwarr, kalt, bedrohlich und erschreckend fremd. Hatte mich doch die Angst erwischt?

Mein gesamter Körper sollte durchgecheckt werden. Das ist Standard, hatte mir Frau Keuper erklärt, denn jeder Krebs habe eine Vorliebe für bestimmte Organe und der Brustkrebs spezialisiere sich auf Lunge, Leber und Knochen. Daher wurden diese Körperteile vor der Operation eingehend unter die Lupe genommen, um mögliche Metastasen aufzuspüren. Eine nicht unwichtige Maßnahme, wie ich einräumen musste. Und eine, die mein Bauchgrummeln durchaus rechtfertigte. Dennoch hielt ich mein Unbehagen weniger für Angst. Es war eher ein unbestimmtes Gefühl der Beklemmung, das sich schnell in meinem Inneren breitmachte, wenn Unbekanntes auf mich zukam. Ich hatte gelernt, damit zu leben, denn es war mir nie gelungen, diese Unsicherheit restlos abzubauen. So hüpften die Ausführungen von Frau Keuper wie aufgescheuchte Hühner in mir herum und machten mich nervös. Ohne große Begeisterung nahm ich Stufe für Stufe. Ganz langsam natürlich, um nicht zu Beginn schon mit einem Schweißgeruch für Furore zu sorgen. Der Angstschweiß musste genügen. Ich vermutete, dass ich mich heute durch die Etagen der Praxis arbeiten durfte, und meldete mich bei der ersten Station an. Ein großzügig ausgerichteter Empfangsbereich zu Beginn eines mittelgroßen offenen Wartesaales sorgte für einen halbwegs gesicherten Privatbereich bei der Abwicklung aller Formalien. Der Raum war sehr hell und freundlich, da die gesamte Außenwand längs des Raums eine riesige Fensterfront enthielt. Von den gegenüber liegenden Wänden des Kinopalastes leuchteten mir die bunten Filmplakate entgegen. Ein fröhlicher aufmunternder Anblick, der im Sommer durch die begrünten Bäume im Innenhof dieses Karrees noch verstärkt würde.

Vorausgesetzt man konnte sich von seinen eigenen Nöten lösen, denn wer diesen Ausblick genoss, war ja nicht zum Vergnügen hier. So wie ich. Es war 8.15 Uhr.

Die freundliche Dame am Empfang spürte mich sofort in ihrem EDV-System auf.

»Röntgen Thorax, Sono-Abdomen und Knochenszintigraphie«, stellte sie lapidar fest und bat mich, im Wartebereich Platz zu nehmen. Ich habe mich schon immer schwer getan im Dschungel der medizinischen Fachausdrücke und konnte sie meist auf Anhieb weder flüssig aussprechen noch mir einprägen. Daher hatte ich mich im Vorfeld ein wenig schlau gemacht und die auf der Überweisung aufgelisteten Untersuchungen gegoogelt. Folgendes stand auf dem Programm: Eine Röntgenaufnahme der Lunge, ein Ultraschall des Bauchraumes und ein Szintigramm des gesamten Skeletts. Ich möchte niemanden mit den einzelnen Therapieschritten langweilen, daher beschränke ich mich auf diese Kurzfassung.

Ich fühlte mich in der Praxis gut aufgehoben. Ruhig und zügig lotste man mich durch die entsprechenden Abteilungen. Überall wurde ich über die anstehende Maßnahme umfassend aufgeklärt und hatte auch die Möglichkeit, eigene Fragen zu stellen.

Es begann mit dem Röntgen der Lunge. Keine große Sache und auch schnell erledigt. Dann wurde mir eine radioaktive Substanz gespritzt, ein sogenanntes Radiopharmakon. Dieses brauchte drei Stunden Zeit, um durch meinen Körper zu wandern und sich dort für eine Weile einzunisten. Aus dem Verteilungsmuster, das mit Hilfe einer Gammakamera sichtbar gemacht würde, ließen sich dann Rückschlüsse auf mögliche Erkrankungen ziehen. So weit, so gut. Während die Uhr lief, wurden meine inneren Organe sonographisch durchleuchtet. Dies war die einzige Untersuchung, deren Ergebnis mir sofort mitgeteilt wurde. Ich hatte Grund zur

Freude, denn es war alles in bester Ordnung. Alle anderen Untersuchungsergebnisse würden ins Brustzentrum geschickt sowie zu meinem behandelnden Gynäkologen. Gut. Auf Frau Keuper war Verlass. Sie würde mich umgehend informieren.

Mit Beginn der Untersuchungen hatte ich mich innerlich beruhigt. Das war schon immer so gewesen. Durch die Ablenkung im Außen klappte auch die Ablenkung im Innen. Bis zur Fotografie meines Skelettes hatte ich noch knapp zwei Stunden Zeit. So beschloss ich, frühstücken zu gehen und währenddessen mein Heilungsbuch um ein paar Seiten zu bereichern.

Wieder hatte ich einen kleinen Baustein abgearbeitet. Es fühlte sich gut an. Schritt für Schritt marschierte ich meiner Genesung entgegen. Es waren kleine Schritte, zugegeben, aber für mich bedeutete jeder einzelne ein Näherrücken an das Ende, an die große Befreiung. Auch wenn ich noch ganz am Anfang stand. Doch nur mit dieser Einstellung gelang es mir, jedem Tag optimistisch zu begegnen und meinen Alltag in gewohnter Lockerheit zu leben.

Mein Inneres war voller Hoffnung. Nein, das war nicht der richtige Ausdruck für das, was ich empfand. Hoffnung bedeutete doch, sich etwas zu ersehnen. Das brauchte ich nicht. Tief in mir fühlte ich eine so starke Sicherheit, wieder gesund zu werden, dass sich manchmal paradoxerweise Zweifel breitmachten. Woher kam diese tiefe Gewissheit? Redete ich sie mir vielleicht nur ein und deckte alle Sorgen damit zu? Ich wusste es nicht. Konnte nur immer wieder feststellen, dass ich keine Angst spürte. Ab und zu etwas Sorge wegen möglicher unangenehmer Untersuchungen oder Eingriffe. Aber nichts weiter. Zum ersten Mal in meinem Leben fühlte ich mich bei der Bewältigung einer folgenschweren Herausforderung zutiefst beschützt und begleitet.

Ich schrieb ein Gedicht in mein Heilungsbuch.

Eins-Sein

Eins mit mir
heißt eins mit dir
und
eins mit dir
heißt eins mit mir.

Das kannst du nicht sehn
und auch nicht verstehn.
Denn die Liebe ist ein Band
ohne Verstand.

Und weiter notierte ich:

Den Krebs besiegen?! Nein, das ist nicht mein Weg. Das klingt nach Kampf. Aber ich war noch nie eine Kämpferin gewesen. Kämpfen heißt, gegen etwas zu arbeiten. Mein Weg ist der entgegengesetzte. Ich möchte den Krebs annehmen, ihn in meine Seele, in mein Bewusstsein integrieren und lieben. Der Knoten steht für etwas, das ich ablehne. Und das, was ich ablehne, soll mir bewusst gemacht werden. Ich habe ihn gefunden, diesen Teil in und außerhalb von mir. Und ich habe verstanden, dass ich den Filz des Knotens nur in Liebe, Geduld und Demut glätten und damit lösen kann. Das klingt schwierig. Aber nein, das ist es nicht. Die Liebe ist in uns allen überreichlich vorhanden. Manchmal ein wenig verschüttet, ja. Bei mir auch. Sonst bräuchte ich ja nicht den Knoten als Beweis. Die Liebe ist überall um uns herum. Wir müssen nur die Augen öffnen. Und vielleicht auch mit gutem Beispiel vorangehen, um sie in uns selbst wieder dort zu wecken, wo sie sich versteckt hat. Es spielt auch keine Rolle, wie lange sie in ihrem Versteck war. Das Entscheidende ist, dass wir sie erlösen.

Ich las mir das Geschriebene noch einmal durch und fragte mich ernsthaft, aus welchem Winkel meiner Seele diese Worte geflossen waren. Sie klangen nicht nach mir. Zumindest nicht nach meiner realen Welt. Sie klangen viel zu klug und weise. Viel zu innig und liebevoll. Dennoch hatte ich sie hervorgebracht, ohne einen Co-Autor zu bemühen. Ich lächelte, denn ich wusste, dass meine Schreibhilfe unsichtbar war und sich in anderen Sphären aufhielt.

Inzwischen war es mir zu einer lieben Gewohnheit geworden, täglich mein Meditationskissen zu strapazieren. Wie lange, das hing zum einen von meiner freien Zeit ab und zum anderen von meiner emotionalen Verfassung. Während sich mein Augenmerk vor meiner Krankheit überwiegend darauf gerichtet hatte, meine Gedanken auszuschalten, führte mich meine Reise jetzt mehr und mehr in meine Kindheit zurück. Und mit diesen zum Teil ausgeblendeten Erinnerungen stieg der Belastungsgrad meiner Sitzungen, den ich mir jedoch nicht immer zumuten wollte. Daher versuchte ich, eine Balance zu schaffen zwischen Ruhe und emotionaler Anspannung.

Nach meiner gestrigen Sitzung bei meinem himmlischen Coach gab es einiges mehr zu tun. Ich hatte erfahren, dass meine Mutter die Hauptursache für mein Leiden in dieser Familie bedeutete. Sie hatte mich nicht beschützt. Sie hatte mir von Anfang an die Verantwortung für meine Schwester Sabine zugeschoben und mich in die Mutterrolle gedrängt, die ihr selber zugestanden hätte. Die Last der Verantwortung hatte mich früh gelehrt, immer für andere da sein zu müssen, aber nie für mich selber. Jetzt verstand ich endlich, warum ich schon in meiner frühen Jugend, eigentlich schon als Kind wegziehen und frei sein wollte. So wie meiner Mutter war es auch mir viel zu viel geworden. Hinzu kam eine Uneindeutigkeit. Kaum etwas war in unserer Familie klar und deutlich angesprochen worden. Raffi hatte mir das wieder in Erinnerung gerufen. Entweder waren Dinge nicht benannt oder aber ins Lächerliche gezogen worden. Welch eine Zerrissenheit der Seelen. Kinder brauchen Eltern, die eine harmonische Einheit bilden, um ein gewisses Maß an emotionaler Stabilität und Orientierung schenken zu können.

Ich hatte schon früh die undurchsichtigen Verstrickungen innerhalb der Familienstruktur durchschaut und offenbar mein Bestes gegeben, den Druck zu mildern. Insbesondere für die anderen. Aber was vermochte ein Kind schon auszurichten? Das konnte doch nie genug sein. Ich war immer sehr selbstständig und erwachsen für mein Alter gewesen, vielleicht auch viel zu ernst. Glücklicherweise hatten mir stets gute und langjährige Freundinnen zur Seite gestanden. Jetzt in der Nachbetrachtung wurde mir erst die Bedeutung dieser Beziehungen so richtig bewusst, denn in ihrer Geborgenheit hatte für mich sicherlich eine

Möglichkeit bestanden, für Stunden frei und unbeschwert zu sein. Einen Raum für mich selber und meine Bedürfnisse zu schaffen, ohne Enge und Druck.

Was konnte ich nun mit den gewonnenen Erkenntnissen anfangen? Brachten sie mir hilfreiche Einsichten? Und vor allem: Welche Wege würde ich finden, gesund zu werden?

Zuerst einmal vermochte ich jetzt das Wort Mamma-Karzinom mit Inhalt zu füllen. Meine bisherige Vermutung, dem mütterlichen Anteil eine wesentlich höhere Bedeutung zuschreiben zu müssen, hatte sich bestätigt. Dieses Wissen gab mir die notwendige Sicherheit, auf dem richtigen Weg zu sein. So würde ich weiterhin sehr intensiv meine kindlichen Persönlichkeitsanteile stärken und erwachsen werden lassen. Auf emotionaler Ebene war ich irgendwann irgendwo stehen geblieben. Wahrscheinlich aus Angst, nicht genug zu sein oder etwas falsch zu machen. Louise Hay hatte mir Möglichkeiten aufgezeigt, Selbstliebe aufzubauen, ohne diese an Bedingungen zu knüpfen. Ihr Buch beinhaltete einen ganzen Strauß an Optionen. Ich war überzeugt davon, dass auch für mich das Richtige dabei war.

Die zweite Säule würde darin bestehen, die Familienlast abzuwerfen. Das erschien mir wesentlich schwieriger zu sein. Mein Ziel konnte nur darin bestehen, aus einer inneren Kraft heraus meine bisherige Machtlosigkeit loszulassen. Wie das im Detail zu bewerkstelligen war, erschloss sich mir noch nicht. Aber dass es für diesen Weg keine Alternative gab, erschloss sich mir sofort. Wiederum rief ich mir in Erinnerung, dass es dabei nicht um Schuldzuweisungen ging. Nein, es handelte sich ausschließlich um einen Entwicklungsprozess in meinem Inneren. Um ein Loslassen der alten Muster. Um ein mutiges Nein-Sagen. Um ein Annehmen meiner Vergangenheit durch das Anerkennen meiner eigenen Verantwortung für mein jetziges Leben. Und nicht zuletzt um Vergebung. Damit endlich Frieden einziehen konnte in mein Herz. Erst dieser Zustand würde mir die gewünschte Heilung bringen.

Das alles hatte ich verstanden. Es war ein gänzlich neuer Weg für mich. Während ich mich bis zum Ausbruch meiner Krankheit innerlich immer mehr von meiner Familie abgeschirmt hatte, um mich selber zu schützen und nicht noch mehr verletzt zu werden, galt es jetzt, die umgekehrte Richtung einzuschlagen. In einem neuen Bewusstsein auf meine Familie zuzugehen. Ich wusste, dass dieser Weg schwierig und auch nicht von heute auf morgen zu bewerkstelligen war. So nahm ich mir vor, mich in den nächsten Wochen auf diese Aufgabe zu konzentrieren.

Beim Schreiben und Nachdenken und Planen und Hadern verflogen die Minuten. Ich schaute auf die Uhr. Es wurde Zeit, aufzubrechen und die letzte Untersuchung in Angriff zu nehmen.

Die Kollegen

Etwas sorgenvoll begann ich mit der Antihormontherapie. Das Medikament gehörte zu den Aromatasehemmern. Ein Wort, dessen Aussprache ich tagelang übte, weil sich mir ein Buchstabe nicht einprägen wollte. Der Beginn Aroma klappte natürlich gut, war er doch leicht mit Inhalt zu füllen, wenn auch aus einem anderen Zusammenhang. Danach stockte ich grundsätzlich und fügte schwerfällig wie ein Grundschulkind die nächsten Silben hinzu. Es entstand Aromatose. In Gänze dann Aromatosehemmer. Immer und immer wieder schmuggelte sich das O ins Wort. Schon beim Formulieren im Kopf erkannte ich meinen Irrtum, konnte aber das A nicht greifen. Es hing irgendwo fest. So schrieb ich mir das Wort auf einen Zettel und lernte es wie früher die Vokabeln, bis mir am Ende eine flüssige Artikulation gelang.

Jetzt, beim Schreiben dieser Erinnerung muss ich über mich selber schmunzeln. Welch seltsame Blockaden sich manchmal im Gehirn auftürmen. Hatte dieser A-Bremsklotz mit meinen Ängsten vor der Tabletteneinnahme zu tun? Ein Zusammenhang lag wohl nah. Was konnte ich also tun, um alle sorgenvollen Gedanken von Anfang an im Keim zu ersticken oder ins Positive umzuwandeln? Wenn man 15 Jahre lang ohne die Einnahme von zusätzlichen Hormonen keine Lebensqualität empfunden hätte, war ein mentaler Totalumschwung nicht so leicht zu bewältigen.

Anfangs versuchte ich mir einzureden, dass es sich ja nur um eine kurzfristige Therapie handelte, um die Reaktion des Tumors zu kontrollieren. Schlappe drei Wochen. Bevor mein Körper in der Lage sein würde, die Veränderung zu erfassen, wäre die Therapie schon abgeschlossen. Also kein Grund zur Sorge. Oder? Bei näherer Betrachtung etablierte sich selbst bei mir eine realistischere Einstellung und ich gestand mir ein, dass mir bei meinem Krebsbefund nie wieder Östrogene verschrieben würden. Von keinem Arzt der Welt.

Diese Erkenntnis erhellte meine Stimmung allerdings auch nicht. Dennoch gab ich mir große Mühe, der täglichen Tabletteneinnahme während des Frühstücks keine nennenswerte Beachtung zu schenken und sie anschließend für den Rest des Tages aus meinem Bewusstsein zu streichen. Vielleicht hatte ich die beschwerliche Zeit des körperlichen Wandels ja doch schon hinter mir? Dann würde ich die nächsten Wochen ohne jegliche Beeinträchtigung überstehen. Auf keinen Fall wollte ich ständig lauernd in meinen Körper hineinhorchen und jede kleine Unpässlichkeit registrieren und analysieren. Daher las ich auch den meterlangen Beipackzettel nicht. Das hätte mein Bestreben, die ganze Sache positiv und locker anzugehen, komplett durchkreuzt.

Noch drei Wochen bis zur Operation. Selbstverständlich zog ich nur den brusterhaltenden Eingriff in Betracht und errechnete für mich eine Woche Krankenhaus plus eine Woche Genesung zu Hause. Gut. Das war ein überschaubarer Zeitraum, den ich auch im Büro leicht überbrücken konnte. Besonders auch unter Ausschöpfung der vielfältigen elektronischen Möglichkeiten. Ich dachte darüber nach, meinen Laptop mit ins Krankenhaus zu nehmen, um den Mailverkehr zwischen den Kollegen verfolgen und mich selber bei eventuellen Fragen einschalten zu können? Eigentlich eine gute Möglichkeit. Doch wie sicher war ein Rechner im Krankenhaus? Würde ich ihn irgendwo einschließen können?

Man hörte schließlich immer wieder von Diebstählen. Oder würde dieser Aufwand ohnehin viel zu anstrengend für mich werden? Das ständige Auf- und Abbauen beim Verlassen des Zimmers könnte belastend oder auch lästig werden. Ich atmete tief durch, da mir schwante, in welche Richtung meine Überlegungen zwangsläufig führen mussten.

Im Gegensatz zu meinen jungen Kollegen war mir eine gewisse Beständigkeit bei der Nutzung elektronischer Geräte von grundlegender Bedeutung. Was im Klartext hieß, dass ich das älteste Handy von allen besaß. Und noch kein Smartphone. Allerdings hatte ich die Realisierung einer solchen Anschaffung für 2014 geplant. Grob geplant zugegebenermaßen. Wahrscheinlich gegen Ende des Jahres. Und in aller Ruhe und ohne Druck. Mit anderen Worten: Ich empfand überhaupt keine Motivation, mich mit diesem Thema auseinander zu setzen. Schweren Herzens musste ich mir eingestehen, dass ich mit einem Smartphone all meine Fragen und Überlegungen auf einen Schlag gelöst hätte. Die Geräte waren klein, handlich und sehr leicht und ermöglichten mir einen dauerhaften Internet- und Mailzugang. Dass ich damit auch telefonieren konnte, war fast schon zu einem unbedeutenden Nebeneffekt mutiert.

Während ich in meinem Büro saß und einige Rechnungen bearbeitete, erwärmte ich mich ganz gemächlich für den Kauf eines solchen Luxusgerätes. Ich würde mir die Smartphones meiner Kollegen anschauen, überlegte ich, und mich über die verschiedenen Systeme informieren. Ja, das klang nach einem guten Einstieg. Und ich sollte mir nicht allzu viel Zeit bei allem lassen, da es bestimmt Lieferfristen gab und ich ausreichend Zeit zum Üben brauchte. Ich grinste bei diesem Gedanken, weil er mein technisches Nichtinteresse, so möchte ich es mal ausdrücken, offenbarte.

Das Läuten des Telefons holte mich aus meinen Überlegungen.

»Guten Morgen«, begrüßte mich Frau Keuper etwas zurückhaltend, wie ich sogleich registrierte. »Mir liegen jetzt die Ergebnisse der gestrigen Untersuchungen vor.«

Ich staunte. Das war wirklich schnell gegangen.

»Die Radiologie hat mir alle Unterlagen per Mail zugeschickt. Ihre Lunge ist in Ordnung, ebenso die inneren Organe. Aber letzteres wissen Sie ja bereits.«

Ich nickte bestätigend mit dem Kopf, als könnte Frau Keuper mich sehen.

»Allerdings«, begann sie erneut und ich wusste sofort, dass sie etwas Unschönes aussprechen musste, »hat man an Ihrer 6. Rippe eine Auffälligkeit festgestellt.«

»Was für eine Auffälligkeit denn?«

»Das ließ sich nicht genau bestimmen. Sie könnte von einem Sturz herrühren. Sind Sie einmal gefallen?«

Ich dachte eine Weile nach, bevor ich schließlich antwortete:

»Ja, das bin ich. Aber das liegt schon mehr als zehn Jahre zurück. Es war ein Ausrutscher im Badezimmer, bei dem ich vorwiegend mit dem Kopf aufschlug, so dass mögliche Folgen rippenmäßig nicht untersucht worden sind.«

»Dann hängt es vielleicht damit zusammen. Auf jeden Fall müssen wir der Sache auf den Grund gehen. Ich habe für Sie schon einen Termin im Klinikum vereinbart. Dort wird am Montag um 9 Uhr ein CT der 6. Rippe gemacht. Können Sie diesen Termin wahrnehmen?«

»Aber natürlich kann ich das einrichten«, antwortete ich sofort. Montag war mein freier Tag.

»Machen Sie sich keine großen Sorgen«, riet sie. »es ist zuerst einmal nur eine reine Vorsichtsmaßnahme.«

»Vielen Dank für Ihre aufmunternden Worte, Frau Keuper. Aber ich mache mir keine großen Sorgen. Ich bin mir sicher, dass dort nichts Nennenswertes sein wird.«

»Ihr Optimismus ist immer wieder beeindruckend«, antwortete sie noch, bevor wir uns verabschiedeten.

Woher meine Gewissheit rührte, dass sich in meinem Brustkorb keine Metastase versteckt hielt, konnte ich mir nicht erklären. Vielleicht hing sie mit der Aussage meines Schutzengels zusammen: Der Krebs kann dich nicht fassen. Die Bildung von Metastasen würde nicht dazu passen. Daher verschwendete ich keinen weiteren Gedanken an die zusätzliche Untersuchung und freute mich über die Tatsache, dass das Krankenhaus so gründlich arbeitete.

Später schaute ich mir das Handy meines Kollegen Lukas an. Es gefiel mir, denn es wirkte sehr elegant. Lukas erlaubte mir, ein wenig damit herumzuspielen, wobei ich sofort bemerkte, dass meine Feinmotorik zu wünschen übrig ließ. Wohin ich auch griff, die gesuchte Funktion verschwand. Was ich auch antippte, das erhoffte Bild erschien nicht. Ich hatte den Eindruck, das Display nur anschauen zu müssen, damit es eigenmächtig zu arbeiten oder zu streiken begann. Die Bilder sprangen herum und ließen sich von mir nicht mehr einfangen. Oh je. Da stand mir noch einiges an Arbeit bevor, denn mein mindestens sechs Jahre altes Handy reagierte ausschließlich auf kräftigen Tastendruck und nicht auf Streicheln, Antippen oder Intuition. Die Umstellung musste mir also vor meiner Einweisung ins Krankenhaus gelingen, denn dort würde mir niemand helfen können.

»Du solltest dir auf jeden Fall in der Stadt noch ein paar andere Geräte anschauen. Meines ist sehr teuer und es gibt inzwischen eine große Auswahl hinsichtlich Preis und Optik«, riet Lukas. Ich wusste, dass er sich gut auskannte, und nahm mir vor, mich am folgenden Samstag darum zu kümmern.

Dann begann ich, eine Liste mit Routineaufgaben zu erstellen, die in meiner Abwesenheit im Büro zu erledigen sein würden. Da ich unser Sekretariat als Nicht-Vollzeitkraft managte, hatte ich mich von Anfang an darum bemüht, mich nicht unentbehrlich zu machen. Das Ergebnis war ein transparentes Büro, in dem meine Kollegen jederzeit Zugriff auf die aktuellen Vorgänge hatten. Sollten sie diese einmal nicht finden können, genügte in der Regel eine kurze Anfrage per Telefon oder Email. Diese Vorgehensweise hatte sich auch für die Urlaubszeiten bewährt und dazu geführt, dass ich in den vergangenen zehn Jahren nicht ein einziges Mal behelligt worden war. Das Wort *behelligen* gefiel mir in diesem Zusammenhang sowieso nicht. Es war zu negativ besetzt. Eine Anfrage meiner Kollegen wäre für mich nie eine Störung gewesen, denn ich konnte mich darauf verlassen, dass sie vorher alle anderen Möglichkeiten ausgeschöpft hätten und dass die Angelegenheit drängte. Außerdem sah ich wirklich kein Problem darin, eine kurze hilfreiche Antwort zu geben. Ich weiß, dass diese Denkweise selten ist, und ich kannte auch Mitarbeiter in meinem Umfeld, die sich fürchterlich darüber aufregten, wenn sie im Urlaub nicht in Ruhe gelassen wurden. Aber bei uns war das glücklicherweise anders. Sogar unser Chef beantwortete im Urlaub seine Nachrichten, wenn es technisch möglich war. Ja, auf unser Arbeitsklima konnten wir stolz sein. Es war entspannt, ausgesprochen vertrauensvoll, freundschaftlich und verantwortungsvoll. Niemand von uns dachte nur an sich oder seinen Arbeitsbereich, sondern in gleichem Maße an das gesamte Team und einen reibungslosen Ablauf für alle. Diese Einstellung wurde von unserem Chef vorgegeben und vorgelebt. Sie erfüllte mich mit Dankbarkeit, da sie ein hohes Maß an Vertrauen und Freiheit voraussetzte.

Das erklärte natürlich auch die Tatsache, dass mir nicht nur sehr viel daran lag, meine Abwesenheit gut vorzubereiten, sondern auch, in dieser Zeit erreichbar zu sein. Außerdem würde mir ein wenig Ablenkung im Krankenhaus sicher guttun. Vielleicht würde sogar der ein oder andere Scherz auf diese Weise in meinem Krankenbett landen. Schöne Aussichten.

Drei Wochen würden ausreichen, um die meisten Vorgänge vorher abzuschließen. Sollte doch die ein oder andere Rechnung später ins Haus flattern, so konnte sie auch vierzehn Tage liegen bleiben. Ja, so würde es gehen. Zur Sicherheit würde ich noch einem meiner Kollegen einen Überblick über unsere verschiedenen Konten vermitteln, so dass dieser im Bedarfsfalle aktiv werden könnte. Ich würde alles so organisieren, als stünde ein zweiwöchiger Urlaub bevor. Und wenn die Operation doch nicht so schnell überstanden sein wurde? Völlig ungebeten meldete sich mein zweifelndes Unterbewusstsein. Aber nein, es würde schon alles gutgehen. Mit einer ausladenden Handbewegung wischte ich jede Skepsis vom Tisch. Und lachte. Wenn mich jetzt jemand gesehen hätte? Wie gut, dass ich in einem Einzelbüro saß.

Ich gebe zu, dass es mir in dieser Phase nicht immer leichtfiel, mich zu konzentrieren. Manchmal schaute ich minutenlang aus dem Fenster statt auf den Bildschirm und bemerkte es erst, wenn jemand mein Zimmer betrat. Da wir alle grundsätzlich anklopften, hatte ich stets genug Zeit, mich zu besinnen. Selbstverständlich erkundigten sich alle regelmäßig nach meinem Befinden, besonders so kurz vor der OP. Dann erzählte ich die neusten Fakten, ohne jedoch allzu tief in das aktuelle Krankheitskapitel einzutauchen. So vermied ich eine Weltuntergangsstimmung und konnte meine Bürotage weiterhin in entspannter und ausgelassener Atmosphäre, von kurzen Grübeleien meinerseits einmal abgesehen, genießen.

Der Alltag

Von außen betrachtet veränderte sich mein Leben nicht. Der Alltag spulte sein Programm in gewohnter Routine ab, fast eigenständig. An oberster Stelle stand bis zur Operation mein Job, so dass ich alle Arzttermine möglichst in meine Freizeit legte, was mir überwiegend gelang. Ich traf mich weiterhin mit Freunden und Bekannten, ging Essen, ins Kino und ins Theater. Unsere Gesprächsthemen drehten sich entweder um die Veranstaltungen oder um Alltägliches. Keinesfalls um meine Krankheit. Ich war herrlich abgelenkt und lachte viel, so wie ich es wollte und brauchte.

Parallel dazu entwickelte sich ein innerer Alltag, dessen Bedeutung erheblich war und ständig wuchs. Ich könnte ihn meinen Krebs-Alltag nennen. Es war der Teil meines Lebens, der sich mit meiner psychischen Genesung beschäftigte.

Noch immer verspürte ich keine Angst. Weder vor der Operation noch vor der Krankheit selber. Von meinem Schutzengel wusste ich, dass ich alles gut überstehen würde. Das gab mir Halt und Kraft. Aber ich hatte auch begriffen, dass der Zeitpunkt des Tumorwuchses kein zufälliger war und ich jetzt die Chance hatte, mich von einer Bürde zu befreien, die Zeit meines Lebens meine Seele schwer belastet hatte. Jetzt oder nie, dachte ich oft. Und ja, ich wollte gesund werden, sowohl an Körper als auch an meiner Seele. Also legte ich mir einen Punkte-Plan zurecht, den ich täglich absolvieren wollte. Einiges davon hatte ich bereits umgesetzt, anderes versuchte ich konsequent in meinen Tagesrhythmus einzubauen.

Louise Hay hatte mich in ihrem Buch daran erinnert, welche Bedeutung regelmäßige Affirmationen haben. Ich wusste das längst und hatte sie auch schon viele Male angewandt. Aber im Gewühl des alltäglichen Trubels verlieren sie sich leicht wieder. Das war bei mir nicht anders. In meiner jetzigen Situation war es jedoch ausgesprochen wichtig, meinen Optimismus nicht zu verlieren, egal, was noch auf mich zukommen würde. Und eines war sicher: Die unangenehmsten Teile der Behandlung lagen noch vor mir. So stand ganz oben auf meiner Liste, dass ich mein gesamtes Bewusstsein, mein ganzes Denken auf eine positive Ausrichtung lenken wollte. Auf weite Bereiche meines Lebens bezogen war mir diese Denkart in den letzten Jahren bereits geglückt, so dass ich mich längst nicht mehr als Pessimistin bezeichnen wollte. Ich hatte erfolgreich umgesetzt, mich nicht mehr an meine negativen Gedanken festzukrallen, sondern diese so gut es ging in positive Sichtfelder umzuwandeln oder zumindest positive Aspekte herauszupicken und zu verstärken. Das hatte regelmäßige Übung und Gedächtnistraining erfordert.

Affirmationen waren der einzige Punkt auf meiner Liste, der keine zusätzliche Zeit in Anspruch nehmen würde. Denn sie konnten überall angewendet werden. Vor dem Aufstehen oder Einschlafen, während der Mittagspause, beim Spaziergang, Kochen oder Bügeln. Ich selber bevorzugte dafür meinen Fußmarsch ins Büro. Wenn ich morgens durch die noch ruhigen Straßen ging, freute ich mich über alles, was mir begegnete, und versuchte, diese Emotionen so lange wie möglich festzuhalten. Es war März. Der Frühling kam mit zögerlichen Schritten. Trotzdem ließen sich die Vögel nicht beirren und begrüßten ihn jeden Morgen aus vollen Hälsen. Ihr Zwitschern begleitete mich einen Großteil des Weges, so dass ich ausreichend Zeit hatte, es in mich aufzunehmen und mich auf einen fröhlichen Tag einzustimmen. Aber es konnte auch das Lächeln eines Radfahrers sein, der in großer Rücksichtnahme einen Bogen um mich herumfuhr, weil ich träumend auf dem Fahrradweg lief. Oder ein freundliches Guten Morgen, gerichtet an die starken Männer der Müllabfuhr, die bereits seit einer Stunde in der Stadt unterwegs waren. So gab es unzählige Gelegenheiten, Freude zu empfinden. Ich brauchte nur meine Sinne zu öffnen und sie Willkommen zu heißen. Dann würden immer mehr neue Bilder mein Bewusstsein dominieren: Bilder von Frohsinn, Begeisterung, Wohlgefallen und Gesundheit. Und von Dankbarkeit. Ja, Dankbarkeit war ein zentraler Punkt für meine dauerhafte Genesung. Dankbarkeit schaffte den Nährboden für die Keime der Gesundheit. Denn nur in einem nährstoffreichen Klima kann Gutes gedeihen. Das weiß jeder Bauer und jeder Gärtner.

Meine Heilungs-CD hörte ich fast täglich. Sie tat mir gut, weil sie mein Inneres beruhigte und mich darin bestärkte, meine Probleme richtig einzuordnen. Ich hatte erfahren, dass die Ursache meines Knotens in meiner Familie lag, und begonnen, mich so gut es ging in meine Kindheit zurück zu versetzen. Ich wollte angstbesetzte Situationen neu erleben und Frieden mit allen daran beteiligten Personen schließen. Ich ging einfach davon aus, dass jedes Familienmitglied stets versuchte hatte, sein Leben einschließlich aller Probleme so gut wie möglich zu meistern. So kam ich erst gar nicht in die Bedrängnis, Schuld zu suchen oder zu verteilen.

Doch immer wieder erreichte ich einen Punkt, wo ich an mir selber zweifelte. Konnte ich mich wirklich auf meine Erinnerungen verlassen, die schließlich schon Jahrzehnte zurücklagen? Andererseits hatte ich mich über viele Erlebnisse schon häufiger mit meinen Geschwistern ausgetauscht, die natürlich eine andere Perspektive vertraten, aber im Kern die Situationen bestätigt hatten.

Es beschäftigte mich natürlich auch die Frage, ob es tatsächlich möglich war, dass sich verfilzte Familienstrukturen in einem Tumor verselbständigen konnten? Eine für die moderne Schulmedizin ziemlich abwegige Einstellung. Wir haben uns so gemütlich darin eingerichtet, dass alle Krankheiten außerhalb unserer eigenen Verantwortung entstehen. Keime und Viren kommen angeflogen oder werden übertragen. Der Rücken leidet durch falsches Sitzen. Die Sinne lassen aufgrund des Alters nach, ebenso wie das Gedächtnis. Krebs ist eine Zivilisationskrankheit, deren Ursachen noch unbekannt sind, und Umwelteinflüsse geraten zunehmend in den Fokus der Verantwortlichkeit für ein breites Feld von gesundheitlichen Beschwerden, auch für Krebs. Auf jeden Fall verschreiben wir uns grundsätzlich der Opferrolle und sind dem Treiben der Natur hilflos ausgeliefert. Haben also Glück oder Pech. Ich möchte an dieser Stelle betonen, dass ich auf gar keinen Fall die Erfolge der Schulmedizin schmälern möchte. Auch ich verdanke ihr viele Gesundungsprozesse. Im Übrigen vertraute ich mich ja auch bei der Krebsbehandlung den schulmedizinischen Therapien an. Ganz bewusst und voller Vertrauen und Dankbarkeit. Ich vermisste lediglich die zweite Seite der Medaille. Eine gleichrangige Berücksichtigung der psychischen Aspekte und in dieser Hinsicht keine Trennung von Körper und Seele. Und ich wünschte mir eine Akzeptanz dieser Sichtweise.

Dennoch war auch ich von den gesellschaftlichen Normen geprägt worden und konnte mich der lauernden Frage nicht entziehen: Ist der eingeschlagene Weg tatsächlich der richtige? Manchmal ließ mich dieses Thema nicht schlafen. Das war jedoch selten der Fall. Meistens fühlte ich bei jedem gesprochenen Wort von Louise Hay eine so starke Zu- oder Übereinstimmung, dass sich der Verdacht aufdrängte, sie hätte ihr Buch eigens für mich geschrieben. Dabei wusste ich nur wenig von ihr und ihrer Biographie. Und sie von mir gar nichts. Ich lächelte und verscheuchte alle Zweifel. Mir war schon klar, dass die meisten Menschen meinen spirituellen Heilungsansatz nicht verstehen würden. Das ist überhaupt kein Problem für mich. Und diejenigen, die offen für Neues sind, würden eine entsprechende Hilfestellung für eigene Probleme sicher finden. So, wie auch ich das Buch von Louise Hay gefunden hatte oder passender ausgedrückt, das Buch hatte mich gefunden.

Ich hörte ihre CD also regelmäßig. Inzwischen kamen mir keine Tränen mehr. Dafür entdeckte ich bei jedem Hören neue Denkanstöße, die sich tief in mein Bewusstsein eingruben, so dass ich sie für mich prüfen und gegebenenfalls umsetzen konnte. Das war ein langsamer Prozess, der meine Geduld manchmal arg strapazierte, obwohl ich genau wusste, dass keine Eile geboten war. Im Gegenteil, jedes Hetzen durch mein inneres Bewusstsein würde weder Nachhaltigkeit noch Zufriedenheit auslösen können. Allein die Tatsache, an mir zu arbeiten, war entscheidend.

Weiterhin führte ich mein Heilungsbuch, das mir half, kleine Erfolge aufspüren. Da ich nicht mit großen Durchbrüchen rechnete, lenkte ich mein Augenmerk auf die scheinbaren Nebensächlichkeiten. Ich trug es immer bei mir, damit ich mir Stichworte sofort notieren konnte. Das geschah im Büro, im Bus, im Wartezimmer, im Café oder beim Spaziergang. Oft saß ich abends auf dem Sofa und hielt die Ereignisse des Tages fest. Die Untersuchungen und Arztgespräche, meine Gedanken dazu, vor allem aber die Überlegungen zu meiner persönlichen Entwicklung und wichtige Telefonate. Und wieder entstand ein Gedicht.

Vergebung

Ich fühle mich geborgen im Schoße der Natur
und ganz besonders innig, als ich vom Krebs erfuhr.
Der Knoten sprach und zeigte, was ich so lang verschwieg:
Es ruhte in der Kinderseele, wollte niemals Krieg.

Doch jedes Leid sucht einen Weg hinaus aus dem Verlies,
und irgendwann sagt es „Hallo! Ich such das Paradies."
Gemeinsam gingen wir zurück in die Vergangenheit
und fanden Wut und Schmerz und Angst und Hoffnungslosigkeit.

So sah ich ein, der Krebs hat Recht,
die Zeit heilt alles nicht.
Es tut mir leid, dass ich's vergaß
und danke für die Sicht.
Nun suche ich nach einem Heil für die vergessne Not.
Doch nur Vergebung kann es sein, sie wird mein Co-Pilot.

Zum ersten Mal seit meiner Diagnose schrieb ich die Worte *mein Knoten* in das Heilungsbuch. Sie flossen wie selbstverständlich aus meiner Feder, ohne dass mir die Tragweite dessen zuerst bewusst wurde.

Jetzt sind es nur noch wenige Tage bis zum Krankenhausaufenthalt, las ich. *Wie schön, dass ich immer noch keine Angst habe. Heißt das eigentlich, dass ich meinen Knoten nun integriert habe?*

Da war es: meinen Knoten!

Habe ich ihn nun liebevoll in mein Bewusstsein aufgenommen? Es ist schwer für mich, das zu beurteilen, aber ich denke schon. Oder zumindest ein wenig oder einen Teil. Wie und wann ist dies geschehen? Kann ich den Umstand an eine besondere Begebenheit knüpfen? Anfangs gehörte er nicht zu mir. Er existierte überhaupt nicht in meiner Wahrnehmung. Jetzt möchte ich ihn abgeben. Ihn herausoperieren lassen. Ich kann den Termin kaum noch erwarten. Nicht aus Angst, der Knoten könnte vorher zu einer Übergröße mutieren, so dass unter Umständen eine Amputation meiner Brust notwendig würde, sondern aus einem Gefühl heraus, ihn nicht mehr zu benötigen. Er hat mir gezeigt, was er mir zeigen wollte. Ich habe verstanden. Und nun kann ich mich gut und vor allem gerne von ihm trennen.

Ich ließ mir meine Worte immer wieder durch den Kopf gehen auf der Suche nach Unstimmigkeiten oder Irrtümern. Aber ich konnte nichts dergleichen finden. Alles fühlte sich rund an. Ich freute mich. Ich freute mich einfach darüber, dass es mir in den vergangenen vier Wochen gelungen war, diese Erkenntnisse zu gewinnen und greifbare Lösungsansätze zu finden, die offensichtlich erste Früchte trugen.

Die Freunde

»Wie kommst du denn jetzt mit den Tabletten klar?«

Naomi, eine meiner besten Freundinnen war am Telefon. Sie lebte mit ihrer Familie im Münsterland, so dass wir uns nur ein- bis zweimal im Jahr sehen konnten. Dabei halfen uns feste jährliche Rituale: Ein Besuch ihrerseits in der Vorweihnachtszeit in Aachen, um den Verführungen des Weihnachtsmarktes zu erliegen, und ein einwöchiger Urlaub, den wir meist auf Kreta in einer herrlichen Ferienanlage direkt am Meer verbrachten. Auch für dieses Jahr war die Reise bereits gebucht. Normalerweise flogen wir Ende Mai oder Anfang Juni, bevor es auf der griechischen Insel zu heiß wurde. Wobei die hohen Temperaturen nur für mich ein Problem darstellen. Naomi liebt sie und blüht auf, wenn die Sonne alles gibt. Ich hingegen falle dann in mich zusammen, werde schlapp und antriebsarm. So waren die letzten Frühlingswochen für die Reise bisher ein guter Kompromiss für uns gewesen.

»Ich habe so gehofft, dass meine Wechseljahre nach 20 Jahren endlich überstanden sind, aber da brauche ich wohl noch einen längeren Atem«, berichtete ich ihr. »Jeden Abend stellen sich leichte Wärmeschübe ein. Da mir ohnehin immer kalt ist, kann ich damit leben. Obwohl diese Wärme unnatürlicher Art ist. Du kennst das ja noch nicht.«

Naomi war fünfzehn Jahre jünger als ich.

»Und vielleicht wirst du diese Temperaturschwankungen ja auch nie kennen lernen. Ich drück dir die Daumen dafür.

Nun gut, auf jeden Fall sind sie bei mir wieder da. Außerdem Schlafstörungen, mit denen ich aber ganz gut zurechtkomme. Ich ignoriere sie einfach. Wenn ich nachts aufwache und merke, dass ich nicht mehr schlafen kann, lese ich halt oder höre Radio. Irgendwann nicke ich dann wieder ein.«

»Hast du trotzdem genug Energie für den Tag?«

»Interessanterweise spüre ich davon tagsüber nichts. Das ist schon mal ein Vorteil. Und alle paar Tage schlafe ich dann fünf Stunden am Stück und bin wieder ausbalanciert.«

»Du meine Güte, fünf Stunden? Ich brauche mindestens acht, um fehlenden Schlaf nachzuholen.«

»Nein, so viel habe ich nie gebraucht. Aber ich habe auch gelernt, meinem Körper zu vertrauen. Was er braucht, holt er sich irgendwann.«

Ich lachte. »Neu ist aber, dass ich abends vor dem Fernseher einschlafe.«

»Hey, das passiert mir auch oft.«

»Was, in deinem Alter?«

»Klar.«

»Na, wenn das so ist, werde ich dem Umstand keine große Bedeutung beimessen. Du siehst, meine Liebe, bisher hält sich alles in Grenzen. Wenn es so bleibt, bin ich zufrieden.«

»Es sind ja nur noch wenige Tage bis zur OP.«

»Das stimmt. Dann darf ich diese Tabletten fürs Erste wieder absetzen. Das Problem ist nur, dass ich meine alten Hormonpillen nicht wiederbekomme. Selbst wenn ich bettelnd und auf Knien vor den Ärzten rutsche.«

»Und du musst fünf Jahre lang die Antihormontherapie machen.«

»Ja, das soll ich. Aber ob ich mich dazu entschließen kann, weiß ich noch nicht.«

»Das ist aber wichtig«, insistierte sie.

Naomi hatte Angst um mich. Sie kannte meine spirituellen Ansichten gut, teilte sie aber nur bedingt. Über die

Notwendigkeit dieser Tablettentherapie hatten wir bereits ausgiebig diskutiert. Aufgrund ihres Alters fehlten ihr die Erfahrungen, mit Wechseljahresproblemen zu kämpfen. Selbst Frauen mit hohem Einfühlungsvermögen hatten mir berichtet, dass sie sich solche massiven Einschnitte in die Lebensqualität nie hätten vorstellen können, bevor sie diese selbst erlebt hatten. Ich wusste genau, wovon sie sprachen.

Was konnten Hitzewallungen schon ausmachen? Da wurde einem für ein paar Minuten warm. Ja, und? Aber so war es eben nicht. Von einer Minute auf die andere fühlt sich der Körper eigentümlich an, unnatürlich. Einen Augenblick lang fragt man sich, ob man krank wird, sich irgendwo mit einer Erkältung angesteckt hat und vielleicht Fieber bekommt? Aber dann ist alles klar. Als hätte man einen Schalter betätigt und das Licht geht augenblicklich an, so plötzlich explodiert der Körper. Wie ein Heizstrahler ohne jegliches Zutun und ohne erkennbaren Anlass von 0 auf 1500 Watt. Ich habe von Frauen gehört, deren gesamter Körper, Gesicht und Hände schweißnass wurden. Eine konnte ihre Tätigkeit im Augen-OP nicht mehr ausführen, weil die Sterilität der Instrumente nicht mehr gegeben war. Meine Mutter trug dreißig Jahre lang selbst im tiefsten Winter im Haus nur kurzärmelige Blusen, manchmal mit einer dünnen Weste darüber. Irgendwann saß ich mit einer guten Bekannten im Café und mitten im lockeren Gespräch erglühte ihr Kopf zu einem roten, fleckigen Ballon. Ich konnte zuschauen, wie ihr die Farbe ins Gesicht schoss und nach fünf Minuten wieder entwich.

Es ist weder eine normale noch eine fieberhafte Wärme. Irgendetwas dazwischen. Der Körper kämpft, will etwas regulieren, vielleicht, vielleicht auch nicht. Bei mir war es derzeit nicht so schlimm. Man sah mir meine Schübe auch nicht an. Zuhause drehte ich einfach die Heizung ab und kroch unter eine Decke, die ich bei Bedarf wieder wegschieben konnte. Meine Garderobe stellte ich auf Zwiebel-Look um. Ich verbannte alle Rollkragenpullover in den Keller und wich auf Shirts und Jacken aus. Der unmotivierte Wechsel zwischen Jacke an und Jacke aus gelang mit bald ziemlich unauffällig. In Gesellschaft wünschte ich mir oft einen Fächer, mit dem ich mir kühle Luft ins Gesicht wedeln konnte. Aber in unseren Breitengraden wirkt es etwas merkwürdig, mit einem Fächer herumzuwirbeln, besonders im Winter.

»Ich habe ja noch Zeit, mir Gedanken darüber zu machen«, beruhigte ich Naomi. »Die Entscheidung fällt doch erst im Sommer nach der Strahlentherapie. Im Übrigen hängt noch so viel von den Operationsergebnissen ab.«

»Da hast du allerdings Recht. Gibt es was Neues von deiner Rippe?«

»Ich war gestern noch einmal zum CT. Habe aber noch nichts gehört. Ich werde sofort angerufen, sobald das Ergebnis bekannt ist. Bisher ging das immer sehr schnell.«

»Sag mir bitte sofort Bescheid. Ich habe den Eindruck, hier mehr auf heißen Kohlen zu sitzen als du. Ich weiß wirklich nicht, woher du deine Ruhe nimmst. Echt bewundernswert.«

»Na, übertreib mal nicht. Du weißt doch, ich bin eher der introvertierte Typ.«

Naomi überging meine Bemerkung.

»In dieser Situation gefällt es mir überhaupt nicht, dass ich so weit weg wohne. Soll ich nicht doch noch kommen? Brauchst du irgendetwas?«

»Nun mach dir mal keine Gedanken, Naomi. Ich bin doch körperlich nicht gebrechlich und kann mich um alles selber kümmern. Und das Krankenhaus ist gleich hier um die Ecke; ein paar Schritte zu Fuß.«

»Aber wenn du entlassen wirst …«

»Dann rufe ich Yvette an oder nehme mir ein Taxi. Du wirst es nicht glauben, aber ich bin tatsächlich schon erwachsen.«

Jetzt mussten wir beide lachen. Meine Freundin Naomi ist ein Muttertier. Sie hütet ihre Lieben wie ihren Augapfel. Dennoch gehörte sie zu den wenigen Müttern in meinem Umfeld, denen ein Eigenleben innerhalb der Familie wichtig war. Nur diesem Tatbestand waren unsere gemeinsamen Urlaube geschuldet, als ihre Kinder noch in einem schulpflichtigen Alter waren.

»Am Dienstagmorgen gehe ich ins Krankenhaus. Das ist sinnigerweise der 1. April. An diesem Tag kommt mich meine Kollegin und inzwischen liebe Freundin Britta besuchen. Sie ist selber vor einigen Monaten operiert worden und hat diesen Tag vor der OP als total schrecklich empfunden. Das wollte sie mir ersparen.«

»Kenne ich sie?«

»Ich glaube nicht. Ich kann dir beim nächsten Mal ein Bild von ihr zeigen. Sie wartet jedenfalls auf einen Anruf von mir, wann ich mit den Voruntersuchungen fertig bin. Dann kommt sie und versüßt mir die Zeit.«

»Das ist eine tolle Idee von ihr. So bist du gut abgelenkt.«

»Genau. Und wenn ich nach der OP aufwache, ist Alexandra da. Sie hat darauf bestanden, mich an diesem Tag zu besuchen, und ich freue mich sehr darüber.«

»Gut. Sehr gut.«

»Aber ich kenne mich gut, Naomi. An diesem Tag möchte ich wahrscheinlich nur schlafen.«

»Hast du ein Einzelzimmer?«

»Das war auch so eine Geschichte. Frau Keuper hatte für mich ein Doppelzimmer reserviert. Gottseidank erwähnte sie das beiläufig, denn ich hatte mir irgendwie überhaupt keine Gedanken darüber gemacht. Sie konnte das dann noch umändern.«

»Das klappt ja alles wunderbar. Und Sebastian versorgt dich mit allem, was du brauchst?«

Naomi ließ nicht locker. Sie wollte mich sicher aufgehoben

und gut umsorgt wissen. Sebastian war ein sehr guter Freund und praktischerweise auch Nachbar von mir. Er würde sich in meiner Abwesenheit um meine Wohnung und die Post kümmern.

»Ja genau. Sebastian wird mich mit allem versorgen, was ich vergessen habe. Du brauchst dir wirklich keine Sorgen zu machen. Außerdem gehe ich davon aus, dass ich spätestens nach einer Woche wieder zu Hause bin.«

»Hat man im Krankenhaus diese Zeitspanne genannt?«

»Man hat mir gesagt, zwischen vier und acht Tagen, wenn alles gut verläuft. Und man entlässt sogar am Wochenende.«

»Das ist nicht schlecht. Versprich mir, dich nicht zu früh entlassen zu lassen.«

»Keine Sorge, das tu ich schon nicht.«

Ich konnte Naomis Bedenken durch die Leitung spüren, aber sie rührte das Thema nicht mehr an. Stattdessen griff sie unseren Urlaub auf.

»Ist es nicht verrückt, dass wir ausgerechnet in diesem Jahr unseren Kreta-Urlaub erst für Mitte September gebucht haben? Mai oder Juni wie in den vergangenen Jahren hätten wir nicht geschafft.«

»Das stimmt.«

»Ich muss so oft an diesen Zufall denken.«

Da ich nicht an Zufälle glaube, halte ich diese Tatsache eher für eine Fügung, ein großzügiges Geschenk des Lebens oder meines Schutzengels. Womit ich den Sachverhalt keineswegs schmälern möchte, ganz im Gegenteil. Es ist für mich nur ein weiteres Zeichen dafür, dass das Leben sich alle Mühe gab, mich glücklich zu machen. Es lag an mir, die Augen dafür zu öffnen und solche Zusammenhänge zu erkennen oder auch nicht.

»Wir werden auf jeden Fall im September fahren können. Und zwar völlig befreit, weil ich dann alles hinter mir habe. Ich freu mich jetzt schon wie ein Kind darauf.«

»Wir werden es feiern.«

»Ja. Wir werden es feiern. Der Schampus wird fließen. Wenn das kein Grund ist?«

»Den wir ja zum Schampustrinken nicht brauchen.«

»Absolut nicht. Aber dieses Mal haben wir einen wunderbaren Grund. Und werden ihn auskosten.«

Nachdem wir noch einige Worte über Job und Familie ausgetauscht hatten, beendeten wir das Gespräch. Gerade in dieser Phase meines Lebens wurde mir bewusst, wie viel mir mein Freundeskreis bedeutete. Wie wertvoll und verlässlich er war. Und auch, wie sehr ich ihn brauchte. Ella aus Münster und Lona aus Essen hatten sofort ins Auto springen und mich besuchen wollen. Ich hatte Mühe gehabt, es ihnen auszureden. Alle erkundigten sich in kurzen Abständen nach meinem Befinden, den neusten Untersuchungsergebnissen oder wollten mich einfach nur aufheitern. Nicht immer fand der Austausch über das Telefonieren statt. Oftmals waren es Emails oder kurze sms-Nachrichten. *Ich wünsche dir einen wunderschönen Tag*, hieß es darin. Oder: *Ich drück dir die Daumen für die heutige Untersuchung*. Oder auch: *Ich sitze hier gerade gemütlich mit einem Glas Sekt und trinke auf dein Wohl. Alles wird gut.*

Es war ein großes und für mich absolut nicht selbstverständliches Geschenk in diesen Monaten, so viele enge Freunde zu haben. Zu wissen, dass ich jederzeit mit jedem Problem auf sie zugehen konnte. Sie würden mich immer ernst nehmen und versuchen, mir zu helfen. Nur in spirituellen Fragen hielt ich mich mit meinen Ansichten dort zurück, wo ich keine Offenheit spürte. Sich heutzutage mit Sinnfragen auseinanderzusetzen, ist höchst uncool. Um mich mit einer modernen Vokabel zu schmücken. Viel lieber taucht man ins bunte Leben ein und füllt seinen Alltag mit Events aus, bis kein Platz und keine Zeit mehr für Inwendiges vorhanden ist. Als ginge das Eine nur ohne das Andere. Nein, ich bin fest davon überzeugt, dass wir leben, um unser Glück zu suchen. Natürlich ausgewogen auf beiden Seiten der Medaille, also in unserem Äußeren und in unserem Inneren.

Ich hätte es gerne vermieden, meine Freunde mit meiner Krankheit zu belasten, und daher meine Entscheidung, alle einzuweihen, nicht leichtfertig getroffen. Ich spürte nicht selten, dass sie sich mehr Sorgen machten als ich selber. Das wollte ich nicht und es tat mir weh. Doch ich konnte es nicht ändern. Ehrlichkeit ist Selbstliebe, hatte ich einmal irgendwo gelesen und lange gebraucht, um diesen Satz zu verstehen. Jetzt halte ich ihn für signifikant.

Auf der anderen Seite überraschte ich meine Freunde auch damit, völlig anders mit meiner Krankheit umzugehen. Nicht mit dem Schicksal zu hadern, keine Trübsal zu blasen, keinen Weinkrämpfen zu erliegen, sondern mein Leben so normal und unbeschwert wie möglich weiter zu gestalten. Wenn wir uns trafen, war der Krebs wenn überhaupt, dann nur kurz ein Gesprächsthema. Ausgenommen, ich brauchte Rat oder Unterstützung. Ich wusste, dass einige am Anfang meine Zuversicht und Kraft für nicht echt gehalten hatten. Das verstand ich auch gut. Hatte ich doch selber niemals vorausgesehen, wie ich mit der Situation umgehen würde und konnte.

In der Rückschau betrachtet, stellte dieses Mich-Öffnen eine relevante Aufgabe für mich dar, da ich es nicht gelernt hatte, um Hilfe zu bitten. Für mich war es immer mehr als selbstverständlich gewesen, Hilfe anzubieten, aber nicht entgegenzunehmen. Offensichtlich war jetzt die Zeit gekommen, diesen Schritt nachzuholen. Und das, was mir an Herzlichkeit, Hilfsangeboten und Mitgefühl von meinen Freunden tagtäglich entgegengebracht wurde, machte mich nicht nur sehr glücklich. Es belegte auch die Tatsache, wie wichtig eine Balance auf jeder Ebene unseres Seins ist. In meinem Fall zwischen Geben und Nehmen. Ja, ich durfte um Hilfe bitten und Hilfe annehmen. Ohne schlechtes Gewissen und gerne. Und vor allem auch, ohne den Druck, es wieder gutmachen zu müssen. Solche Gedanken wollte ich nun in die Vergangenheitskiste stecken, denn sie waren überflüssig und vielleicht sogar für meine Freunde verletzend. Denn ihre Angebote kamen von Herzen.

Alexandra war nach Frieda die Erste gewesen, mit der ich über meine Krankheit gesprochen hatte. Während es bei Frieda noch um die Schockverarbeitung gegangen war, hatte ich mit Alexandra alle Facetten meines inneren Gedankengutes offen und intensiv beleuchten können. Mir war bewusst gewesen, dass nur ein sinnverwandter Weggefährte mir neue Impulse und Sichtweisen aufzeigen und mich unter Umständen vor Abwegen schützen konnte. Sie hatte mich einfach in den Arm genommen und erzählen lassen. Manchmal hatte sie mit dem Kopf genickt oder einfach nur gelächelt. Ich fühlte mich immer wohl in ihrer Gegenwart, war stets beeindruckt von ihrer Klugheit und genoss ihre Klarsicht. Sie erkannte wesentlich mehr als ich auszudrücken vermag, sowohl auf rationaler als auch auf emotionaler Ebene. Schon bei diesem ersten Krebsgespräch war es ihr mühelos gelungen, auf meinen Seelengrund zu schauen.

»Du hast immer das Leid der anderen getragen. Schon als Kind. Ihr Leid.«

Ich schaute sie an mit einem Gesicht voller Einwände und Aber.

»Es geht dabei nicht darum, ob deine Familie das gewollt oder gesehen hat. Ausschlaggebend ist allein dein Gefühl der Verantwortung.«

Alexandra hatte sich ihr Rotweinglas genommen, um den langen Stiel zwischen ihren Fingern zu drehen.

»Dein Gefühl der Schuld. Dein schlechtes Gewissen, nie genug getan zu haben. Schuldgefühle sind Angstgefühle. Das sind noch die alten Muster aus der Kindheit: Nie genug zu sein. Nie genug getan zu haben. Darüber haben wir doch schon so oft gesprochen. Jetzt scheint die Zeit für dich gekommen zu sein, hier tiefer zu gehen.«

Ohne Begeisterung hatte ich mit dem Kopf genickt.

»Das Gute ist, dass all diese Muster menschen-gemacht sind. Das heißt, sie können losgelassen werden. Das ist der Weg.«

Alexandra und ich hatten ähnliche Erfahrungen in unserer Kindheit gemacht. So war jede von uns in der Lage, die Gefühle der anderen sofort nachzuvollziehen. Ohne große Erklärungen. Wir beide arbeiteten daran, die Schwere unserer Vergangenheit aufzuheben. Noch holte sie uns immer wieder ein. Dann war es jeweils die andere, die mit klaren starken Worten half. So wuchsen wir miteinander und aneinander. Seit langem schon. Unsere spirituellen Dialoge bereicherten mich außerordentlich. Obwohl wir uns nicht so oft sehen konnten, waren wir immer sehr eng verbunden und wussten stets, was in der anderen vorging. Außerdem verband uns die Liebe zum Schreiben, also die schriftliche Auseinandersetzung mit uns und unseren Anliegen, und wir genossen es, diese Praxis miteinander zu teilen. Unser Mailverkehr intensivierte sich. Eine hervorragende Möglichkeit, zeitunabhängig über weite Distanzen hinweg zu kommunizieren. Dennoch war es ein offener und relativ ungeschützter Kommunikationsweg, der uns für manche Gedanken zu heikel erschien. So entschieden wir uns nach einiger Überlegung wieder für die gute alte Briefkorrespondenz. Und ich finde es bis heute wunderbar, einen persönlichen Brief zu erwarten, in Empfang zu nehmen und anschließend immer wieder zu lesen. Ebenso gerne schreibe ich einen, tüte ihn ein und bringe ihn zum Briefkasten. Dieser Vorgang beherbergt etwas Nostalgisches, aber gleichermaßen Geheimnisvolles und auch Sinnliches, wenn so viel Persönliches dort verborgen liegt.

Die Schöpfung

Dann wurde es doch noch aufregend. Sehnsüchtig erwartete ich das Ergebnis der Knochenszintigraphie. Bisher waren alle Ergebnisse der Radiologie noch am selben Tag elektronisch zum Brustzentrum geschickt worden. Und direkt im Anschluss hatte mich Frau Keuper jedes Mal angerufen und informiert. Jetzt geschah nichts. Was war los mit meiner sechsten Rippe? War es als gutes oder schlechtes Zeichen zu werten, dass ich nichts hörte? Ich sollte aufhören, darüber nachzudenken, denn im Grunde meines Herzens wusste ich doch, dass alles in Ordnung war. Eine Verzögerung von ein oder zwei Tagen spielte also überhaupt keine Rolle. So klangen meine eigenen Ratschläge für mich selber. Dennoch nagte der Stachel des Zweifels in mir. Was sollte ich tun? Ich wollte niemanden belästigen oder Druck ausüben. Überall hatten die Menschen viel zu tun, litten unter Stresssymptomen. Da wollte ich nicht mit meinem läppischen Anliegen stören.

Typisch, dachte ich. Das war ganz und gar typisch für mich. Die Frage, ob sich eine Metastase an meiner Rippe gebildet hatte, war also eine läppische Angelegenheit. Na toll. Ich hatte es wirklich bitter nötig, mich selber ernster zu nehmen und mich nicht immer ans Ende der Reihe zu stellen. Kein anderer würde sich wohl mit dieser Entscheidung so lange herumquälen und hätte längst zum Hörer gegriffen. Was also hinderte mich daran? Was konnte mir denn passieren?

Natürlich war es mir nicht möglich, eine befriedigende Antwort auf diese Fragen zu finden, denn es gab keine. Blieb also nur noch zu klären, ob oder gegebenenfalls wie lange ich in diesem unklaren Zustand ausharren wollte. Ich atmete tief durch und kochte mir einen Kaffee. Dann griff ich endlich zum Telefon.

Frau Keuper hatte von der Radiologie tatsächlich noch nichts gehört, was auch in ihren Augen ungewöhnlich war. Sie versprach mir, nachzufragen. Und tatsächlich erhielt ich schon nach wenigen Minuten die Auskunft, dass man es in der Röntgenpraxis noch nicht geschafft hatte, den Bericht zu schreiben, dieses aber sofort nachholen wollte. Und eine Stunde später erhielt ich dann die Nachricht, dass es sich bei der verdächtigen Stelle an der sechsten Rippe nicht um eine Metastase, sondern um ein paar harmlose Kalkablagerungen handelte. Puh!

Besser dort als im Gehirn, dachte ich sogleich und grinste in mich hinein. Jetzt konnte ich endlich aufatmen und auch dieses Thema abhaken. Und für die Zukunft nahm ich mir vor, keine falsche Rücksichtnahme mehr zu üben. Wenn ich an meinen Krankenhausaufenthalt und die nächsten Therapieschritte dachte, würde sich sicherlich genügend Übungspotential ergeben.

Bis zur Operation blieben mir noch knapp zwei Wochen. Die Zeit würde schnell vergehen, obwohl keine Termine bei Ärzten oder in Kliniken mehr anstanden, ich also mehr Zeit zur Verfügung hatte. Mit Hilfe meines Kollegen Lukas bestellte ich mir ein Smartphone und kümmerte mich um die entsprechenden Tarifoptionen. Am Samstag zuvor war ich zu Saturn gefahren, um mir ein paar weitere Handymodelle anzusehen, die meine Kaufentscheidung erleichtern sollten. Auf einem großen Verkaufstisch, um den man theoretisch herumflanieren konnte, hatte ich mindestens zwanzig Modelle aufgereiht und angekettet vorgefunden. Davor eine

Wand von eifrig diskutierenden und hantierenden Menschen, die nichts, absolut nichts von ihrer Umgebung wahrnahmen. Als sich an einer Stelle der Mauer ein schmaler Spalt aufgetan hatte, war ich der Versuchung erlegen, diese Lücke zu füllen und schlüpfte in die erste Reihe. Aber nur für einen ganz kurzen Augenblick. Ich erinnere mich nicht mehr, welche Angst in mir die Oberhand gewonnen hatte, keine Luft mehr zu bekommen oder zertreten zu werden. Es spielte auch keine Rolle, denn für diese Art von Einkaufserlebnissen war ich nicht geschaffen. Das nicht immer rücksichtslose, aber oft egoistische Gedränge und Geschiebe, die Verteidigung territorialer Ansprüche an Verkaufstheken mittels Körperpräsenz und der Sorge, die übermäßig große Auswahl reiche für die eigenen Bedürfnisse nicht aus, war mir schon immer fremd gewesen. So hatte ich nur einen kurzen Blick auf ein Meer von Händen werfen können, das mit unbeschreiblicher Vehemenz sowohl ihren Platz als auch das erhaschte Gut verteidigt hatten, um es genauestens unter die Lupe zu nehmen und sämtliche Funktionen zu testen. Als gutmütiger und friedliebender Mensch gönnte ich allen anderen ihre Erfolge oder passte das Wort Siege besser? Vorsichtig war ich einen Schritt zurückgeglitten. Sofort hatte sich die Menschenwand vor mir wieder zu einer dichten Barrikade geschlossen, als wäre nichts geschehen. Nach diesem Auftritt hatte ich geruhsam und völlig im Reinen mit mir das Geschäft verlassen und mit jedem Schritt nach Hause war mir das Handymodell meines Kollegen attraktiver erschienen.

Was stand noch auf meiner To-Do-Liste? Britta lieh mir einen Bademantel aus dünnem Velours. Er war zu einem winzigen Päckchen zusammenzulegen und würde daher noch in meinen Trolley passen, denn mein eigener Bademantel war eindeutig zu dick. Ich hatte mir noch zwei Bücher auf mein elektronisches Lesegerät geladen und mir einen Schreibblock und verschiedene Stifte zurechtgelegt.

Das waren die wichtigsten Utensilien für mich, die ich auf keinen Fall vergessen wollte. Jetzt fehlten noch zwei Schlafanzüge mit durchgehender Knopfleiste. Sie erschienen mir bei einer Brustoperation nicht ganz unpraktisch zu sein. Das erste Kaufhaus konnte mir in der Damenabteilung nichts anbieten. Also ging ich zu den Herren. Dort lachte ich über die meist gestreiften oder karierten Altherrenmodelle, die ich mir dann doch nicht antun wollte. Außerdem wiesen sie viel zu lange Ärmel und Beine auf. Das war also keine Alternative. Im zweiten Kaufhaus verspürte ich schon keine Lust mehr, einzukaufen. Eine leider bei mir vorherrschende Eigenart, da Shoppen nicht zu meinen Lieblingsbeschäftigungen gehört. Die Kleiderstangen mit Nachtwäsche waren prall gefüllt und ich nahm mir ernsthaft vor, das Geschäft nicht unverrichteter Dinge zu verlassen. Ein Akt des Selbstschutzes, um den Aufwand möglichst gering zu halten. Die durchgängige Knopfleiste stellte sich als großes Hindernis heraus, da solche Modelle dem Modetrend dieser Saison nicht entsprachen. Dennoch pickte ich zwei Auslaufmodelle aus dem Sortiment. Reste der vergangenen Winterkollektion, was mir weniger aus modischen, vielmehr aus wärmetechnischen Gründen bedenklich erschien, denn der Kalender zeigte bereits Ende März und ich hatte keine Ahnung, wie sich das Wetter weiter gestalten würde. Aber ich hatte keine andere Wahl, wenn ich nicht weiter suchend durch die Stadt ziehen wollte. Somit entschied ich mich für die beiden Flanellschlafanzüge und legte auch dieses Thema ad acta.

Inzwischen gelang es mir zusehends schlechter, meinen Knoten zu fühlen. War es möglich, dass das Fehlen des Östrogens schon Wirkung zeigte und die fehlende Fütterung des Tumors zu seinem Schwund führte? Ich war verunsichert und freudig erregt zugleich. Hoffnung keimte in mir auf, dass die Operation vielleicht doch nicht so üppig ausfallen könnte wie geplant. Das wäre wirklich ein großer Erfolg. Doch die Hoffnung erschien mir trügerisch. Wahrscheinlicher war, dass meine Finger sich an seine Größe gewöhnt hatten. Wie auch immer, eines war sicher, der Knoten war mir nicht mehr fremd. Er war ein Teil von mir geworden. Er war mein Knoten geworden. Das spürte ich genau, wenn ich mich untersuchte. Das Gefühl der Abständigkeit eines Teils meines Körpers war verschwunden. Also hatte ich fünf Wochen gebraucht, um mein Mammakarzinom emotional zu integrieren. Eine gute Leistung, wie ich fand.

Bei diesem Gedanken zuckte ich innerlich zusammen, denn er behagte mir nicht. Ich stolperte über das Wort Leistung. Es erschien mir in diesem Kontext völlig unangemessen. Was hatte mein Krebs mit Leistung zu tun? Was hatte meine psychische Auseinandersetzung mit seiner Existenz mit Leistung zu tun? Damit verdrehte ich den Sachverhalt. Leistung bedeutet fast immer Druck und Schmerz. Mein Mammakarzinom war durch zu viel und zu großen Druck über all die Jahre entstanden. Kann jetzt erneuter Druck Heilung hervorbringen? Niemals, dachte ich sofort. Nein, niemals.

Ich hatte Zeit meines Lebens viel Druck erleiden müssen. Solchen, der von außen an mich herangetragen worden war, und solchen, den ich mir selber gemacht hatte oder von dem ich mich nicht hatte lösen können. Niemand hatte mir beigebracht, dass ich ein liebenswerter Mensch war, ein wichtiger Mensch. Einfach so als Kind, als Tochter. In meiner Erinnerung hatte meist eine Verknüpfung mit Leistung bestanden. Ich sollte lieb und höflich sein, in der Schule aufpassen und gute Noten nach Hause bringen, mich um meine Geschwister kümmern, mich ordentlich benehmen, im Haus oder im Garten helfen, keine Widerworte geben, mich nicht schmutzig machen, in der Kirche nicht lachen oder meinen Bruder ärgern. All das und noch vieles mehr hatte ich mühelos beherzigt, um das zu erhalten, was sich jedes Kind von Natur aus wünscht: die bedingungslose Liebe der Eltern. Hinzu kommt, dass brave Kinder in den fünfziger Jahren eine Selbstverständlichkeit waren. Sie entsprachen der obersten Erziehungsregel, die nicht hinterfragt zu werden brauchte.

Ich möchte nicht auf die Schwächen dieser alten Erziehungsmethoden eingehen, sondern nur verdeutlichen, wie fest die früh gelernten Muster in uns verankert sind. Entweder sind sie uns nicht bewusst oder wir weisen sie weit von uns, weil wir sie als persönliche Schwäche interpretieren. Aber es wird wohl kaum einen Erwachsenen geben, der nicht von negativen Glaubenssätzen geprägt ist, die in der Kindheit inhaliert und dann im Erwachsenensein fest verankert wurden. Diese Tatsache allein betrachtet muss gar nicht so schlimm sein. Schwierig wird es meiner Meinung nach erst, wenn wir uns dieser Zusammenhänge nicht bewusst werden als Ursache für viele Ängste oder Unsicherheiten. Wie viel fröhlicher und schmerzloser könnte unser Leben sein, wenn wir schon früh lernten, die Altlasten unserer Kindheit zu akzeptieren und als veränderliche Kriterien einzuordnen? Damit würde die Grundlage für jeden Einzelnen geschaffen, die Verantwortung für sein Leben zu übernehmen. Und in der Zuversicht, selber Veränderungen bewirken zu können, wüchsen Vertrauen und Hoffnung. Wenn das persönliche Wachsen in unserem Leben als normaler Vorgang, vielleicht sogar als Lebenssinn betrachtet würde, könnten wir nicht nur viel offener zu unseren Problemen stehen, sondern würden diese auch nicht in die pathologische Ecke stellen. Stattdessen sind wir Meister darin, uns zu verstellen und unser Leben an Leistung und Besitz auszurichten. Und damit eine Furcht aufzubauen, die wir oft bis an unser Lebensende mit uns herumtragen. Angst ist eine sehr starke Energie, leider mit zerstörerischem Charakter.

In unserer modernen Gesellschaft ist Leistung zwar nicht zwangsläufig mit Angst verknüpft, doch oftmals mit Druck oder nicht gewünschter Anstrengung. Das ist für uns ein normaler Bezug geworden, den wir kaum hinterfragen, der uns kaum noch auffällt. Wenn wir ehrlich sind, hat er sogar unseren Freizeitbereich unterwandert.

Gibt es eine Alternative für das Wort Leistung? Eine ausschließlich positiv besetzte Vokabel? Ich habe nachgelesen: *Leistung ist eine gezielte Handlung, die zu einem bestimmten Ergebnis bzw. der Lösung einer Aufgabe führt.* Das klingt neutral und verständlich. Wie immer gerät ein Sachverhalt erst durch die Belegung mit Emotionen in ein wertendes Milieu. In diesem Fall durch das Merkmal Pflicht. Und schon drehen wir uns wieder im Strudel von Leistung und Druck und Angst.

Mein Ziel war es jedoch, mich von diesem Zusammenhang zu befreien. Das Mammakarzinom in meiner linken Brust war das sichtbare Zeichen für eine psychische Last, entstanden durch zu viel Druck und Angst. Das war kein Weg mit einem vielversprechenden Bestimmungsort, sondern eine Sackgasse. Ich glaube an die Kraft des Lebens. An Gesetzmäßigkeiten, die ALLEM zugrunde liegen. Ausnahmslos. Sie bewahren die tiefen Geheimnisse des Lebens, der Materie, des Werdens und Vergehens. Jeder von uns kann sich mit diesen Mechanismen beschäftigen, um mehr im Einklang mit der Natur zu leben oder einfach nur ein paar Zusammenhänge in seinem Dasein zu verstehen. All das ist nicht neu und basiert auf einem alten Wissen oder auch Glauben, das seit Jahrtausenden überliefert wird. Auch unsere Religionen basieren auf diesen Grundsätzen, einer allgemein gültigen Wahrheit. Leider hat unser blinde Glaube an die moderne Wissenschaft in den vergangenen Jahrhunderten dazu geführt, dass unser Blick auf diesem Gebiet trüb geworden ist. Die Auffassung, nur noch das zu glauben, was bewiesen werden kann, hat unsere natürlichen

Wurzeln zerstört. Im Grunde genommen ist dieser Gedanke ziemlich aberwitzig, denn wie viel verstehen wir schon von den Zusammenhängen der Zustände, die uns umgeben? Mir persönlich begegnen auf Schritt und Tritt Rätsel, die ich nie entschlüsseln werde. Zum Beispiel drücke ich den Lichtschalter und es wird hell. Doch ich kann keine Elektrizität erklären. Ich nehme das Telefon in die Hand und spreche mit einer Freundin über eine Entfernung von mehreren hundert Kilometern. Doch ich kann niemandem darlegen, wie das genau funktioniert. Ich stecke ein Samenkorn in die Erde und kann nicht begreifen, wann und wodurch es zu sprießen beginnt? Hinter ALLEM wirken Naturgesetze, die wir uns zunutze machen. Wollen wir den dahinterliegenden Mechanismus verstehen, wird uns das nur über einen freien Geist und einen weiten Blick gelingen.

Für mich existieren verschiedene Schöpfungsebenen. Ich nenne sie unsichtbare Realitäten, weil wir sie mit unseren Sinnen nicht erfassen können. Wir leben in der Welt der Materie. Auf diese Sphäre ist unsere irdische Existenz ausgerichtet. Hier sind wir in der Lage zu hören, riechen, schmecken, sehen und zu fühlen. Gelangen wir in die nächst höhere Dimension oder an die Grenze unserer eigenen, versagt unser Körper und Unerklärliches geschieht. Dann sprechen wir von Magie oder von Wahn. Denn hier enden unsere bisherigen wissenschaftlichen Errungenschaften sowie die Fähigkeiten unserer Sinne. Und alles, was wir nicht verstehen oder einordnen können, bereitet uns Angst. Da ist es leichter, diese Dinge abzulehnen und ins Reich der Phantasie zu verbannen, als sich näher damit zu beschäftigen.

Mein Schutzengel Raffi existiert auf einer solchen uns unbekannten Ebene und besitzt einen völlig anderen Zugang zum Leben als ich. Nachdem es mir gelungen war, meine Barrieren im Kopf abzubauen, öffnete sich mein Blick und ich konnte mich auf seine Aussagen einlassen. Erst dann erkannte ich die Wahrheit in seinen Worten. Wer an Ufos glaubt, weiß, dass es Existenzen in anderen Welten gibt, auch ohne ihnen begegnet zu sein. Und wer tiefe Erfahrungen in der Meditation gesammelt hat, kennt Zustände, für deren Umschreibung wir keine geeigneten Worte finden. Es ist also für jeden von uns möglich, einen kleinen Einblick in eine andere Welt des Universums zu gewinnen.

Ich glaube, dass jede Schöpfungsebene eigene Existenzbedingungen entwickelt hat, aber dennoch auf der Grundlage allgemein gültiger Gesetzmäßigkeiten. Daher sind alle miteinander verbunden und bedingen sich. Aus diesem Grund kann es bei unseren Entscheidungen auf der Erde nie ausschließlich um uns selber gehen. Wir sind immer auch verantwortlich für das GANZE. Wie viele Schöpfungsebenen mag es geben? Ich weiß es nicht. Für mich sind sie alle parallel vorhanden. Mein Horizont reicht auch nicht aus, alle Naturgesetze zu kennen oder zu verstehen. Doch ich bemühe mich um eine aufgeschlossene Sichtweise neuen Erklärungen gegenüber und suche weiter. Es ist eine spannende und erfüllende Aufgabe, sich mit diesen existentiellen Fragen des Lebens zu beschäftigen. Und gerade weil es nur ansatzweise möglich ist, etwas von diesen Geheimnissen zu erhaschen, wächst meine Ehrfurcht vor dem Leben, das so viel Unfassbares enthält.

So habe ich gelernt, dass es innerhalb des ordnenden Prinzips im Universum das Gesetz von Ursache und Wirkung gibt. Mein Mammakarzinom zeigte sehr klar, dass sich unser Körper an jedes Geschehen erinnert, dass alles irgendwo haften bleibt. Aber diese Gesetze greifen nicht nur im Inneren, sondern auch im Äußeren. Nicht nur im Kleinen, sondern auch im Großen. Sie arbeiten universell. Das bedeutet, dass ALLES dem Universum erhalten bleibt. Nichts, absolut gar nichts geht verloren. Kein Gedanke und keine Tat. Das ist gleichwohl ein hoffnungsvoller als auch ein erschreckender Gedanke. Aber er ist konsequent in der Logik, für unser Leben verantwortlich zu sein. Und das ist nach meinem Befinden die Grundidee unseres Seins.

Wie man in den Wald hineinruft, so schallt es heraus.

Dieses alte Sprichwort drückt in vortrefflicher Weise das kosmische Gesetz der Resonanz aus. Alles, was wir geben, kommt in gleicher Art zu uns zurück. Vielleicht nicht unmittelbar, dafür zuverlässig. Wenn wir Vertrauen haben und unseren Blick dafür öffnen, werden wir viele bestätigende Beispiele dafür finden können. Positive wie negative. Doch das Leben bewertet nicht. Es hat die Weichen gestellt, damit bestimmte Mechanismen ablaufen können. Das ist alles. Der Rest liegt in unserer Verantwortung.

Ein faszinierender Weg, der aber nicht über den Intellekt läuft. Denn der Intellekt hat seine Grenzen. Er produziert grundsätzlich nichts Neues. Er verarbeitet, ist ein Instrument zur Ausführung wie ein Computer. Dieser andere Weg geht nach innen, über die Gefühle, denn diese sind grenzenlos. Hier schlummert in jedem von uns ein riesiges Potential. Hier entstehen die Dinge, die unser Leben ausmachen: Freude, Trauer, Emotionen, Inspirationen, Kreativität, Erfindungsgeist, Erkenntnis, Mitgefühl, Glaube, Hoffnung, Liebe und vieles mehr. In der Tiefe unseres Bewusstseins ruht ein Meer von ungeahnten Reichtümern. Nur sie sind in der Lage, Freude und Farbe in unser Leben zu bringen, auch geistige Nahrung.

Der Glaube an universelle Gesetze ist keine Glaubenslosigkeit, denn es handelt sich dabei um Göttliche Gesetze, die allmächtig wirken. Die im Gegensatz zu den menschengemachten die Ewigkeit überdauern. Ich glaube auch, dass es unsere Bestimmung ist, tiefer in die Welträtsel hineinzublicken, um an die Erkenntnisse zu gelangen, die in unserem Unterbewusstsein verborgen sind. Dort liegen Wahrheit und Weisheit für uns bereit. Diese dienen nicht dazu, uns zu beurteilen oder zu verurteilen. Der Sinn des Lebens wird nur klar, wenn wir erkennen, worauf es in unserem Leben ankommt.

Ich hatte verstanden, dass sich in meinem Knoten seelische Schmerzen verhärtet hatten. Ich hatte herausgefunden, dass die Ursachen in meiner Kindheit lagen und meine Mutter eine tragende Rolle dabei gespielt hatte. Noch einmal möchte ich erwähnen, dass es mir nicht um die Verteilung von Schuld geht, sondern um die Übernahme von Verantwortung. Meiner eigenen Verantwortung für mein Leben. Für meine Gesundheit. Für meine Heilung. In gleichem Maße, wie ich mich bemüht hatte, ein gutes Kind zu sein, hatten meine Eltern gute Eltern sein wollen. Davon bin ich fest überzeugt. Ich weiß nicht, wie ich an ihrer Stelle mit den Härten des Alltags fertig geworden wäre? Unverarbeitete Kriegserlebnisse, Einbuße der eigenen Jugend, Flucht, Verlust von Familienangehörigen, Armut, Kinderreichtum, Überforderung und die gesellschaftliche Enge dieser Zeit, die eigenen Kindheitserfahrungen gar nicht mitgerechnet. Sie hatten eine große Last zu tragen gehabt. Dennoch war es ihnen auch gelungen, viele glückliche Kindheitserlebnisse in meinem Bewusstsein zu verankern. Doch wie stand es mit ihrem eigenen Leben? Hatten sie selber ein wenig Glück gefunden?

Schwierige Zeiten bringen immer schwierige Konstellationen hervor. So ist das Leben, wie wir es uns gestalten. Ich hatte begonnen, meinem Leben eine andere Richtung zu geben. Nicht das Negative sollte weiterhin eine dominante Rolle in meinem Bewusstsein spielen, sondern eine immer stärker werdende positive oder neutrale Einstellung. Zu allem und zu jedem. Das war leichter gesagt als getan. Ich hatte diesen Entschluss schon vor einigen Jahren gefasst, ertappte mich aber regelmäßig bei Rückfällen. Manchmal bemerkte ich sie sofort, meist aber viel zu spät. Wenn man in einer Welt lebt, wo das Ungute, Unglückliche, Nachteilige eine zentrale Rolle spielt, erweist es sich als extrem schwierig, sich dieser Kräfte zu entziehen.

Nach meiner Krebsdiagnose hatte ich wieder verstärkt darauf geachtet, meine Gedanken zu kontrollieren und mich auf die erfreulichen Dinge des Lebens zu fokussieren, damit ich in der Zukunft die positiven Früchte dessen genießen konnte. So ging ich Situationen und Menschen, die mir nicht guttaten, nach Möglichkeit aus dem Weg, denn ich war noch nicht so weit, diesen negativen Einflüssen mit Gelassenheit zu begegnen. Sollte es mir irgendwann gelingen, meine inneren Schleusen dafür zu schließen, würde ein Ausweichen nicht mehr nötig sein. Ein großes Ziel.

Des Weiteren hatte ich mein Augenmerk wieder verstärkt auf meine Gefühle gerichtet. Nur sie waren in der Lage, mir sofort aufzuzeigen, ob und wo der Schuh drückte. Nur mit ihrer Hilfe würde ich in der Lage sein, Ängste und Beklemmungen im Frühstadium zu erkennen und ihnen gegebenenfalls entgegenzutreten. Es gibt keine andere Möglichkeit, auf uns selber zu achten und für uns Sorge zu tragen als diese. Das wusste ich nur zu gut.

Ich drängte mich nicht, all dieses zu tun. Nein, ich wurde gedrängt oder es drängte mich. Anders kann ich es nicht ausdrücken. Ich spürte eine Kraft in mir, die mich sanft, aber beharrlich anschob. Die mich mit neuen Gedanken konfrontierte oder über interessante oder verwirrende Buchzeilen stolpern ließ. Manchmal spürte ich den Druck, das Radio einzuschalten und blieb an einem fesselnden Beitrag hängen. Oder eine innere Stimme flüsterte mir ein, bei meiner Familie anzurufen. Hatte ich mir nicht vorgenommen, den Kontakt zu intensivieren? So nahm ich alles, was mir von ihrer Seite an aufmunternden und lieben Worten entgegengebracht wurde, dankbar entgegen. Meine Familie war es nicht gewohnt, dass ich im persönlichen Bereich Hilfe brauchte, weil ich sie nie um solche ersucht hatte. Es war an der Zeit, dieses zu erkennen und zu akzeptieren. Ohne Groll.

In meinen Meditationen hatte ich erfahren dürfen, dass sich tief in meinem Inneren noch Wut und Traurigkeit versteckt hatten. Und zwar so tief, dass diese Empfindungen für mich nicht mehr spürbar gewesen waren. Doch ich hatte in den vergangenen Wochen intensiv daran gearbeitet, das Knäuel aufzulösen. Viele Tränen waren geflossen. Viele Bilder anders gestaltet und Beurteilungen neu kategorisiert worden. Ich wusste, dass ich das Ende dieses Weges noch nicht erreicht hatte, aber ich fühlte mich in meinem Inneren wesentlich freier. Endlich gelang es mir, mit meinem Vater oder auch meiner Schwester in einer Weise zu sprechen, die mir in Ansätzen emotionale Unabhängigkeit signalisierte. So verspürte ich kein Bauchkneifen mehr, weil ich nicht in ihrer Nähe wohnte und mich nicht um sie kümmern konnte. So schmolzen meine Schuldgefühle langsam auf ein erträgliches Maß, wenn meine Schwester Sabine auf ihre Behinderung zu sprechen kam. So gelang es mir von Mal zu Mal besser, mich in einem ungezwungenen Gesprächston zu verlieren. Kleine Schritte mit großer innerer Wirkung, die nur ich allein wahrnehmen konnte.

Ich war überglücklich über diese Veränderungen. Und zwar in doppelter Hinsicht. Zum einen natürlich, weil ich ein Stück Leichtigkeit gewonnen hatte. Aber zum anderen, weil ich sah, dass meine Arbeit Früchte trug. Dass es funktionierte, wie ich mit der Problematik Krebs umging: Das Üben mit Visualisierungen und Meditationen und der Versuch, mein Bewusstsein umzuprogrammieren. Für viele Leser sind diese kleinen Erfolge wahrscheinlich nicht der Rede wert. Aber ich möchte zu bedenken geben, dass jeder Mensch seine ganz persönlichen Ängste hat, die oft jahrzehntelang im Verborgenen wirken. Warum verschleiern wir sie? Wäre es nicht viel einfacher und vor allem sinnvoller, sie aufzulösen. Warum tun wir es also nicht? Ja, warum tun wir es nicht? Eben, weil es so schwierig und aufwendig ist, an sie heran zu kommen. Wir scheuen keine Mühe, unsere Ängste zu kaschieren. Sie vor uns selber und anderen zu verfälschen und zu verhüllen. Wenn wir ehrlich sind, kennen wir alle diesen Mechanismus aus eigener Erfahrung sehr gut. Ich wollte jeden noch so kleinen Fortschritt genießen und festhalten. Am liebsten für die Ewigkeit.

Ich hatte die Verantwortung für meine Krankheit und damit für mein Leben übernommen. Mein zentrales Thema hieß Vergebung. Ich hatte begonnen, mir selber zu vergeben. Zuerst einmal die Tatsache, so lange gelitten zu haben, und dann die, nicht stark genug gewesen zu sein, meine Ängste zu überwinden. Stattdessen über viele Jahre hinweg nur still zu leiden. Aber wie ich heute weiß, bleibt nichts ohne Folgen. Es lohnt sich also nicht, seine Probleme auf die lange Bank zu schieben. Es lohnt sich nicht, darauf zu hoffen, die Zeit würde alle Wunden heilen. Die Zeit heilt nur solche Wunden, mit denen wir Frieden schließen.

Die Überraschungen

Seit zwei Wochen hatte sich mein Alltag unmerklich auf den bevorstehenden Krankenhausaufenthalt ausgerichtet. Nun war es weniger so, dass mich die Vorbereitungen zeitlich sehr in Anspruch nahmen, denn ich rechnete noch immer mit maximal einer Woche stationären Aufenthaltes und das war leicht zu managen. Dieser spezielle Krankenhaus-Fokus hing auch nicht mit meinem täglichen spirituellen Übungsprogramm zusammen, zumindest nicht direkt. Nein, bei näherer Betrachtung handelte es sich dabei um einen mentalen Prozess, einer Veränderung in meinem Inneren. Ich stellte fest, dass ich anders durch den Tag ging. Wesentlich bewusster und den Augenblick wahrnehmend. Das schöne alte Wort *gegenwärtig* traf den Sachverhalt recht gut. In Gesprächen schenkte ich meinem Gegenüber viel häufiger die volle Aufmerksamkeit, ohne in Gedanken schon bei anderen Dingen zu sein. Schon immer hatte ich mir Auszeiten im Alltag gegönnt, jetzt aber setzte ich die Pausen bewusster ein und genoss die Muße intensiver. Und ich führte meine Hausarbeit und alle Krankenhausvorbereitungen konzentrierter als sonst durch. So registrierte ich ganz nebenbei, dass sich meine Tage verlangsamten. Da ich es noch nie als Wohltat empfunden habe, durch mein Leben zu hetzen, obwohl ich mich immer wieder dabei ertappte, es zu tun und damit der modernen Lebensführung unmerklich auf den Leim ging, freute ich mich über diese Entwicklung.

Die Krebsdiagnose hatte meine Einstellung zum Leben verändert und die Dinge auftauchen lassen, die eine besondere Bedeutung für mich haben. Obwohl mit Hilfe himmlischer Zusicherung meine Heilung tief in meinem Inneren verankert war, stellte die Operation auch eine Herausforderung für mich dar. Nicht unbedingt auf physischer Ebene, auf den Umfang des Eingriffs bezogen. Hier ging ich weiterhin fest von einer Brust erhaltenden Maßnahme aus. Auch hatte sich immer noch keine Angst vor der OP eingestellt, was viele meiner Freunde und Bekannten verwunderte. Ich war sogar überzeugt davon, dass einige glaubten, ich redete mir diesen Optimismus ein. Das verstand ich gut, da die meisten nichts vom Zuspruch meines Schutzengels wussten. Von der Kraft und Zuversicht, die er mir eingeflößt hatte. Im Übrigen hatte ich schon einige Erfahrungen mit Brustoperationen. Noch vor meinem dreißigsten Lebensjahr waren mir bereits zwei Knoten entfernt worden, einer ambulant und der andere stationär. Beide Male handelte es sich um gutartige Gewebeverdichtungen. Ich konnte also recht gut einschätzen, womit ich zu rechnen hatte, sofern sich der Eingriff auf die Entfernung des Knotens beschränkte. Interessanterweise hatten sich alle drei Knoten nicht nur in derselben Brust, sondern auch an ähnlicher Stelle gebildet. Hätte ich den Krebs verhindern können, wenn ich schon damals ein anderes Wissen gehabt hätte? Vielleicht. Vielleicht aber auch nicht.

Die Herausforderung bei dieser Operation bestand für mich darin, die erfolgreiche Entfernung des Karzinoms in meinem Kopf nicht mit einer Heilung gleichzusetzen. Ich hatte den Knoten nicht mühevoll in mein Bewusstsein integriert, um ihn vorzeitig wieder abzugeben. Brauchte ich ihn, um mich weiterhin als Krebspatientin zu fühlen? War es überhaupt nötig, mich als Krebspatientin zu fühlen? Über diese Gedanken sprach ich mit niemandem. Sie waren zu sonderbar. Aber sie beschäftigten mich und wollten auch in irgendeiner Form beantwortet werden. An dieser Stelle möchte ich nicht verhehlen, dass mir eine rein spirituelle oder psychische Krebsbehandlung am liebsten gewesen wäre, also ein Verzicht auf die Operation. Aber die Realität sah anders aus. Mein Knoten war viel zu weit fortgeschritten, als dass ich die Zeit hatte, langsame emotionale Prozesse abzuwarten. Außerdem konnte ich mich des Eindrucks nicht erwehren, dass auch der körperliche Behandlungsverlauf ein eigener Lernschritt für mich werden sollte. Doch diese Hypothese stützte sich ausschließlich auf meine Intuition.

Inzwischen hatte ich mein Smartphone erhalten und übte fleißig, meine Finger zu kontrollieren. Ich hatte nicht damit gerechnet, dass schon der Gedanke an die Ausführung einer Funktion oder die Absicht einer Berührung des Displays das Gerät in Wallung bringen würde. Ich fühlte mich um Lichtjahre zurückversetzt an meine ersten Wochen am Computer, als ich ehrfürchtig versucht hatte, keine falsche Taste zu betätigen, um nicht wieder hilflos nach dem Lehrer rufen zu müssen. Jetzt weckte die gesamte hochglänzende Oberfläche dieser sehr edel wirkenden, flachen schwarzen Kunststoffschnitte meine Ehrfurcht. Schnell begriff ich, dass keine noch so zarte Annäherung ohne Wirkung blieb und meine alten Hände ziemlich langsam waren, wenn ich verstohlen und bewundernd die Fingerfertigkeit meine Kollegen beobachtete. So bestand die Herausforderung für mich darin, sowohl meine feinmotorischen Fertigkeiten zu trainieren als auch zumindest ansatzweise in das technische Leben meines neuen Partners einzutauchen. Da die Zeit drängte, übte ich fleißig und erzielte auch rasch Erfolge. Von Tag zu Tag wurde mein Umgang mit dem Gerät sicherer, was ich in erster Linie auf die realistische Einschätzung meiner eigenen Fähigkeiten, eher Grenzen zurückführte. So ließ ich mir von Lukas täglich nur ein bis zwei neue Anwendungen vorführen, die ich dann intensiv wiederholte, bis sie mir vertraut waren. Auf diese Weise entging ich einer totalen Überforderung und erarbeitete mir peu à peu das notwendige Know-how, um im Krankenhaus sattelfest zu sein.

Nun stand mir nur noch das Wochenende bevor. Am Dienstag würde ich ins Krankenhaus gehen. Endlich. Wenn der ganze Körper auf ein bestimmtes Ereignis programmiert ist, sehnt man es sich schließlich herbei, auch wenn es ein unerfreuliches ist. Man möchte sich sowohl körperlich als auch mental von diesem Ballast befreien.

In diesen letzten Tagen telefonierte ich viel. Meine Freunde waren grandios. Alle riefen noch einmal an, um mir das Beste zu wünschen. Alle fragten, ob ich nicht doch etwas bräuchte oder sie mich besuchen sollten? Und natürlich erinnerten mich alle daran, ihnen möglichst rasch meine Telefonnummer im Krankenhaus mitzuteilen. Stolz konnte ich nun verkünden, dass ich durch mein neues Smartphone allzeit erreichbar war. Der Zuspruch meiner Freunde war so wohltuend. Er führte mir wieder die Bedeutung des Gebens und Nehmens vor Augen. Auf emotionaler Ebene war es mir in den letzten Jahren gelungen, meine Einsiedelei zu verlassen, und jetzt durfte ich die Früchte dieser Öffnung ernten. Ich durfte all diese Geschenke annehmen und wollte es auch. Ich genoss einfach die Gewissheit, vielen mir vertrauten Menschen wichtig zu sein. In ihrer Obhut fühlte ich mich geborgen und ich wusste, dass ich zu jeder Zeit auf ihre Hilfe zurückgreifen konnte. Das hatten sie mir schon früher bewiesen und taten es jetzt wieder.

Dann flatterte eine Überraschung ins Haus. Als der Paketdienst klingelte, ging ich von der Zustellung für einen der Nachbarn aus. Doch weit gefehlt. Ich durfte zwei Päckchen für mich selber in Empfang nehmen. Der junge Postbote freute sich über mein überraschtes und glückliches Gesicht, als ich die Absender las. Zwei meiner besten Freundinnen aus dem Münsterland. Ich war sprachlos und gerührt. Damit hatte ich ganz und gar nicht gerechnet. Ich trug die beiden Päckchen ins Wohnzimmer und legte sie feierlich auf den Esstisch. Dann packte ich voller Neugier aus. Langsam, ganz langsam, denn ich wollte jeden Handgriff genießen und die Spannung ein wenig steigern. Ich begann mit dem Päckchen aus Münster. Zuerst stieß ich auf ein Buch: *Wir sind doch Schwestern* von Anne Gesthuysen. Ich kannte es noch nicht, las sofort die kurze Inhaltsangabe und fand sie sehr interessant. Es ging um die Lebensgeschichte dreier recht betagter Schwestern vom Niederrhein, aufgehängt am 100. Geburtstag der Ältesten. Die Gegend des Niederrheines war mir nicht fremd, so dass ich sicher viele beschriebene Eindrücke wiederfinden würde. Auf dem Buch lag eine Tafel Schokolade. Etwas Nervennahrung für anstrengende Stunden im Krankenhaus oder einfach nur zum Genießen. Wunderbar. Ich würde sie Stück für Stück verputzen und dabei an Ella und Jan denken. Ich schluckte, als ich die Karte zur Hand nahm: *Wenn es einen Glauben gibt, der Berge versetzen kann, so ist es der Glaube an die eigene Kraft (Marie von Ebner-Eschenbach).* Wie wahr. Auf der Karte war ein grünes Blatt abgebildet, auf dem drei fein gemaserte Steine hintereinander aufgereiht lagen. Das Motiv strahlte große Ruhe aus. Und ebenso viel Harmonie und Kraft. Steine sind Urelemente des Universums. Sie existieren schon viel länger als jedes menschliche Leben und es gibt wohl niemanden, der daran zweifelt, dass sie unser Dasein auch mit Leichtigkeit überdauern werden.

Ich ließ sowohl das Bild als auch den Spruch auf mich einwirken, bevor ich die Karte umdrehte, um die guten Wünsche zur Operation zu lesen, mehrfach hintereinander. Dann steckte ich die Karte an meinen Zettelhalter auf der Fensterbank in der Küche, wo ich die aktuellsten Karten und Sprüche aufbewahrte. Er war mein Seelenstreichler. Der Standort war vortrefflich ausgewählt, da mein Blick viele Male am

Tag zum Fenster hinaus wanderte und jedes Mal die Karten streifte. Der kleine Ständer fasste drei Ansichtskarten. Danach kippte er um. Anfangs erschien mir das zu wenig, doch mit der Zeit ergab sich dadurch ein kontinuierlicher Wechsel, den ich sehr lieb gewonnen habe.

Ich kochte mir einen Kaffee, bevor ich das zweite Päckchen öffnete. Zuerst kam eine Karte zum Vorschein, auf die ein blühendes Lavendelsträußchen und ein lila-weißes Herz gedruckt waren. *La belle provencale LAVANDULA* war in zarten Lettern darübergeschrieben. *Liebe Karin, heute schicke ich Dir ein paar Kleinigkeiten, die Dir das nicht einfache Krankenhausleben versüßen sollen. Ich denk ganz fest an Dich. Lass es Dir gut schmecken und viel Spaß bei Schmökern. Bin gespannt, wie Dir das Buch gefällt. Riechst Du übrigens den „Lavendelduft"? Erinnert alles an den Sommer, der vor der Tür steht, und dann fahren wir schon bald. Alles Liebe. Herzlichst Deine Naomi.*

Ja, dann fahren wir schon bald. Noch war unsere geplante Reise nach Kreta für mich weit weg. Aber dieses Ziel vor Augen zu haben, war wunderbar. Und die Gedanken daran erst recht. Ich wickelte das Buch aus und lachte. Es handelte von klugen Frauen, deren Spuren in Kunst, Literatur oder Wissenschaft noch heute sichtbar sind. Eine Sammlung kurzer und interessanter Portraits. Genau die richtige Ablenkung für das Krankenhaus. Dann kam eine Tube Oliven-Handcreme zum Vorschein. Ebenfalls eine sehr schöne Idee, hatte ich doch noch keine eingepackt, auch gar nicht daran gedacht. Ich würde sie im Krankenhaus gut gebrauchen können. Als Nächstes entdeckte ich einen Lippenstift. Einen Fettstift in kräftig orangefarbener Hülle. Ich verschluckte mich fast am Kaffee vor Lachen, als ich ihn in die Hand nahm. Dieser poppige Stick brachte die ganze Unterschiedlichkeit zwischen uns Freundinnen auf den Punkt. Schon auf Grund der Farbe hätte ich selber den Stift nie gekauft, obwohl er in der meist übervollen Handtasche schnell aufzufinden wäre.

Und dann noch Maracuja-Geschmack. So viel Künstliches. Das ging ja gar nicht. Dennoch probierte ich ihn sofort aus. Sehr fremd, dieser Geschmack auf den Lippen, wirklich sehr fremd. In diesem Zusammenhang muss man wissen, dass ich seit Jahrzehnten meine Lippen ausschließlich mit Melkfett pflege, einem Restbestand aus der Zeit als Hundebesitzerin in den Achtziger Jahren. Ja, hier handelt es sich nicht um einen Schreibfehler, es waren die Achtziger Jahre. Seinerzeit gekauft im Landhandel irgendwo im Münsterland. Die kleinste Einheit dieses Wundermittels bestand damals in einem Kilopaket und reichte aus für einen ganzen Bauernhof, wo das Produkt bei entzündeten Eutern und anderen Wunden eingesetzt wurde. Eine zähe, milchig weiße und klebrige Masse in einem praktischen, aber unschönen Plastikeimer. Voller pflegender und heilender Wirkstoffe, sowohl für Mensch als auch Tier. Das Produkt war so fettig, dass schon ein kleiner Fingerstrich ausreichte, um eine größere Fläche zu versorgen. Nur so war auch zu erklären, dass ich nach dreißig Jahren immer noch von diesem Bestand zehrte und einen letzten Rest in einem winzigen Cremedöschen wie meinen Augapfel hütete. Ein Naturprodukt, das mir ans Herz gewachsen war. Schon häufiger hatte ich über einen adäquaten Ersatz nachgedacht, sollte dieses Überbleibsel aufgebraucht sein. Was würde dann meine spröden Lippen pflegen? Durch Naomi wurde ich nun mit den Erzeugnissen der modernen Welt vertraut gemacht. Vielleicht schlummerte sogar eine unbewusste Sorge in ihr, ich könnte sie irgendwann beauftragen, die Bauernhöfe im Münsterland abzuklappern, um einem Landwirt eine kleine Einheit meines persönlichen Wundermittels abzuschwatzen? Wahrscheinlich befand sich sogar ein Bauer in ihrem Bekanntenkreis. Ich gebe zu, dass mir dieser Gedanke gefiel, war ich doch in vielen Dingen old-school, wie man auf Neudeutsch sagt. Und das Gegenteil von Naomi, die alles liebt, was bunt, poppig und modern ist. Sie ist immer über die neusten Trends informiert und kleidet sich farbintensiv und fröhlich. Ich finde das toll. Es passt zu ihr, denn sie ist eine aufgeschlossene und interessierte Frau. Wenn wir zusammen shoppen gehen, greift sie stets zu bunten Tönen, während ich nach den klassischen Schwarz-Grau-Tönen Ausschau halte.

»Du brauchst Farbe«, lautet dann ihr Standardsatz, wenn sie mich in eine andere Ecke zieht. Ich lächelte bei diesen Erinnerungen und fischte als Letztes die kleine Packung Pralinen aus dem Päckchen, die mir das Krankenhausleben versüßen sollte. Ja, dazu war sie bestens geeignet.

Wer sich die Reste aus Karton und Packpapier sowie die Geschenke auf dem Tisch ansah, konnte meinen, dass eine Feier bevorstand. Und hatte ich nicht tatsächlich einen Grund zum Feiern? Auf jeden Fall. So saß ich dort, drehte die Kaffeetasse in meinen Händen und spürte förmlich, wie sich mein Herz voller Freude und Dankbarkeit füllte.

Heilen

Heilen heißt Stärken!
Nichts sonst kann Heilung vollbringen.
Solltest du Kränkung bemerken
bei dir, bei mir, wird kein Heilen gelingen.

Ein interessantes Gedicht, das aus mir herausfloss, als ich am Dienstag, dem 1. April 2014, mein karges Frühstück einnahm. Leider hatte ich keine Zeit, näher darüber nachzusinnen, versuchte ich doch, an alles zu denken, damit ich meine Wohnung für einige Tage verlassen konnte. Alle Fenster schließen, Elektrogeräte möglichst vom Netz nehmen, die Blumen versorgen, alle Lichter löschen und den Müll entsorgen. Für den Notfall Keller- und Garagenschlüssel auf die Kommode im Flur legen.

Mein Frühstück bestand aus einer kleinen Scheibe Brot mit Honig. Das war alles. Mehr bekam ich nicht hinunter. Nicht, weil sich inzwischen Angst eingestellt hatte, nein, das war noch immer nicht der Fall. Aber ich war aufgeregt. Die Coolness der letzten Wochen war einer gewissen inneren Anspannung gewichen, einem leichten Magendruck oder einer flauen Unruhe. Das würde vorübergehen, sobald ich keine Zeit mehr zum Nachdenken hatte, sobald ich unterwegs und das Fremde aktiv war. Die letzten Handgriffe waren schnell erledigt. Ich zog meinen Trolley in den Hausflur und ärgerte mich ein wenig über sein Gewicht. Er war doch schwerer geworden als geplant, aber ich hatte halt versucht, an alles zu denken, und wusste ja letztlich auch nicht, wie viele Tage ich fortbleiben würde. Sei's drum. Jetzt war es ohnehin nicht mehr zu ändern. Ich verschloss die Wohnung und machte mich auf den Weg.

Es war zwanzig vor Acht. Um acht Uhr sollte ich mich bei der Aufnahme melden. Der Fußweg würde maximal acht Minuten in Anspruch nehmen, die Ampelschaltung mit eingerechnet. *Du bist wie immer viel zu früh*, schalt ich mich lächelnd, aber ich kannte die tief in mir eingebaute Uhr nur zu gut. Oder handelt es sich dabei um ein tief sitzendes Pflichtgefühl? Auf jeden Fall fällt es mir unglaublich schwer, unpünktlich zu sein. Und zwar grundsätzlich. Nicht nur bei Arztbesuchen oder dienstlichen Terminen, sondern auch im privaten Bereich. Für mich ist es ebenso ein Akt der Höflichkeit und des Respektes, niemanden warten zu lassen. Aber vielleicht wäre ein wenig Lockerheit auch hier angebracht? Ich sollte einmal darüber nachdenken. *Das ist völlig überflüssig,* antwortete meine innere Stimme, *du würdest nur leiden. Lass alles, wie es ist. Du schadest ja niemandem.*

Um zehn vor Acht saß ich bereits vor der Anmeldung. Der Fußmarsch war erwartungsgemäß völlig problemlos verlaufen, ohne Fußgängerstaus oder andere Behinderungen. Mit dem großen Trolley neben mir sah ich aus, als wartete ich auf einen Zug. Nun, in gewisser Weise trat ich auch eine Reise an. Ins Ungewisse, könnte ich lyrisch abrunden. Aber das gefiel mir nicht. Ungewiss waren lediglich der Operationsumfang und mein Befinden danach. Für mich begann eine Reise in einen neuen Lebensabschnitt. Jetzt startete der physische Therapieplan. Der Teil, bei dem die Erfolge entweder sogleich oder aber in angemessenen Schritten sichtbar würden. Der Teil, der fassbar war. Über den ich mit jedem reden konnte, ohne seltsame Blicke zu ernten. Der Teil, der mich wieder in den Kreis der Normalen integrierte.

Es dauerte nur wenige Augenblicke, bis ich aufgerufen wurde. Schnell waren alle notwendigen Formalitäten erledigt, so dass ich mich mit mehreren Unterlagen in der Hand, Kopien der Aufnahmeformulare für mich und die Originale für die Station, auf den Weg zur Station 4B begab. Auf der Etage für Frauenheilkunde wurde ich schon erwartet und sehr freundlich empfangen. Ich kam mir etwas deplatziert vor mit meinem Reisekoffer, doch das Kommen und Gehen schien ein normaler Akt des Tagesgeschäftes zu sein. Mein Zimmer war riesengroß. Die Schwestern hatten aus dem ursprünglichen Doppelzimmer ein Bett entfernt, so dass es mir wie in ein kleiner Palast erschien, in dem ich auf der freien Fläche eine Walzerrunde hätte drehen können. Etwas verloren schaute ich mich um und stellte meine Handtasche auf einen der beiden ledergepolsterten Stühle, die den kleinen hellen Holztisch an der Wand, einen typischen Krankenzimmertisch, quadratisch, praktisch, unempfindlich und freundlich-hell, einrahmten. Die Schwester, die mich ins Zimmer geführt hatte, war sofort wieder verschwunden. So zog ich die Gardine zurück und öffnete zuerst einmal das Fenster, denn ich hatte das Bedürfnis, etwas Nützliches zu tun. Außerdem wollte ich mit der Umgebung vertraut werden. Das Fenster war eine Balkontür. Ich trat hinaus und schaute über Aachen. Die Sonne hatte sich am Himmel schon eingerichtet; es würde ein wundervoll warmer Frühlingstag werden. Westseite, registrierte ich. Also würde ich die Nachmittags- und Abendsonne genießen dürfen und ein schönes helles Zimmer haben. Es waren nur wenige Hundert Meter bis zu meiner Wohnung, die Himmelsrichtung stimmte sogar. Ich ließ meinen Blick über die Dächer der Stadt wandern, die ich aus dieser Perspektive noch nicht gesehen hatte. Interessant. Mir würde sicher noch Zeit genug bleiben, mich zu orientieren und bekannte Bauten auszumachen. Der Balkon verlief längs der gesamten Gebäudeseite, ein schöner Komfort für alle Patienten. Zwischen den einzelnen Zimmern gab es keine Begrenzungen. Jeder konnte also von draußen eintreten. Das war gut zu wissen und zu berücksichtigen. Ich freute mich darüber, so bequem an die Luft gehen und vielleicht auch mal in der Sonne sitzen zu können. Nach dieser kurzen Inspektion trat ich zurück ins Zimmer und schob meinen Trolley vor die beiden betagten Holzschränke gegenüber der Fensterfront. Ich grinste und begann, den Reißverschluss aufzuziehen. Würde ich beide Schränke brauchen?

Es klopfte zweimal kurz, während sich im selben Augenblick die Zimmertür öffnete. Eine junge Schwester kam herein mit Papieren in der Hand. Wir setzten uns an den Tisch. Sie stellte sich mit Schwester Veronika vor und klärte mich über einige grundsätzliche Dinge zum Tagesablauf und zum

Zimmer auf. Zum Beispiel sei es angebracht, beim Verlassen des Raumes immer die Balkontür sorgfältig zu verschließen. Ich fragte nach der Funktion des eingebauten Safes, den ich beim Öffnen des Kleiderschrankes entdeckt hatte. Oh, der sei nicht sicher, wurde mir unterbreitet. Ich solle besser die Wertsachen in meinem Kleiderschrank aufbewahren und diesen gut abschließen. Auch gut.

Dann gab sie mir einen mehrseitigen Anamnesebogen mit der Bitte, ihn auszufüllen, sobald wir beide alles geregelt hätten. Gerne. Kein Problem.

»Würden Sie bitte noch den Essensplan für diese Woche ausfüllen? Schauen Sie, Sie können immer zwischen drei Gerichten wählen.«

Etwas konsterniert schaute ich auf den Zettel. Mir war beim besten Willen nicht danach zumute, an Essen zu denken. Und dann noch für die ganze Woche. Bis Sonntag. Erstens war es noch viel zu früh am Tag und zweitens war mein Kopf wahrlich ausgefüllt mit anderen Themen. Etwas irritiert schaute ich sie an.

»Ja, das erledige ich dann auch gleich«, sagte ich und schob den Bogen erst einmal zu den anderen Unterlagen. Schwester Veronika jedoch zog ihn zurück und drapierte ihn wieder vor meiner Nase. An ihrem Gesichtsausdruck konnte ich ablesen, dass sie mit keiner Verzögerung einverstanden war.

»Sofort?«, fragte ich törichterweise nach.

»Ja, bitte. Ich müsste ihn gleich wieder mitnehmen und an die Küche weiterleiten, damit dort geplant werden kann.«

Ziemlich desinteressiert begann ich, meine Kreuzchen zu setzen.

Frühstück: Kaffee, 2 Brötchen, Margarine, Marmelade, Obst.

Abendessen: 2 Scheiben Vollkornbrot, Margarine, Schinken, Tomate.

Ich möchte hier nicht unerwähnt lassen, dass die Auswahl wesentlich reichhaltiger war als sie jetzt erscheint. Da ich jedoch kaum Milchprodukte zu mir nehme, blieben alle Joghurt- und Quarkspeisen unberücksichtigt. Ebenso setzte ich bei Käseprodukten sicherheitshalber kein Kreuz, da ich ausschließlich milden Gouda essen kann und die Gefahr, irgendein strenger schmeckendes Erzeugnis zu erwischen, das dann im Mülleimer landen musste, sehr groß war. Dann übte ich lieber Verzicht. Es machte mir nichts aus.

Bei den Mittagessen tat ich mich wesentlich schwerer, da ich es nicht gewohnt war, heute schon zu entscheiden, worauf ich in drei Tagen Appetit haben würde. Außerdem erschien es mir völlig überflüssig, ein komplettes Menü für den Operationstag auszuwählen, denn ich konnte mir beim besten Willen nicht vorstellen, etwas anderes als ein oder zwei Scheiben Zwieback zu mir nehmen zu können. Doch ich fügte mich gehorsam in die Organisationsmaschinerie ein und wählte irgendeine Mischung aus vegetarischen Gerichten und leichten Fisch- oder Fleischspeisen. Auch für den OP-Tag. Sei's drum. Des Weiteren verzichtete ich grundsätzlich auf das Kreuz für den Nachtisch, denn zu den von mir gemiedenen Produkten gehören Puddings jeglicher Art. Ein Stück Obst würde mir ausreichen. Der gesamte Vorgang kam mir so skurril und belanglos vor, dass ich alle ausgewählten Optionen schon wieder vergessen hatte, als Schwester Veronika mit dem Zettel zur Tür hinauseilte.

Nun war ich wieder allein und schaute auf meinen Trolley, der noch immer darauf wartete, ausgepackt zu werden. Doch pflichtbewusst wie ich nun einmal war, begann ich, den Anamnesebogen auszufüllen. Ich hatte schon damit gerechnet, dass die alten Krankendaten irgendwann von Belang sein würden. Da ich mein schlechtes Zahlengedächtnis kenne, hatte ich die wichtigsten Eckdaten zu Hause zusammengestellt. Davon profitierte ich nun, so dass ich relativ schnell alle Daten und Fakten eingetragen hatte.

Ich stand auf und schloss die Balkontür, als es wieder zweimal kurz klopfte, während sich im selben Augenblick die Zimmertür öffnete. Frau Dr. Klaaßen, die Stationsärztin, trat ein, in der Hand neue Unterlagen und ein Besteck zur Blutabnahme auf einem kleinen Tablett. Ich hatte sie bereits bei den Voruntersuchungen und Gesprächen mit dem Chefarzt kennengelernt. Sie war eine ausgesprochen sympathische, angenehm ruhige Frau, die gut zuhören konnte. Unser Aufnahmegespräch bezog sich auf mein jetziges Befinden, den bisherigen Verlauf meiner Krankheit, eventuell aufgetretene Begleiterscheinungen und natürlich mögliche Vorerkrankungen. Da gab es nicht viel Neues zu berichten und das Alte stand auf dem Anamnesebogen. Frau Dr. Klaaßen erklärte mir, dass zusätzlich zu dem mir bereits von Frau Keuper geschilderten Ablauf noch ein Herz-Ultraschall durchgeführt würde. Der Termin sei um 9.30 Uhr. Es handele sich dabei um eine Routinemaßnahme, um mögliche Komplikationen während der Operation zu vermeiden.

»In Ordnung«, sagte ich und nahm die Papiere entgegen, die sie mir über den Tisch schob.

»Bitte nehmen Sie diese Unterlagen dann mit und geben sie sie bei Anmeldung ab. Haben Sie noch Fragen?«

Mir fiel keine ein.

»Dann würde ich gerne noch Blut abnehmen. Würden Sie bitte Ihren linken Arm freimachen?«

Routiniert und komplikationslos zapfte sie mir mehrere Kanülen Blut ab, dann verabschiedete sie sich.

Ich schaute auf die Uhr. Viel Zeit blieb mir nicht mehr. Schließlich musste ich die Station für das Ultraschall auch noch ausfindig machen, und das konnte wie ich wusste in den großen Krankenhäusern schon einmal etwas länger dauern. Auf jeden Fall wollte ich ausreichend Zeit für den Weg einplanen. So nahm ich mir vor, mich beim Auspacken zu beeilen.

Ich hatte mich kaum von meinem Stuhl erhoben, als es zweimal kurz klopfte, während sich im selben Augenblick die Zimmertür öffnete.

»Guten Morgen.«

Die fröhliche Stimme von Frau Keuper begrüßte mich. Wir gaben uns herzlich die Hand.

»Wie geht es Ihnen heute?«

»Vielen Dank, Frau Keuper. Mir geht es sehr gut.«

»Sind Sie nervös?«

»Nein, eigentlich nicht. Heute früh ein wenig. Aber wenn man einmal hier ist, bleibt einem ja keine Zeit mehr für diesen Luxus.«

Sie lachte herzlich.

»Da haben Sie allerdings Recht. Wir haben auch jetzt keine Zeit zu verschenken. Erinnern Sie sich an den großen Sack mit den Herzkissen, der in meinem Büro steht?«

»Allerdings. Der war ja nicht zu übersehen.«

»Diese Kissen werden uns von der Krebshilfe gefertigt und zur Verfügung gestellt. Eigens für Frauen, die eine Brustoperation haben. Die Herzformen haben besonders lange Schenkel und können dadurch perfekt unter den Arm geklemmt werden. Das soll nach der Operation sehr angenehm sein, wie mir die meisten Frauen bestätigen.«

»Ahaaa?«

»Wenn Sie möchten, dürfen Sie sich auch ein Kissen aussuchen.«

»Das mache ich sehr gerne. Wenn so viele Frauen davon schwärmen, wird das Kissen bestimmt auch mir guttun.«

Ich folgte Frau Keuper in ihr Büro, wo mein Blick sofort auf den fast mannshohen durchsichtigen Plastiksack fiel. Er wirkte wie eine Litfaßsäule, vollgestopft mit Kissen. Alle besaßen die dieselbe Form, unterschieden sich nur in Farbe und Muster und hatten die Größe eines nicht prall aufgepumpten Luftballons. Ich entdeckte wenige unifarbene Modelle, die meisten waren aus bunt bedruckten Stoffen genäht mit leuchtenden Karos, Punkten, Blättern, Linien, Wellen, Blüten oder Blumen. Die Auswahl war beeindruckend und verwirrend.

»Suchen Sie sich eines aus«, forderte mich Frau Keuper auf, »ich hoffe, es ist auch für Ihren Geschmack etwas dabei?«

»Auf jeden Fall«, sagte ich und wanderte mit den Augen an der Tüte entlang. »Da haben Sie aber eine fleißige Truppe an der Hand.«

»Ja, das stimmt. Die Frauen machen das alle ehrenamtlich. Eine tolle Sache. Soll ich den Sack einmal drehen, damit Sie auch die Kissen auf der anderen Seite sehen können?«

»Nein, nein, das ist nicht nötig. Ich habe mich schon für eines entschieden.«

Letztendlich war mir meine Vorliebe für Klarheit und Schlichtheit helfend entgegengekommen. Ebenso, wie meine Garderobe wenig Phantasievolles aufwies, so war ich auch jetzt diesem Hang erlegen und zeigte auf das einzige unifarbene Modell in der Mitte des Plastiksackes. Es war knallrot und leuchtete mir fröhlich entgegen, so als habe es nur auf mich gewartet.

»Das rote soll es also sein«, sagte Frau Keuper, kippte die Litfaßsäule zu sich herunter und bohrte sich mit einem gezielten kräftigen Handgriff zu der Stelle vor, wo mein neues Kissen steckte. Kein Wühlen oder Durchschrauben. Nein, diese Handbewegung strotzte vor Routine und Zielstrebigkeit, was mich einerseits auf humorvolle Art beeindruckte, gleichzeitig aber auch traurig machte, zeigte sie doch auf, das Brustoperationen keine Seltenheit waren.

»Bitte sehr.«

Als ich das Kissen entgegennahm, überspülten mich meine Gefühle. Ich fand keine Erklärung dafür, hätte aber weinen können vor Rührung. Da hatten wildfremde Frauen ein Kissen für mich genäht, ohne mich zu kennen und jemals kennen zu lernen. Allein aus der Motivation heraus, dass ich nach der Operation Erleichterung finden sollte. Welch eine bemerkenswerte Idee. Als ich versuchte, meine Sprachlosigkeit in Worte zu fassen, drängte Frau Keuper im Text schon weiter, so dass ich nur ein schlichtes Danke heraus brachte. Wir setzten uns.

»Ich würde gerne mit Ihnen den heutigen Tagesablauf besprechen. Das heißt, den Verlauf des Vormittags. Es ist eine ganze Menge zu bewältigen am Tag der Einweisung, wie Sie vielleicht schon gemerkt haben.«

Ich lächelte bei dem Gedanken an meinen wartenden Trolley.

»Gleich geht es also los mit dem Herz-Ultraschall. Darüber hat Sie Frau Dr. Klaaßen bereits informiert. Um 10.45 Uhr gehen Sie bitte zu Frau Dr. Frantzen, das ist unsere Anästhesistin. Sie wird Sie auf die Operation morgen vorbereiten. Wenn Sie Fragen zu diesem Bereich haben, sind Sie dort an der richtigen Adresse.«

Frau Keuper schaute mich fragend an.

»Alles klar«, sagte ich.

»Hier habe ich Ihnen aufgeschrieben, wo das Sprechzimmer von Dr. Frantzen ist. Und diese Unterlagen nehmen Sie bitte zu ihr mit.«

Wieder erhielt ich einige Schriftstücke. *Statt des Trolleys hätte ich besser eine Aktentasche mitgenommen*, dachte ich belustigt, und schob die Papiere unter mein neues Kissen.

»Und jetzt das Wichtigste. Um 11.30 Uhr wartet unten ein Taxi auf Sie. Von der Firma AVA. Der Fahrer kennt Ihren Namen und alle Konditionen. Bitte steigen Sie daher in kein anderes Fahrzeug.«

»Das kriege ich hin«, antwortete ich grinsend.

Frau Keuper lachte. »Ja, das traue ich Ihnen auch zu. Aber Sie glauben ja gar nicht, was ich so alles erlebe.«

»Vielleicht sollten Sie mal ein Buch darüber schreiben. Würde sicherlich ein Bestseller werden.«

»Keine schlechte Idee. Das werde ich mir mal durch den Kopf gehen lassen«, lächelte sie kurz, um sogleich fortzufahren. »Das Taxi bringt Sie zur Radiologie.«

»Dort kenne ich mich ja inzwischen schon gut aus.«

»Allerdings. Sie melden sich in der Nuklearmedizin an, das ist auf der zweiten Etage. Das Prozedere habe ich Ihnen ja schon im Vorfeld erklärt. Sie erhalten ein spezielles Mittel gespritzt, das sich dann in Ihrem Körper ausbreitet, um den Wächterknoten kenntlich zu machen. Nach der Injektion haben Sie eine Pause von drei Stunden. In dieser Zeit sind Sie frei und können tun und lassen, was Sie wollen. Sie brauchen also nicht auf Ihrem Krankenzimmer zu sein. Danach finden Sie sich bitte wieder in der Radiologie ein, damit die entsprechenden Messungen vorgenommen werden können.«

»Das hört sich ziemlich durchdacht an.«

»Ja, dieses Verfahren hat sich wirklich bewährt und klappt gut. Wenn Sie mit allem durch sind, rufen Sie bitte diese Taxinummer an.«

Frau Keuper gab mir eine Visitenkarte.

»Dann werden Sie wieder abgeholt und zu uns gebracht. Und danach«, lachte sie, »haben Sie endlich Ruhe und können sich auf unserer Station ein wenig eingewöhnen. Die OP morgen ist übrigens auf 8 Uhr angesetzt.«

»Das ist ja ein wunderbarer Termin«, freute ich mich ehrlich, so ohne langes Warten am frühen Morgen mit möglicherweise wachsender Unruhe. Wenn Alexandra mich dann nachmittags besuchte, würde ich vielleicht schon wieder klar sein und nicht nur schlafen. Schöne Aussichten.

Ich kramte alle Unterlagen zusammen, nahm mein Kissen und ging zurück in mein Zimmer. Inzwischen qualmte mir der Kopf. Ein strammes Programm stand mir bevor. Hoffentlich würde ich noch alle Termine auf die Reihe bekommen. Wann sollte ich jetzt wohin gehen? Oh je. Und das bei meinem Gedächtnis für Zahlen. Aber ein Blick auf die Unterlagen sagte mir, dass ich mir keine Sorgen zu machen brauchte. Alles war perfekt vorbereitet. Jeder Termin war mit Ort und Zeit leuchtend gelb markiert. Ich schaute auf die Uhr und erschrak. 9.20 Uhr. Um halb zehn sollte ich beim Ultraschall sein. Eilig machte ich mich auf den Weg. Ich nahm die Treppe nach unten auf die dritte Etage und folgte den Hinweisschildern auf dem Flur.

»Ah, da sind Sie ja. Guten Morgen«, wurde ich im Sekretariat empfangen.

»Guten Morgen, Frau Langenfeld.« Ich hatte ihren Namen auf dem Türschild gelesen. »Bin ich noch in der Zeit?«, fragte ich.

»Aber ja«, schmunzelte sie. »Alles bestens.«

Brav gab ich ihr meine Unterlagen, die sofort gesichtet, gestempelt, abgezeichnet und gebündelt wurden. Ich schaute mich um. Bisher hatte ich noch keine Zeit gehabt, mir über ein Herzultraschall Gedanken zu machen. Jetzt, wo es kurz bevorstand, befiel mich wieder diese unliebsame Unruhe.

»Sie können sofort durchgehen. Dr. Neumann erwartet Sie schon.«

Frau Langenfeld erhob sich und öffnete die Tür zum Nebenraum, wo ein netter junger Mann auf mich wartete. Wir begrüßten uns freundlich und ich durfte mich auf die Liege setzen, während er auf einem Rollhocker daneben Platz nahm. Dr. Neumann erklärte mir, dass die Echokardiografie eine sinnvolle Routinemaßnahme sei, um vor bösen Überraschungen während der Operation gefeit zu sein.

»Eine Echokardiografie führen wir vor bestimmten Operationen standardmäßig durch, weil es uns lieber ist, bei möglichen Auffälligkeiten informiert zu sein und nicht unliebsam überrascht zu werden.«

»Das ist mir auch lieber«, sagte ich.

Dr. Neumann lachte.

»Haben Sie irgendwelche Vorerkrankungen des Herzens?«

»Ich kann mich an keine erinnern.«

»Das ist gut. Dann fangen wir mal an.«

Ein Herzultraschall funktioniert wie alle anderen Ultraschalluntersuchungen auch. Ich machte den Oberkörper frei, wurde mit einer glibberigen Masse bestrichen und mit einem speziellen Lesegerät abgetastet. Dr. Neumann erklärte mir ausführlich, was er sah. Ich nickte bestätigend, verfolgte alles auf dem Bildschirm und erkannte so gut wie nichts. Das war aber auch nicht weiter schlimm, denn es war alles in bester Ordnung. Nach zehn Minuten war die Untersuchung vorüber und ich versuchte danach, möglichst viel des geleeartigen Gleitstoffes abzuwischen. Mit der mir dargebotenen Anzahl an Papiertüchern war das nicht möglich, so dass ich um Nachschub bat, der mir anstandslos gewährt wurde. Dann zog ich mich wieder an und schlenderte zurück auf mein Zimmer. Es war zehn Uhr. Endlich hatte ich etwas Zeit. Nicht nur zum Auspacken, sondern auch, um mich bei Britta zu melden. Sie wartete schon auf meinen Anruf, weil sie mir am Nachmittag die Wartezeit versüßen wollte. Aber das würde so nicht funktionieren. Ich nahm mein Smartphone und rief sie an. Nach zweimaligem Klingeln war sie am Apparat.

»Es tut mir leid, Britta, aber ich konnte mich nicht eher melden. Mein Programm ist hier so durchgetaktet, dass ich bisher noch keine Lücke hatte.«

»Das macht doch nichts. Ich habe mir sowieso nichts weiter vorgenommen. Geht es dir gut?«

»Danke, ja. Ich habe nur so viele Punkte hier abzuarbeiten, dass ich gar nicht zur Besinnung komme.«

»Ist doch gut. Das lenkt dich schön ab.«

»Das stimmt schon. Lass uns mal planen, Britta. Ich bin heute Mittag in der Radiologie in der Innenstadt. Dort wird mir ein Kontrastmittel gespritzt. Danach habe ich drei Stunden freie Zeit, wo das Zeug durch meinen Körper wandern soll. Die kann ich in der Stadt überbrücken. Was hältst du davon, wenn wir zusammen Mittagessen gehen?«

»Das gefällt mir gut.«

»Super! Dann erzähle ich dir dort alles. Sagen wir um 12.30 Uhr im Livingroom. Das liegt schön zentral.«

»Wunderbar. So machen wir es. Ich freu mich. Bis nachher.«

»Ich freu mich auch. Tschüss.«

Gut. Das wäre erledigt. Und jetzt der Koffer. Ich ging in die Ecke, wo ich ihn abgestellt hatte, als es zweimal kurz klopfte, während sich im selben Augenblick die Zimmertür öffnete. Hatte da jemand vor der Tür gelauert, um das Ende meines Telefonats abzupassen?

»Guten Morgen. Mein Name ist Maria Kempermann. Ich bin Sozialarbeiterin und hier im Luisenhospital als Psychoonkologin tätig. Und in dieser Eigenschaft möchte ich Ihnen meine Unterstützung anbieten.«

Wir gaben uns die Hand und setzten uns an den Tisch. Mir sprangen sofort die Unterlagen ins Auge, die sie vor sich hinlegte. Innerlich stöhnte ich auf vor weiterem Lesestoff, wollte ich doch einfach nur in Ruhe gesund werden.

»Ihre Betreuerin, Frau Keuper, sagte mir, dass Sie bisher mit Ihrer Krankheit sehr gut umgehen können.«

»Das stimmt. Daher benötige ich auch keine psychologische Beratung.«

»Den meisten Frauen hilft es, sich mit anderen Betroffenen auszutauschen, zu beraten und sich gegenseitig beizustehen. Es entsteht oft eine langfristige gegenseitige Unterstützung.«

»Das glaube ich auch. Wissen Sie, Frau Kempermann, meine Cousine hat das alles schon vor Jahren durchgemacht einschließlich des psychologischen Programms und der anschließenden Rehabilitationsmaßnahmen. Auch sie hatte sehr positive Erfahrungen gemacht und mir davon erzählt. Ich kenne das Angebot also auch aus der Praxis und habe schon darüber nachgedacht.«

»Dennoch möchten Sie alles alleine durchstehen?«

»Auf jeden Fall, ja.«

»Aus der Erfahrung weiß ich, dass die meisten Frauen sich schneller erholen, wenn sie sich im Anschluss eine Erholungspause gönnen und für ein paar Wochen den Alltag hinter sich lassen können.«

»Im Gegensatz zu den meisten anderen empfinde ich meinen Alltag als Glück.«

Frau Kempermann schaute mich ungläubig an. Ich musste lachen.

»Es ist tatsächlich so, dass ich meinen Alltag überhaupt nicht als Belastung empfinde. Im Gegenteil, ich habe ihn mir so eingerichtet, dass ich ein hohes Maß an Zufriedenheit und Erfüllung darin finde. Ist das für Sie so ungewöhnlich?«

»Zumindest sehr selten«, lächelte sie zurück.

Ich hatte den Eindruck, sie glaubte mir nicht so richtig. Daher entschloss ich mich, etwas weiter auszuholen.

»Ich habe eine andere Lebensphilosophie als die meisten Menschen und könnte mich daher in einer Reha mit niemandem austauschen. Also würde ich viel zuhören und die Leidensgeschichten der anderen Frauen aufnehmen. Das möchte ich aber nicht. Denn ich versuche gerade in dieser Zeit mit aller Kraft, mein Augenmerk auf Gesundheit zu richten und nicht auf Krankheit. Können Sie das nachvollziehen?«

»Ich glaube, ich verstehe, was Sie meinen«, sagte Frau Kempermann und blickte in ihre Unterlagen.

»Dennoch möchte ich Ihnen mit auf den Weg geben, dass es auch Kliniken mit anthroposophischer Ausrichtung gibt. Wenn das Ihrer Grundeinstellung entgegenkäme, könnten wir versuchen, dort einen Platz zu bekommen.«

»Ich weiß Ihr Engagement sehr zu schätzen, aber ...«

»Bedenken Sie bitte auch, dass diese Angebote nicht nur ein psychologisches Programm umfassen, sondern eine umfassende Krebsberatung, Anwendungen für die Nachsorge, Sport und Ernährungsunterstützung beispielsweise.«

»Das ist mir alles bekannt, Frau Kempermann. Aber ich habe kein Übergewicht und ernähre mich schon seit Jahren relativ bewusst. Und ich bin eine leidenschaftliche Nichtsportlerin und kann mir beim besten Willen nicht vorstellen, dass sich das in einem Kuraufenthalt ändern würde.«

»Ich will Sie auch nicht überreden, etwas gegen Ihren Willen zu tun.« Jetzt lächelte sie endlich.

»So habe ich das auch überhaupt nicht verstanden«, beruhigte ich sie.

»Sie sind ja auch noch am Anfang Ihrer Therapien. Unsere Beratungsangebote stehen Ihnen immer zur Verfügung, Sie können jederzeit einsteigen. Natürlich gibt es auch Anschlussheilbehandlungen, die Sie ambulant wahrnehmen können.«

»Das ist gut zu wissen, vielen Dank. Sollte ich Probleme bekommen, kann ich mir das ja noch einmal durch den Kopf gehen lassen.«

»Und noch eine Information sollten Sie sich vielleicht merken: Eine Reha-Maßnahme können Sie bis zu einem Jahr nach Ausbruch der Krankheit beantragen. Sie haben also Zeit genug und können die nächsten Schritte erst einmal in Ruhe abwarten.«

Das war gut zu wissen. Ich sollte also nicht zu voreilig sein, es konnte noch sehr viel geschehen. Unser Gesundheitssystem hatte in den vergangenen Jahren ein sehr engmaschiges Behandlungs- und Betreuungsprogramm aufgebaut, um dem Brustkrebs zu begegnen und die erkrankten Frauen zu unterstützen. Und wie ich erfuhr, mit großem Erfolg. Das hatte mich sehr überrascht und gefreut und auch ich fühlte mich umfassend informiert und betreut.

»Sie haben auch die Möglichkeit, einen Schwerbehindertenausweis zu beantragen. Haben Sie das schon in Erwägung gezogen?«

Ich stutzte. »Nein, bisher nicht, das ist mir neu.«

»Sie würden 50 % erhalten, hätten eine steuerliche Erleichterung für fünf Jahre und wären arbeitsrechtmäßig geschützt. Ich finde, das ist in jedem Falle eine Überlegung wert. Sollten Sie sich dazu entschließen, so ist der Zeitpunkt jetzt günstig, weil alle Unterlagen hier im Krankenhaus noch greifbar sind. Das beschleunigt den Prozess ungemein.«

Für diese interessante Information dankte ich ihr, obwohl mir ein solcher Gedanke etwas befremdlich und unheimlich war. Mir wurde ein Knoten aus meiner Brust entfernt, das war alles. Ich erwartete keine körperlichen Beeinträchtigungen, kein dauerhaftes Handikap. Aber letztlich konnte ich das ja nicht ausschließen.

Wieder erhielt ich Lesestoff. Es waren ein Ratgeber der Deutschen Krebshilfe, eine Zusammenfassung der Nachteilausgleiche nach dem SGB IX § 126 (Schwerbehindertenrecht) und ein Flyer der Krebsberatungsstelle in Aachen, die gleichzeitig als Kontaktstelle für örtliche Selbsthilfegruppen fungierte. Ich legte einen neuen Stapel auf meinem Tisch an. Bald würde ich keinen Platz mehr für mein Essenstablett haben.

Nachdem sich Frau Kempermann verabschiedet hatte, blieb ich noch einige Minuten allein an meinem Tisch sitzen.

Überflutet von Informationen, die darauf warteten, aufgenommen, verarbeitet, sortiert und abgelegt oder umgesetzt zu werden, musste ich einmal tief durchatmen. *Mach dich nicht verrückt,* beruhigte ich mich. *Nach der Operation wirst du ausreichend Zeit für diese Dinge haben.*

Mir blieb ohnehin keine Chance, über das Gehörte nachzusinnen, denn die Uhr zeigte bereits 10.35 Uhr. In zehn Minuten wurde ich von der Narkoseärztin erwartet. Schnell huschte ich ins Bad, trank noch einen Schluck Wasser und trat auf den Flur. Mein Blick fiel unwillkürlich auf das Schwesternzimmer. Es lag direkt gegenüber meiner Zimmertür und war von Glaswänden eingefasst, so dass das Personal sofort gesehen wurde. Ich hatte Glück, denn die junge Schwester mit dem Menüzettel vom Morgen saß an einem großen Schreibtisch. Es war genau die richtige Adresse, um mich schnell vom Mittagessen abzumelden. Dann machte ich mich auf den Weg zur Station 1B. Dort landete ich nach der Anmeldung in einem größeren Wartezimmer. Natürlich ausgestattet mit einigen auszufüllenden Bögen Papier, die auf einem Klemmbrett steckten. Ich nahm gegenüber einem älteren Ehepaar Platz, das mir sichtlich nervös erschien, und begann zu schreiben. Da ich in meinem bisherigen Leben noch nicht viele Operationen hatte aushalten müssen, erledigte ich meine Aufgabe in wenigen Minuten. In dieser Zeit füllte sich der Raum. Eine sehr geschäftsmäßig wirkende junge Frau stöckelte herein und setzte sich neben mich. Sie nahm jedoch von niemandem Notiz und begann sofort, ihr Smartphone zu bedienen. Danach erschien ein älterer Herr, der sich neben das traurig wirkende Ehepaar setzte. Alle schwiegen. Wie so oft in solchen Situationen fragte ich mich, ob die Funkstille in den Wartezimmern von Ärzten oder Krankenhäusern ein typisch deutsches Phänomen ist. Trifft man nicht zufälligerweise einen Bekannten, so schweigt man beharrlich, befindet man sich in Gesellschaft, wird geflüstert.

Selten entsteht eine Unterhaltung mit dem unbekannten Nachbarn. Warum ist das so? Die Zeit würde doch im Gespräch viel schneller vergehen. Außerdem bestünde die Chance, interessante Menschen kennenzulernen oder wichtige Informationen zu erfahren? Ich kann mir beim besten Willen nicht vorstellen, dass es in Italien oder Südfrankreich ähnlich ruhig zugeht.

Vielleicht ist das Wartezimmerschweigen aber auch ein städtisches Phänomen? Mir fällt ein, dass ich einmal in einem recht dörflichen Ort in der Nähe von Bonn im Wartezimmer eines praktischen Arztes saß und völlig überrascht war von der Lebendigkeit der Menschen dort. Ich erinnere mich noch, dass es überwiegend alte Leute waren, die lustig und leidenschaftlich miteinander plauderten, ohne sich von Neuzugängen stören zu lassen. Ich gehe mal davon aus, dass dieser Smalltalk für alle Ohren geeignet war. Mir persönlich waren die Gesprächsinhalte weitgehend verschlossen geblieben, da sie im breitesten Platt des Eifeler Vorgebirges ausgetauscht worden waren. Vielleicht spielt auch das Temperament der Menschen eine Rolle? Wie auch immer, ich selber gehöre zur klassischen introvertierten deutschen Spezies und reihte mich mühelos in die schweigende Mehrheit ein. Ich legte das Klemmbrett auf dem Stuhl neben mir ab und fischte mein Lesegerät aus der Handtasche. Ein wenig Ablenkung konnte nicht schaden. Ich zog es aus der lilafarbenen selbstgenähten Filzhülle, die mir plötzlich sehr abgegriffen und antiquiert erschien, und schaltete es ein.

»Herr Meyer!«, dröhnte eine energische Stimme.

Das alte Ehepaar erhob sich und verließ den Raum. Ich schaute auf die Uhr. Es war inzwischen elf. In einer halben Stunde stand das Taxi vor der Tür. Viel Spielraum blieb mir da nicht mehr. Aber wenigstens ging es endlich voran. Wenn auch ziemlich zögerlich. Ich versuchte, mich auf den Inhalt des Buches zu konzentrieren, aber es hatte keinen Sinn. Die

Worte wollten nicht haften bleiben. So packte ich das Lesegerät wieder ein und musterte die Bilder an der Wand. Selbstverständlich schweigend.

Nach weiteren fünf Minuten wurde ich aufgerufen. Die Narkoseärztin las meine Aufzeichnungen, fragte nach einigen Einzelheiten und ermunterte mich anschließend, eigene Anliegen vorzubringen. Ich bat sie, mir etwas gegen die Übelkeit nach der Operation zu geben, ansonsten hätte ich keine Fragen mehr. Sie sagte mir zu, meinem Wunsch zu entsprechen, und nach fünf Minuten, es können auch sechs gewesen sein, war ich schon wieder auf dem Rückweg zu meiner Station. Um 11.20 Uhr erreichte ich mein Zimmer. *Alle Achtung*, grinste ich, *präzise kalkuliert*.

Ich warf meine Handtasche auf das Bett und öffnete den Kleiderschrank. Mit fliegenden Fingern und ohne System verstaute ich den Inhalt meines Trolleys in die einzelnen Ablagefächer und im Bad. Den Koffer stellte ich in den Schrank meiner nicht vorhandenen Zimmernachbarin. Anschließend verdünnte ich meine Handtasche um die für den Stadtbesuch unnötigen Gegenstände, verschloss den Kleiderschrank sorgfältig und warf einen letzten Blick in den Spiegel. Dann lief ich zum Treppenhaus. Für den Aufzug war es zu spät, denn sie fuhren erstens sehr langsam und zweitens zuerst immer in die falsche Richtung. Gemessenen Schrittes nahm ich Stufe für Stufe, schließlich wollte ich nicht total verschwitzt beim Radiologen erscheinen. Als ich das Foyer des Krankenhauses erreichte, zeigte die Uhr 11.30 Uhr. Belustigt stellte ich mir die Frage, wann ich Bitteschön hätte zu Mittag essen sollen?

Der Wächterknoten

Die Glastür öffnete sich automatisch und ich stellte mich vor die Eingangstür des Krankenhauses. Augenscheinlich war ich nicht die einzige wartende Person draußen. Mir fiel ein junger Mann mit einer Sporttasche auf, die größenmäßig meinem Trolley in nichts nachstand. Ansonsten identifizierte ihn nichts als potentiellen Patienten. Die anderen waren an ihrem bequemen Outfit unschwer zu erkennen. *Morgen wirst du auch so herumlaufen, wenn du denn schon laufen kannst,* brachte ich mir in Erinnerung und schlenderte ein paar Schritte über den Bürgersteig. Viele rauchten und liefen dabei auf und ab, der Rest saß auf der Bank links neben der Tür. Die Sonne schien alle ins Freie zu locken.

Die Zufahrt zum Hospital war lang und breit. Das Ende, also der Bereich vor dem Eingangsportal, wo ich mich gerade aufhielt, war durch eine kleine begrünte Verkehrsinsel geteilt, so dass die ankommenden Fahrzeuge in einem eleganten Bogen direkt vor die Tür geleitet wurden und keinen Verkehrsstau verursachen konnten. Eine simple, aber effektive Idee.

Zuerst kam ein knallroter Mitsubishi Colt durch die Kurve geschossen. Er hielt direkt vor dem jungen Mann mit der Sporttasche. Mir gelang nur ein oberflächlicher Blick auf die blonde Frau am Steuer, die im Wagen sitzenblieb. Wie von Zauberhand geführt, öffnete sich plötzlich die Kofferraumklappe. Der junge Mann warf seine Sporttasche achtlos hinein, drehte sich um und eilte zur Beifahrertür. Es gelang ihm, diese eigenhändig aufzumachen und einzusteigen. Im selben Augenblick senkte sich der Kofferraumdeckel wieder lautlos und vollautomatisch und beide fuhren los. *Ein cooler Abgang*, dachte ich, *ein bisschen wie im Film.*

Dann sah ich ein Taxi kommen, allerdings ohne jeden Namensschriftzug auf der Karosserie. War es das für mich bestellte? Sicherheitshalber schaute ich noch einmal auf den Zettel in meiner Hand. AVA hieß das Unternehmen. Während der Wagen gemütlich durch die Kurve glitt, stellte ich mich deutlich in Positur. Der Taxifahrer stieg aus und fragte nach meinem Namen.

»Dann steigen Sie bitte ein.«

Und los ging's.

So tiefenentspannt wie er gekommen war, verlief auch die weitere Fahrt. Ich bin keine ängstliche Beifahrerin, dennoch genieße ich grundsätzlich eine geruhsame Fahrweise. Sie verbreitet einfach eine behagliche Atmosphäre.

»Sie wählen aber einen ungewöhnlichen Weg. So wäre ich nie gefahren.«

Der Fahrer schmunzelte.

»Auf diese Weise umgehe ich die große Ampel auf dem Graben.«

»Ja, stimmt. Eine gute Idee. Das muss ich mir mal merken.«

Wir sprachen dann, wie konnte es auch anders sein, über das schöne Wetter so früh im Jahr. Ich unterhalte mich gerne mit den Taxifahrern. Sie leben am Puls der Stadt und haben oft interessante Dinge zu berichten. Auch von Ereignissen, die an mir spurlos vorüberziehen wie beispielsweise Fußballspiele oder Flohmärkte. So vergeht die Zeit schneller und interessanter. Der Taxifahrer war sehr diskret. Er hatte sicher schon viele Patientinnen zur Radiologie chauffiert und wusste genau, was auf mich zukam. Dennoch enthielt er sich jeglicher Bemerkung oder Frage. Ich fand das sehr angenehm und belohnte ihn mit meiner guten Laune. Mehr konnte ich nicht tun.

Die Fahrt dauerte keine zehn Minuten. Dann stand ich schon wieder vor der Radiologie, die erst vor wenigen Tagen die Kalkablagerungen an meiner 6. Rippe diagnostiziert hatten. Bei der Anmeldung wusste man Bescheid, so dass es keine organisatorischen Dinge mehr zu regeln gab. Schon nach wenigen Augenblicken wurde ich ins Untersuchungszimmer gebeten. Dr. Fischer stellte sich vor und gab mir die Hand.

»Wie Sie wissen, wird Ihnen bei der morgigen Operation nicht nur das Mammakarzinom entfernt, sondern auch der Wächterknoten«, erklärte er mir, nachdem ich mich auf einen Stuhl ihm gegenübergesetzt hatte. »Haben Sie sich mit der Wächterlymphknoten-Methode schon einmal befasst?«

Ich schüttelte den Kopf.

»Okay. Unser Lymphsystem arbeitet wie eine Art Abwasserkanalnetz für die Gewebeflüssigkeit. Darin dienen die Lymphknoten als Filter und fangen alles auf, was in unserem Körper nichts zu suchen hat wie Gifte, Erreger oder Zellfragmente. Vereinfacht ausgedrückt wird das Abwasser in den Lymphknoten gereinigt, bevor es in den Blutkreislauf eingeschleust wird.«

Ich nickte.

»Für das Gewebewasser aus der Brust übernehmen die Achsel-Lymphknoten diese Arbeit und der erste in dieser Kette ist der Wächterknoten.«

»Gibt es denn so viele Lymphknoten?«

»Allerdings. In der Achselhöhle befinden sich bis zu 15 Knoten. Und alle sehen ähnlich aus. Daher war es früher unmöglich, den ersten zu bestimmen. So blieb uns nichts anderes übrig, als alle Lymphknoten zu entfernen.«

Ich wusste zwar, dass das früher die gängige Praxis war, kannte aber bisher nicht den Grund dafür.

»Der Wächterknoten ist also nicht besonders auffällig geartet, sondern lediglich der erste. Er wacht gewissenmaßen über die anderen, daher der Name.«

»Das habe ich verstanden.«

»Gut. Haben sich also Krebszellen auf den Weg gemacht, so werden sie in jedem Falle zuerst im Wächterknoten aufgefangen. Aus diesem Grunde ist es so entscheidend, ihn zu finden.«

»Das leuchtet mir ein.«

»Bei der OP morgen wird Ihnen in jedem Fall der Wächterknoten entfernt. Dazu ist lediglich ein kleiner Schnitt in der Achselhöhe erforderlich.«

Ich nickte wieder.

»Der Wächterknoten wird sofort feingeweblich untersucht. Ist er frei von bösartigen Zellen, wird die Wunde wieder verschlossen und die Sache ist erledigt. Werden bösartige Krebszellen im Wächterknoten entdeckt, arbeitet sich der Chirurg systematisch vorwärts und entnimmt die nachfolgenden Knoten, die wiederum sofort kontrolliert werden. Das geschieht so lange, bis die Lymphknoten frei sind.«

Ich war beeindruckt.

»Das ist wirklich eine sehr schonende Methode für uns Frauen«, lobte ich.

Dr. Fischer lächelte.

»Das ist richtig. Durch die Wächterlymphknoten-Methode kann der operative Eingriff so gering wie nötig gehalten werden. Um den Wächterknoten ausfindig zu machen, spritze ich Ihnen jetzt mit einer sehr feinen Nadel einen Farbstoff in die Brust. Dabei werden Sie einen leichten Druck spüren, aber keinen Schmerz.«

»Alles klar«, sagte ich und begann, meine Bluse aufzuknöpfen.

»Das Kontrastmittel benötigt ungefähr drei Stunden, um

den Wächterknoten zu erreichen. Daher haben Sie gleich ein paar Stunden freie Zeit.«

»Und wie wird er sichtbar gemacht?«

»Wir machen Aufnahmen, die den Standort genauestens aufzeigen.«

»Ach so.«

»Noch etwas. Sie sollten gleich viel trinken.«

»Das passt gut«, lachte ich, »denn ich bin zum Mittagessen verabredet und habe Appetit auf ein Glas Wein.«

»Gar kein Problem«, sagte Dr. Fischer und setzte die Nadel an. Ich richtete meinen Blick zum Fenster hinaus. Wie vorhergesagt, empfand ich für einige Momente einen leichten Druck in der Brust, aber das war auch alles. Nach wenigen Minuten war die Prozedur schon vorüber und ich konnte mich wieder anziehen.

»Vielen Dank für die umfangreiche Aufklärung und die schonende Behandlung«, verabschiedete ich mich von Dr. Fischer. Dann vereinbarte ich mit den Damen an der Rezeption, um 15 Uhr wieder zurück zu sein.

Nun war ich frei. Ein wunderbares Gefühl nach diesem turbulenten Vormittag. Ich nahm wieder die Treppe nach unten und trat in den sonnigen Innenhof. Kein einziges Wölkchen zeigte sich am Himmel. Da war ich wohl etwas zu warm angezogen, ein kurzärmeliges Shirt hätte genügt. Aber wann hätte ich mich umziehen sollen? Egal. Ich zog ich meine Jacke aus und hängte sie mir über den Arm. Das musste genügen. Dann durchquerte ich die kleine Einkaufspassage und machte mich auf den Weg zum Livingroom.

Das Lokal ist eine Mischung aus Bistro und Restaurant. Die Speisekarte umfasst ein breites Repertoire an Vorspeisen, kleinen und großen Gerichten, Desserts und Kuchen. Den Gästen stehen zwei Eingänge oder Ausgänge, je nach Sichtweise, zur Verfügung. Der eine führt zur Geschäftsstraße hinaus und der andere auf einen wunderschönen Platz der Innenstadt, der von mehreren Lokalen gemeinsam zur Außengastronomie genutzt wird. Das war auch mein Weg. Hier saßen alle eng beieinander und die Sonnenhungrigen fanden ihr Glück. Auf jeden Schritt achtend schlängelte ich mich durch die Stuhlreihen, denn nicht nur die alten Giebelwände, sondern auch ein schiefes und ausgewaschenes Kopfsteinpflaster sind für die heimelige mittelalterliche Atmosphäre des Hofes, so lautet der Name des Platzes, verantwortlich. Zudem ist dieser Bereich der Innenstadt recht hügelig. So wanderte mein Blick abwechselnd vom buckeligen Boden zu den besetzten Tischen, um einerseits nicht zu stolpern und zum anderen ein möglicherweise bekanntes Gesicht zur Kenntnis nehmen und grüßen zu können. Vielleicht sogar das von Britta, sollte sie schon eingetroffen sein. Doch draußen saß sie nicht.

Als ich den Livingroom betrat und über die moderne, ein wenig spanisch angehauchte Einrichtung schaute, die mir aufgrund ihres dezenten Stils immer wieder gut gefällt, winkte sie mir aber schon entgegen. Wir umarmten uns herzlich und ich freute mich aufrichtig, sie zu sehen. Nicht nur, um mir die Wartezeit zu versüßen. Es war vielmehr so, dass wir in den vergangenen Monaten wesentlich enger zusammengerückt waren. Vermutlich, weil wir mehr Zeit miteinander verbracht hatten, obwohl ich unser Verhältnis schon seit Jahren als überaus vertrauensvoll bezeichnet hätte. Britta war im Herbst operiert worden und würde noch einige Monate lang nicht arbeiten können, was sie sehr belastete. Nun war ich selber krank geworden, so dass wir uns gegenseitig unterstützen konnten, sowohl mit häufigeren Treffen als auch mit ermutigenden Telefonaten. Bisher hatte es einen fixen Termin im Jahr gegeben, an dem wir einen ganzen Tag miteinander verbrachten und diesen für einen intensiven Austausch nutzten, eingebettet in ein kleines Rahmenprogramm mit Shopping, Thai-Massage oder dem

Besuch einer Ausstellung. Dazu suchten wir uns meist eine schöne Stadt in der Umgebung aus.

»Ist dir dieser Tisch recht? Draußen war es so voll. Ich dachte mir, dass wir hier etwas ungestörter sind.«

»Der Tisch ist perfekt. Ich finde, es ist der schönste Platz vom ganzen Restaurant. Wartest du schon lange?«

»Nein. Bin auch gerade erst gekommen. Wie geht es dir?«

Ich lachte.

»Ich glaube, mir geht es sehr gut. Bisher hatte ich allerdings noch keine Zeit, darüber nachzudenken. Der Vormittag war dermaßen dicht terminiert, dass ich froh bin, jetzt und hier ein wenig zur Ruhe zu kommen.«

Ich atmete tief durch.

»Aber das ist geschafft. Lass uns mal in die Karte schauen. Ich habe einen Mordshunger. Was hältst du von einem Glas Prosecco für den Kreislauf?«

»Darfst du denn etwas trinken?«

»Der Arzt eben hat gesagt, ich soll viel trinken«, schmunzelte ich.

Britta lachte. »Na dann.«

»Nein, Spaß beiseite. Ein Glas ist kein Problem. Und wie sieht es bei dir aus?«

»Das geht auch bei mir wieder.«

»Super. Hast du schon einen Blick auf die Speisekarte geworfen?«

»Nur ganz flüchtig. Aber mein Blick blieb an der Currywurst mit Fritten hängen.«

»Was? Das haben die hier im Angebot? Ist ja unglaublich.«

Bisher hatte ich im Livingroom nur mediterrane Gerichte gegessen oder gut bürgerliche wie Spargel. Ich nahm die Karte zur Hand und studierte sie etwas eingehender.

»Tatsächlich, da steht‘s. Kannst du das denn schon wieder essen?«

Ich konnte mir sehr gut vorstellen, dass Britta nach ihrer langen Schonkostphase einen Heißhunger auf Deftiges verspürte. Wie lange darbte sie jetzt schon? Vier Monate? Fünf Monate?

»Nun, das werde ich dann sehen. Aber ich habe in den letzten Tagen wieder angefangen, normaler zu essen und das klappte ganz gut. Also wage ich mich zur Feier des heutigen Tages an die nächst höhere Herausforderung. Das Leben ist eben nicht ohne Risiko.«

Sie strahlte.

Als der junge Kellner an unseren Tisch trat, bestellten wir zwei Gläser Prosecco, eine große Flasche Wasser, eine Portion Currywurst mit Fritten für Britta und für mich einen bunten Salat mit Hähnchenstreifen. Ich wusste, dass diese Portion recht groß ausfiel und mir völlig ausreichte. Es dauerte auch nicht lange, als die Getränke schon serviert wurden. Mit leuchtenden Augen nahmen wir den Prosecco zur Hand und prosteten uns zu.

»Das haben wir uns beide redlich verdient«, meinte Britta.

»Allerdings. Auf unser Wohl.«

»Und auf die Gesundheit.«

»Auf die Gesundheit.«

»Mmmh. Das tut gut. Wer hätte sich heute früh träumen lassen, dass wir jetzt hier sitzen und Prosecco trinken? Eine solche Krankenhauseinweisung lasse ich mir doch gefallen.«

Ich lehnte mich in meinem gut gepolsterten Stuhl zurück und entspannte mich. Endlich konnte ich den Vormittag ein wenig verdauen oder wenigstens dafür Sorge tragen, dass sich alle aufgenommenen Informationen setzten. Aber ich machte mir nichts vor, es würde noch Tage dauern, bis ich über alles nachgedacht hatte und die eine oder andere Entscheidung treffen konnte. Fürs Erste stand jetzt die Operation im Vordergrund. Von ihrem Verlauf würden die nächsten Schritte abhängen. Und morgen war es soweit.

Als hätte Britta meine Gedanken gelesen, fragte sie: »Hast du Angst vor morgen?«

»Nein, überhaupt nicht. Ich weiß, an den nächsten beiden Tagen wird es mir nicht allzu gut gehen, aber ich kann ja viel schlafen. Im Übrigen war deine OP um ein Vielfaches schlimmer, vor allem auch die Nachwirkungen. Bei mir muss ja nur die Wunde heilen.«

Für einen ganz kurzen Augenblick schoss mir der Gedanke einer kompletten Brustamputation durch den Kopf, die ja noch nicht generell ausgeschlossen war. Doch ich verscheuchte ganz schnell derartige Erwägungen und lenkte meinen Blick wieder auf mein Gegenüber. Britta hatte ein kleines Päckchen auf den Tisch gelegt.

»Das ist für deinen Nachttisch, anstelle von Blumen. Damit morgen alles gutgeht und du schnell wieder gesund wirst.«

Mit einem Geschenk hatte ich überhaupt nicht gerechnet. Wir stießen noch einmal darauf an, dann packte ich voller Freude und Erwartung aus. Es war ein recht schweres Präsent und ich passte gut auf, dass es mir nicht aus den Händen glitt. Zum Vorschein kam eine etwa zwölf Zentimeter große Glasscheibe, deren schmale Umrandung einen schwarzen Filzuntersetzer umklammert hielt. Dieser bildete die weiche Unterlage für ein knallrotes Herz aus Stein. Es war wunderschön. Der Kontrast zu dem schwarzen Filz brachte das Herz regelrecht zum Leuchten. Ich war gerührt und freute mich sehr. Jetzt hatte ich zwei rote Herzen an einem Tag geschenkt bekommen. Wenn das kein Zeichen war! Ich umarmte meine Freundin aufrichtig und dankte ihr.

»Es sieht toll aus, Britta. Ich freu mich riesig. Es wird mir bestimmt Glück bringen.«

»Ich dachte, das ist hübscher als Blumen.«

»Auf jeden Fall. Und Blumen lässt man bei der Entlassung im Krankenhaus. Das Herz aber wird mich auch zu Hause noch begleiten.«

Ich drapierte es zwischen uns auf dem Tisch und begann, von meinem aufregenden Vormittag zu berichten.

»Um 15 Uhr werden dann die Aufnahmen gemacht, auf denen der Wächterknoten genau zu erkennen ist. So kann morgen exakt geschnitten und der richtige Lymphknoten entnommen werden.«

»Von dieser Methode habe ich noch nie gehört.«

»Ich vorher auch nicht. Aber ich bin sehr dankbar, dass es sie gibt. Wenn mein Wächterknoten metastasenfrei ist, wovon ich stark ausgehe, werde ich in der Achselhöhle nur einen kleinen Schnitt haben.«

»Und wahrscheinlich auch keine Nachwirkungen. Viele Frauen haben später mit Lymphödemen zu kämpfen.«

»Das stimmt. Und die müssen sehr schmerzhaft sein und die Bewegungsfähigkeit des Armes total einschränken.«

Ich schüttelte mich innerlich.

»Weißt du, Britta, über so etwas denke ich gar nicht nach. Ich werde mich erst im Bedarfsfall damit beschäftigen.«

»Ich glaube, das ist eine gesunde Einstellung. Man macht sich ja sonst doch nur verrückt.«

Unser Essen wurde serviert. Die riesige Currywurst auf Brittas Teller brachte uns beide zum Lachen, doch ich freute mich für meine Freundin, dass sie endlich wieder normale Kost zu sich nehmen konnte und sich ihren Herzenswunsch erfüllte. Auf mich selber übte ihr Menü keine verlockende Wirkung aus, denn ich esse weder Currywurst noch Fritten übermäßig gerne und suche meist nach einer Alternative. Wenn das mal nicht realisierbar ist, kann ich aber auch eine Currywurst mit Genuss verputzen.

Mein Salat sah wie immer sehr appetitlich aus. Als sättigende Zutaten gab es frische Champignons und gebratene Hähnchenstreifen. Und Ciabatta. Ich liebe alle Variationen von Fladenbroten und Baguettes. Nicht selten wähle ich mir in Restaurants die Gerichte nach der Brotbeigabe aus, was meine Kollegen immer wieder zum Schmunzeln bringt. Da sie meine Leidenschaft kennen, teilen sie oft ihr Brot mit mir. Ich selber würde eher Fleisch auf meinem Teller zurücklassen als Fladenbrot. Woher meine Vorliebe rührt, kann ich nicht sagen. Aus meiner Kindheit kenne ich solche Brote nicht. War es ein Andenken aus einem früheren Leben?

Britta und ich genossen es zu schlemmen und zu schwatzen. Wir ließen uns Zeit und leerten beide Teller auf das Gründlichste. Anschließend bestellten wir noch Kaffee.

»Was hältst du davon«, fragte Britta, »wenn wir uns in den nächsten Wochen der Rekonvaleszenz ab und zu mal zum Frühstücken treffen würden? Hättest du Lust dazu?«

»Auf jeden Fall. Eine gute Idee ist das. Ich liebe es zu frühstücken.«

»Ich auch. Das passt dann ja gut zusammen.«

Die Zeit verging wie im Flug. Als wir den Livingroom verließen, war es 14.30 Uhr. Die Sonne zeigte sich immer noch von ihrer besten Seite, so dass sich die Stadt sichtbar gefüllt hatte. Wir schlenderten durch die engen Gassen und genossen das Sommerfeeling im April. Egal wie mild oder streng ein Winter gewesen ist, ab März sehnen sich alle Menschen wieder nach Helligkeit und Wärme. Da bilde ich keine Ausnahme.

»Sollen wir uns noch ein Eis gönnen?«

Britta war ein Schleckermäulchen, aber die Aussicht auf diesen Nachtisch wirkte auch auf mich verlockend. So korrigierten wir gemütlich unsere Marschroute, um an einer Eisdiele vorbei zu schlendern. Jede von uns ließ sich ein Hörnchen mit ihren Lieblingssorten füllen, bei mir war es Schokolade, Banane, Nuss, und im Innenhof des Kapuzinerkarrees, also direkt bei der Neurologie fanden wir noch ein Sonnenplätzchen auf einer Bank. Einen schöneren Abschluss unserer Mittagssiesta hätte ich mir nicht vorstellen können.

Dann wurde es Zeit für uns beide. Britta verließen so langsam die Kräfte und ich hatte meinen Fototermin. So machte sich jede von uns auf den Weg. Für mich waren es lediglich wenige Schritte über den schönen Innenhof. Mit dem leckeren Eisgeschmack auf der Zunge stieg ich in den Aufzug. Alles Weitere ging sehr zügig und unspektakulär vonstatten. Die Aufnahmen wurden gemacht und als ich wieder an die Rezeption trat, händigte man mir schon einen großen Umschlag für das Krankenhaus aus und hatte auch schon das Taxi bestellt. Dann wünschten mir die Damen viel Glück und schon war ich wieder unterwegs.

Die Rückfahrt dauerte wegen des Berufsverkehrs etwas länger. Es war 16 Uhr, als ich das Krankenhaus wieder erreichte. Die Sonne schien immer noch sehr warm, so dass ich mir vornahm, meinen Balkon zu genießen, sollte man sich in der Zwischenzeit keine weiteren Termine für mich erdacht haben. Im Schwesternzimmer nahm man freudig den Umschlag mit den Fotos entgegen. Mir schien, alle Seiten waren erleichtert darüber, dass damit sämtliche Vorbereitungen für den morgigen Operationstag störungsfrei abgeschlossen waren.

Ich ging in mein Zimmer, öffnete die Balkontür und setzte mich in die wärmende Frühlingssonne. Erst jetzt merkte ich, wie sehr mich dieser Tag mental beansprucht hatte. In meinem Kopf tanzten die Bilder des Vormittags. Ebenso zappelig verhielten sich die vielen aufgenommenen Informationen, die noch nicht bereit waren, sich ein Plätzchen der Ruhe zu suchen. Und zu guter Letzt stieg auch die Unruhe vor dem morgigen Tag.

Sechs Wochen waren seit der Diagnose meines Mammakarzinoms vergangen. Sechs aufregende Wochen, konnte ich guten Gewissens sagen. Sechs Wochen voller neuer Eindrücke und vor allem neuer Einsichten. Es war mir gelungen, wichtige persönliche Schritte zu vollziehen.

Mein Krebs hatte alte Muster in mir zutage gefördert, alte Gefühle, alte Gedanken, alte Schmerzen. Ich durfte lernen, dass auf Seelenebene nichts verlorengeht, dass alle Erfahrungen, Emotionen und Ängste irgendwo haften bleiben und im Verborgenen wirken, bis wir bereit sind, uns den Problemen zu stellen. Das hatte ich getan. Ich hatte mir die Verflechtungen meines Knotens angeschaut und endlich verstanden, dass die Last, die ich trug, nicht die meine war. Doch hatte ich sie zu der meinen gemacht. Nun fühlte ich eine neue Chance, dieses Leid loszulassen, und ich war fest entschlossen, sie zu nutzen, denn ich wollte nicht länger leiden. Mitleiden mit Familienmitgliedern, die sich in ihrer Not gut eingerichtet hatten und Erleichterung suchten, in dem sie ihre Bürden abgaben, ohne Veränderungen in ihrem eigenen Leben vorzunehmen. Es wurde Zeit, nicht mehr mit offenen Armen vor ihnen zu stehen, um all das aufzunehmen, was sie loswerden wollten in der Absicht zu helfen. Ich musste selber erst den Druck einer lebensbedrohenden Krankheit erfahren, um zu akzeptieren, dass es nicht möglich ist, die Probleme anderer zu lösen. Unser Leben auf der Erde hat nun einmal den Sinn, über die Erkenntnis Freiheit und damit Heilung zu erlangen, sowohl auf körperlicher als auch seelischer Ebene. Dieses tiefe Geheimnis des Universums ist ein Angebot an jeden Einzelnen von uns. Und wie es die kosmischen Gesetze vorschreiben, sind wir frei zu entscheiden, welchen Weg wir einschlagen möchten.

Immer noch saß ich auf dem Balkon und genoss die Sonnenstrahlen. Ich fühlte mich besser. Wie immer, wenn ich meine Gedanken in eine meditative Welt einfließen lasse, wurde ich auch jetzt innerlich ruhiger und gelassener. Mit jeder Faser meines Körpers wusste ich, dass ich auf dem richtigen Weg war, auch wenn andere mich belächelten oder verständnislos den Kopf schüttelten. Ich war glücklich. Ja, ich war glücklich, weil ich mich auf dem richtigen Weg fühlte. Nicht alles kann ich mit Worten beschreiben. Um mein Gefühl der Sicherheit, der Kraft und der Zuversicht auszudrücken, fehlen mir die richtigen Vokabeln. So saß ich dort, völlig allein und dennoch in meinem Inneren im höchsten Maße begleitet.

Die Operation

Es war noch dunkel, als ich erwachte. Ich hörte leise Geräusche aus dem Flur, hatte aber keine Lust, sie zu identifizieren. Meine erste Nacht im Krankenhaus lag hinter mir. Trotz der bevorstehenden OP hatte ich gut geschlafen. Ich schaltete das Licht ein und fuhr das Kopfteil meines Bettes auf Sitzpositur. Es war 6 Uhr. In zwei Stunden würde es losgehen, wenn sich mein Termin nicht kurzfristig verschieben würde. Aber davon ging ich nicht aus. Ich beschloss, aufzustehen und mich vorzubereiten, hatte ich doch gelernt, dass man in diesem Hause immer auf Überraschungen gefasst sein sollte. Ich schmunzelte bei diesem Gedanken und verschwand gut gelaunt in der Dusche. Noch einmal die Haare waschen und meinen Körper eincremen, denn ich wusste schließlich nicht, ob ich in den nächsten Tagen dazu in der Lage sein würde. Dann zog ich mir den Jogginganzug an, meine neue Garderobe.

Nachdem ich mich soweit präpariert hatte, kontrollierte ich mein Smartphone. Hatte ich alle eingegangenen Nachrichten gelesen und beantwortet? Gestern waren noch einige Telefonate und Emails eingetroffen. So war auch der Rest des Tages recht kurzweilig vergangen. Da ich jetzt keine neue Mitteilung fand, schaltete ich das Gerät aus und verstaute es zusammen mit meiner Handtasche im Schrank. Ich wollte den Schrankschlüssel später irgendwo im Zimmer verstecken. Danach räumte ich ein wenig auf, um guten Gewissens mein Krankenzimmer für einige Stunden verlassen zu können. Auf meinem Nachttisch strahlte mir das rote Herz von Britta entgegen. Ich nahm es auf. Seine Form war so herrlich rund und voll, dass es sich wunderbar in meine Handkuhle schmiegte. Ich ließ das Herz ein paar Mal durch meine Hänge gleiten, bevor ich es zurück auf seinen Platz legte. Es würde mir Glück bringen. Das war ich mir sicher.

Dann kontrollierte ich den Inhalt des Nachtschrankes. Taschentücher, der Fettstift von Naomi, Parfüm, mein Lesegerät, Bücher, Socken, Schokolade. Alles griffbereit. Sehr gut. Das sollte für die ersten Stunden nach der Operation genügen und würde mich unabhängig von den Schwestern machen. Als ich einen abschließenden und zufriedenen Blick durch den Raum gleiten ließ, klopfte es zweimal kurz, während sich im gleichen Augenblick die Zimmertür öffnete.

»Guten Morgen«, hörte ich die fröhliche Stimme von Schwester Klara, »Sie sind ja schon auf. Das ist gut.«

Ich beantwortete ihren Morgengruß und schaute auf die Wäsche, die sie auf mein Bett legte.

»Das ist Ihre Operationsausstattung. Die können Sie auch schon anziehen, wenn Sie möchten.«

Wie, wenn ich möchte? Ich nahm das grüne Flügelhemd zur Hand und hielt es hoch. Es erinnerte mich an eine Metzgerschürze mit Ärmeln. Der vordere Teil war ja okay. Dass aber die gesamte Rückfront des Körpers unbedeckt blieb, war sowohl befremdlich als auch komisch. Und dann noch die weißen Thrombosestrümpfe. Ziemlich unsexy, wirklich.

»Dr. Crommert möchte Sie vor der Operation noch einmal sehen.«

Ich nickte.

»Er macht immer noch eine letzte Ultraschallaufnahme vor der OP. Sie können sofort nach unten gehen.«

»Im Flügelhemd?«, entfuhr es mir. Der Gedanke, im Operationshemd durch die Krankenhausflure zu eilen, selbst wenn ich einen Bademantel darüber trug, und beim Ultraschall komplett die Hüllen fallen lassen zu müssen, weil es nicht anders ging, widerstrebte mir zutiefst.

Schwester Klara schien meinem Gesicht das Entsetzen abzulesen, so dass sie gnädigerweise einlenkte:

»Sie können sich auch nach der Untersuchung noch umziehen.«

»Gut«, sagte ich, »dann gehe ich jetzt«, und machte mich auf den Weg, bevor sie es sich anders überlegte.

Wie gut, dass ich schon mit allem fertig war, dachte ich unterwegs. *Wenn ich zurück auf dem Zimmer bin, werde ich keine Zeit mehr zum Aufräumen und Sortieren haben.* Auf den Fluren begegneten mir nicht viele Menschen, vor allem keine Patienten. Ich traf einige Angestellte auf dem Weg zu ihren Büros, manche im weißen Kittel, andere in Straßenkleidung. Alle waren recht zielstrebig unterwegs. Ich stieg die Treppe zur dritten Etage hinunter und stand wenige Augenblicke später schon vor dem Stationsarzt. Dr. Crommert tastete meine Brust ab und schilderte mir noch einmal kurz seinen Plan, möglichst brusterhaltend zu operieren. Zum Ultraschall durfte ich mich dann wieder auf die Liege legen. Die Aufnahmen ergaben keine nennenswerte Veränderung zur ersten Untersuchung vor fünf Wochen. Meine Hoffnung, dass die dreiwöchige Einnahme des Aromatasehemmers zum Schwund meines Knotens geführt hätte, bestätigte sich leider nicht.

Sei nicht undankbar, schalt ich mich, *du hast die Tabletten so gut vertragen. Das allein ist ein großes Geschenk.* Meine innere Stimme hatte natürlich Recht.

Nachdem sich Dr. Crommert ein abschließendes Bild vom Umfang seiner Aufgabe gemacht hatte, ging ich zurück auf mein Zimmer. Sofort versteckte ich den kleinen Schlüssel vom Kleiderschrank, in dem sich alle meine Wertsachen befanden, unter dem Coverdeckel meines neuen Buches auf dem Nachttisch. Ein potentieller Dieb würde sicherlich kein Interesse an einem Frauenbuch haben, mutmaßte ich und schlüpfte in den bereitliegenden Operationsdress. Kaum war ich fertig gekleidet, da klopfte es schon zweimal kurz, während sich im selben Augenblick die Zimmertür öffnete. Wieder war es Schwester Klara, jetzt mit einem kleinen Schlummertrunk für mich.

»Damit Sie schon mal etwas zur Ruhe kommen«, sagte sie und wartete unbeirrt, bis ich das Glas geleert hatte. Dabei war ich doch gar nicht aufgeregt. Dennoch deckte ich mich gemütlich zu, schloss die Augen und versuchte, meinen Verstand in den Zustand der schwerelosen Leere zu versetzen.

Meiner nächsten Erinnerung folgend hatte ich mein Krankenzimmer überhaupt nicht verlassen. Ich konnte mich nicht daran erinnern, aus dem Raum geschoben worden zu sein oder später wieder hinein. Ich lag immer noch wohlig in meinem Bett, nun allerdings angeschlossen an einen Tropf, der an einem Rollwagen neben dem Bett hing. Welcher Cocktail auf diesem Wege durch meinen Körper geschleust wurde, entzog sich meiner Kenntnis. Und es interessierte mich auch nicht weiter, denn mein Dämmerzustand entfernte mich von jeglicher Neugier.

Als ich das nächste Mal aufwachte, war ich schon etwas klarer. Jetzt registrierte ich, dass auch meine Brust verkabelt war. Irgendwo in der Mitte des Bettes kam ein durchsichtiger Schlauch zum Vorschein, der in einem ebenfalls transparenten Plastikbeutel mündete. Aha, für die Wundflüssigkeit, schlussfolgerte ich scharfsinnig im Nebel meiner Geisteskraft und schloss erneut die Augen. Beim dritten Mal hielt ich länger durch. Ich fühlte mich zwar immer noch müde, aber insgesamt deutlich lebendiger. So stellte ich das Kopfteil meines Bettes etwas höher, um wieder bewusster am Leben teilzunehmen. Im nächsten Augenblick klopfte es zweimal kurz, während sich im selben Augenblick die Zimmertür öffnete. Eine mir bisher unbekannte Schwester trat an mein Bett.

»Aah«, hörte ich ihre angenehme tiefe Stimme sagen, »jetzt sind Sie also wach. Das ist gut. Ist alles in Ordnung?«

»Ja, vielen Dank«, antwortete ich lächelnd. Ohne ein weiteres Wort nahm sie mein Handgelenk und zählte den Puls.

»Alles bestens«, sagte sie dann und: »Kann ich noch etwas für Sie tun?«

Ich schüttelte mit dem Kopf. »Alles gut.«

Wie spät mochte es wohl sein? Ich hatte jegliches Zeitgefühl verloren. Draußen war es hell. Die Sonne schien wieder. Wahrscheinlich war es schon Mittag oder gar Nachmittag. Im Grunde genommen spielte das überhaupt keine Rolle, aber mein Geist wollte sich nach dem langen Schlaf mit irgendetwas Leichtem beschäftigen. Und da ich alleine war, so dass eine Unterhaltung entfiel, suchte er sich etwas Naheliegendes. Würde ich mich morgen schon eine wenig nach draußen setzen können? Ich schmunzelte. Da meldete man sich als Bleichgesicht für zwei Wochen im Büro krank und kam anschließend braungebrannt zurück. Ein gefundenes Fressen für bösgesonnene Kollegen. Die ich glücklicherweise nicht hatte, so dass ich ohne schlechtes Gewissen etwas für meinen Teint tun konnte. Vielleicht.

Als es plötzlich nur einmal klopfte und sich nicht im selben Augenblick die Zimmertür öffnete, wurde ich stutzig. Ziemlich verlangsamt in meiner Reaktionsfähigkeit bedurfte es eines erneuten lauteren Klopfens, bevor ich deutlich »Herein« rufen konnte. Die Zimmertür öffnete sich vorsichtig und Alexandra trat ein. Dann war es also schon drei Uhr am Nachmittag, ich hatte ziemlich lange geschlafen. Alexandra nahm mich in den Arm, und wir freuten uns beide, uns zu sehen. Ich stellte mein Kopfteil noch etwas höher, um eine angenehme Sitzposition zu erlangen, sorgsam auf meine Verkabelung achtend.

»Du bist also wieder wach geworden, meine Liebe, das ist schön.«

Sie zog einen Stuhl an mein Bett und setzte sich.

»Hast du den Weg gut gefunden?«

Ich hatte Alexandra im Vorfeld eine unkomplizierte Strecke von der Innenstadt zum Krankenhaus aufgeschrieben, die bequem zu Fuß zu bewältigen war.

»Ja, es war tatsächlich ganz einfach. Und die Jakobstraße gefällt mir ausgesprochen gut mit ihren vielen kleinen Läden. Es sind total nette Geschäfte dabei.«

»Das stimmt. Ich liebe die Straße auch und gehe sie regelmäßig auf dem Weg ins Büro oder in die Innenstadt.«

»Aachen gefällt mir ohnehin so gut. Freu dich, hier zu wohnen.«

»Das tu ich auch.«

»Wie fühlst du dich?«

»Noch ein bisschen matt, aber sonst gut.«

»Hast du Schmerzen?«

»Überhaupt nicht. Der Cocktail in meinem Tropf wirkt Wunder.«

Jetzt, wo ich meine Benommenheit nachließ, fühlte sich die linke Seite meines Oberkörpers verspannt und starr an, irgendwie unbequem. Eine gute Gelegenheit, mein Herzkissen auszuprobieren. Ich ließ meinen Blick durch das Zimmer gleiten und sah es auf dem Stuhl am Tisch liegen.

»Alexandra, würdest du mir bitte das rote Herzkissen dort vom Stuhl geben?«

Meine Freundin sprang sofort auf und reichte es mir.

»Das ist aber sehr schön.«

»Ja, nicht wahr. Stell dir vor, das habe ich gestern vom Krankenhaus geschenkt bekommen.«

Ich steckte mir das Kissen ganz vorsichtig unter meine Achselhöhle und spürte sofort die wohltuende Wirkung der Polsterung. Der tiefe Einschnitt erwies sich als segensreiche

Erfindung, die eine bequeme Einbettung von Arm und Brust erst ermöglichte. Alexandra beobachtete mich bei meinem Gewusel genau, allzeit bereit mir zu helfen. Das war jedoch nicht nötig. Nach kurzem Hantier hatte ich die richtige Lage gefunden.

»Das ist tatsächlich viel angenehmer«, registrierte ich und erzählte meiner Freundin vom Verein der fleißigen Frauen.

»Eine tolle Sache«, bestätigte sie, »wie wenig es doch manchmal braucht, um andere glücklich zu machen.«

Ich nickte zufrieden und legte mich in meine Kissen zurück. Ganz langsam ergriff mich wieder die Müdigkeit. So ließ ich mir von Alexandra ihren Tag schildern und so manche Neuigkeit. Zuhören kostete nicht so viel Energie wie Sprechen. Ich genoss ihre Nähe. Unsere Vertrautheit war so groß, dass es oft nur weniger Worte bedurfte, um die andere zu verstehen. Ich empfand unsere Beziehung als außergewöhnliches Präsent des Lebens. Alexandra kannte meine Probleme fast so gut wie ich selber und wusste, warum ich hier lag. Wusste, wie wichtig dieser Schritt für mich war, nicht nur in physischer Hinsicht. Jetzt wollte sie einfach für mich da sein. Am Tag meiner Operation, diesem wichtigen Einschnitt in meinem Leben. Plötzlich griff sie in ihre mitgebrachte Papiertüte und holte eine ärmellose Bluse heraus.

»Die ist für dich«, sagte sie. »Ich fand sie vorhin in einem der kleinen Geschäfte auf dem Weg hierher und wusste sofort, dass ich sie kaufen musste.«

Alexandra hielt das Kleidungsstück mit beiden Händen hoch, so dass ich es mir genau anschauen konnte. Es gefiel mir auf Anhieb. Es war ein gerade geschnittenes Hemd mit großem U-Boot-Ausschnitt, die Vorderseite aus Satin und die Rückseite aus Baumwolle genäht. In Silbergrau, eine meiner unauffälligen Lieblingsfarben. Ins Auge stachen sofort die beiden einander zugewandten Vögel auf dem Vorderteil der Bluse. Ihr Gefieder war weit ausgebreitet und nach oben gerichtet, so dass man den Eindruck gewinnen konnte, sie führten einen gemeinsamen Tanz auf. Ihre Flügel waren mit bronzenen kleinen Nieten geschmückt, die dieser Darbietung einen plastischen lebendigen Charakter verliehen.

»So eine Bluse habe ich noch nie gesehen«, freute ich mich, »sie gefällt mir unheimlich gut. Die Vögel sehen so harmonisch aus.«

»Ja, das fiel mir auch gleich auf«, sagte Alexandra und öffnete ihre Jacke.

»Daher habe ich sie mir auch gekauft, allerdings in Schwarz.«

Das schwarze Exemplar sah auch traumhaft schön aus. Mit Sicherheit hätte ich selber nie nach einer dieser Blusen gegriffen, weil mir das Muster viel zu auffällig erschienen wäre. Aber jetzt gehörte sie mir. Ich würde sie in Ehren halten und mit Sicherheit gerne tragen. Seelig und gerührt fuhr ich mit der rechten Hand einige Male über den seidigen Stoff. Dann bedankte ich mich bei meiner Freundin für ihren Besuch, das wunderbare Geschenk und für ihre Freundschaft. Kurze Zeit später verabschiedete sie sich von mir und ich schlief wieder ein.

Die Visite

Am kommenden Morgen hatte mein Körper einen Großteil der Narkose gut verarbeitet, so dass ich mich wieder klar im Kopf und recht munter fühlte. Ich hatte gut geschlafen und erinnerte mich vage daran, dass ich am Abend zuvor noch von meinem Tropf befreit worden war. Alles andere war im Nebel der Anästhesie verschwunden. Meine linke Brustseite fühlte sich fremd und ungewohnt an, doch ich hatte keine nennenswerten Schmerzen. Noch immer trug ich das Operationshemd. Es wurde Zeit, dass etwas geschah.

Vorsichtig schlug ich die Bettdecke zurück. Neben meinen weiß bestrumpften Beinen lag der Beutel für die Wundflüssigkeit. Sein durchsichtiger Schlauch verschwand unter meinem Hemd. Nach dieser ersten Begutachtung der Sachlage beschloss ich, möglichst behutsam vorzugehen, wenn ich das Bett verlassen wollte. Und das wollte ich unbedingt, nicht nur, weil ich einen Druck auf der Blase verspürte, sondern vor allem, weil ich das Bedürfnis hatte, mich zu waschen. Ich plante eine selbstständige Katzenwäsche. Auf dem Flur war es still. Nur ab und zu hörte ich eine leise Stimme oder ein Klappern. Der Tagesdienst hatte offensichtlich noch nicht begonnen.

Ich fuhr das Kopfteil meines Bettes hoch, übrigens eine segensreiche Erfindung, und befreite mich langsam von meinen Strümpfen. Ein unbeschreiblich befreiendes Gefühl übermannte mich. Dann machte ich eine kurze Pause und horchte in mich hinein. Kein Schwindel. Kein Schwächegefühl. Das war gut. Also weiter. Ich nahm den Beutel an mich und sah an meinem Negligee hinunter. *Das letzte Hemd hat keine Taschen,* kam mir dabei spöttelnd in den Sinn. Ich setzte mich erst einmal auf die Bettkante. Meine Beine baumelten über meinen Schlappen, ein guter Start. Ich ließ mich vom Bett gleiten und schlüpfte hinein. Langsam machte ich mich auf den Weg. Obwohl es nur ein paar Schritte bis zu meinem Kleiderschrank waren, spürte ich einen unangenehmen Windzug an meinem Hinterteil. Wie gut, dass ich ein Einzelzimmer hatte. Ich öffnete den Kleiderschrank, nahm frische Wäsche heraus und schlich weiter ins Bad. Es klappte wunderbar. Den verkabelten Beutel legte ich auf einen Hocker, so dass ich die Hände frei hatte, um mir die Zähne zu putzen, mich oberflächlich zu waschen, mein Gesicht einzucremen und die Haare zu bürsten. Auf meine linke Brust schaute ich ganz bewusst nicht. Ich registrierte allerdings schon, dass sie noch da war, und das genügte mir. Mehr wollte ich noch gar nicht wissen.

Ich zog mir ein weißes ärmelloses Hemd an, eine Art Korsage, die ich am Wochenende in meinem Kleiderschrank noch entdeckt hatte und die mir aufgrund ihrer durchgehenden Knopfleiste sehr sinnvoll erschienen war. Darüber eine weiße langärmelige Bluse. Sie war sehr weit geschnitten und ebenfalls aufknöpfbar. Eigentlich sahen die beiden Teile viel zu fein aus für das Krankenbett und ich rechnete auch damit, sie dauerhaft zu verschmutzen, aber das nahm ich in Kauf, denn ich besaß nicht viele knöpfbare Oberteile und die vor Wochen gekauften Schlafanzüge waren mir bei diesem Wetter viel zu warm. Zuletzt kam mein alter hellgrauer Trainingsanzug zum Einsatz. Eine Hommage an die klassische Krankenhauskleidung, deren Zweckmäßigkeit augenblicklich ersichtlich wurde, denn hinter dem

Gummizug der Schlabberhose konnte ich den Beutel mit der Wundflüssigkeit problemlos verstauen. Auf diese Weise hatte ich wieder beide Hände frei, wodurch ich mich beim Gehen besser festhalten konnte, denn ganz langsam verließen mich die Kräfte. Dennoch fühlte ich mich wie neu geboren. Ich zockelte zurück in mein Zimmer. Auf dem Weg zum Fenster sah ich meine neue Bluse über der Stuhllehne liegen. Alexandras Geschmack war wirklich ausgefallen und edel. Bedächtig nahm ich sie an mich und hängte sie in den Schrank. Dort brauchte ich eine kurze Verschnaufpause. Es wurde höchste Zeit für mein sicheres Bett. Mit einer Hand an die Schranktür gelehnt, atmete ich ein paar Mal tief durch. Dann setzte ich mit Bedacht einen Fuß vor den anderen, hangelte mich um das Fußteil meines Bettes herum bis zur Balkontür und öffnete sie. Für den strahlend blauen Himmel konnte ich keine Zeit mehr investieren. Noch drei Schritte bis zum Bett. Ich absolvierte sie nicht sehr elegant.

Uff. Das war geschafft. Und ich auch. Viel länger hätte ich mich nicht auf den Beinen halten können, dazu war mein Kreislauf noch zu schwach. Doch ich war stolz auf mich, so viel geleistet zu haben, schloss die Augen und sog die frische Morgenluft ein.

Kurze Zeit später klopfte es zweimal kurz, während sich im selben Augenblick die Zimmertür öffnete. Ein fröhliches Guten Morgen schallte durch den Raum und riss mich aus meinen oberflächlichen Träumen.

»Guten Morgen«, antwortete ich lächelnd.

»Wie geht es Ihnen?«, fragte die Schwester und kam an mein Bett.

»Sehr gut. Vielen Dank.«

»Haben Sie Schmerzen?«

»Nein.«

Natürlich tat mir meine linke Seite weh, wenn ich die Wunde berührte, mich bewegte oder falsch bettete. Aber sobald ich ruhig lag und mit Hilfe des roten Herzkissens das Gewicht meines Armes gut abgefedert hatte, war alles gut.

»Sehr schön«, sagte die Schwester und kontrollierte die Wundschläuche. Sie notierte Uhrzeit und Maßeinheit. Als sie meinen fragenden Blick sah, erklärte sie mir das Prozedere.

»Auf diese Weise wissen wir genau, wann kein oder nur noch wenig Wundsekret absorbiert wird. Erst dann können wir den Schlauch ziehen.«

»Ach so.«

»Das sieht aber sehr gut aus«, resümierte sie mit Kennerblick und nahm mein Handgelenk zum Puls messen.

»Wie ich sehe, sind Sie schon aufgestanden.«

»Ja, ich habe mich schon gewaschen und umgezogen. Muss ich die Strümpfe wieder anziehen?«

»Nein, das ist nicht nötig«, sagte die Schwester glücklicherweise und nahm sie von meinem Bett.

»Seien Sie noch vorsichtig und überschätzen sich nicht. Der Kreislauf braucht seine Zeit, um sich zu stabilisieren. Und sollten Sie Schmerzen bekommen, melden Sie sich bei uns.«

»Ja, das mache ich. Vielen Dank.«

Ich war wieder allein und schloss die Augen. Ich dachte an nichts, wollte einfach nur ruhen und alles verarbeiten. Die Operation lag hinter mir und meine Brust war noch dran. Das waren im Augenblick die wichtigsten Eckpunkte. Mehr zählte nicht. Mit mehr wollte ich mich auch nicht beschäftigen. Alles hatte seine Zeit. Und jetzt war die Phase erreicht, die Geschehnisse mental zu verdauen und wieder auf die Beine zu kommen. Ich spürte, dass mein Körper damit voll ausgelastet war, und nahm mir vor, ihn vor allem Überflüssigen zu schützen. Mit diesem beruhigenden Gedanken schlief ich wieder ein.

Irgendwann klopfte es zweimal kurz, während sich im selben Augenblick die Zimmertür öffnete. Eine andere

Schwester erschien mit einem Frühstückstablett. Sie stellte es auf meinen Nachttisch, während ich mich hochrappelte.

»Kommen Sie zurecht?«, fragte sie freundlich.

»Ja, auf jeden Fall. Danke.«

»Dann Guten Appetit.«

Den hatte ich. Nachdem ich es mir sitzend gemütlich gemacht und den Klapptisch zu mir herübergezogen hatte, lüftete ich den Deckel des Tellers, auf dem mein Frühstück arrangiert war. Das sah gut aus. Es gab zwei Brötchen, Käse, Margarine, Marmelade, Honig und eine Banane. Ich goss mir eine Tasse Kaffee ein und freute mich. Käse? Ich stutzte. Hatte ich Käse angekreuzt? Niemals. Als ich mir allerdings meinen Frühstücksteller ohne Käse ausmalte, musste ich mir eingestehen, dass er nur mit Marmelade und Honig bestückt wahrlich bemitleidenswert leer aussähe. Wahrscheinlich hatte das irgendjemand in der Küche nicht ertragen können. Sei's drum. Ich würde deshalb den Käse nicht anrühren. Das war auch nicht nötig, denn die anderen Dinge sahen verlockend lecker aus und ich verputzte den ganzen Rest.

Ich mag es kaum erzählen, aber Frühstücken kann sehr anstrengend sein. So verführte mich mein voller Magen zu einem erneuten Dämmerschlaf, der zwar vom Krankenhauspersonal immer wieder unterbrochen wurde, aber dennoch sehr wohltuend war. Irgendwann am Vormittag klopfte es wieder zweimal kurz, während sich im selben Augenblick die Zimmertür öffnete und gleich mehrere Personen den Raum betraten. Visite. Dr. Crommert, der von der Stationsärztin und einer Krankenschwester begleitet wurde, gab mir die Hand. Sie fühlte sich warm und sanft an.

»Wie geht es Ihnen?«

»Mir geht es sehr gut. Danke schön.«

»Das freut mich zu hören«, sagte er und schob seine Hand in die Kitteltasche. »Ich möchte Ihnen noch das Ergebnis der gestrigen OP mitteilen. Es ist also so, dass die

Lymphknoten nicht befallen waren, so dass ich auch nur den Wächterknoten entfernt habe.«

Ein dankbares Lächeln breitete sich auf meinem Gesicht aus. Diese abschließende Bestätigung meiner Hoffnungen war eine riesige Erleichterung für mich. Keine Chemotherapie. Ich hätte vor Freude die Welt umarmen können oder auch Dr. Crommert, was mein zurückhaltendes westfälisches Temperament erfolgreich verhinderte.

»Allerdings«, setzte dieser für meinen Geschmack etwas zu ernst an, »war doch mehr Randgewebe um den Tumor herum befallen, als ich gedacht hatte, so dass ich leider eine ganze Menge der Brust entfernen musste.«

Der Jubel, der in meinem Bauch noch quirlig seine Runden drehte, kam abrupt zum Stehen. Was bedeutete das im Klartext? Wie sah meine Brust jetzt aus? Wie viel von ihr war übriggeblieben? Ein dumpfes Gefühl kroch in meine Eingeweide. So fühlte sich Angst an. Aber wovor? Ich nahm alle Kraft zusammen und schaute Dr. Crommert an.

»Ich weiß, dass Sie alles getan haben, was möglich war. Und dafür bin ich Ihnen sehr verbunden.«

»Wichtig ist vor allem, dass Ihre Brust erhalten werden konnte.«

Ich nickte. »Das stimmt. Und das ist Ihnen ja auch gelungen.«

»Sobald der Wundschlauch gezogen ist, wäre es gut, wenn Sie einen BH tragen würden. Auch nachts. Das gibt Ihrer Brust mehr Halt und Unterstützung und dürfte für Sie angenehmer sein.«

»Das mache ich dann.«

»Haben Sie im Augenblick noch Fragen?«

Die hatte ich nicht, so dass er sich von mir verabschiedete und mit seiner weißen Crew das Zimmer verließ.

Ich sollte mich freuen, einfach nur freuen, denn ich hatte den besten Befund zu hören bekommen, der möglich war:

Meine Lymphknoten waren krebsfrei, wodurch eine Chemotherapie nicht erforderlich war. Eine schönere Nachricht gab es in meiner Situation nicht. Die Aussicht, neben der körperlichen Strapaze monatelang eine Perücke tragen oder ein schönes Tuch geschickt um den Kopf schlingen zu müssen, was bei meiner modischen Ungeschicklichkeit ohnehin keinen großen Erfolg versprach, war mir schier unerträglich und ich bewunderte die Menschen, die diese Tortur mit Würde und Mut durchstanden. Jetzt, wo ich selber so dicht vor dieser Maßnahme gestanden hatte, konnte ich ihr Leid, das für alle Welt sichtbar getragen werden musste, in ganzer Tiefe verstehen. Umso mehr sollte ich mich über mein Glück freuen. Es war ein Geschenk des Himmels, das wusste ich nur zu gut. Und ich war auch zutiefst dankbar dafür.

Dennoch steckten die Worte von Dr. Crommert wie ein spitzer Dorn in meiner Seele. Von Anfang an hatte er mich nicht im Unklaren darüber gelassen, dass der Tumor nicht klar abgegrenzt, sondern seine Ränder sehr fransig und verschwommen waren und daher viel Gewebe entfernt werden musste. Doch er hatte sie erhalten können. Und das allein zählte! Also hatte ich zwei gute Nachrichten bekommen. Warum also konnte ich mich nicht uneingeschränkt freuen?

Ganz vorsichtig legte ich meine Hand auf die Brust. Auf drei Schichten meines Outfits: Shirt, Bluse und Jacke des Trainingsanzuges. Ich wusste selber nur zu genau, wie sinnlos eine Begutachtung unter solchen Umständen war, aber mehr saß einfach nicht drin. Ich war noch nicht so weit, mich der Realität in seiner vollen Ausprägung zu stellen. Dick gepolstert mit Verbandsstoff und verbunden mit den Wundschläuchen fühlte sich die operierte Brust sogar größer an als meine gesunde. Auf jeden Fall nicht kleiner. Ich musste selber lachen über so viel Augenwischerei und zog meine Hand wieder weg. Besser eine deutlich kleinere Brust als gar keine, sagte ich mir, schaute nach draußen in den Sonnenschein und versuchte, mich auf die positiven Befunde zu konzentrieren. Ja, das war ein guter Weg.

Ich hatte nicht damit gerechnet, dass ich Tag und Nacht einen BH tragen sollte, aber es leuchtete mir ein, dass weniger Bewegung gut für die Heilung der Brust war. Da würde die Auswahl in meinem Schrank bei weitem nicht ausreichen. Ich brauchte rechtzeitig Nachschub. In weiser Voraussicht, aber eher für den Fall, dass mein Aufenthalt im Krankenhaus länger als geplant dauern würde, hatte ich noch eine kleine Tasche mit Unterwäsche und Shirts gepackt und zu Hause bereitgestellt. So brauchte ich nur Sebastian anzurufen und ihn zu bitten, mir die Tasche vorbei zu bringen. Er versprach mir, am späten Nachmittag zu kommen.

Die nächsten Stunden verbrachte ich überwiegend in einem schläfrigen Zustand. Ich spürte, dass mir die Ruhe guttat und ließ es zu, stundenlang vor mich hin zu dösen. Am Nachmittag besuchte mich Ulla. Sie kam mit einem riesigen bunten Tulpenstrauß in der einen Hand und einer passenden Vase in der anderen.

»Ich kam am Vasenschrank vorbei und habe gleich eine passende mitgebracht«, begrüßte sie mich. »Wie geht es Dir? Du siehst gut aus.«

»Ich fühle mich auch schon wieder recht gut«, sagte ich und betrachtete die Blumen. »Das ist ein wunderschöner Strauß, Ulla. Lieben Dank.«

»Ich dachte, etwas Farbe ist jetzt genau das Richtige.«

»Das stimmt auch«, sagte ich, während ich sie dabei beobachtete, wie sie die Stiele in der Vase anordnete.

»Die Tulpen bringen nicht nur Farbe, sondern auch Glanz in mein tristes Krankenzimmer.«

Der Strauß war viel zu groß für meinen Nachttisch, so dass er auf dem Allround-Tisch gegenüber meinem Bett Platz fand, wo ich ihn gut sehen konnte, ohne meinen Kopf recken zu müssen.

Ulla nahm sich einen Stuhl und setzte sich zu mir ans Bett. Sie kannte sich auf der Station gut aus, da ihre Mutter, vor Jahren ebenfalls an Brustkrebs erkrankt, auch hier operiert worden war. So konnte sie ein wenig aus dieser Zeit und von diesen Erfahrungen berichten und wir verglichen die Abläufe zu heute. Es war schön, Besuch zu haben und auch ein paar krankenhausunabhängige Geschichten zu hören. Es war ohnehin ein kurzweiliger Nachmittag, da bald nach Ullas Abschied Sebastian auftauchte, um mir meine Wäsche zu bringen. Er war ein guter Entertainer. Sein ausgeprägter Frohsinn und seine Art, das Leben nicht zu schwer zu nehmen, steckten mich immer an. Es tat mir gut, ihm zuzuhören und mit ihm zu lachen. Als er sich verabschiedete, konnte ich mich schon auf das Abendessen vorbereiten. Es gab Brot, Joghurt, Käse, Schinken und eine Tomate. Dazu Kräutertee. Ich aß eine Scheibe Brot mit Schinken, die zweite mit der Tomate und war zufrieden. Nicht nur mit dem Abendessen, sondern auch mit den Fortschritten im Hinblick auf meine Genesung. Ich konnte mich schon unabhängig von den Schwestern versorgen, was mir außerordentlich wichtig war. Meine Verkabelung mit dem Wundschlauch war etwas lästig, ließ sich aber bewerkstelligen, da ich noch nicht viel herumlief. So hatte ich schon den ersten Tag nach der Operation sehr gut geschafft. Die Aussichten, das Krankenhaus ziemlich schnell wieder verlassen zu können, standen gut.

Die Erleichterung

Ich finde es immer wieder erstaunlich, wie schnell man sich an eine neue Umgebung gewöhnt und sich einer vorgegebenen Routine anpasst. Der Alltag im Krankenhaus war ziemlich durchgetaktet. Ich hatte keine Langeweile. Alle Nasen lang klopfte es zweimal kurz, während sich im selben Augenblick die Zimmertür öffnete und jemand eintrat. Mal wurden Fieber und Blutdruck gemessen. Dann wieder erhielt ich eine Thrombosespritze in den Bauch. Irgendwann wurde der Stand der absorbierten Wundflüssigkeit notiert. Wann die Visite angesetzt war, blieb ein Geheimnis, so dass es nicht angebracht war, sich vormittags weit von der Station zu entfernen. Und die Essenszeiten prägte man sich schon am zweiten Tag ein, denn dieser Programmpunkt gehörte zu den Highlights des Tages. Zumindest für mich, wo ich immer Appetit verspürte. Also jedes Mal zwei Besuche, einmal zum Bringen des Essens und dann wieder zum Abholen des leeren Tablets. Und nach dem Frühstück wurde das Zimmer gereinigt. Das waren die fixen Programmpunkte des Tages. Die variablen Termine wie Gespräche mit dem Betreuungspersonal oder spezielle Untersuchungen mussten hinzugerechnet werden.

An diesem Freitagmorgen erhielt ich Besuch von der Stationsärztin. Frau Dr. Klaaßen begutachtete den Wundsekretbeutel und zeigte sich hochzufrieden. Dann bat sie darum, sich meine Wunde ansehen zu dürfen. Also begann ich, die acht Knöpfe meiner Bluse zu öffnen, um danach mit den zehn Buttons meiner Korsage weiterzumachen. Die ganze Knöpferei war mir ein wenig peinlich, weil sie doch viel Geduld von der Ärztin erforderte, deren Zeitfenster für mich sicher nicht üppig bemessen war. Und wie es immer so ist, wenn es schnell gehen soll, stellt man sich besonders ungeschickt an. Aber Frau Dr. Klaaßen lächelte und irgendwann war es dann auch vollbracht und sie konnte ihres Amtes walten. Sie entfernte meinen Verband, während ich meinen Blick interessiert durch den Raum schweifen ließ, als sähe ich ihn zum ersten Mal.

»Das sieht alles sehr gut aus«, sagte sie nach einer Weile. »Dann werde ich jetzt den Wundschlauch ziehen.«

»Sehr schön«, freute ich mich, »er ist schon ein wenig lästig.«

»Ja, das stimmt. Den langen Schlauch mit dem Beutel werde ich jetzt entfernen. Aber der kleine in der Achselhöhle muss noch ein wenig drinbleiben, denn da tritt immer noch etwas Flüssigkeit aus.«

Bis zu diesem Zeitpunkt hatte ich gar nicht gewusst, dass man mir auch für den Achselschnitt einen Abfluss gelegt hatte. Man wird eben nicht klüger, wenn man seine Augen verschließt. Aber da sich der Schlauch bisher so unauffällig verhalten hatte, baute ich darauf, dass er auch weiterhin nicht stören würde. Beim Ziehen der Kanüle in meiner Brust blutete es leicht. Dank der Weitsicht der Ärztin blieben meine Blusen blütenweiß, während einige rote Tropfen auf das Bettlaken flossen.

»Oh je«, rutschte es aus mir heraus.

»Das ist nicht schlimm«, beruhigte sie mich und brachte ihr Werk konzentriert und professionell zu Ende. Die ganze Behandlung dauerte vielleicht fünfzehn Minuten und war fast schmerzfrei, wenn ich von einem kurzen leichten Ziehen einmal absah. Frisch verbunden durfte ich mich wieder anziehen, besser gesagt, ich begann erneut zu knöpfen. Schon während dieser Tätigkeit fühlte ich mich von einem einengenden Druck entlastet. Die ganze linke Seite meines Oberkörpers fühlte sich deutlich leichter an und ich konnte meinen Arm viel freier bewegen.

Ich stand danach auf, um ein paar Schritte durch das Zimmer und anschließend durch den Flur zu gehen. Es wurde Zeit, meinen Kreislauf ein wenig in Schwung zu bringen. Wie schön, dass ich mir keinen Beutel mehr hinter das Gummiband meiner Schlabberhose klemmen musste. Als ich die Jacke meines Trainingsanzugs schloss, klopfte es zweimal kurz, während sich im selben Augenblick die Zimmertür öffnete. Schwester Klara erschien, ein frisches Laken unter dem Arm. Bevor sie begann, mein Bett neu zu beziehen, informierte sie mich über einen neuen Programmpunkt.

»Heute Morgen haben Sie um halb elf noch einen Termin bei der Physiotherapeutin.«

Ich schaute sie etwas konsterniert an, erschien mir doch der zweite Tag nach der Operation etwas früh, um sich gymnastisch zu betätigen. Mein Gesichtsausdruck muss wohl Bände gesprochen haben, denn Schwester Klara ergänzte:

»Die Physiotherapeutin ist nur noch heute im Haus. Und es wäre gut, wenn Sie sich mal anschauen würden, welche Übungen es gibt, um Problemen vorzubeugen.«

Nun, vielleicht hatte sie nicht unrecht. Doch da ich bisher noch kein einziges Mal mein Zimmer verlassen hatte, wusste ich nicht, ob und wie ich eine längere Wegstrecke meistern würde. Daher fragte ich ganz vorsichtig:

»Wo befindet sich der Therapieraum?«

»Auf der 5. Etage. Dort ist er entsprechend ausgewiesen.«

»Gut. Ich werde hingehen.«

»Schauen Sie einfach, was Sie mitmachen können, und nehmen Sie den Rest als Anregung für später mit.«

»Ja, das werde ich tun.«

Ich blickte auf die Uhr. Es war zehn. Ich würde also meinen ersten Spaziergang zur 5. Etage machen. Wie lange würde ich wohl brauchen? Ich setzte mich an den Tisch und sah Schwester Klara dabei zu, wie sie mit geübten Handgriffen in wenigen Minuten mein Bett frisch bezog. Es sah so schön und ordentlich aus, dass ich Skrupel verspürte, dieses Bild sofort wieder zu zerstören. Da ich jedoch nicht einschätzen konnte, wie weit der Weg und wie anstrengend die Therapie sein würden, wollte ich mich noch ein Viertelstündchen ausruhen. Ganz vorsichtig legte ich mich auf die zurückgeschlagene Bettdecke und machte ein paar Entspannungsübungen, bevor ich mein Zimmer verließ.

Im Schwesternzimmer gegenüber herrschte reger Betrieb. Ohne weiter darauf zu achten, ging ich sehr gemessenen Schrittes Richtung Stationstür. Die schwere Glastür öffnete sich glücklicherweise automatisch, so dass ich nach einem kurzen Stopp zum Aufzug weitergehen konnte, der gerade in diesem Augenblick seine Ankunft geräuschvoll ankündigte. Ich fuhr also auf die 5. Etage und fand dort das große Hinweisschild zum Turnraum. Zwei weitere Patientinnen warteten bereits im Flur. Ich grüßte sie und setzte mich zu ihnen auf den letzten freien Stuhl. Nach wenigen Augenblicken bat uns Frau Doris Platzek in den Therapieraum. Dieser entpuppte sich als Abstellkammer für gymnastische Gerätschaften, recht vollgepackt und wenig einladend. Frau Platzek entschuldigte sich mit Baumaßnahmen, die diese Ausweichlösung erforderlich machten. Sie stellte vier Stühle in einen Kreis und begann mit ihren Erläuterungen. Ich war der einzige Neuling.

»Die wichtigsten Dinge, die Sie am Anfang beachten sollten, haben wir für Sie zusammengestellt und in Ihren Ordner geheftet. Dort können Sie alles in Ruhe nachlesen. Auch ein paar Übungsbeispiele finden Sie unter dem Punkt

Postoperative Diagnose.« Wieder einmal stellte ich anerkennend fest, wie professionell und patientenorientiert das Luisenhospital arbeitete.

»Sehr viele Frauen klagen nach ihrer Brustoperation über Schmerzen und Einschränkungen in der Beweglichkeit der Arme. Bei etwa 30 % der Betroffenen entwickelt sich ein Lymphödem.«

Ich hörte interessiert zu.

»Wenn Lymphknoten für den Abtransport der Körperflüssigkeit entfallen, kann sich diese nach einer Brustoperation im Gewebe der Brustwand, in den Armen, Händen und in den Fingern ablagern. Diese Körperteile schwellen dann an. Lymphödeme können jederzeit nach der OP auftreten, bilden sich jedoch gerne nach sechs Monaten.«

Frau Platzek schaute in die Runde.

»Nach unserer Erfahrung lassen sich die Ödeme durch ein gezieltes Bewegungstraining verringern oder gar vermeiden. Die Übungen, die ich Ihnen heute anbiete, sind sehr einfach. Bitte setzen Sie sich gerade auf das vordere Drittel Ihres Stuhles.«

Ich rückte mich zurecht.

»Die Arme hängen neben dem Körper. Jetzt schließen und öffnen Sie Ihre Hände möglichst rasch. Dann heben Sie Ihre Arme waagerecht seitlich bis auf Schulterhöhe und wiederholen in dieser Haltung die Handbewegung. Als nächstes führen Sie die ausgestreckten Arme nach vorne und schließen, öffnen Ihre Hände wieder. Sehr schön. Jetzt nehmen Sie Ihre Arme wieder nach unten in die Ausgangsposition zurück.«

Sie schaute in die Runde. Alle Arme baumelten wieder neben den Stühlen.

»Und jetzt machen Sie diese Übung noch einmal selbstständig.«

Ich öffnete und schloss meine herunterhängenden Hände, hob dann meine Arme bis zu den Schultern, wiederholte dort das Greifen, wanderte nach vorne, bewegte dort ebenfalls meine Hände, um sie abschließend wieder nach unten neben meinen Körper zu legen.

»Das ist eine schöne Aufwärmübung. Wir bleiben am Stuhlrand sitzen. Unsere Hände legen wir jetzt auf unsere Schultern. Dann lassen wir unsere Ellbogen langsam kreisen.«

Frau Platzek verfolgte wachsam unsere Übungen.

»Bitte nicht so schnell«, korrigierte sie uns. »Alles soll in langsamen fließenden Bewegungen geschehen.«

Ich saß auf meinem Stuhl und spürte, dass ganz langsam und fließend meine Sinne zu schwinden begannen. Ich verfügte über einige Erfahrungen mit Ohnmachtsanfällen, so dass ich sehr genau einschätzen konnte, was auf mich zukam. Und ich wusste ebenso genau, dass mir nicht viel Zeit blieb, um zu reagieren. Genauer gesagt, nur wenige Augenblicke, um mich flach auf den Boden zu legen. Ich schaute mich um. Nirgendwo fand ich eine freie Fläche. Direkt rechts neben mir waren einige Stühle aufeinander gebaut, mit denen ich auf keinen Fall kollidieren wollte. Auf der linken Seite saß meine Nachbarin. Gut. Mein Blick begann, starr zu werden. Es wurde höchste Eisenbahn für mich. Ich stand auf, schob meinen Stuhl so weit wie möglich zur Seite und legte mich auf diese frei gewordene Fläche. Meine Beine ragten in die leere Mitte hinein. Es war mir egal, ob sie störten. Das Einzige, was zählte, war, dass ich in der Waagerechten lag. Aus der Ferne registrierte ich ein wattiges Gemurmel, dann hockte Frau Platzek neben mir und legte mir eine zusammengefaltete Decke unter den Kopf. »Geht es so?«

»Ja, Danke schön. Es ist gleich alles wieder in Ordnung. Ich brauche nur ein paar Minuten, um mich zu stabilisieren. Es war wohl ein bisschen viel.«

Ich schloss meine Augen und atmete einige Male tief durch. Sofort floss das Leben in meinen Körper zurück.

Mein Kopf verlor das Wattegefühl und damit seine Unsicherheit und der Drang aufzustehen wurde so stark, dass ich ihn gewaltsam unterdrücken musste. Es war wichtig, dass sich mein Körper vollständig auslotete. Das würde nicht lange dauern, obwohl mir jeder Augenblick wie eine Ewigkeit erschien und die Tatsache, dass alle Blicke auf mir ruhten, diesen Eindruck verstärkte. Als ich das Gefühl hatte, wieder zu Kräften gekommen zu sein, setzte ich mich aufrecht hin, blieb aber auf dem Fußboden. Frau Platzek half mir dabei. Ich registrierte die Blicke der anderen beiden Frauen, sie waren lieb und mitfühlend. Als ich mich auf den Stuhl setzte, ging es mir wieder so gut, als wäre nichts geschehen.

»Alles wieder in Ordnung«, sagte ich in die Runde hinein. »Ich schau noch ein bisschen zu, dann werde ich gehen.«

Die Physiotherapeutin nickte und stellte die nächste Übung vor. Ich muss zugeben, dass sie mich nicht mehr im Geringsten interessierte. Dennoch wartete ich ihr Ende ab, bevor ich mich verabschiedete. Natürlich wurde mir eine Begleitung angeboten, auch ein Rollstuhl. Aber ich war mir sicher, ohne Hilfe zurecht zu kommen. Meine Sinne waren sternenklar. So machte ich mich auf den Rückweg zu meiner Station.

Dort ging ich direkt in mein Zimmer und legte mich ins Bett, bis das Mittagessen servierte wurde. Ebenso wie das Frühstück nahm ich auch diese Mahlzeit am Tisch ein. Es gab Nudeln mit Gemüse. Dazu Salat. Alles schmeckte gut. In Ermangelung anderer Reize schaute ich immer wieder auf den Nachtisch, Vanillepudding mit einer Kirsche in der gelben Mitte. Da meinte es jemand wirklich gut mit mir. Das Küchenpersonal schien sich nicht vorstellen zu können, dass jemand nicht zu den Naschkatzen gehörte, und vermutete wohl, ich hätte das entsprechende Kreuz wieder vergessen. Schade, denn so würde auch dieser Nachtisch weggeworfen werden müssen. Bestenfalls landete er im Schweineeimer.

So nannten wir früher im Kinderheim, wo ich viele Jahre als Erzieherin gearbeitet hatte, den Trog für Speisereste, mit denen die Bauernhöfe der Umgebung versorgt worden waren. Und heute? Gab es immer noch Abnehmer in der Landwirtschaft? Wahrscheinlich war diese Verfahrensweise schon lange nicht mehr erlaubt. Ohne mich weiter für eine Antwort zu interessieren, legte ich mich schlafen.

Den Nachmittag verbrachte ich überwiegend im Bett. Ich spürte die Anstrengung der letzten Tage und fühlte mich müde. Ab und zu drehte ich eine kleine Runde durch den Flur und holte mir frisches Wasser aus der Zapfanlage, um mich danach sofort wieder hinzulegen. Über ihr normales Programm hinaus ließen mich die Schwestern in Ruhe. Sicherlich freuten sie sich schon auf ihr Wochenende. Es war schließlich bereits Freitag und wiederum sehr warm. Sie würden ein Sommerwochenende im April genießen können. Und ich auch. Die Balkontür weit geöffnet, versuchte ich, die Sonne ins Zimmer zu locken. So verging die Zeit mit Schlafen und Dösen, unterbrochen von einigen Telefonaten mit Freunden und Familie. Am Abend hatte ich mich so weit stabilisiert, dass ich mir zutraute, meine Brust einmal in Augenschein zu nehmen. Ich konnte nicht verhehlen, dass die Worte von Dr. Crommert immer noch in mir arbeiteten. Seit der Visite am Tag zuvor trug ich sie mit mir herum.

Es tut mir sehr leid, dass ich doch so viel Gewebe aus Ihrer Brust herausschneiden musste, aber es ging nicht anders.

Tja, ohne einen eigenen Blick würde ich diese Aussage wohl kaum beurteilen können. Fragen wirbelten durch meinen Kopf. Wieviel Volumen hatte meine Brust eingebüßt? Wie groß war der Unterschied zwischen links und rechts? Sah die operierte Brust sehr unästhetisch aus? Wirkte der Unterschied jetzt hässlich, belustigend oder gar abstoßend? Musste ich in Zukunft meine BHs ausstopfen? Doch vor allem: Konnte ich diesen Zustand akzeptieren oder würde ich fortwährend leiden und mich schämen?

Es wurde Zeit, dass das Fragen aufhörte. Ich rutschte aus meinem Bett und ging ins Bad. Die Größe des Wandspiegels reichte so gerade aus, um meinen Oberkörper begutachten zu können. Ganz langsam begann ich damit, die Knöpfe meiner Bluse zu lösen. Ich trug sie immer noch, denn sie war weit und bequem und wider Erwarten noch fleckenlos. Die weiße Korsage darunter hatte ich inzwischen durch eine blaue ausgetauscht, aber von derselben Sorte, so dass mir das Knöpfen nicht erspart blieb. Doch in diesem Moment war ich recht froh über die zeitliche Verzögerung, die sich daraus ergab, und ich nutzte sie, mich mental auf mein Schicksal einzustellen. Als ich das Hemd von meinen Schultern streifte, erschrak ich sehr, denn meine Brust war nur noch mit einem dünnen Pflaster bedeckt, wo ich doch einen dicken Mullverband erwartet hatte, der schmeichelhaft den riesigen Krater in meiner Brust abdecken würde. Doch Frau Dr. Klaaßen hatte das am Morgen wohl für überflüssig gehalten. So blieb mir keine Zeit, mich langsam an das Resultat der Operation heranzupirschen und ich wurde abrupt und schonungslos mit der Realität konfrontiert. Der Schweiß brach mir aus. Dennoch trat ich näher an den Spiegel heran. Wider Erwarten konnte ich keinen allzu großen Unterschied feststellen. Gut, die linke Brust war schon etwas kleiner als die rechte, aber ich hatte mit einem viel größeren Unterschied gerechnet. Mit diesem Ausmaß konnte ich problemlos leben. Jetzt hatte ich auch den Mut, an mir herunterzuschauen und das reale Bild von oben zu erfassen. Und auch aus diesem Blickwinkel heraus war ich mehr als zufrieden. Ich atmete aus und entspannte mich. Es war mir gar nicht aufgefallen, dass ich aufgehört hatte, Luft zu holen. Nun war es vollbracht. Ich hatte es geschafft, mich den Tatsachen zu stellen. Was ich jetzt mit meinen eigenen Augen sah, machte mich sehr glücklich. Niemals hätte ich gedacht, dass es mir so viel bedeutete, eine schöne Brust zu behalten. In meinem Alter. Aber es war so. Und wahrscheinlich empfand jede Frau auf diese Weise. Mir standen die Tränen in den Augen. Am liebsten hätte ich Dr. Crommert umarmt und geherzt, weil er eine so hervorragende Arbeit geleistet hatte.

Mit einem strahlenden Gesicht drehte ich noch eine Abschlussrunde durch die Station und legte mich wieder ins Bett, das rote Herzkissen fest unter meinen Arm geklemmt.

Die Entlassung

Am nächsten Morgen wandelte ich schon lange vor dem Frühstück über die Gänge des Krankenhauses. Ich fühlte mich den Umständen entsprechend ausgezeichnet. Meine Erschöpfung war verflogen, so dass mich nichts mehr im Bett halten konnte. Es ging aufwärts. Mein Gang hatte nicht mehr den schleppenden Schritt vom Vortag, auch wenn ich noch langsam vorankam. Ohne den langen Schlauch passte auch mein BH, so dass meine Brust beim Gehen nicht schmerzte.

Noch immer schwebte ich auf Wolke Sieben. Mein himmlischer Coach hatte mir zwar versichert, dass die Operation gut verlaufen würde, aber ich hatte das mehr auf eine grundsätzliche Brusterhaltung und auf metastasenfreie Lymphknoten gemünzt, als auf diese gelungene optische Lösung. Ich war glücklich. Wenn man das so sagen konnte in meiner Situation der noch nicht sicher überstandenen Krebserkrankung. Aber solche Gedanken machte ich mir nicht. Auf jeden Fall nicht heute. Jetzt ging es darum, so schnell wie möglich wieder auf die Beine zu kommen und dafür war ein leichter Höhenrausch ganz hilfreich.

Die Station hatte zwei breite Flure mit der gläsernen Einheit für das Personal am Kopfende. Der eine Gang führte an meinem Zimmer vorbei, der andere zur Säuglingsabteilung. Das war mein nächstes Ziel. Vielleicht gelang es mir ja, einen Blick auf ein süßes Baby zu erhaschen. Ich schlich bis zur typischen großen Glasscheibe, die man auch immer in Filmen sehen kann, aber der Vorhang war zugezogen. Schade. Nun gut. Ich verließ die Station auf dieser Seite, wanderte an den Aufzügen vorbei und ging durch den anderen Flur wieder hinein. Mein Verstand bat mich eindringlich, meine körperliche Belastung nicht zu übertreiben und erinnerte mich an die Physiotherapie des Vortages. So füllte ich meine Wasserflasche und ging wieder ins Zimmer, um mich hinzulegen. Es war wohl besser so. Zum Frühstück stand ich wieder auf, verspeiste meine beiden Brötchen mit großem Appetit und drehte im Anschluss wieder eine Runde durch die Flure. Mit vollem Bauch ging das noch besser, zumindest war das mein subjektives Empfinden. Inzwischen war auch mehr Leben auf der Station. Die Essenstabletts wurden aus den Zimmern getragen und der Putzdienst wirbelte auch schon herum. Ich beobachtete das alles, ließ aber nichts bewusst in mich eindringen. Stattdessen beschäftigte ich mich mit dem bevorstehenden Tag. Was würde der heutige Samstag mir bringen? Da das herrliche Sommerwetter andauerte, nahm ich mir vor, den Balkon für ein kurzes Sonnenbad zu nutzen. Dagegen konnte doch nichts einzuwenden sein und ein frischer Teint würde mir auch gut stehen. Ja, wie genügsam der Mensch in manchen Lebenslagen wurde? Eine didaktisch geschickte Einrichtung der Natur. Doch ich hatte noch nicht genug Energie für philosophische Abhandlungen übrig, so dass ich diesen Gedanken unvertieft stehenließ und meine letzte Runde antrat.

Um halb zehn lag ich wieder auf meinem Bett und schloss die Augen, als es zweimal kurz klopfte, während sich im selben Augenblick die Zimmertür öffnete. Frau Dr. Klaaßen begrüßte mich fröhlich, in der Hand eine Schale mit Werkzeug.

»Wie geht es Ihnen?«

»Danke. Alles bestens«, antwortete ich wahrheitsgemäß.

»Ich würde mir gerne den kleinen Wundschlauch ansehen.«

»Natürlich«, sagte ich und begann eilig mit der Knöpferei, die mir heute etwas schneller von der Hand ging als beim letzten Mal. Die Übung schien meiner Feinmotorik gutzutun. Ich legte also meinen Oberkörper frei und ließ mich begutachten.

»Der kleine Schlauch ist jetzt auch nicht mehr nötig«, entschied Frau Dr. Klaaßen und hantierte an der Wunde herum. Wieder richtete ich mein Augenmerk auf ein Objekt in der Ferne, bis ich spürte, dass sie den Operationsschnitt wieder mit einem Pflaster verschlossen hatte.

»Dann können Sie gleich nach Hause.«

»Wie bitte?« Ich war wie vom Donner gerührt.

»Aber natürlich. Wenn alle Schläuche gezogen sind und es Ihnen gutgeht, können Sie entlassen werden. Es sei denn, Sie möchten über das Wochenende noch hierbleiben?«

Sie schaute mich fragend an.

»Oh, nein. Da haben Sie mich falsch verstanden. Ich habe nur noch nicht damit gerechnet. Aber das ist wunderbar. Wann müssen denn die Fäden gezogen werden?«

»Überhaupt nicht. Wir haben Fäden verwendet, die sich selber auflösen.«

Ich strahlte. Das Krankenhaus war wirklich immer für eine Überraschung gut.

»Dann lasse ich alles vorbereiten, damit Sie die Entlassungspapiere gleich im Schwesternzimmer abholen können«, sagte Frau Dr. Klaaßen noch und »Alles Gute!«. Dann war sie auch schon verschwunden. Ich saß wie versteinert auf meinem Bett. Am Mittwoch wurde ich operiert und am Samstag schon entlassen. Grandios. Offensichtlich sahen meine Wunden sehr gut aus. Da ich mich am Tag zuvor gut ausgeruht und gleichzeitig meinen Kreislauf ganz sanft wieder in Schwung gebracht hatte, traute ich mir jetzt auch zu, alleine zurecht zu kommen. Voller Freude rief ich meine Freundin Yvette an, ob sie mich abholen könnte, und war glücklich darüber, dass sie diesen Abstecher in ihr volles Vormittagsprogramm einbauen konnte. Wir vereinbarten eine Uhrzeit, zu der ich vor dem Eingangsportal des Krankenhauses stehen würde.

Dann begann ich zu packen. Da gab es zwar nicht viel zu tun, doch ich wollte nicht wagen, mich durch zu vieles oder schnelles Bücken, Drehen oder Laufen körperlich zu überanstrengen und meine Entlassung zu riskieren. Also ging ich langsam und besonnen ans Werk. Am Ende standen ein Trolley, eine Tasche und meine Handtasche bereit. Nicht zu fassen, für vier Tage. Aber das Thema wollte ich nicht wieder aufwärmen. Ich ließ das Gepäck stehen und ging ins Schwesternzimmer. Meine Entlassungspapiere lagen schon bereit, so dass ich mich verabschiedete und auf den Weg zur Abmeldung machte, um meine Krankenhaus- und Telefonkosten zu bezahlen und die restlichen organisatorischen Dinge abzuwickeln. Als das erledigt war, fand ich einen freien Platz im Foyer. Ich war gut in der Zeit und konnte noch zwei Mails beantworten, bevor ich mich in die Zufahrt vor das Krankenhaus stellte. Yvette war überpünktlich. Ihr schwarzer Smart hielt direkt vor mir. Sie griff mein Gepäck, verstaute es im Kofferraum und schon waren wir unterwegs. Die Fahrt dauerte nur fünf Minuten. Dennoch war ich froh, kein Taxi genommen zu haben, da meine Freundin mir unaufgefordert meinen Koffer die wenigen Stufen zu meiner Wohnung hochtrug. So kurz nach der Operation war mir das sehr lieb. Zudem spürte ich inzwischen eine gewisse Erschöpfung, schließlich war ich schon seit zwei Stunden auf den Beinen. Kurzum: Ich sehnte mich nach meinem Bett. Yvette verstand das gut und da sie selber noch einiges zu erledigen hatte, verabschiedete sie sich bald, natürlich nicht ohne eine Ermahnung, sie anzurufen, wenn ich etwas bräuchte. Das versprach ich dankbar.

Ich trank ein großes Glas Wasser und lief einmal durch meine Wohnung, um all das Vertraute um mich herum zu schnuppern und dieses wohlige Gefühl durch mich hindurchfließen zu lassen. Es tat unglaublich gut. Ich trat auf den Balkon, atmete tief durch und freute mich, wieder zu Hause zu sein. Danach ging ich schlafen. Zwei Stunden später wachte ich erfrischt und ausgeruht auf. In meinem Arbeitszimmer stand noch mein Gepäck. Es erweckte den Anschein, als wäre ich von einer längeren Urlaubsreise zurückgekehrt. Ich strich den ersten Teil des Wortes, so dass ich von einer Reise zurückgekehrt war. Das passte gut. Ich öffnete den Trolley und packte meine schwarze Tasche aus, die mir Sebastian ins Krankenhaus gebracht hatte. Und ich hängte die Bluse von Alexandra auf einen Kleiderbügel gut sichtbar an meinen Schrank. Sie würde mich immer an meine Krankheit, aber viel mehr noch an unsere Freundschaft erinnern. Mehr tat ich fürs Erste nicht, denn ich hatte mir ernsthaft vorgenommen, vorsichtig und besonnen mit meinen Kräften umzugehen.

Am frühen Abend klingelte es an meiner Wohnungstür und Sebastian brachte mir frisches Obst als Begrüßungsgeschenk. Konnte er Gedanken lesen? Genau das hatte ich mir noch gewünscht. Dermaßen gut versorgt, verbrachte ich den restlichen Samstag überwiegend auf dem Sofa, telefonierend, schlafend und zufrieden.

Die Zwischenbilanz

Obwohl ich nur vier Tage im Krankenhaus gewesen war, genoss ich es, wieder zu Hause zu sein und freute mich über die Unabhängigkeit und Selbstbestimmtheit sowie die Ruhe und Freiheit des Alleinseins. Schon am Sonntag saß ich an meinem Rechner, um die vergangenen Tage emotional nachzuarbeiten. Ein Knäuel an Informationen und Emotionen wirbelte in mir herum und sehnte sich nach einer Struktur. Nicht nur die Operation selber und alles Medizinische, das damit in Verbindung stand, sondern auch die Erfahrungen in mir. Gerade sie riefen »Hallo« und warteten darauf, gesehen zu werden. Denn ich wusste, dass nur die Geschehnisse, die mit offenen Augen angeschaut werden, eine Chance haben, verändert ins Bewusstsein zu dringen. Und das war mein Ziel.

Ich wollte weder die äußeren noch die inneren Erlebnisse an mir vorbeirauschen lassen, um meine Krankheit möglichst rasch zu vergessen oder mich mit Geschäftigkeit abzulenken. Mir war es wichtig zu erkennen, was ich schon erreicht hatte und woran ich noch arbeiten wollte, ohne etwas Entscheidendes zu übersehen, und dazu waren ein gewisses Maß an Einkehr und Konzentration nötig. Ein Tagebucheintrag war also mehr als überfällig.

Insgesamt ist es ein großes Glück, floss es aus meinem Herzen über die Finger auf den Bildschirm. Ich las die gerade geschriebenen Worte ein zweites Mal und fragte mich, ob sie nicht zu seltsam klangen? Wie konnte ich *großes Glück* schreiben nach einer Krebsdiagnose? Nach einer Brustoperation mit bleibenden und nicht geringen sichtbaren Auswirkungen? Inmitten einer langen Therapiefolge? Und vor einer ungewissen gesundheitlichen Zukunft? *Großes Glück*. Dennoch empfand ich es so. All die aufgezählten Punkte waren korrekt und unstrittig. Und bei längerer Überlegung könnte ich die bedrückend wirkende Liste sicherlich noch ergänzen, doch mein Glücksgefühl blieb bestehen. So begann ich, dieses näher zu untersuchen.

Ich lebte. Ja. Und im Augenblick schien es so, als dass ich auch meinen Krebs überlebte und er nicht der Grund für ein frühzeitiges Ableben darstellte. Doch ich hatte ohnehin keinen Augenblick an das Sterben gedacht, immer nur daran, dass mir die Krankheit etwas zeigen wollte in Verbindung mit der Frage, ob ich in der Lage sein würde, die notwendigen Veränderungen vorzunehmen. Ob ich stark und intuitiv genug dafür sein würde. So resümierte ich, dass der Aspekt des Weiterlebens für mich kein außergewöhnliches Glücksgefühl darstellte. Worin lag also diese schöne Stimmungslage begründet?

Ich brauchte nicht lange zu suchen, um auf die liebevolle Begleitung meines sozialen Umfeldes zu stoßen. Da ich während meines Single-Lebens der letzten acht Jahre nie ernsthaft krank gewesen war, durfte ich jetzt eine völlig neue Erfahrung der Fürsorge genießen. Sie tat mir ausgesprochen gut, was ich kaum für möglich gehalten hätte, da ich ja im Frühstadium meiner Krankheit sogar mit ihrer Geheimhaltung geliebäugelt hatte. Ich war es schließlich gewohnt, alles mit mir alleine auszumachen. Die Verweigerung, sich in schweren Situationen anderen anzuvertrauen, hätte sich in erster Linie auf meine Familie bezogen und auf entferntere Freunde und Bekannte. Meine engsten Vertrauten auszuklammern, wäre mir wohl nicht möglich gewesen. Und wie allein hätte ich mich dann mit allem gefühlt? Ich mochte mir das gar nicht mehr ausmalen.

In vorderster Linie kamen mir natürlich die Freunde in den Sinn, die mich regelmäßig anriefen oder elektronische Nachrichten sandten, Päckchen, Briefe und Karten schickten. Und die mich alle im Krankenhaus hatten besuchen wollen, was ich selber verhindert hatte. Jetzt, wo ich nach vier Tagen wieder zu Hause saß, würden sie einsehen, dass die Zeit dafür nicht ausgereicht hätte und ihr Besuch für mich eher eine zu große Anstrengung geworden wäre. Aber ich sehnte mich nach ihnen. Nach innigen und zeitlich unbegrenzten Gesprächen, nach ihrem Lachen, ihren guten Wünschen und Ratschlägen. Das alles würden wir bald nachholen.

Wie ich meinen Mails entnehmen konnte, hatten mich meine Kollegen im Büro bestens vertreten. Auch auf ihre Unterstützung und die meines Chefs konnte ich jederzeit zählen, sowohl dienstlich als auch privat. Dieser Gemeinschaftsgeist war ein großes Glück.

Innerhalb des Hauses, in dem ich wohnte, wussten lediglich Sebastian und mein Nachbar Bert von meiner Erkrankung. Sebastian zählte zu meinen treuen Freunden, aber auch Bert hatte mir seine Unterstützung angeboten und ich wusste, er meinte es ernst. Wir wohnten seit acht Jahren nebeneinander und hatten uns ganz selbstverständlich immer dann geholfen, wenn es notwendig gewesen war.

So fühlte ich mich wohlbehütet in einem Netz aus innigen Freundschaften und kollegialen vertrauten Beziehungen. Hier lag mein Hochgefühl verankert. Hier fand ich Halt und Geborgenheit. Irgendwo hatte ich mal gelesen, dass man sich selber verwöhnte, wenn man sich Hilfe von anderen holte. Eine sehr schöne Einstellung, wie ich fand, ja, endlich finden und umsetzen konnte.

Plötzlich klingelte es und Sebastian stand mit einem riesigen Blumenstrauß vor der Tür, gelbe und rote Rosen. Ich stutzte und war völlig sprachlos.

»Die sind von Naomi«, lachte er. »Sie hat meine Handynummer ausfindig gemacht und mir über WhatsApp diesen Auftrag erteilt. Habe ich das Richtige ausgesucht? Gefallen sie dir?«

Die Blumen waren wunderschön. Ich war total gerührt und nickte nur. Sebastian drückte mir den Strauß in den Arm und ging zurück zur Tür.

»Leider habe ich jetzt keine Zeit. Wir sehen uns später.«

Wie immer war mein Nachbar in Eile.

Und meine Familie? Ich habe sie an das Ende der Kette gestellt, um intensiver auf sie eingehen zu können. Denn hier lagen meine Verknotungen, wie ich wusste. In einem Nest aus Ängsten, Missverständnissen, unverarbeiteten Konflikten, Schuldgefühlen und unerfüllten Hoffnungen und Erwartungen versteckt. Und all diese Komponenten hatten sich in mir verheddert, weil sie im Widerstreit mit meinen seelischen Strukturen standen. Strukturen, die einen langen Aufbau hatten und einen hoffentlich nicht so langen Abbau brauchten. Die Operation hatte mir schon einen Teil des Abbaus abgenommen, den physischen, den sichtbaren Teil. Aber der emotionale Part war noch längst nicht abgeschlossen. Hier hatte die Arbeit für mich erst begonnen. Schaute ich nun auf die letzten Wochen und auf die Tage im Krankenhaus zurück, so konnte ich durchaus feststellen, dass meine family sich Mühe gegeben hatte in ihrem Bestreben, sich um mich zu kümmern. Alle hatten regelmäßig angerufen und sich nach meinem Befinden erkundigt. Und auch sie überraschten mich einen Tag später mit einem Blumenstrauß, den mir ein Bote zustellte. Es war ein bunter Frühlingsgruß, über den ich mich sehr freute, weil er ein besonders leuchtendes Zeichen dafür war, dass sie an mich gedacht hatten.

Ich hatte mir vorgenommen, meine eigenen Erwartungen an meine Familie abzubauen. Eine große Herausforderung für mich. Doch ich wollte all meine Kraft in neue Denkstrukturen setzen, um frei zu werden. Frei von der Vergangenheit. Frei von ihnen, emotional frei. Das war meine Chance, mich von meiner familiären Schwere zu lösen. Und ich wollte sie ergreifen, um vollkommen gesund zu werden. Dabei waren die äußeren Geschehnisse zweitrangig, im Vordergrund stand meine innere Entwicklung.

Ich schrieb vielleicht eine Stunde lang und stellte erleichtert fest, dass ich mich auf dem Weg der Besserung befand. So lange durchzuhalten, war ein guter Start. Bevor ich so richtig müde wurde, machte ich es mir auf dem Sofa mit einem Buch bequem. Aber ich schlief sofort ein. Später am Sonntag packte ich den Trolley aus und lief ein wenig in der Wohnung herum, um meinen Kreislauf auf Tour zu bringen. Das Haus zu verlassen und ein wenig spazieren zu gehen, traute ich mir alleine noch nicht zu. Damit wollte ich noch einen Tag warten. So bemühte ich mich um ausreichend Bewegung innerhalb der Wohnung, um eine Ausgewogenheit zwischen Unruhe und Ruhe. In meinen eigenen vier Wänden fühlte ich mich wesentlich entspannter und zufriedener als in der Klinik. Hier würde es mir am schnellsten gelingen, wieder auf die Beine zu kommen, auch wenn ich auf den All-inklusive-Service verzichten musste. Doch das physische Umsorgtwerden bedeutete mir in diesem Stadium der Gesundung nichts mehr.

Meine Wunden heilten gut. Zwei kleine Pflaster deckten die beiden Narben notdürftig ab, einmal unter der Achselhöhle und dann noch auf meiner Brust. Ich wusste, dass der Schnitt entlang der Brustwarze verlief, so dass er später nicht mehr sichtbar sein würde. Eine wunderbare Lösung, für die ich sehr dankbar war. Doch die beiden Pflaster waren nicht die einzigen Unterschiede zwischen den beiden Seiten meines Oberkörpers, vielleicht sogar die unauffälligsten. Meine gesamte linke Brust hatte sich gelb verfärbt, entlang der Brustwarze bläulich. Der Bluterguss sah in seiner beeindruckenden Größe gefährlich aus, war jedoch harmlos. Er würde sich täglich mehr zurückziehen. Glücklicherweise konnte ich mir inzwischen alles gut anschauen. Und das tat ich auch.

So fasste ich schon an diesem Sonntag den Entschluss, dass ich meine Brust keinesfalls aufbauen lassen würde. 1. Weil ich fand, dass es nicht nötig war. 2. Weil ich eine Abneigung gegen Silikon hatte. 3. Weil mein Bedarf an medizinischen Eingriffen schon jetzt gedeckt war. 4. Weil ich mir nicht gestatten wollte, unter meinen unterschiedlich großen Brüsten zu leiden. 5. Weil mich ein Blick in den Spiegel immer an den Krebs erinnern würde. An das, was er bewirken sollte und vor allem an meine Erfolge. So nahm ich mir vor, das Bild meines Oberkörpers positiv zu besetzen und mich von nichts und niemandem von dieser Einstellung abbringen zu lassen.

Durch mein Vertrauen in den Verlauf der OP hatte ich mich mit dem Themengebiet des Brustaufbaus erst gar nicht beschäftigt. Daher wusste ich auch nicht, wie er im Detail verlaufen würde. Allein die skizzenhafte Beschreibung von Dr. Crommert hatte mir im Vorfeld schon einen eiskalten Schauer über den Rücken gejagt. Natürlich war ein Brustaufbau grundsätzlich eine tolle Möglichkeit, doch sie wäre für mich in erster Linie nach einer Amputation in Frage gekommen. In dem Falle hätte wohl auch ich näher darüber nachgedacht. Aber ich wusste auch, dass dieser Schritt kein Spaziergang war. Nun spielten alle diese Überlegungen keine Rolle mehr. Ich hatte meine Brust behalten dürfen, wenngleich mit optischen Einbußen. Doch damit würde ich leben können. Sehr gut sogar. Und das war die Hauptsache für mich. Es tat gut, diese Entscheidung schon getroffen zu haben.

Meinen anfänglichen Plan, nach einer Woche Krankenhausaufenthalt und einer Woche Rekonvaleszenz zu Hause wieder arbeiten zu gehen, gab ich schnell auf. Ich brauchte noch ein paar Tage länger, um mich körperlich zu erholen, so dass ich zwei Heilungswochen in meinen eigenen vier Wänden verbrachte. Es war eine Zeit der Ruhe und der geselligen Abwechslung. Mein Chef besuchte mich und schenkte mir ein spannendes Buch, das ich in wenigen Tagen verschlang. Und meine Kollegen schickten eine kleine Abordnung zu meiner Ablenkung. Sie schilderten mir das Neuste aus dem Büro und ich war beruhigt, dass alles gut lief.

Und Britta kam mit Brötchen zum Frühstück. Zwei kranke Hühner, die ein wenig die Zeit genießen und lachen wollten. Das kleine rote Herz, das sie mir geschenkt hatte, leuchtete auf dem Tisch und erinnerte uns an meinen Einweisungstag ins Krankenhaus, den sie mir versüßt hatte. Britta fragte mich auch, ob sie sich die Auswirkungen meiner Operation anschauen dürfte. So präsentierte ich ihr meinen Oberkörper. Sie war begeistert über die bereits eingetretene Heilung und fand die kleinere Brust nicht schlimm oder unästhetisch. Auch sie hätte in meiner Situation keine weiteren Schritte unternommen. Ihre Meinung tat mir ausgesprochen gut, weil es die Ansicht einer Frau meines Alter war.

In diese Zeitspanne fielen auch die Nachuntersuchung und das Abschlussgespräch mit Dr. Crommert. Ich war wie immer etwas zu früh, so dass ich vor seinem Büro mit einer Patientin ins Gespräch kam, die ich bereits in der Physiotherapiegruppe getroffen hatte. Sie erzählte mir von ihrer großen Angst, die ihren gesamten Körper zu blockieren schien, denn sie saß angespannt und verkrampft nach vorne gebeugt neben mir. Wieder wurde mir vor Augen geführt, wieviel Zuversicht und Stärke mir meine andere Herangehensweise an die Krankheit schenkte. Ich gewährte der Frau meine gesamte Aufmerksamkeit und sprach ihr Mut zu. Mehr konnte ich nicht tun, da die Sprechstunde begann und sie als Erste aufgerufen wurde. So stellte ich mich danach auf das anstehende Gespräch ein. Ich war mit der Arbeit von Dr. Crommert im höchsten Maße zufrieden. Um ihm das zu zeigen, steckte eines meiner beiden Gedichtbände, hübsch verpackt, in meiner Handtasche. Im Übrigen war dieser Dank mein einziger Anspruch an das Gespräch. Ich wusste, dass auch er mit der physischen Heilung meiner Wunden zufrieden sein würde, und da ich keine weiteren Beeinträchtigungen zu schildern hatte, rechnete ich nur mit einer kurzen Besprechung. Ähnlich meiner Vorgängerin, die nach kaum zehn Minuten sein Büro schon wieder verlassen hatte. Strahlend bedankte ich mich dann auch bei meinem Operateur für seine hervorragende Arbeit.

»Ich bin mehr als zufrieden mit der OP, Herr Dr. Crommert. Sie haben eine erstklassige Arbeit gemacht. Ich bin sehr glücklich über den Verlauf.«

Er freute sich über meine Worte. In seiner zurückhaltenden Art zog ein zufriedenes Lächeln über sein Gesicht. Noch einmal erklärte er mir ausführlich, warum er doch mehr Gewebe hatte entfernen müssen, als ihm lieb gewesen war.

»Ja«, antwortete ich, »damit haben Sie mir schon im Krankenhaus einen Riesenschrecken eingejagt, so dass ich mich mehr als einen Tag lang nicht getraut habe, mir meine Brust anzusehen.«

Wir lachten beide und ich nutzte die Gelegenheit, in meiner Tasche zu wühlen und mein Präsent zu überreichen. Jetzt war er ein wenig sprachlos. Vielleicht kam es nicht allzu oft vor, dass sich Patientinnen in ihrer schwierigen Situation mit einem Geschenk bedankten, vielleicht sogar überhaupt bedankten. Er würde das Buch in Ruhe lesen, versprach er. Die anschließende Untersuchung verlief erwartungsgemäß schnell, so dass wir uns nach wenigen Minuten bereits wieder an seinem Schreibtisch gegenüber saßen und ich damit rechnete, entlassen zu werden.

»Eine Chemotherapie ist nun glücklicherweise nicht erforderlich«, erklärte er. »Welche Klinik haben Sie sich für die Bestrahlung ausgesucht?«

»Das Klinikum«, antwortete ich. »Dort sind ja auch die ganzen Voruntersuchungen gemacht worden.«

»Das ist eine gute Wahl. Schwester Anke wird die weitere Terminierung übernehmen. Haben Sie dazu jetzt noch Fragen?«

Ich schüttelte mit dem Kopf.

»Sie nehmen an der ADAPT-Studie teil. Hat Dr. Berg Sie über die verschiedenen Arten der Antihormontherapie aufgeklärt?«

»Ja, das hat er. Wann müsste ich denn mit der Therapie beginnen?«

Ein heißes Thema für mich. Wenn ich nicht gesessen hätte, wären mir vielleicht die Füße schwach geworden. Die einzige Frage, die mich in diesem Augenblick bedrängte, war die, wie lange ich noch Zeit hatte, mich mit diesem Thema zu beschäftigen. Und ich hoffte, noch sehr lange.

»Direkt nach der letzten Bestrahlung. Haben Sie sich schon für eine Richtung entschieden?«

»Nein. Ich habe mich noch nicht einmal dafür entschieden, ob ich überhaupt eine Hormontherapie machen werde.«

Diese Antwort war mir einfach so herausgerutscht und ich hätte mir im selben Augenblick am liebsten die Zunge abgebissen. Natürlich bewegte mich diese grundsätzliche Frage sehr und der Entscheidungsprozess hatte gerade erst begonnen, doch hatte ich mir fest vorgenommen, dieses Thema nicht mit Dr. Crommert zu besprechen. Oder sollte ich sagen, nicht mehr?

Bei unserer ersten Unterredung hatte ich ihm den Grund für meine langjährige Einnahme der Hormontabletten zu verdeutlichen versucht. Ja, ich drücke mich bewusst so aus, denn ich konnte mich des Eindrucks nicht erwehren, dass er in meinem Falle die Indikation für übertrieben oder nicht notwendig erachtet hatte. Es ist halt sehr schwer, einem Nichtbetroffenen die Last und Beeinträchtigung von dauerhafter Energielosigkeit zu erklären. Ich hatte schon zu oft die Erfahrung gemacht, nicht verstanden zu werden. Und an guten Ratschlägen hatte es nie gemangelt. Beliebt waren Nahrungsergänzungsmittel und Sport gewesen. Meine Erklärung, ich hätte nur eine Energie für den Tag und müsste mit ihr haushalten, erntete nur fragende Gesichter. Ungläubige Gesichter. Am ehesten wurde ich von Menschen verstanden, die Antriebslosigkeit und Mattigkeit aufgrund depressiver Schübe kannten. Im Bereich der Wechseljahreserscheinungen handelte es sich bei meinem Problem um ein recht seltenes, so dass ich auch in der Ärzteschaft kaum auf Erfahrungswerte stoßen konnte.

Bei meinem ersten Gespräch mit Dr. Crommert über diese Thematik hatte ich ebenfalls den Eindruck, auf wenig Verstehen zu stoßen. Er hatte zwar verständnisvoll genickt und mich ernst genommen, aber ich hatte deutlich gespürt, dass er meine Beeinträchtigungen als nicht allzu gravierend einstufte. So hatte ich mir fest vorgenommen, in seiner Gegenwart nicht mehr darüber zu diskutieren. Jetzt saß er mir mit fragendem Blick gegenüber.

»Darf ich nach den Gründen für Ihre Zweifel fragen?«

Mit sehr knappen Worten versuchte ich, möglichst schnell aus dieser Nummer herauszukommen.

»Weil ich Angst habe, dass meine früheren Wechseljahresprobleme wieder auftauchen, ich meine Lebensqualität verliere und meinen Alltag nur mit Mühe schaffen kann.«

»Um welche Probleme handelte es sich dabei?«

„Energielosigkeit."

Dr. Crommert schien meine Einsilbigkeit nicht zu bemerken.

»Können Sie das näher beschreiben?«

Also gut. Ich schluckte nun alle Vorbehalte hinunter und begann, ihm meinen damaligen Alltag zu schildern.

»Wenn ich mittags aus dem Büro kam, schaffte ich es nicht einmal mehr, die Spülmaschine auszuräumen. Es gelang mir mit letzter Kraft, die Treppe zu unserer Wohnung in den dritten Stock zu bewältigen. Dann musste ich mich erst hinsetzen, manchmal auch eine Stunde hinlegen. Wanderurlaube wurden meinetwegen gecancelt. Es war viele Jahre undenkbar, darüber nachzudenken. Längere Spaziergänge waren mir an manchen Tagen auch nicht mehr möglich. Und wenn ein Berufstag anstrengend war, hatte ich Angst, dass mein Mann abends noch eine Runde um den Block laufen wollte.«

Ich machte eine kurze Pause und schaute in ein erschrockenes Gesicht.

»Andere Probleme wie Hitzewallungen«, erklärte ich weiter, »das hieß fünf bis acht Mal nachts die Wäsche zu wechseln, nahm ich locker hin. Darüber dachte ich nicht groß nach, denn sie beeinträchtigten nicht meinen Alltag und meinen beruflichen Einsatz. Ich war erst Mitte Vierzig und hatte schon mehrere Jahre mit diesen Beeinträchtigungen gelebt.«

Ich lehnte mich in meinem Stuhl zurück und schlug die Beine übereinander. Mein Inneres war aufgewühlt, weil es mir widerstrebt hatte, so vieles zu offenbaren, und ich mit großer Skepsis meines Gegenübers rechnete. Doch es kam dieses Mal anders.

»Nach allem, was Sie schon durchgemacht haben, kann ich Ihre Zweifel gut verstehen.«

Diese Aussage war mehr, als ich mir jemals erhofft hätte, und ich spürte, wie mein innerer Widerstand sank.

»Dennoch möchte ich Ihnen sagen, dass die Chancen einer Heilung durch eine Hormontherapie deutlich steigen. Wir besitzen Statistiken, die auf jahrzehntelange Erfahrungen beruhen.«

»Das möchte ich auch gar nicht anzweifeln, Herr Dr. Crommert. Sehen Sie, ich habe eine andere Lebensphilosophie. Ich glaube, dass Krankheiten eine seelische Ursache haben, die man ausfindig machen muss, um dauerhaft gesund zu werden. Und dabei kann mir kein Arzt helfen.«

»Glauben Sie mir, da sind wir gar nicht so weit auseinander«, hörte ich ihn erstaunlicherweise sagen. »Auf der anderen Seite kommen aber auch die Frauen zu mir oder wieder zu mir, deren Tumore sich auf andere Organe ausgebreitet haben. Ich sehe also sehr viel. Daher möchte ich Ihnen einfach nur dringend ans Herz legen, dieser Therapie eine Chance zu geben. Denken Sie noch einmal darüber nach.«

Ich konnte seine Sichtweise durchaus nachvollziehen.

»Sie kennen die beiden unterschiedlichen Wirkungsarten der Tabletten?«, insistierte er weiter.

»Ja. Dr. Berg hat sie mir erklärt.«

Dessen ungeachtet begann Dr. Crommert glücklicherweise, sie mir noch einmal zu erläutern. Danach verstand ich besser, dass das alt bewährte und preiswertere Mittel Tamoxifen in den meisten Fällen geringere Nebenwirkungen verursachte als ein Aromatasehemmer, aber für mich ebenso gut in Frage kam. Das konnte eine Erleichterung sein. Dennoch stellten beide Medikationen starke Eingriffe in den weiblichen Körper dar, woraus auch er keinen Hehl machte. Doch mein Wohlergehen schien ihm wirklich am Herzen zu liegen. Das rührte mich und erinnerte mich daran, dass ich mich von Anfang an bei ihm in guten Händen gefühlt hatte. Und jetzt nahm er sich so viel Zeit für mich, wie ich es bisher selten von einem Arzt im Krankenhaus erlebt hatte. Das Gespräch neigte sich dem Ende entgegen. Ich hatte alle Fragen zu diesem Komplex, die mir zu diesem Zeitpunkt eingefallen waren, gestellt und offen und ehrlich beantwortet bekommen. Das war mehr, als ich erwartet hatte und würde den Prozess der Entscheidungsfindung in jedem Fall hilfreich beeinflussen. Aber die Entscheidung für oder gegen eine entsprechende Therapie konnte nur ich allein treffen.

»Ich verstehe Ihre Bedenken gut«, verabschiedete sich Dr. Crommert mit seinem warmen Händedruck. »Dennoch möchte ich Sie bitten, noch einmal in Ruhe über alles nachzudenken, und Ihnen raten, der Therapie eine Chance zu geben. Sie können sie ja jederzeit abbrechen.«

Er lächelte mich an. »Und sollten Ihnen noch weitere Fragen einfallen, melden Sie sich bitte. Ich werde mir immer die Zeit nehmen, sie zu beantworten.«

Welch ein wunderbares Versprechen. Mit ehrlichen Worten des Dankes verließ ich das Krankenhaus. Ein Blick auf die Uhr verriet mir, dass unser Gespräch fast eine Stunde gedauert hatte. Unglaublich! Und unglaublich schön, denn wann kann man heutzutage ohne Zeitdruck mit einem Arzt debattieren?

So verging die Zeit meiner Erholung, ohne dass mir langweilig wurde. Jeden Tag absolvierte ich einen kleinen Spaziergang. Anfangs achtete ich darauf, dass sich unterwegs die Möglichkeit bot, mich hinsetzen und ausruhen zu können. Bald war auch das nicht mehr nötig. Ich nutzte die freie Zeit auch, um die Krebsberatung aufzusuchen, die mir von der Sozialberaterin im Krankenhaus empfohlen worden war. Ich fand das Büro ganz in der Nähe meiner Wohnung im Hinterhof einer kleinen Einkaufszeile. Unzählige Male schon hatte ich den Namen *Deutsche Krebshilfe* im Vorbeigehen auf dem Hausschild gelesen, ohne ernsthaft in Erwägung gezogen zu haben, diese Hilfe selber einmal in Anspruch nehmen zu wollen.

Eine sehr junge Frau erwartete und beriet mich. Ihr Büro war einfach und funktional ausgestattet. Überall lagen Informationsbroschüren für alle möglichen Arten von Krebs herum. Viele Begriffe sagten mir nichts. Als ich Frau Leisten von meiner Unsicherheit hinsichtlich der anstehenden

Hormontherapie berichtete, gab sie mir den Namen und die Telefonnummer einer Ärztin im Tumorzentrum Aachen, die ich bezüglich aufkommender medizinischer Fragen und Probleme ansprechen konnte. Sie schien ihr als zusätzliche Informationsquelle für meine Entscheidungsfindung sehr geeignet zu sein. Allein für diese Auskunft hatte sich dieser Besuch schon gelohnt. Natürlich wurde ich auch jetzt wieder auf diverse Selbsthilfegruppen aufmerksam gemacht, die die Frauen sehr erfolgreich unterstützten und betreuten. Und, wie konnte es auch anders sein, auch Frau Leisten legte mir eine Rehabilitation ans Herz. Doch beide Möglichkeiten kamen für mich immer noch nicht in Frage, ich wollte sie jedoch in meinem Gedächtnis behalten. Schließlich konnte ich ja noch nicht einschätzen, wie die nächsten Wochen und Monate der Therapie verlaufen würden. Auf jeden Fall verließ ich sehr zufrieden und ausgestattet mit interessantem Informationsmaterial die Beratungsstelle.

Die zweite Woche zu Hause war die Osterwoche. Wenn ich die Post aus meinem Briefkasten zog und bunte Karten sah, dachte ich zuerst an Osterkarten. Aber nein, ich erhielt immer noch Genesungskarten. Auf einer stand *Van Harte Beterschap* und kam aus Belgien, von meinen holländischen Freunden. Eine andere, von meiner Schwägerin und ihrem Mann, wurde mir aus dem Krankenhaus nachgeschickt. Wie aufmerksam vom Personal. Über all die Grüße freute ich mich sehr. Sie waren Balsam für meine Seele. Ich hängte sie alle an meine Kartenwand, auf die ich jeden Tag mit Begeisterung schaute.

Am Karfreitag besuchte mich meine Freundin Lona. Vor mehr als vierzig Jahren hatten wir zusammen in einer Wohngemeinschaft gelebt, seither verband uns eine sehr innige und vertrauensvolle Freundschaft. Es war schön, sie bei mir zu haben. Sie hatte Kuchen gebacken, so dass wir herrlich schlemmen und quatschen konnten. Lona kam aus dem medizinischen Fach und hatte sich viele Gedanken darüber gemacht, wie sie mich unterstützen könnte. So schenkte sie mir ein sündhaft teures Aufbaupräparat.

»Für die Zeit der Bestrahlung«, meinte Lona lakonisch und mir schien, sie wusste, wovon sie sprach. Ich hingegen war immer noch unbekümmert, was diesen Part anging. Allein die Antihormontherapie bereitete mir Sorgen, alles andere würde ich ebenso leicht wie die Operation bewältigen. Das war meine feste Überzeugung zu jener Zeit.

Der Rückfall

Exakt nach einer Woche zu Hause kam der Rückfall. Ich fühlte mich nicht gut. Meine wunderbar angeheilten Wunden begannen zu schmerzen und mein linker Arm tat bei jeder Bewegung weh. Ich hatte Angst, meine Lymphe würden anschwellen wie bei so vielen meiner Leidensgenossinnen. Das hatte mir gerade noch gefehlt. Ich wusste, dass lymphostatische Ödeme sehr schmerzhaft sind und meistens eine langwierige Therapie in Form regelmäßiger Lymphdrainagen nach sich ziehen, um die Transportkapazität der Gefäße wieder in Gang zu setzen. Unabhängig von dieser physischen Beeinträchtigung ging es mir auch psychisch nicht gut. Eine Niedergeschlagenheit hatte mich erfasst, eine Unzufriedenheit, für die es keine erkennbaren Gründe gab. Wuchs jetzt auch bei mir eine Krebsdepression?

Ich setzte mich an meinen PC und ließ die letzten Tage schriftlich Revue passieren. In der Regel fand ich auf diese Weise schnell heraus, wo mir der Schuh drückte. Und so war es auch dieses Mal. Schon nach wenigen Zeilen wurde mir klar, dass ich mich schlicht und ergreifend übernommen hatte. Zu viel körperliche Anstrengung, was nicht bedeutete, dass ich zu schwer gearbeitet oder zu viel unterwegs gewesen war, sondern einfach zu wenig geruht hatte. Ich hatte beispielsweise an mehreren aufeinanderfolgenden Tagen Besucher empfangen, ohne mich im Anschluss hinzulegen und auszuruhen. Weil mir einfach nicht danach zumute war. Es ging mir ja gut. Außerdem hatte ich zu viel telefoniert, einmal fünf lange Gespräche hintereinander, von denen zwei ziemlich schwierig gewesen waren und mich im Anschluss sehr lange beschäftigt und auch belastet hatten. Das alles hatte eindeutig zu viel Energie gekostet. Und ebenso glasklar erkannte ich, dass ich mich erneut in meinem alten Muster verfangen hatte. Noch gefangen war und sein würde, wenn ich nicht intensiv an mir arbeitete. Meine Über-Verantwortung anderen gegenüber, meine intensive Suche nach Lösungen für deren Probleme, gepaart mit der irrigen Annahme, dass diese Menschen selber nichts sehnlicher als Veränderungen wünschten, um ihre Situation zu entlasten. Ansonsten würden sie doch nicht so viel klagen. Oft über Jahre hinweg.

Wann würde ich endlich begreifen, dass nur wenige Menschen ihr Leben aktiv in die Hand nehmen wollen? Den meisten genügt es, all ihren emotionalen Ballast bei einem anderen Menschen abzuladen. Sehr gerne bei jemandem mit viel Verständnis und einem ehrlichen Verantwortungsgefühl. Bei jemandem, der sich leicht in sie hineinversetzen und maßgeschneiderte Ansätze anbieten kann. Bei jemandem, der allzeit dankbar »Hier bin ich« schreit.

Ja, hier bin ich. Legt eure Probleme in meinen Schoß. Bei mir sind sie gut aufgehoben, sicher und behütet. Bei mir brauchen sie keine Angst zu haben, nicht verstanden zu werden. Im Gegenteil, eure Sorgen werden geteilt und fürsorglich behandelt. So lange, bis ihr mich nicht mehr braucht. Vielleicht, bis ihr selber einen Weg gefunden habt, eure Seelen zu liebkosen und Heilung zu finden?

Plötzlich schwiegen die Tasten. Ich las die gerade formulierten Zeilen erneut, wobei das Wort *formuliert* völlig fehl am Platz war, denn die Gedanken waren ohne mein aktives Zutun aus mir herausgeströmt. Einfach so. Tatsächlich einfach so? Meine innere Stimme hatte mir mal wieder auf charmante Art und Weise mein eigenes Raster vor Augen geführt. Und ich erschrak über mich selber, als mir klar wurde, dass ich sogar in dieser schweren Situation als Krebspatientin und frisch Operierte anderen mehr zugehört hatte als diese mir. Dass ich mich mehr für ihre Nöte interessiert hatte als sie sich für meine Belange. Wenigstens ein wenig Small-talk mit dem Fokus auf meiner Person wäre wohl angebracht gewesen. Aber war das wirklich so? Ich brauchte doch keine Hilfe.

Oh je, da war es schon wieder, das verquere Denkmuster in mir. Diese Mischung aus Bescheidenheit, verirrter Selbstlosigkeit und Sich-Selber-Klein-Machen. Noch einmal schaute ich mir die geschriebene Rückblende an und dachte an die geführten Telefonate. Sicher, ich erkannte die Struktur meines inneren Schemas sofort wieder, aber in diesem Augenblick erhielt die Klarsicht einen Namen. Und dieser Name drückte eine Botschaft aus, die die falsche Richtung meines Verhaltens kaum deutlicher hätte benennen können: *Befriedigung.*

Unser Festhalten an Problemen und am Negativen ganz allgemein verschafft uns Befriedigung, aber in keinem Falle Heilung, allerhöchstens vordergründige Erleichterung. So hatte ich in den schwierigen Telefonaten meiner Familie durch mein Zuhören Befriedigung verschafft. Nichts weiter. Eine Erkenntnis, die sich erschreckend und drastisch anhörte, so dass ich einige Minuten benötigte, sie zu verdauen.

Dann drehte ich die Frage um: Empfand auch ich Befriedigung in diesem Zusammenhang? Ich dachte lange darüber nach. Zuletzt musste ich einräumen, dass das früher sicherlich der Fall gewesen war. Befriedigung für meine eigene Sucht, der Familie unbedingt helfen zu müssen. Aber inzwischen empfand ich nur noch Druck und Trauer, weil ich sah, dass sich das Gefüge seit Jahren festgefressen hatte und trotz aller Bemühungen keine Veränderung erkennbar war. Eine erschreckende Einsicht mit der Kernbotschaft, dass ich mit meinem Verhalten jahrelang unnötig gelitten hatte.

Das war also der Stand der Dinge: Ich war selber angeschlagen, was die anderen offenbar nicht wahrnahmen oder ignorierten. Und ich bemerkte es wie so oft viel zu spät oder sah mich in der Situation außerstande, mich zu wehren oder zu schützen. Das alles war nicht neu. Bitter war auf jeden Fall die Erkenntnis, dass ich mich zum ersten Mal als Kranke ausgenutzt fühlte.

Während ich meine Seele schreibend entlastete, ging es mir besser. Mein Herz wurde leichter, obwohl ich die Stolpersteine meines zukünftigen Weges deutlich vor mir sah. Aber der Weg war wenigstens klar zu erkennen. Das war ein guter neuer Anfang.

Während der Ablenkungen der letzten Tage, hatte ich auch versäumt, meine eigene Seele zu pflegen. Ich hatte viel zu wenig meditiert und gelesen, das Erlebte kaum nachgearbeitet und mein Inneres nicht wirklich angeschaut. Die Seele braucht ebenso Nahrung wie unser Körper. Ich habe mal irgendwo gelesen, dass uns unsere Lebensreise immer wieder nach innen führt, weil es kein anderes Ziel gibt, das über die Zeit hinaus Gültigkeit besitzt. Das ist auch meine Einstellung. Leider lernen wir weder als Kinder noch als Heranwachsende, wie heilsam und hilfreich der Blick nach innen ist. Und dass wir selber auch für diese unsichtbare Welt verantwortlich sind. Jeder einzelne für sich. Stattdessen suchen wir unser Glück in vergänglichem Firlefanz, in Ablenkungen oder in anderen Menschen. Warum sagt uns niemand rechtzeitig, dass jedes Leben zwei Seiten hat: das Innen und das Außen? Und dass nur derjenige großes und dauerhaftes Glück erleben kann, dem eine harmonische Balance zwischen diesen beiden Polen gelingt?

So lernen wir früh die Bedeutung von Leistung, Geld und materiellen Gütern kennen und nehmen es als selbstverständlich hin, all unsere Kraft und Energie zur Erfüllung dessen aufzuwenden. Doch wo bleibt die verborgene Seite der Medaille? Der Ausgleich? Die Ausgewogenheit? Schauen wir in die vollen Wartezimmer von Ärzten und Therapeuten, so müssen wir unwillkürlich diese Schieflage begreifen. Dort können wir sehen, wie wenig der äußere Überfluss mit dem wirklichen persönlichen Glück des Einzelnen zusammenhängt. Wie nah der Zusammenbruch ist, wenn die Formel des Lebens, die Balance zwischen Körper und Seele, in Unausgewogenheit gerät.

Wie viel leichter würde so manches Leben verlaufen, wenn wir diese Zusammenhänge in der Kindheit lernten? Im Kindergarten. In der Schule. Im Elternhaus. Im Kommunions- oder Konfirmandenunterricht. Oder in der Ausbildung. Da das jedoch selten der Fall ist, werden wir auf andere Weise auf diesen Umstand aufmerksam gemacht, denn auch unsere Seele sucht stets nach Sättigung. Und wenn ihr Hunger zu stark, ihr Schmerz zu groß geworden ist, schickt sie unserem physischen Körper entsprechende Signale. Dann entstehen Unzufriedenheit, Ängste, Krankheiten. Der Phantasie sind hier keine Grenzen gesetzt, denn alles hängt mit allem zusammen. Selbst wenn wir von einer todbringenden Krankheit erfahren und nur noch eine begrenzte Zeit zu leben haben, ist uns manchmal kaum etwas wichtiger als eine lang ersehnte Reise nachzuholen, die Fahrt mit einem Heißluftballon über die Alpen oder ein Fallschirmsprung. Wir versuchen nachzuholen, was wir scheinbar verpasst haben, aber leider nur im Außen und die Seele hungert weiter.

Auch ich hatte eine Lebenskrise gebraucht, um aufgerüttelt zu werden und etwas tiefer und anders in meine eigene Persönlichkeit zu blicken. Jetzt stand ich vor der nächsten Herausforderung, aber im Gegensatz zur vorherigen konnte ich sie jetzt im vollen Bewusstsein annehmen. Schon allein diese Tatsache half mir, nicht zu verzweifeln und mutlos zu werden, sondern hinter meinem Problem einen Sinn zu sehen. Letzteres war eine schwere Aufgabe, die Geduld und

Mühe erforderte und das Loslassen der Überzeugung, dass Krankheiten nicht oder nur marginal mit unserem Seelenleben in Verbindung stehen.

Für mich ist unser Innenleben mindestens ebenso facettenreich und interessant wie unser reales Leben. Ich entdecke einen nie für möglich gehaltenen Zauber, in dem Glück und Zufriedenheit geborgen liegen. Das ist die Formel des Lebens für mich und zugleich die stärkste Motivation, die ich kenne. So besteht für jeden von uns die Chance, auch in seinem Inneren ein kleines Paradies zu erschaffen. Dabei spielt es keine Rolle, wie wir unseren Weg gehen. Das Entscheidende ist, dass wir ihn bewusst gehen. Dass wir uns selber ehrlich kennen lernen. Denn nur dann ist es möglich, uns sehenden Auges zu begleiten und Veränderungen vorzunehmen. Wenn ich weiß, wo ich stehe, was mich wirklich behindert und belastet und was ich wirklich loslassen oder verändern möchte, werde ich auch einen Weg für mich finden. Ich musste unwillkürlich an den alten Werbeslogan denken: Lebst du schon oder wirst du noch gelebt?

Für mich gestaltet sich mein Leben immer mehr zu einem Theaterstück. In der Rückschau betrachtet vielleicht auch zu einem Film, in dem ich die Hauptrolle spiele. Ob mir das gefällt oder nicht. Ob ich den Part mag oder nicht. Im Theater setzen sich die Schauspieler intensiv mit ihrer Rolle auseinander, betrachten und diskutieren alle Facetten des Innen und Außen ihrer Figuren, um in sie einzutauchen und die richtige Darstellungsform zu finden, damit das Publikum begeistert und gefesselt ist. Erst dann sind auch die Akteure zufrieden. Erst dann hat das Theaterstück eine Chance, erfolgreich zu sein.

So versuche ich in immer stärkerem Maße, mein Leben als große Show zu betrachten, in der es darum geht, mich zu positionieren und dabei immer sicherer und souveräner zu werden. Der Glaube an Reinkarnation und Karma hilft mir dabei sehr, denn er befreite mich von dem Druck, alle Ziele und Wünsche in einem, in diesem Leben erreichen zu müssen. Er lässt mich die Wiederauferstehung, ein Leben nach dem Tod, von dem auch in der Bibel die Rede ist, in einem anderen Licht sehen und verstehen. Er lässt mich auch begreifen, weshalb manche Probleme so hartnäckig an mir kleben. Insgesamt betrachtet gibt es für mich nur ein einziges stimmiges und einleuchtendes Glaubensmodell: Die spirituelle Offenheit mit der Liebe als Herzstück beziehungsweise Dreh- und Angelpunkt des Seins. Ich bin überzeugt davon, dass Gott keine Religion braucht, sondern Glauben.

Sich auf die Reise zum eigenen Ich zu machen, bedeutete für mich keine große Überwindung, da ich mich immer schon gerne mit psychologischen Fragen auseinandergesetzt habe. Mich interessiert noch heute viel mehr, was andere Menschen denken und fühlen als das, was sie erleben. Vielleicht studiere ich die Menschen und auch mich selber gerne, weil ich eine komplizierte Familie habe, in der es keine offenen und klaren Beziehungen gibt? Alles ist verzwickt, verstrickt und vor allem unausgesprochen. Eine Familie der Sprachverirrung. Es fallen viele Worte dort, wo sie nicht notwendig sind, aber keine an der Stelle, wo ein Bedarf herrscht. Diese Leere betrachtete ich inzwischen als Fundament meiner Probleme. Als undurchsichtigen Nebel, in dem meine Ängste ihre Heimat gefunden hatten.

Doch von dieser trüben Brühe wollte ich mich befreien. Zeit meines Lebens hatte ich versucht, ein kleines Licht anzuzünden, das mit wachsender Kraft Helligkeit und Klarheit in die Vernebelung bringen sollte. Jetzt endlich, nach so vielen Jahrzehnten, sah ich ein, dass dieser Weg nicht funktioniert. Ich vermag niemanden in diesem Familiensystem zu ändern oder zu einer Veränderung zu bewegen, wenn ein solcher Wunsch nicht aus demjenigen selber herauswächst. Das Einzige, was ich tun kann, ist, mich selber zu verändern.

Und auf diese Notwendigkeit hatte mich mein Körper auf unmissverständliche Weise aufmerksam gemacht. Krankheiten scheinen Erzieher zu sein.

Ich schaltete den Rechner aus und nahm das Buch von Louise Hay zur Hand. Seit Tagen hatte ich nicht mehr darin gelesen. Wieder inhalierte ich ihr Credo, dass sich jedes Problem nur auf eine Weise heilen ließe, indem man sich selbst liebte. Ich wusste, dass sie Recht hatte. Ich wusste ebenso, dass zur Selbstliebe die Selbst-Vergebung gehörte. Das Vergangene konnte ich nicht mehr ändern. Meine Aufgabe bestand darin, für mein früheres Verhalten die Verantwortung zu übernehmen und nicht auf Fehlersuche zu gehen, weder bei mir noch bei anderen. Denn Schuldzuweisungen waren keine hilfreichen Wegweiser.

Aus diesem Grund wollte ich auch meine Kindheit nicht aufarbeiten. Mein Ziel bestand vielmehr darin, alles Belastende loszulassen und ein unbeschwertes und selbst bestimmtes Leben zu führen. Auf meine Familie bezogen bedeutete das, mein Mitleid gegen Mitgefühl umzuwandeln und jedem Einzelnen das Recht zuzugestehen, die Verantwortung für sein eigenes Leben zu übernehmen und zu tragen, egal wie falsch mir manche Entscheidungen vorkamen. Also zuschauen und aushalten in dem Bewusstsein, das jeder Mensch in seinem Handeln frei ist, sofern er nicht seinen Nächsten belastet. Also zuschauen, aushalten und sich selber abgrenzen.

Die Lektüre des Buches schenkte mir erneut Kraft. Sie motivierte mich darin, meinen Heilungsprozess zu strukturieren. Das würde mir helfen, nichts Wesentliches aus dem Auge zu verlieren. Aber vor allem würde ich so jeden einzelnen Schritt sehr bewusst gehen und mich selber begleiten können. Diese Vorgehensweise war wichtig für mich, da ich als strukturierter Mensch unruhig und niedergeschlagen werde, wenn ich planlos an ein Problem herangehen muss.

So fasste ich den Entschluss, jeden Morgen zuerst in meinem Seelentagebuch zu schreiben, um zu verhindern, dass ich mich in mir selber verhedderte.

Und ich rief mir die drei Grundsäulen in Erinnerung, die ich im vierten Kapitel herausgearbeitet hatte:

- Mich selber lieben.
- Das Vertrauen in meine innere Kraft zurückgewinnen.
- Den Kontakt zu meiner inneren Führung aufbauen.

Um die beiden letzten Punkte hatte ich mich schon intensiv gekümmert. Meine himmlische Coachingsitzung stellte in diesem Zusammenhang eine Grundsäule dar. Mein Beschützer und Begleiter Raffi hatte mir die Ursache für meine Krebserkrankung erklärt und Wege zur Heilung aufgezeigt. Und er hatte eine Sicherheit in mich hineingepflanzt, die mich schweben und voller Zuversicht in die Zukunft blicken ließ. Jeden Tag spürte ich diese Kraft in mir. Jedes Gespräch mit Freunden, der Familie, Kollegen oder Ärzten war getränkt von meinem Optimismus und so manche skeptische Reaktion meines Gegenübers erinnerte mich daran, dass mein Verhalten nicht das gängige war, denn jeder Krebspatient trug in der Regel ein großes Angstpaket auf seinen Schultern. Aber Angst lähmt alle Sinne, verschleiert unseren Blick und fesselt unser Tun. Das wusste ich aus eigener Erfahrung nur zu gut, so dass ich es im höchsten Maße genoss, im Hinblick auf meine lebensbedrohende Krankheit frei von Furcht zu sein. Diese Sicherheit fußte nicht nur in der Gewissheit, beschützt zu sein, sondern ebenso stark im Vertrauen auf die Stärke in mir, meine Probleme jetzt endlich lösen oder zumindest eindämmen zu können.

Blieb also der erste Punkt, mich selber zu lieben. Zu lernen, mich selber zu lieben, sollte ich besser sagen, denn in diesem Mangelgefühl lagen die Grundsteine vieler Probleme. Auch bei mir. *»Wahre Kraft kommt von Innen«* lautete der

Titel des Buches von Louise Hay. Und genau dort lag meine schwerste Aufgabe.

Bisher bestand mein Tageswerk jeweils aus meiner schriftlichen Reflektion und dem intensiven Studium des oben genannten Buches, das mit seinen detaillierten Beschreibungen von Übungen, Visualisierungen und Meditationen zugleich ein hilfreiches Lehrbuch war. Nicht alle Beispiele gefielen mir. Nicht alle empfand ich als notwendig für mich. Aber die Auswahl war groß genug, um das Passende für mich herauszufiltern. Mein Krankenhausaufenthalt und die erste Genesungswoche hatten zu einem Bruch in meiner spirituellen Arbeit geführt. Jetzt wollte ich meine täglichen Meditationen wieder aufnehmen. Ich würde weiter daran arbeiten, die vielen alten Geschichten, Gefühle und Ängste loszulassen, und eine weitere Komponente hinzufügen, nämlich mir selber zu vergeben, denn wir waren alle Opfer der Umstände. Ich wollte Frieden schließen mit meiner Vergangenheit und mit mir selber. In meinem Denken wohlgemerkt.

Der letzte Punkt meiner spirituellen Arbeit würde das Wiederaufnehmen täglicher Affirmationen sein mit dem Ziel, mich nicht länger selber zu kritisieren und schlecht zu machen.

Du bist zu dick. Warum hast du im Telefonat nicht anders reagiert? Warum fällt dir immer nach einem Gespräch der richtige Ratschlag ein? Hättest du doch deinen Mund gehalten? Warum hast du dazu nichts gesagt? Wie konntest du diese Aufgabe übernehmen?

Da ich davon überzeugt bin, dass alles Erlebte, Gefühlte und Gedachte in unserem Körper gespeichert bleibt, konnte diese Art des Umgangs mit mir nicht förderlich sein. Ich wollte mich endlich so akzeptieren wie ich war. Denn wer ist schon perfekt? Und für wen sollte ich Perfektionismus anstreben? Für wen sollte irgendjemand Perfektionismus anstreben? Nein, sich mit allen Eigenheiten anzunehmen, war der erste Schritt zur Vergebung. Und mit der Vergebung würde das Loslassen kommen, die Befreiung von der Last der Vergangenheit.

Ein strammes Programm. Ich würde viel Zeit aufzuwenden haben, um es zu absolvieren. Aber ich wusste genau, es würde zum Ziel führen. Also war jeder Augenblick, den ich dieser Sache widmete, gut investiert. Schließlich wollte ich ja gesund werden.

Das 2. Coaching

Die Frage, ob ich mich für oder gegen die Antihormontherapie entscheiden sollte, lastete schwer auf mir. Um meinen Alltag bewältigen zu können und mich halbwegs gut zu fühlen, hatte ich über einen Zeitraum von mehr als fünfzehn Jahren täglich Östrogene eingenommen. Und seit mindestens zwanzig Jahren hatte ich mich nicht mehr fit und energiegeladen gefühlt. Ich erinnerte mich gut an einen Tag, der ebenfalls schon viele Jahre zurücklag, sich aber tief in mein Bewusstsein eingegraben hatte. Ich war zu Fuß auf dem Weg in die City gewesen, als mich ein so großartiges körperliches Hochgefühl packte, dass ich vollkommen irritiert, aber gleichzeitig fasziniert und glücklich war. Ich hätte Bäume ausreißen können, wie man so treffend sagt. Ich hatte mich unglaublich kraftvoll und fit gefühlt, eine längst vergessene Wahrnehmung. Sie war so überwältigend und ungewöhnlich und einzigartig gewesen, dass ich dieses Gefühl seither nicht mehr vergessen konnte. Für einen kurzen Augenblick hatte ich geglaubt, in einen traumatischen oder illusionären Zustand geraten zu sein, bis ich endlich realisiert hatte, dass diese Verfassung ein normaler Zustand gewesen war. Mein normaler körperlicher Zustand vor den Wechseljahren. So musste ich mich früher immer gefühlt haben, wenn ich nicht gerade krank oder angeschlagen gewesen war. Unfassbar. Nun hatte ich diesen physischen Normalzustand als absolute Hochstimmung meines Körpers erfahren dürfen, ein Gefühl, dass ich vollständig vergessen hatte. Daher hatte ich es auch nicht mehr erkannt. Ich war in einer Leichtigkeit durch die Straßen geschwebt, die mir überirdisch erschienen war. Meine Füße trugen mich schwerelos durch die Straßen wie früher stundenlang durch Wälder und Wiesen. Das alles war ohne mein Zutun geschehen. Ein Geschenk des Universums. Ungläubig und berauscht hatte ich versucht, jede Minute auszukosten und festzuhalten. Und natürlich hatte sich mir sofort die entscheidende Frage aufgedrängt: War das die große Wende? Sollte ich meine Energielosigkeit endlich überwunden haben? Leider hatte die Kraft dieses euphorischen Zustandes ihren Zauber bis zum Mittag verloren und die dumpfe Spannungslosigkeit, die irgendwann am Tag in Erschöpfung mündete, wieder die Oberhand gewonnen.

Kurze Zeit später hatte ich beginnen dürfen, meinen Körper medikamentös zu unterstützen. Das langjährige vertrauensvolle Verhältnis zu meinem Gynäkologen war ausschlaggebend für diesen Schritt gewesen. Denn wie um Himmels willen waren solche Einschränkungen einem Dritten gegenüber zu erklären? Mattigkeit und fehlende Energie waren schließlich keine messbaren Einheiten, keine sichtbaren Einschränkungen, wenn man nicht gerade kollabiert. Daher war ich ausgesprochen dankbar für das Vertrauen meines Arztes.

Meine Angst vor einer Zeit ohne hormonelle Unterstützung war also nicht unbegründet. Gut, es ging mir inzwischen nicht mehr so schlecht, so dass ich meine Tablettendosis bereits vor Jahren verringern konnte. Dennoch blieb das Gefühl dieses beschriebenen Vormittags ein wundervolles und für mich übernatürliches Erlebnis, das sich bisher nicht wiederholt hatte.

Mein Karzinom war hormonabhängig, was bedeutete, dass es sich von meinen Geschlechtshormonen, überwiegend vom Östrogen ernährte. Die sogenannten Antihormone wurden also eingesetzt, um die wachstumsfördernde Wirkung dieser Hormone zu blockieren. Ein äußerst lobenswerter medizinischer Ansatz, der in den vergangenen Jahrzehnten wohl auch zu großen Erfolgen geführt hatte, so dass ich mich eigentlich über diese wunderbare Therapiemöglichkeit freuen sollte. Aber das konnte ich nicht. Ich wusste von Dr. Berg, der mich in seine ADAPT-Studie aufgenommen hatte, dass es zwei unterschiedliche Wirkungskreise bei der Antihormontherapie gab. Das klassische und altbewährte Mittel Tamoxifen besetzte die Östrogenrezeptoren im Körper und blockierte dadurch die Wirkung des Hormons. Ein mögliches Wachstum der Krebszellen wurde verhindert oder verlangsamt. Die sogenannten Aromatasehemmer verhinderten jegliche Hormonbildung im weiblichen Körper.

Beide Methoden klangen in meinen Ohren nicht verlockend, aber der Einsatz eines Aromatasehemmers rief in meinem Kopf den reinen Widerwillen hervor. Den Östrogenhaushalt meines Körpers komplett auf Null zu setzen, erschien mir unannehmbar und grausam. Und ich konnte mir beim besten Willen nicht vorstellen, diese Behandlung fünf Jahre lang ohne massive Einschränkungen überstehen zu können. Ängste bauten sich in mir auf, meinen Beruf nicht mehr ausüben und mich nur noch durch den Tag schleppen zu können. Das klingt ein wenig hysterisch, was ich natürlich nicht war. Aber die schlimmsten Tage voller Mattigkeit traten ungebeten vor mein geistiges Auge und ließen sich nur mit Mühe wieder vertreiben. Natürlich konnte alles auch ganz anders kommen. Vielleicht hatte ich ja die Talsohle meiner Wechseljahre bereits durchschritten und machte mir völlig überflüssige Sorgen.

Ich dachte an die drei Wochen vor meiner Brustoperation, in denen ich bereits einen Aromatasehemmer eingenommen hatte. Schon in dieser kurzen Zeit hatten sich leichte Wärmeschübe und Schlafstörungen eingestellt. Daher mochte ich mir nicht ausmalen, was alles in einem Zeitraum von fünf Jahren geschehen konnte.

Ich suchte nach einer Alternative. Oder besser gesagt, nach einer für mich legitimierten Option, auf die Tabletteneinnahme verzichten zu dürfen. Weil sie nicht erforderlich sein würde. Weil die Strahlentherapie ausreichen würde, um gesund zu werden. Allein auf der körperlichen Ebene und unabhängig davon, wozu mir die Ärzte raten würden. So sah also meine Zielvorstellung aus, meine Hoffnung, mein Plan. Ich wusste genau, dass es auf irdischer Ebene niemanden gab, der mich bei diesem Vorhaben unterstützen würde. Weder mein Gynäkologe, noch Dr. Crommert vom Brustzentrum oder Dr. Berg, kein Berater der Deutschen Krebshilfe, kein Freund und keine Freundin würden das Risiko eingehen und mich konträr der bewährten Schulmedizin zu einem Verzicht dieser unterstützenden Behandlung ermuntern. Und das erwartete ich auch nicht. Mein Blickwinkel war ein anderer und sobald ich mein himmlisches Okay hatte, würde ich bedenkenlos meinen eigenen Weg gehen. Ohne Zweifel und Unsicherheit.

Derartig vollgepumpt mit Zuversicht und Optimismus saß ich im Auto und fuhr meinem zweiten himmlischen Heilungs-Meeting entgegen. Wieder war ich sehr langsam unterwegs. Dieses Mal jedoch mehr aus physischen Gründen. Denn ich befand mich immer noch in der Zeit der Rekonvaleszenz, hatte noch nicht begonnen zu arbeiten und fühlte mich dementsprechend nicht durchgängig gut in Form. Meine psychische Euphorie jedoch hatte enorme Auswirkungen auf mein Wohlbefinden, so dass ich mich an diesem Morgen kräftig und leistungsfähig fühlte. Birgit und ich begrüßten uns herzlich und während wir Tee tranken, berichtete ich ihr von meinen Erlebnissen und Erfahrungen bezüglich meiner Erkrankung seit dem letzten Besuch bei ihr vor fünf Wochen. Sie freute sich aufrichtig mit mir, dass alles bestens verlaufen und ich so guter Dinge war. Woran sie selber keinen Augenblick gezweifelt hatte, da Raffi, unser gemeinsamer Begleiter es prognostiziert hatte. Und ihr Vertrauen auf seine Worte war grenzenlos.

Was Birgit sonst noch spürte, während sie mir gegenübersaß, wusste ich nicht. Auf jeden Fall war sie in der Lage, die seelischen Strahlen ihres Gegenübers wahrzunehmen und zu erkennen, ob der andere zu seiner Verfassung stehen konnte oder nicht. Ob er sich selber oder ihr etwas vorzumachen versuchte. Ich war mir nicht sicher, ob ich ihre Fähigkeit teilen wollte. Man musste ein starker Charakter sein, um sie nicht auszunutzen, aber auch, um die geballte Ladung an menschlichen Regungen in seinem Verborgenen ertragen zu können. Und das gelang Birgit gut. Ihre Lebenseinstellung war sehr bodenständig. Sie war überzeugt davon, dass alles, wirklich alles im Leben eine Bedeutung hatte, sowohl die positiven als auch die negativen Erfahrungen. Und dass jeder Mensch für sein Leben die alleinige Verantwortung trug, in jedem Augenblick, auch wenn er sich dessen nicht bewusst war. Ich teile ihre Ansicht, dass alles miteinander in Beziehung steht, so dass jedes Wort und jede unserer Taten Auswirkungen hat. Auf unser eigenes Leben, unsere unmittelbare Umgebung und letztlich auch auf alle Erdbewohner, die gesamte Erde und das Universum. Wir sind abhängig von einem guten Zusammenspiel aller Kräfte. Ja, unter diesem Gesichtspunkt ist der Einflussbereich jedes Einzelnen groß und unser Handeln viel verantwortungsvoller als uns bewusst ist.

An diesem Tag wollte ich nur zwei Bereiche ansprechen. Im Grunde genommen war es nur ein Punkt, der andere bestand darin, mich zu bedanken für all die himmlische Unterstützung der letzten Wochen, besonders hinsichtlich der Operation. Die zweite Angelegenheit, der belastende Punkt, betraf natürlich die Entscheidung pro oder contra Antihormontherapie. Sonst setzte ich nichts auf die Agenda, obwohl ich aus dem Stehgreif locker zehn Fragen hätte formulieren können. Doch hatte ich noch genug mit mir und meiner Heilung zu tun. So stieg ich in freudiger fieberhafter Erwartung über den Lichterkreis, setzte mich auf meinen Platz und wartete auf das, was mir in wenigen Augenblicken mitgeteilt würde.

Nicht zum ersten Mal wurde ich damit überrascht, dass Raffi völlig andere Prioritäten setzte als ich. Auch war er ein Meister darin, seine Schützlinge langsam und auf scheinbaren Umwegen, doch am Ende zielgerichtet zu ihrem empfindlichen Punkt zu führen, zu Aspekten, die gern ausgeblendet wurden, weil sie zu sehr schmerzten. All das geschah liebevoll eingebettet in aufbauende ehrliche Worte.

So kam er sofort und ohne Umschweife auf meine familiären Probleme zu sprechen, also auf die seelischen Ursachen meines Krebses, die ich eigentlich nicht hatte behandeln wollen, weil sie mich noch zu sehr belasteten und ich nicht das Gefühl hatte, schon Fortschritte gemacht zu haben. Das sah mein Coach jedoch anders. Er führte mir vor Augen, welche inneren Prozesse in mir abgelaufen waren. Prozesse, die zu neuen Erkenntnissen geführt hätten, zu einem neuen Gefühl der Stärke und des Sich-Selber-Annehmens. Somit habe sich ein großer Teil meines inneren Druckes aufgelöst, nicht gut genug zu sein. Ein Relikt aus den Tagen meiner Kindheit. Der Krebs habe mir gezeigt, dass ich als Mensch angenommen und geliebt werde, ganz unabhängig von meinen Leistungen und Handlungen. Er habe mir aber auch verdeutlicht, wie stark der Glaube an sich selber die eigene Heilungskraft fördere. So sei ich angstfrei und zuversichtlich durch diese Zeit gegangen und wesentlich schneller genesen als es üblich war. Diese Kraft in das eigene Vertrauen lenke und regiere das Leben und die Art und Weise, mit anderen umzugehen. Und mit dieser neugewonnenen Stärke würde es mir gelingen, das Familienmuster für mich zu durchbrechen, auch wenn die anderen ihre Spiele weiterführten.

Ja, ich sei anders als sie. Aber ich dürfe das auch sein. Ich dürfe einfach so sein wie ich war und bräuchte mich nicht zu verbiegen, um es einem von ihnen Recht zu machen. Gerade mit meiner Andersartigkeit könne ich ihnen ein hilfreiches Wissen schenken. Aber nur dort, wo es erwünscht sei.

Uff. Das waren deutliche Worte. Ich verstand sofort, dass ich viel zu oft gute Ratschläge zur Hand hatte, weil ich nicht ertragen konnte, wie meine Schwester oder mein Vater litten. Ich sah die Muster, in denen sie sich verstrickt hatten, und versuchte immer wieder, diese zu klären. Die Tatsache, dass mir das bis heute nicht gelungen war, zeigte deutlich genug, dass meine klugen Tipps nicht willkommen waren.

Nach den Erfahrungen der letzten Wochen solle ich lernen, die positiven Kräfte in mir noch stärker anzunehmen und mich von ihnen lenken zu lassen. Die eigene Gedankenkraft sei ein sehr mächtiges Instrument. Sie könne uns klein und groß sein lassen. Für mich sei die Zeit gekommen, die negativen Gedanken in eine positive Kraft umzuwandeln und mich ganz darauf einzulassen, ungute Strömungen loszulassen.

Raffi riet mir, die bereits aufgebaute Kraft nicht wieder schwinden zu lassen, sondern sie mehr zu entfalten. Dabei war mir gar nicht bewusst, diese Stärke zu besitzen, sie schon ein Stück weit aufgebaut zu haben. Es war vielmehr so, dass ich mir eine solche Kraft wünschte, um leichter durchs Leben zu kommen.

So solle ich die anstehende Therapie dazu nutzen, die negativen Gedanken und Ängste in mir loszulassen, denn die göttliche Kraft in mir sei stärker als die Antihormontherapie.

Wie bitte?! Ich glaubte, mich verhört zu haben.

Betrachte sie nicht als Antihormontherapie, sondern als Gedankenstärketherapie. Gedankenstärketherapie, dass du stärker bist als das Negative.

Das Kartenhaus all meiner Hoffnungen brach in sich zusammen. Von einem Augenblick zum nächsten. Ich spürte, wie ich mich innerlich versteifte, wie das Gerüst meiner

Zuversicht zusammenbrach und mich Mutlosigkeit und Verzweiflung in ihren Würgegriff nahmen.

Die restlichen Ausführungen meines Coaches zogen wie ein Nebel an mir vorüber. Immer wieder drängte sich die Frage vor, ob ich mich verhört hätte? Gleichzeitig war ich mir nur allzu sicher, dass das nicht der Fall war. So ging die Sitzung zu Ende ohne die erwartete befreiende Auskunft. Ohne die erfüllte Hoffnung. Ohne Euphorie. Ich saß da wie ein Häuflein Elend und versuchte, die Unordnung in meinem Inneren zu sortieren. Birgit lachte. Sie wusste genau, was in mir vorging.

»Dann soll ich die Antihormontherapie also machen«, sagte ich mutlos.

»Ja, so sieht es aus«, antwortete sie und begrub mit ihrer Bestätigung auch den letzten Keim einer Resthoffnung in mir, irgendetwas doch falsch verstanden zu haben.

»Aber er würde es nicht sagen, wenn du es nicht schaffen kannst«, ermutigte sie mich.

Ich atmete tief durch und zog meine Stirn in Falten. »Wenn ich mir da nur auch so sicher wäre?«

Auf der Rückfahrt fühlte ich mich schwer und traurig. Irgendwie von allen verlassen. Der Gedanke, dass auch Raffi mir zur Antihormontherapie raten würde, war völlig außerhalb meiner Vorstellungswelt gewesen. Keinen Augenblick hatte ich daran gezweifelt, dass er auf meiner Seite stehen und mich darin bestätigen würde, auf die Tabletten verzichten zu können. Wie kam ich nur auf die Idee, ihm eine eigene Meinung abzusprechen? Ich musste zugeben, dass er diese Maßnahme aus anderen Gründen befürwortete als die Ärzte, für die die erfolgreiche Statistik ausschlaggebend war. Raffi verfolgte innere Ziele. Ihm lag immer das Seelenheil der Menschen am Herzen und er ließ nichts unversucht, dieses zu stärken. Ich seufzte laut. Und meins war jetzt an die Antihormontherapie geknotet, gekettet, genagelt. Welche

Ironie des Schicksals. Dabei war ich mir so sicher gewesen. So sicher.

Tja, mein eigener Fehler. *Vielleicht wäre es besser gewesen, meinen Coach nicht aufzusuchen,* schoss es mir durch den Kopf. Doch ich dachte nur kurz über diese Alternative nach, denn sie war keine. Bestimmt würde sich alles zum Guten fügen, da war ich mir ganz sicher. Und irgendwann würde ich seine Entscheidung auch verstehen, vielleicht sogar gutheißen. Aber akzeptieren würde ich sie schon jetzt, wenn auch schweren Herzens. Denn all meine Ängste hinsichtlich der Therapie-Nebenwirkungen abzulegen und in positive Gedanken umzuwandeln, war eine Aufgabe, die ich mir einfach nicht zutraute. Nun, vielleicht lag darin der Grund, dass Raffi sie mir zugedacht hatte. Mit viel Selbstvertrauen die Heilungskräfte meines Körpers zu aktivieren und zu stärken.

Die starke Kraft des Unterbewusstseins war keineswegs eine neue Erkenntnis für mich. Schon oft hatte ich von ihr gelesen und meine eigenen Ängste waren ein gutes Beispiel für diese Macht. Sie wird genährt von unseren Gedanken. In jedem wachen Augenblick unseres Lebens reichen wir dem Unterbewusstsein auf diese Weise das Futter für seine. Lebensphilosophie, für sein Verständnis der Welt und seine Wertauffassung. Die am Ende des Prozesses zu unserer eigenen wird. So ist auch zu verstehen, dass gleiche Geschehnisse von zwei Menschen völlig konträr beurteilt werden können. Das Glas ist halb voll oder halb leer, ist wohl das bekannteste Vorzeigebeispiel für gegensätzliche Einschätzungen. Jeder von uns kennt Ähnliches aus seinem Alltag, aus Gesprächen und Diskussionen und kann bei aufmerksamer Beobachtung erkennen, wie unterschiedliche Beurteilungen zu unterschiedlichen Ergebnissen führen.

Unser Unterbewusstsein nimmt alle Selbstgespräche unseres Kopfes auf und verarbeitet sie, ohne Rücksicht auf Wahrheitsgehalt oder Auswirkungen. Wir wählen also selber aus, womit wir es füttern, womit wir uns selber füttern, denn niemand zwingt uns, bestimmte Gedanken zu denken. Und dennoch halten sie uns fest im Griff.

Ich hatte noch keine Erfahrungen mit einer Antihormontherapie gemacht. Weder gute noch schlechte. Ich kannte nur starke Wechseljahresprobleme durch die Hormonumstellung in meinem Körper. Dennoch hatte ich die Verbindung geknüpft und die Therapie ausschließlich negativ besetzt, bis eine große Angst entstanden war, die mich lähmte und keinen Platz für Zuversicht ließ. Waren meine Sorgen Marke Eigenbau? Würde ich eine selbsterfüllende Prophezeiung in eine selbstzerstörerische umwandeln? Oder gehörte ich nur zu den Menschen, die sich am liebsten mit schlechten Nachrichten versorgten, um einen Grund zur Klage zu haben? Wie auch immer, das Ergebnis brächte keinen Unterschied: Es ist immer Angst, die entsteht. Und sie entscheidet, wie wir uns fühlen.

Die Vergebung

Schon wenige Tage nach meinem Rückfall lösten sich die Schmerzen in meiner linken Seite, besonders in meinem linken Arm, auf. Ich konnte ihn wieder mühelos in alle Richtungen bewegen, so dass lediglich der Wundschmerz übrigblieb. Da die Brust kein aktiver Teil des Bewegungsapparates ist, spürte ich ihn nur bei Berührung, ungünstigen Bewegungen oder wenn ich auf der linken Seite ohne mein weiches Herzkissen schlief. Ich registrierte, dass sich eine gewisse Schonhaltung eingeschlichen hatte, die meinen Arm ruhig hielt und der Heilung guttat. Glücklicherweise ließ sich auch bei genauster Untersuchung keine Schwellung der Lymphe entdecken, was mich davon überzeugte, die kritische Phase überstanden zu haben, obwohl mir klar war, dass sie bis zu einem halben Jahr andauern konnte.

Ich nahm mir jeden Tag ausreichend Zeit für mein spirituelles Programm. Davon abgesehen gestaltete sich mein Alltag wieder normal. Ich ging zum Friseur, ins Theater, ließ mein Auto reparieren, verabredete mich zum Frühstück, besuchte und empfing ab und zu Freunde und verlängerte meine täglichen Spaziergänge. Zwei Wochen nach meiner Entlassung aus dem Krankenhaus hatte ich mich so weit regeneriert, dass ich wieder ins Büro gehen konnte. Warum sollte ich auch zu Hause bleiben, wenn es mich gut fühlte?

Inzwischen war der Mai angebrochen. Es war die Zeit der vielen Feiertage, Urlaube und Brückentage, durch die sich meine nächsten Behandlungstermine immer weiter nach hinten schoben. Im Grunde genommen war es mir egal. Ich verspürte weder einen äußeren Zeitdruck noch einen inneren, da ich keine Angst vor einem erneuten Wachstum des Tumors oder vor Metastasen hatte. Zudem wusste ich, dass Frau Keuper vom Brustzentrum ihr Bestes gab, eine rasche Weiterbehandlung zu organisieren. Meine eigene Deadline war mein Kreta-Urlaub Mitte September. Dann wollte ich die Bestrahlungen überstanden und mich und eventuell auch meine Haut wieder soweit hergestellt haben, dass einer verdienten Erholung nichts mehr im Wege stand.

Mitte Mai war es dann so weit. Ich durchwanderte erneut die mir endlos erscheinenden grünen Gänge des Klinikums, dieses Mal im Kellergeschoss. Doch bis auf die Tatsache der fehlenden Fenster und des künstlichen Lichts ließ sich kein Unterschied feststellen. Frau Grundmann nahm meine Überweisung entgegen und kümmerte sich um die korrekte Aufnahme meiner persönlichen Daten, die zwar alle schon im Hause bekannt waren, aber nicht in dieser Abteilung.

»Brauchen Sie eine Krankmeldung?«, fragte sie am Ende der Prozedur.

»Nein, danke«, antwortete ich beiläufig, während ich sie dabei beobachtete, wie sie verschiedene Papierstapel zusammenfasste und mit Etiketten versah, bedruckt mit meinen persönlichen Daten. In der mir eigenen Naivität hatte ich mir auch über die anstehende Bestrahlung kaum Gedanken gemacht. Von meiner Cousine wusste ich, dass meine Brust markiert würde und ich aufpassen musste, diese Zeichen nicht abzuwaschen. Dass Hautreizungen möglich waren, für die spezielle Pflegemittel unter den Patientinnen kursierten. Ach ja, und es konnte sein, dass man ein wenig müde würde. Fatique, so hieß der Fachausdruck für diese Nebenwirkung, der französische Name für Müdigkeit. Mit diesen spärlichen Eckdaten erschöpfte sich mein Wissen. Wie immer ging ich zuversichtlich davon aus, dass sich alles finden würde, wenn die Zeit gekommen war. Nein, das war nicht richtig. Ich ging gutgläubig davon aus, dass sich keine Probleme einstellen würden. Vor einer Chemotherapie hätte ich sehr große Angst gehabt, aber die Bestrahlung würde ich mit Links meistern, ohne nennenswerte Komplikationen. Davon war ich felsenfest überzeugt. Daher erschien mir die Frage nach einem Krankenschein in diesem Augenblick ziemlich überflüssig. Umso erstaunter war ich über Frau Grundmanns Blick, in dem ich folgende Worte las:

›Gute Frau, Sie wissen wohl nicht, was auf Sie zukommt‹?

Es war eine Mischung aus Mitgefühl und Unverständnis, doch sie sagte nichts und wandte ihren Blick wieder auf den Bildschirm. Bis zu diesem Augenblick war unsere Interaktion von einer fröhlichen Leichtigkeit geprägt gewesen, die jetzt plötzlich versiegte und eine gewisse Nachdenklichkeit in mir hervorrief.

»Wenn ich doch irgendwann einen Krankenschein brauchen sollte, kann ich ihn mir doch immer noch ausstellen lassen, oder?«

»Aber natürlich, die Möglichkeit steht Ihnen jederzeit offen. Kommen Sie dann einfach zu mir«, sagte Frau Grundmann erleichtert lächelnd, als würde sie sich darüber freuen, dass ich diese Option nicht komplett ausschloss. Vielleicht gehörte ich aber auch nicht zu der klassischen Patientengruppe, da es mir in diesem Stadium der Krankheit schon oder noch so gut ging? Oder wollte sie lediglich, dass ich die Therapie etwas ernster nahm?

»Dann brauche ich noch eine Unterschrift von Ihnen, dass Sie mit der Therapie einverstanden sind. Hier bitte.«

Frau Grundmann wühlte weiter in ihren Papierstapeln.

»Diese Bescheinigung hier benötigen Sie zur Vorlage bei der Krankenkasse, falls sie entsprechende Fahrten abrechnen möchten.«

Auch darüber hatte ich noch nicht nachgedacht.

»Okay. Danke«, sagte ich, steckte alles in meine Tasche und ging zurück in den Wartebereich auf den Flur.

Zehn Minuten später saß ich meinem betreuenden Strahlenarzt gegenüber. Dr. Heil untersuchte meine Brust und befand, dass die Operationswunde ausreichend verheilt war, um mit der Bestrahlung zu beginnen. Dann nahm er sich die Zeit für ein umfassendes Aufklärungsgespräch. So lernte ich, dass die Strahlentherapie im Kampf gegen den Krebs bereits seit Jahrzehnten erfolgreich eingesetzt wurde und die neue Gerätegeneration inzwischen eine sehr schonende und effiziente Behandlung ermöglichte mit dem Ziel, im Operationsgebiet verbliebene Tumorzellen zu zerstören. Mit Hilfe modernster Computertechnik sei es möglich, das Strahlfeld exakt auf das vorher festgelegte Gebiet im Körper auszurichten. Diese örtliche Bestimmung würde bei meinem nächsten Termin in der Fachabteilung geschehen. Auch über mögliche Nebenwirkungen ließ mich Dr. Heil nicht im Unklaren. In den meisten Fällen würde die Haut angegriffen, was zu Rötungen, einer trockenen Schuppung oder bräunlichen Verfärbung führen könnte. Bis zur Ablösung der Haut, was jedoch äußerst selten auftrat. Bei den meisten Patientinnen reagiere die Haut in dieser Zeit empfindlich auf mechanische Reizungen und Belastungen, daher würde er das Tragen von Soft-BHs und weicher Wäsche empfehlen.

Nun, das hörte sich doch alles recht unkompliziert an. Ich schlug die Beine übereinander und entspannte mich. Alle Informationen zur Hautpflege und gegebenenfalls auch zu medizinischen Cremes erhielte ich vom Fachpersonal vor Ort.

»Die Strahlentherapie wird jeden Tag durchgeführt mit Ausnahme von Samstagen, Sonn- und Feiertagen. Sie erhalten 28 Einheiten. Das ist der Standardwert bei Ihrem Befund.«

Hilfe. Jetzt war ich doch ein wenig geschockt. Bisher war ich immer von 20 Tagen ausgegangen, von ungefähr vier Wochen. Nun waren es fast sechs. Ich schluckte innerlich und setzte mich senkrecht hin.

»Alle Termine werden in der Fachabteilung vergeben. Zwei Gänge weiter. Hat Frau Grundmann Ihnen das erklärt?«

Ich nickte, noch immer leicht benommen von dem Schreck.

»Dort werden alle Termine festgelegt. Der erste Termin für die Computertomographie mit der Festlegung der Markierung und dann alle weiteren Bestrahlungstermine. Haben Sie dazu noch Fragen?«

»Ja. Wie lange dauert denn eine Bestrahlungseinheit?«

»Nur wenige Minuten, der gesamte Ablauf vielleicht zehn. In den nächsten Tagen werden wir Sie anrufen und Ihnen den CT-Termin sowie den Bestrahlungsbeginn mitteilen.«

»Ich bin berufstätig. Habe ich einen Einfluss auf die Uhrzeit der Termine? Mir wäre frühmorgens am liebsten.«

»Das kann ich Ihnen leider nicht versprechen. Reden Sie mit den Kollegen bei Ihrem ersten Termin darüber. Sollte Ihnen der zugeteilte Zeitpunkt nicht gut auskommen, ist sicherlich auch ein Wechsel möglich.«

So weit, so gut.

Zwei Tage später saß ich schon wieder im Wartezimmer eines Arztes. Bei diesem Termin handelte es sich um einen jährlichen Hautcheck und war lange vor Ausbruch meiner Krankheit vereinbart worden. Da es sich bei dieser Kontrolle um eine Ganzkörperuntersuchung handelte, ließ sich meine Brustoperation nicht verheimlichen. Meine Ärztin schien viel Erfahrung mit geschädigter Haut nach Strahlentherapien zu haben. Sie schilderte mir einige Beispiele und bot mir ihre Hilfe an, sollten Probleme auftreten. Dankbar verließ ich ihre Praxis, wenngleich mir das Eintauchen in mögliche Auswirkungen und Belastungen der bevorstehenden Therapie überhaupt nicht behagt hatte. War es wirklich nötig, mich näher damit auseinander zu setzen? Waren die Begleiterscheinungen tatsächlich so gravierend und vor allem unabdingbar? Ich wusste es nicht und ehrlich gesagt, interessierte es mich zu diesem Zeitpunkt auch nicht wirklich. Denn ich wollte auf gar keinen Fall durch solche negativen Gedanken Ungünstiges anziehen und auch nicht auf jede kleine Veränderung in oder an meinem Körper lauern. Ich wusste jetzt, wo ich im Notfall Hilfe bekommen würde und das genügte mir. Alles Weitere wollte ich auf mich zukommen lassen. Mein Bewusstsein eichte ich systematisch auf Heilung, das hieß auf heilende Bestrahlungen und nicht auf Hautschäden oder andere Probleme.

Gedankenstärketherapie kam mir in den Sinn. Ich schmunzelte. Im Grunde genommen hatte ich bereits begonnen, mit meiner Gedankenkraft zu arbeiten. Ich versuchte immer häufiger, nur noch positiv zu denken. Zu lange schon hatten sich nicht guttuende Gedanken an meine Gehirnzellen angedockt und sich wohlig eingerichtet. Nun galt es, sie zu lösen. Sie in Frieden gehen zu lassen, damit Neues entstehen durfte. Neues, das in die Zukunft hinein Freude bringen würde, Erfüllendes und Gutes. Besonders auch hinsichtlich meiner Familie wollte ich meine alten Denkstrukturen verändern. Das war schließlich die wichtigste Aufgabe für meine Heilung, die Botschaft des Krebses.

Das entscheidende Stichwort war Freiheit. So begriff ich zum ersten Mal in meinem Leben, dass alle, wirklich alle Beziehungen Verbindungen in Freiheit sein sollten. Das ist der anzustrebende Idealzustand. Ein sehr hoch gestecktes Ziel, das für mich eine grundlegende Bedeutung hat. Denn sobald ich anderen zuliebe etwas tue oder nicht tue, zum vermeintlichen Schutz von anderen etwas sage oder nicht sage und solche Situationen die Regel sind, verliere ich Stück für Stück meine eigene Freiheit, meine eigene Unabhängigkeit. Und ganz nebenbei verlerne ich auch, mich selber wichtig und meine eigenen Gefühle, Wünsche und Ansprüche ernst zu nehmen.

Zeit meines Lebens hatte ich beobachtet, wie leicht es anderen fiel, ihre eigenen Belange durchzusetzen. Sie sprachen einfach aus, was sie dachten, wollten oder erwarteten, ohne Rücksicht auf die Befindlichkeiten anderer. Und dann sah ich erstaunt zu, wie leicht sie damit durchkamen. Jegliches Mitgefühl fehlte. Schlimmer noch, jegliches Unrechtsbewusstsein fehlte, denn das Gegenüber hätte sich ja wehren können. Ja, ich hätte mich ja wehren können. Das stimmte schon. Andererseits auch wieder nicht, denn ich hatte es nicht gelernt. Hinzu kam meine große Sensibilität, die mich oft hinter die Kulissen des anderen blicken und ihre Ängste und Nöte erkennen ließ, die ich nicht ignorieren konnte und wollte. Wahrscheinlich mehr konnte als wollte.

Und mich aus dem emotionalen Beziehungsgeflecht der Familie zu befreien, war mir nie gelungen. So hatte ich es in den vergangenen Jahrzehnten lediglich geschafft, durch einen räumlichen Abstand vielen Problemen aus dem Weg zu gehen. Doch das waren nur die äußeren Bedingungen. Mein übertriebenes Verantwortungsgefühl und meine emotionale Abhängigkeit verschwanden mit keinem einzigen Kilometer. Wie sollten sie auch? Ich wusste sehr genau, dass dazu eine intensive Auseinandersetzung mit mir selber notwendig war. Und viele, viele praktische Befreiungsschritte. Natürlich war ich im Laufe der Jahre unabhängiger und selbstständiger geworden, aber offenbar nicht an den entscheidenden wunden Stellen meines Unterbewusstseins.

Vermutlich hatten mir auch noch nicht die geeigneten Hilfsmittel zur Verfügung gestanden, weil zum einen die Zeit nicht reif und zum anderen ich selber viel zu verschlossen gewesen war, mich für ein neues Weltbild zu öffnen. Vielleicht war ich auch einfach nur zu feige gewesen, mich der Problematik und der Familie zu stellen. So hat jeder die Freiheit, seinen persönlichen Weg zu suchen, zu finden und zu gehen oder auch nicht.

Das Milieu in der Familie ist am prägendsten, weil jedes Mitglied intuitiv auf das Verhalten der anderen reagiert. So bleiben wir oft in ungünstigen Verhaltensmustern stecken.

Ich wusste nicht mehr, wo ich diesen Satz einmal gelesen hatte. Auf jeden Fall leuchtete er mir auf Anhieb ein. Mein Mammakarzinom brachte allein schon durch seinen Namen meine Grundprobleme zum Ausdruck. Mamma = Mutter und Karzinom oder Knoten = Verknotungen. Dank meines himmlischen Coaches hatte ich erfahren, dass meine Mutter mir von klein auf die Mutterrolle bezüglich meiner jüngeren behinderten Schwester zugewiesen hatte. Es war somit nicht verwunderlich, dass mein Verantwortungsgefühl so festbetoniert war. Dennoch war es ungesund und lähmend für mich und auch für meine Schwester. Keine von uns beiden war frei. Bis heute nicht. Aber unsere Eltern waren es auch nicht gewesen. In der Rückschau in meine Kindheit erlebte ich sie überwiegend im Kampf um das Alltägliche: das Überleben, das Einleben, das Zusammenleben, später das Gut-Leben und das Vergessen. Erst nach dem Wegzug von meinem Heimatort lernte ich ein anderes Leben kennen, auch ein anderes Zusammenleben. Aber diese neue Welt trennte mich auch von meiner Familie. Tief in meinem Inneren hatten mich immer Schuldgefühle geplagt, mich nicht genug um sie gekümmert und mein eigenes Leben in Freiheit geführt zu haben. In scheinbarer Freiheit, wie ich jetzt wusste. Denn die Vergangenheit steht immer wieder auf. Aber das war mein Weg gewesen. Und ich hatte das Recht gehabt, ihn so zu gehen. Diese neue Erkenntnis war schwer zu etablieren.

Mit Hilfe meiner Meditationen und der Heilungs-CD von Louise Hay hatte ich in den letzten Wochen intensiv begonnen, mir selber zu vergeben. Jede Tat und Sicht, die ich für falsch hielt, und vor allem jedes Schuld-auf-mich-Nehmen. Ja, dieses Schuld-auf-mich-Nehmen war, wenn ich ehrlich war, zu einer unsichtbaren Haut für mich geworden. Die Schuld, nie ausreichend geholfen zu haben. Gerade in diesem belastenden Bereich wollte ich alle negativen Gedanken loswerden.

Mit gleicher Intensität arbeitete ich weiter an der Vergebung meiner Familie. Ich wusste nur zu genau, dass sie nicht immer ihr Bestes gegeben hatten, beziehungsweise hatten geben können, denn jahrzehntelange Ängste in mir offenbarten ein eindeutiges Bild. Dennoch hatten sie mir nie bewusst schaden wollen. Das wusste ich ebenfalls. Sie waren selber Opfer unzähliger äußerer und innerer Umstände gewesen. So legte ich mein Augenmerk gerade auf diese Faktoren und stellte mit großem Erstaunen fest, dass sie mich zum Weinen brachten, aber gleichzeitig eine Flut an Verständnis, Mitgefühl und Liebe hervorriefen. Das war neu und zugleich fremd. Aber es tat auch gut, diese Seite nicht nur im Kopf, sondern auch im Herzen anzunehmen. Immer und immer wieder ließ ich meine Tränen fließen. Irgendwann wurde es besser. In mir hatte sich etwas gelöst, ohne dass ich es bewusst wahrgenommen hatte. Es war mir ein Stückweit gelungen, inneren Frieden zu schließen. Das tat gut.

Und Schritt für Schritt wurde mir klar, dass ich auch meine Schwester freigeben musste, so wie jede Mutter ihre Kinder loslassen muss. Jahrelang hatten wir uns an äußeren Schwierigkeiten gerieben, uns jedoch nie um die emotionale Seite unserer Beziehung gekümmert. Vielleicht war es an der Zeit, das nachzuholen. Vielleicht war dies aber auch nicht möglich. Ich war in dem Gefühl aufgewachsen, ohne emotionalen Schutz zu sein. Als Kind hatte ich das für normal gehalten, denn ich kannte nichts anderes. So begriff ich ganz langsam, dass es nicht die äußeren Bedingungen der Nachkriegszeit waren, die mich so stark belastet hatten, sondern die emotionale Ferne meiner Eltern. Vielleicht fühlte meine Schwester ähnlich und es gab eine Chance, die Wunden gemeinsam zu heilen?

Wieder half mir tiefe Ruhe dabei, einzusehen, dass meine Schwester trotz ihres Handycaps ein Recht auf ihren eigenen Weg, eigene Entscheidungen, eigene Fehler hatte. Mit der einen großen und entscheidenden Einschränkung, dass ich mich aus ihrem Drama ohne Schuldgefühle ausklammern durfte. So, wie ich mich aus den Dramen aller Menschen emotional ausklammern darf, ohne mich mit einem schlechten Gewissen zu beladen. Unabhängig davon, wie falsch mir ihr Weg vorkommt. Unabhängig davon, wie sehr sie leiden. So hoffte ich, frei zu werden vom Druck der Verantwortung und durch meine innere Unabhängigkeit und Abgrenzung ihr dieses auch zu spiegeln und nicht mehr in der Starre des Mitleids zu ertrinken.

Die Zeit war reif für diesen überfälligen Schritt und ich fühlte mich auch stark genug, ihn zu gehen. Ganz langsam und in kleinen Schritten. Ich begann, meine Familie so zu akzeptieren, wie sie war, und versuchte zusehends, nicht mehr zu werten oder unsere fehlende intensive Beziehung zu bedauern. Stattdessen machte ich mir klar, dass auch sie ihr Karma zu tragen hatte und ich nicht die Position innehatte, dessen Auswirkungen zu beurteilen. *Jeder führt sein Leben so, wie er es am besten ertragen kann.* Das sagte ich mir immer wieder. Und mit dieser Einstellung konnten sich Respekt und Achtung vor den anderen aufbauen, unabhängig von der Last der Vergangenheit.

So entwickelte ich ein neues Standing. Zuerst in meinem Inneren. Und dann in den nächsten Telefonaten zusehends auch persönlich in Gesprächen. Ich lernte, mich abzugrenzen und nicht alle Nöte, Ängste und Probleme aufzusaugen. Anfangs saß ich in einer verkrampften Lauerstellung am Hörer, damit ich nicht unüberlegt in eine Falle tappte. Doch diese Haltung lockerte sich von Mal zu Mal, so dass ich zum nächsten Schritt überging und auch verbal Grenzen zog, wenn die Gefahr drohte, wieder einmal den seelischen Ballast für andere zu tragen.

Ich möchte an dieser Stelle ausdrücklich betonen, dass dieser neue Weg sehr schwer war und jeder kleine Schritt eine große Herausforderung für mich darstellte. Meine Erwartungen abzustellen, eine offene und ehrliche Herzlichkeit zu leben mit den eigenen Bedürfnissen im Blick bedeutete ein geradezu übermenschliches Ziel. Schließlich hatte ich Jahrzehnte aufzuholen. Fast täglich durfte ich die Fürsorge meiner Freunde genießen, ihre aufbauenden Worte hören oder lesen und ihr Interesse an jedem therapeutischen Schritt, den ich zu bewältigen hatte, genießen. Sie begleiteten mich intensiv mit Ratschlägen, Aufmerksamkeit und Anteilnahme und zeigten mir mehr als deutlich, wie viel ich ihnen bedeutete. Daneben das familiäre Sparprogramm als bestmögliche Leistung anzuerkennen und anzunehmen, kostete oft Kraft und Überwindung. Und ich war sicher, ich hätte diese harte Nuss nicht zu knacken versucht, wenn ich es nicht als lebenswichtige Aufgabe für meinen Heilungsprozess angesehen hätte.

In diese Zeit fiel auch der 90. Geburtstag meines Vaters, der im großen Rahmen gefeiert werden sollte. Im jährlichen Turnus gab es auch in dieses Mal im Vorfeld viele mehr oder weniger fruchtbare Diskussionen. Das Familiendrama in all seinen Facetten wurde aktiviert und präsentierte sich gewohnt unsachlich und kompliziert, natürlich nur für den engsten Familienkreis sichtbar. Ich wurde von allen Seiten über jeden einzelnen Schritt auf dem Laufenden gehalten, zählte doch dieses Ereignis zum wichtigsten des Jahres. Da ich anfänglich davon ausgegangen war, mich mitten in der

Strahlentherapie zu befinden, hatte ich mein Erscheinen zum Fest von meinem körperlichen Zustand abhängig gemacht. Die Auswirkungen durch den operativen Eingriff würden keinerlei Beeinträchtigung mehr bedeuten. Jetzt stellte sich lediglich die Frage, wie ich die Bestrahlung verkraftete.

Wie von Dr. Heil zugesagt, erhielt ich wenige Tage nach meinem Besuch einen Anruf von Frau Grundmann, die mir die nächsten beiden Termine mitteilte. Der erste zur Markierung der zu bestrahlenden Stellen und dann der Beginn der Therapie. Jetzt wusste ich, dass ich zum Geburtstag meines Vaters erst eine Bestrahlungseinheit absolviert haben würde, so dass ich mit keiner Beeinträchtigung zu rechnen hatte. Natürlich hätte ich mich dennoch leicht aus dieser Familiennummer herausziehen können, da ohnehin kaum einer über den Stand meiner Therapie im Bilde war. Aber dieses Fest würde die erste Gelegenheit für mich sein, meine neu gewonnenen Einsichten im persönlichen Miteinander wirken zu lassen. Insofern würde es kein unbedeutendes Treffen für mich werden. Eine gute Übung, die mir zeigen würde, wie weit Theorie und Praxis auseinanderlagen. Darüber hinaus stellte dieser Anlass ja auch etwas Besonderes dar, denn 90 Lebensjahre sind nichts Alltägliches. Und ich freute mich sehr für meinen Vater, dass er sie bei so guter Gesundheit erreicht hatte. So sagte ich mein Kommen zu.

Die Bestrahlung

Im Kellerbereich des Klinikums herrschte eine offene funktionale Atmosphäre. Entsprechend aufgebaut waren auch die Räumlichkeiten. Der nicht abgeschlossene, nur durch halbhohe Möbel eingegrenzte Empfangsbereich ging nahtlos in die Wartezone für die Patienten über, so dass mich viele Augenpaare begleiteten, als ich an diesem Tag den Flur entlangschritt. Es wurde kaum ein Gespräch geführt. Diese Ruhe fiel mir sofort auf. Sie hatte etwas Bedrückendes, Schweres, das auch mich in seinen Bann zu ziehen versuchte. Während der eine lustlos in einem der bereitliegenden Magazine blätterte, las ein anderer in einem Buch. Doch die meisten Kranken saßen einfach schweigend da und warteten darauf, aufgerufen zu werden. Manche schienen auch in Begleitung zu sein, da sie sich an den Händen hielten oder vertraut anschauten. Dennoch schien niemand in der Stimmung zu sein, sich auszutauschen. Vielleicht war auch alles Wichtige, alles Notwendige, alles Ermunternde längst gesagt worden.

Unter solchen düsteren Gegebenheiten registrierten natürlich alle jede Bewegung, jede Veränderung und jedes aufgeschnappte Wort von anderen als willkommene Ablenkung. So hefteten sich die meisten Augenpaare sofort an jeden auftauchenden Neuling und begleiteten ihn zur Anmeldung. Haben Sie an Ihr Versicherungskärtchen gedacht? Sie sind umgezogen. Wie lautet Ihre neue Anschrift? Gibt es Vorerkrankungen? Oh, es hatte Nebenwirkungen gegeben. Welcher

Art denn? War ein Facharzt aufgesucht worden? Wie war sein Name? Ah, Doktor Sowieso. Gut. Könnten Sie veranlassen, uns den Bericht zukommen zu lassen? Schön. Soll ich Ihnen den Weg zum Behandlungszimmer noch einmal erklären?

Hier unten im Keller gab es keine Bedenken hinsichtlich des Datenschutzes, den wir laut regelmäßiger Medienberichte viel zu locker handhabten. Hier waren ganz andere Sorgen präsent, viel existentiellere. Ich durfte mich im schmalen Flurbereich vor den Behandlungsräumen anmelden. Ein Durchbruch in der Wand, versehen mit einer verschiebbaren Fensterscheibe, öffnete mir den Blick in das Büro der Angestellten und ihr den Blick hinaus zu mir. Ich musste unwillkürlich an die Bankschalter in den alten Westernfilmen denken.

»Sie haben heute Ihren Markierungstermin.«

»Ja, richtig, Frau Lange«, antwortete ich lächelnd. Ihr Name stand auf einem Zettel, den sie ins Fenster geklebt hatte. Sie wühlte in ihren Unterlagen und schaute zwischendurch auf ihren Rechner.

»Ihre erste Bestrahlung findet am Freitag, den 6. Juni um 14 Uhr statt. Danach ist Pfingsten und es geht dann am Dienstag mit täglichen Einheiten weiter.«

Na, ob das so viel Sinn machte, die erste Einheit und dann gleich drei Tage Pause? Hätte man nicht besser erst am Dienstag beginnen sollen? Ich äußerste meinen kritischen Gedanken nicht und sagte mir stattdessen, dass sie schon wüssten, was sie taten.

Dann lächelte Frau Lange. »Bitte melden Sie sich jeweils zuerst bei mir an.«

»Ja gern«, erwiderte ich und schenkte ihr wieder meine volle Aufmerksamkeit.

»Ich bin auch diejenige, die Ihnen dann den Taxischein abstempelt. Werden Sie einen benötigen?«

»Äh, das weiß ich noch nicht. Darum muss mich noch kümmern.«

Um ehrlich zu sein war mir diese Frage völlig entfallen.

»Aber Sie wissen, dass Ihnen einer zusteht, oder?«

Ich erinnerte mich nur vage an die Worte von Frau Grundmann und machte ein nachdenkliches Gesicht.

»Am besten, Sie rufen Ihre Krankenkasse an und erkundigen Sie sich nach den Formalitäten. Dann können Sie immer noch entscheiden, was Sie tun möchten. Nach meiner Erfahrung kann ich Ihnen nur raten, einen Beförderungsschein zu beantragen, denn sechs Wochen sind eine lange Zeit, in der man am Anfang nicht weiß, was noch kommen wird. Und Sie sind ja dennoch nicht verpflichtet, ihn in Anspruch nehmen.«

Frau Lange lächelte mir aufmunternd zu. Auch sie schien davon auszugehen, dass sich mein körperlicher Zustand verschlechtern würde.

»Da haben Sie sicher Recht. Vielen Dank für Ihren Rat. Ich werde mich bei der Krankenkasse erkundigen und mich dann entscheiden.«

»Haben Sie von Frau Grundmann einen entsprechenden Vordruck bekommen?«

»Ich glaube ja«, nickte ich und nahm meine Unterlagen zur Hand. Frau Lange entdeckte ihn sofort.

»Hier wird jede einzelne Fahrt eingetragen und von mir abgestempelt, sofern Sie eine Berechtigung erhalten haben.«

»Jede einzelne Fahrt?«

Sie schmunzelte. »Ja, jede einzelne Fahrt.«

»Ein ziemlicher Aufwand.«

»Das stimmt schon. Aber irgendwie müssen die Fahrten ja nachgehalten werden.«

Genügte denn nicht die Taxiquittung? Egal. Das würde sich alles klären. Ich schaute in meinen Kalender.

»Der erste Termin am Freitag passt mir gut, zeitlich meine ich. Besteht denn die Möglichkeit, die Folgetermine auf morgens oder abends zu legen, Frau Lange? Das könnte ich im Büro besser koordinieren.«

»Ich werde das bei unserer Planung versuchen zu berücksichtigen und Ihnen am 6. Juni Bescheid geben.«

»Vielen Dank.«

»Eines noch: Ihre Behandlungstermine werden sich in das nächste Quartal hineinziehen. Bitte denken Sie daran, dass ich dann eine neue Überweisung benötige.«

»Ja, das schreibe ich mir auf.«

Und damit hatten wir schon die wesentlichen organisatorischen Fragen geklärt und ich setzte mich auf einen freien Stuhl in die zweite Wartezone, die direkt an den Bestrahlungsraum grenzte. Ich war die einzige wartende Patientin in diesem Bereich und hatte mir daher einen Sitzplatz aussuchen können, der mir einen Blick in das Einsatzfeld der Technik ermöglichte. Es gab einen dunklen braunen Vorhang, der dieses hätte verhindern können, doch er war nicht zugezogen. So machte ich einen weiteren Anmeldebereich aus und zwei Umkleidekabinen. Die Angestellten trugen weiße Kittel und lachten miteinander. Das gefiel mir, brachte es doch eine Lockerheit in den Keller, die ich bisher noch nicht beobachtet hatte. Schon nach kurzer Zeit wurde ich aufgerufen und in die Kabine gebeten, um meinen Oberkörper freizumachen. Oben ohne ließ ich mich dann durch den Flur in das Herzstück der Abteilung führen und registrierte ganz nebenbei wieder den schweren blickdichten Vorhang, dieses Mal von der anderen Seite. *Er hat durchaus seine Berechtigung*, dachte ich milde, die Arme schützend um meinen Oberkörper gelegt. Der Weg war zwar nicht weit und obwohl außer uns niemand in der Nähe war, fühlte ich mich ungeschützt und verletzlich mit meinen beiden ungleichen nackten Brüsten. Denn wenn ich vom Wartebereich aus auf diesen Flur hatte schauen können, würde es auch anderen möglich sein.

Die schwere weiße Metalltür, die soeben noch fest verschlossen gewesen war, stand nun weit offen. Ihre Stabilität strahlte etwas Bedrohliches aus. Allem Anschein nach war sie von innen nicht zu öffnen, so dass sich mir Gedanken an einen unterirdischen Hochsicherheitstrakt aufdrängten und ich mich nicht mehr darüber wunderte, dass dieser Bereich tief im Keller des Klinikums verborgen lag. Würde jemand mein Schreien hören, wenn mich eine Panikattacke überfiele? Ein unheimliches Gefühl kroch in mir hoch. Doch ich hatte nicht viel Zeit zum Grübeln. Ich folgte der Assistentin, die mit schnellen Schritten den kurzen Eingangskorridor durchmaß. Dann betrat ich den großen Röntgenraum und das unheimliche Gefühl wich einer erstarrenden Ehrfurcht, einer gehörigen Portion Ausgeliefertsein.

Das fast grelle, kalte und alles beherrschende Weiß dämpfte nicht gerade meine Nervosität, die sich bisher rücksichtsvoll versteckt hatte. Weiße Wände, weiße Schränke, weiße Kissen, weiße Lampen, riesige weiße Apparaturen und weiße Kittel. Kein Bild lockerte die Atmosphäre auf, kein fröhlicher Kalender. Hier stand die Maschine im Vordergrund. Sie bestimmte alles, schien die Herrschaft über Leben und Tod übernommen zu haben. Im krassen Gegensatz dazu wirkte die Stimmung der Mitarbeiter. Inzwischen hantierten drei um mich herum. Sie lachten und tauschten private Neuigkeiten oder Alltagserlebnisse aus. So offen und frei heraus, dass ich mit meinen Ohren und Augen daran teilhaben konnte und mich einen Augenblick lang nicht als Patientin fühlte. Einer von ihnen hatte bereits alles vorbereitet und begrüßte mich herzlich. Auf seine Bitte hin legte ich mich auf die tatsächlich nicht weiße, sondern hellgraue Liege.

»Wir machen heute eine Computertomographie Ihrer Brust in der Position, in der später die Bestrahlungen erfolgen werden. Das bedeutet, dass Sie immer in derselben Position liegen werden, die wir jetzt miteinander vereinbaren.«

Und damit zeigte er mir ein festes weißes Kunststoffkissen in Bananenform, das in seiner ganzen Länge so ausgehöhlt war wie eine Aubergine vor dem Füllen. Dieses legte er ans Ende der Liege.

»Können Sie Ihre Arme über Ihren Kopf in diese Form legen?«

Ich tat, worum er mich bat. Eine leichte Übung.

»Bitte suchen Sie sich jetzt eine bequeme Lage aus, in der Sie jeweils während der ganzen Bestrahlungszeit unbeweglich liegen können.«

Also ruckelte ich noch ein wenig hin und her, um mich gemütlich einzurichten.

»Geht das so?«

»Ja.«

»Dann bewegen Sie sich jetzt bitte nicht mehr. Der Computer rechnet exakt die Position der zu bestrahlenden Fläche aus, wobei er darauf achtet, das umgebende gesunde Gewebe so gut wie möglich zu schonen.«

Da ich mich ja nicht mehr bewegen durfte, nickte ich unmerklich. Anschließend verschwand er aus meinem Gesichtsfeld, kam aber nach wenigen Augenblicken mit einem Handtuch zurück.

»Ich decke Sie jetzt ein wenig zu. Es wird sonst zu kalt. Und für die nächsten Male möchten Sie vielleicht ein eigenes Handtuch mitbringen. Damit können Sie sich dann auch auf dem Weg zur Kabine bedecken.«

Ah, so funktionierte das also.

»Aber natürlich. Das ist eine gute Idee. Das mache ich.«

»Ich verlasse jetzt den Raum, während die Aufnahmen gemacht werden. Aber das dauert nur ein paar Minuten. Dann bin ich wieder zurück.«

Und damit verschwand jegliches Leben aus diesem Raum. Die Metalltür schloss sich automatisch und völlig geräuschlos. Ich lag auf meinem Lagerungsboard, den Fachbegriff las ich irgendwann später nach, wie eine leblose Puppe und verfolgte lediglich mit meinen Augen, wie die

Maschinerie zum Leben erwachte. Geräuschvoll löste sich ein Teil der Apparatur, die im gesamten Oberkörperbereich rechts, links und oberhalb der Liege angeordnet war, und wanderte selbstständig und in gebührendem Abstand um meinen Brustkorb herum. Alles wurde automatisch gesteuert, aufgezeichnet und ausgewertet. Da ich diese Prozedur schon kannte, schloss ich die Augen und entspannte mich.

Meine Gedanken kreisten um die Markierungen, die mir gleich aufgemalt würden. Sie mussten zehn Tage sichtbar bleiben, denn erst dann würde meine Bestrahlung beginnen. Das war eine sehr lange Zeit. Wie haltbar waren die Zeichen? Durfte ich uneingeschränkt duschen? Wie konnte ich gegebenenfalls die aufgezeichneten Kreuze schützen? Durfte ich sie nachmalen? Wie groß würden sie sein? Würde ich allergisch auf die Farbe reagieren?

Mitten in meine Überlegungen hinein fuhr der Tomograph in seine Ausgangsposition zurück und der nette junge Mann tauchte wieder auf und sprach mich sofort an.

»Bitte bewegen Sie sich noch nicht.«

Mit einem Stift in der Hand, trat er auf mich zu.

»Wir müssen noch die Markierungen auftragen.«

Während er an den Geräten herumhantierte und irgendwelche Einstellungen vornahm, legte ich mir meine Fragen zurecht.

»Es wird dreidimensional bestrahlt. Das heißt, Sie erhalten drei Kreuze.«

Ich spürte, wie er unterhalb meiner linken Brust ein Kreuz malte, an der Seite meines Oberkörpers neben der Brust eines und ein letztes über ihr. Seltsame Stellen, dachte ich.

»Die Kreuze bedeuten nicht die Bestrahlungsorte. Mit ihnen kennzeichnen wir ausschließlich die Position der Geräte.«

Ach so. Das erklärte alles. Ich nickte. Mein Betreuer konnte also Gedanken lesen.

»Wie haltbar ist denn diese Kriegsbemalung? Darf ich normal duschen?«

»Die Stifte sind hautfreundlich und trotzdem nicht so leicht abwaschbar. Sie können also ganz normal duschen. Wenn Sie darauf achten, die Zeichen nicht abzurubbeln, kann eigentlich nichts passieren. Weiche Kleidung wäre vorteilhaft, damit die Kreuze tagsüber keiner zu starken Reibung ausgesetzt sind.«

»Alles klar. Das kriege ich hin.«

»Die Farbe wird ein wenig verblassen. Aber das ist nicht schlimm, wir werden sie jedes Mal auffrischen. Bitte tun Sie das selber auf gar keinen Fall.«

»Nein, das werde ich nicht tun. Ich habe die Bedeutung der korrekten Lokalisation verstanden.«

»Noch ein Wort zur Hautpflege. Halten Sie die Brust so trocken wie möglich?«

»Trocken?«

»Ja, trocken. Das hat sich am besten bewährt. Besorgen Sie sich einfaches Babypuder und betupfen Sie die Haut um Ihre Brust herum und besonders die Markierungen mehrfach am Tag damit. Aber natürlich erst, wenn die Bestrahlungen begonnen haben.«

»Ja gut.«

»Und sollten sich doch irgendwelche Hautprobleme abzeichnen, sprechen Sie uns bitte an.«

Ich lächelte dankbar.

»Das werde ich tun. Ich bin ja ohnehin fast jeden Tag hier.«

»Da der Abstand bis zur ersten Bestrahlung relativ lang ist, werde ich Ihnen sicherheitshalber Pflaster auf die Markierungen kleben.«

»Oh.«

»Sind Sie allergisch gegen Pflaster?«

»Ja.«

»Dann nehme ich ein hautfreundliches.«

»Das ist sehr nett. Danke schön.«

Mit diesen Informationen und den eingepflasterten Markierungen versehen, bahnte ich mir den Rückweg durch die grünen Gänge des Klinikums hinaus ins Freie. Ich wusste, irgendwo gab es einen kürzeren Weg, aber ich begnügte mich damit, mir den bereits bekannten einzuprägen, um wenigstens eine Route sicher zu finden. Die Beschilderung war gut. Das war auch notwendig, denn die Gänge erschienen mir wie ein undurchsichtiges Labyrinth. Ähnlich planlos war ich auch schon durch die oberen Etagen geirrt. Es war mir einfach nicht möglich, ein Grundsystem in der Architektur des Klinikums zu finden. Vielleicht war es einfach zu groß. Oder ich müsste einmal ein wenig Zeit für das Studium der Pläne investieren. Wie auf dem Hinweg nahm ich die Treppe. Als ich schließlich den Vorplatz des Krankenhauses überquerte, wartete mein Bus schon mit geöffneten Türen auf Fahrgäste.

Auf dem Rückweg dachte ich über den Taxischein nach. Ich konnte zwischen mehreren Buslinien wählen und der anschließende Fußweg nach Hause betrug maximal fünf Minuten. Also keine schlechten Voraussetzungen, die öffentlichen Verkehrsmittel zu nutzen. Die Parkplatzsituation am Klinikum war immer etwas angespannt und würde wahrscheinlich kaum weniger Zeit in Anspruch nehmen. Blieb noch die dritte Möglichkeit, mit dem Fahrrad zu fahren.

Am Nachmittag erkundigte ich mich bei meiner Krankenkasse über die Rahmenbedingungen einer gesponserten Beförderung. Ich erfuhr, dass der Oberbegriff *Krankentransporte* lautete und ich diese mit dem Taxi durchführen durfte, wobei der größte Teil der Kosten von der Kasse übernommen würde. Ich konnte mir ein Taxiunternehmen aussuchen und mit diesem eine entsprechende Vereinbarung schließen und die Einzelheiten klären. Mit der Endabrechnung nach der Behandlung hätte ich dann nichts mehr zu tun. Das klang doch sehr pragmatisch und kundenfreundlich. Ich war höchst zufrieden. Nach einer Erstattung von Bustickets zu fragen, hatte ich vergessen.

Eine Stunde später fuhr ich mit dem Fahrrad zu einem Taxiunternehmen in der Nähe meiner Wohnung. Dort freute man sich über eine neue Kundin. Die Genehmigung der Krankenkasse, die mir zugeschickt würde, wäre dann noch einzureichen, ansonsten bräuchte ich nur anzurufen und ein Taxi zu bestellen. Das ginge auch sehr kurzfristig. Der Mitarbeiter sprach von höchstens zehn Minuten Wartezeit, was mir sehr sportlich erschien. Nach jeder Fahrt erhielte ich vom Fahrer einen Transportschein, den ich ausfüllen und unterschreiben müsse. Jetzt wusste ich auch, woher der Ausdruck Taxischein kam.

In Gedanken fasste ich zusammen: Jede einzelne Fahrt vom Klinikum bestätigen lassen und nach jeder Fahrt den Taxischein ausfüllen und alle Unterlagen zusammen am Ende zur Krankenkasse schicken. Das sollte ich ja wohl noch hinkriegen.

Meine Kriegsbemalung hatte ich mir wesentlich kleiner vorgestellt. So maß jedes Kreuz zwischen fünf und sieben Zentimetern im Durchmesser, wobei nur das Fadenkreuz entscheidend war, wie ich vermutete. Alle befanden sich an einer wäsche-ungünstigen Stelle. Ich hatte sie mir zu Hause genau angeschaut und dabei festgestellt, dass die Art der BHs, die ich trug, höchstwahrscheinlich wie Radiergummis wirken würde. Alle lagen im verstärkten Rand- oder Trägerbereich der Halter. Hm. Auf keinen Fall durfte ich auf dieses Kleidungsstück verzichten, da ich es seit der Operation sogar nachts trug, um die Wunde zu schonen. Wie also konnte ich die Markierungen angemessen schützen, sobald die Pflaster entfernt worden waren?

Ich war überaus glücklich darüber, dass das normale Duschen ohne lästige Verhüllungsaktionen möglich war. Denn es war Sommer und recht warm, da wollte man eher mehrmals täglich duschen als darauf zu verzichten. So fuhr ich nach meinem Besuch beim Taxiunternehmen gleich weiter in die Innenstadt und ging geradewegs in die Wäscheabteilung eines großen Kaufhauses. Bustiers schienen nicht gerade modern zu sein. Auf jeden Fall brauchte ich die Hilfe einer Verkäuferin, um sie zu finden. Und tatsächlich, die Auswahl war mäßig, aber ausreichend für meine Zwecke. Ich fand ein Modell, das von einem breiten und doppelt gelegten weichen Bündchen umrundet und völlig ohne Verschluss gearbeitet war. Perfekt. Bei großer Hitze würde der Rand zusätzlich noch den Schweiß aufsaugen, also einen doppelten Schutz für die Markierungen bieten. Ich war zufrieden.

In den letzten zehn Tagen vor dem Beginn meiner Bestrahlung genoss ich den Alltag, weil ich mich körperlich schon wieder fit fühlte. Und ich genoss ganz bewusst meine Chance zur Heilung. Denn es lag nicht nur der nächste Schritt im Behandlungsprozess vor mir, sondern auf mentaler Ebene auch der Besuch bei meiner Familie.

Ich kann mich nicht mehr an den Aufhänger erinnern, aber in dieser Zeit liefen etliche Kriegsfilme, also Streifen aus dem zweiten Weltkrieg und der Zeit danach. Früher hatte ich viele solcher Filme gesehen, im Fernsehen wie auch im Kino. Irgendwann hatte ich beschlossen, mich mit dieser Thematik nicht mehr zu beschäftigen. Sie belastete mich zu sehr und ließ mich nicht schlafen. Und die detailliert dargestellten Gräueltaten widerten mich an. Vielleicht war die Tatsache, dass das Leben einer Frau, dargestellt aus weiblicher Perspektive, im Mittelpunkt dieses Filmes stand, dafür verantwortlich, dass ich mich in der Geschichte verfing und nicht rechtzeitig ausgeschaltet hatte. Ich erinnere mich an keine Details, nur noch an den Mut und den starken Willen dieser Frau, die gegen die Ungleichbehandlung in der vorherrschenden Männerwelt ankämpfte. Der Film hinterließ eine große Beklemmung in mir. Es war immer wieder die Ungerechtigkeit, die mich niederdrückte. Wie schwer es den Frauen selbst in unserer Kultur gemacht wurde, ein eigenes freies und selbst bestimmtes Leben zu führen. Auch ich hatte diese Zwänge noch bei meiner Mutter erlebt. Und immer wieder war es die Macht, die die Menschen verführte, andere zu unterdrücken.

Bei Louise Hay hatte ich zum ersten Mal von einer positiven und gewünschten Macht gelesen. Es war nicht die Macht über jemand anderen, sondern die in sich selber. Die eigene Stärke. Eigene Überzeugungen zu entwickeln und zu leben, auch gegen Widerstände. Um glücklich zu sein, aus sich selbst heraus. Ich war nie stark gewesen. Im Elternhaus durfte ich nicht stark sein, höchstens, wenn es ins System passte. Darunter hatte ich immer gelitten, doch niemand hatte es gemerkt. Ich hatte so viel erduldet. Still und allein. Vielleicht wurden in solchen Filmen unergründliche Erinnerungen in mir wach, dass ich so stark und lange nachempfand? Ich schreibe das alles nicht auf, um zu jammern, sondern um mich selber zu verstehen. Um die Strukturen meiner Seele zu begreifen oder wenigstens einen Hauch Erkenntnis zu gewinnen.

Wenn mich mein Krebs einige Jahre früher bedrängt hätte, wäre ich ihm wohl erlegen. Weil ich nicht die Kraft gehabt hätte, ihn so anzunehmen, wie ich es jetzt konnte durch einen anderen inneren Weg. Einen Weg der mentalen Stärke und nicht des Rückzuges. Ja, ich bin sicher, ich hätte mich zurückgezogen. So wie ich es immer aus Eigenschutz getan hatte, um einen kleinen Rest von mir nicht aufzugeben. Mein Tod wäre der Preis gewesen für Rückzug und Aufgabe. Und zwar die Aufgabe meiner eigenen Person. So war ich wohl in diese Familie hineingeboren worden, um meine eigene Kraft und Macht zu finden. Ein paar starke Gegenspieler hatte ich mir da schon ausgesucht. Vielleicht brauchte ich sie, um aufzuwachen.

Ich wusste inzwischen, dass ich dankbar sein durfte für diese Geste des Gegenwindes. Dennoch war es sehr schwer, derartige Gedanken zu verinnerlichen und das manchmal unverständliche oder harte Verhalten der anderen als Geschenk anzunehmen. Doch beinhaltete es die Chance, die Verantwortung für mich selber zu finden. Diese Kraft wollte ich aufbauen.

Gelegenheiten, Grenzen zu setzen, erhielt ich schon in den nächsten Tagen. Grenzen, die mich selber schützten und nicht die anderen. Die ersten zögerlichen Veränderungen wurden in den Telefonaten mit meiner Familie deutlich. Wegen des bevorstehenden 90. Geburtstags meines Vaters gab es einige organisatorische Fragen zu klären. Da meine Krankheit grundsätzlich in zwei Sätzen abgehakt war, bot dieses aktuelle Thema einen guten Aufhänger für längere Gespräche. Die Gästeliste stand glücklicherweise seit Wochen fest. Wer von der Familie hatte welche Aufgaben an diesem und dem Folgetag zu übernehmen? Wie wurden die Fahrgemeinschaften zum Restaurant und anschließend zum Café zusammengesetzt? Wurde nicht erwartet, eine kleine Einlage vorzutragen? Ein Lied? Ein Gedicht? Eine Geschichte? Das Familiendrama in all seiner verzwickten Komplexität lief auf Hochtouren. Ausgesprochene und unausgesprochene Vorwürfe, gefühlte Ungerechtigkeiten, unerfüllte Erwartungen und nicht vergessene Erfahrungen waberten ziellos durch die Atmosphäre mit dem alljährlichen Ergebnis, dass die Freude über das hohe Lebensalter unseres Vaters im trüben Dunst der Nichtigkeiten versank.

Es gelang mir zusehends besser, mir all das mit wenig innerer Anteilnahme anzuhören. Endlich erkannte ich, dass dieses Familienmuster nur dem einen Selbstzweck folgte, das Ego der Einzelnen zu bedienen. Während ich mir früher viele Gedanken darüber gemacht hatte, wem ich in welcher Situation helfen konnte, zog ich mich jetzt auf meinen

Besucherstatus zurück. Ich würde an der Feier teilnehmen. Punkt. Das allein war mein Entgegenkommen in diesem Jahr für diesen Tag. Mehr wollte ich nicht anbieten. Mehr wollte ich auch meiner Gesundheit nicht zumuten, wobei ich die Fahrt von zweihundert Kilometern als belastend genug einstufte.

Und wieder wurde mir aus dem Freundeskreis Hilfe angeboten. Damit die Anstrengungen an diesem Tag nicht zu groß für mich würden, schlug meine Freundin Naomi vor, mich am Abend wieder nach Hause zu fahren. Es war das Pfingstwochenende und sie würde die Feiertage dann gerne bei mir verbringen und sich endlich ein wenig um mich kümmern können. Naomi wohnte mit ihrer Familie nur wenige Kilometer von meinem Heimatort entfernt, so dass sie sich am Abend schnell von ihrem Mann zum Ort der Feierlichkeiten bringen lassen konnte. Als ich meinem Vater davon erzählte, lud er sie und ihren Mann spontan zum Kaffeetrinken ein. Darüber freute ich mich sehr und erinnerte mich daran, dass die Gastfreundschaft in meinem Elternhaus immer eine große Bedeutung gespielt hatte. Es war stets ein offenes Haus gewesen, nicht nur für uns Kinder, später die Enkelkinder, sondern auch für Freunde, Nachbarn, Mitglieder der Kirchengemeinde und Bekannte. Alle durften auch unangemeldet kommen. Niemand wurde je abgewiesen. Was ich immer besonders wohltuend erlebt hatte, war die Tatsache, dass außer bei großen Feiern, alles ruhig und gelassen ablief. Meine Eltern blieben gelassen, auch wenn der Kühlschrank gerade nichts Präsentables hergab oder kein Bier im Haus war. Es wurde angeboten, was zur Verfügung stand und das gerne. Wenn etwas fehlte, ließ sich das halt nicht ändern. Meinen Freunden hatte ich es immer so umschrieben: Wer meine Eltern besuchte, lebte ein Stückweit ihr Leben mit, ganz undramatisch und unkompliziert.

Naomi sagte der Einladung zum Kaffeetrinken sofort zu. Sie war neugierig auf meine Familie und freute sich, sie kennenzulernen. Und mein Vater freute sich auch, als ich ihm ihre Zusage mitteilte. In jedem unserer Gespräche spürte ich, dass er sich Mühe gab, Normalität und Frieden zu finden. Seit dem Tod unserer Mutter hatte er sich total in sich zurückgezogen und fast aufgehört zu sprechen. Das war nun sechs Jahre her. Da emotionale Worte noch nie seine Sache waren, wunderte ich mich sehr, als er sagte:

»Ich finde es gut, dass du wieder mit Sabine sprichst.«

Mehr bekam er nicht heraus. Aber es war genug, um mir zu verdeutlichen, wie sehr unsere schweigsamen drei Jahre auf seiner Seele gelastet haben mussten. Sofort tat mir der alte Mann über alle Maßen leid, da ich ihm gewünscht hätte, seine letzten Lebensjahre freudvoll und ohne Seelenlast zu verbringen. Doch war auch er kein unerheblicher Teil der Familiengeschichte. So gelang es mir, ein paar schlichte Antwortsätze zu sagen. Dabei spürte ich, dass ich meinem Ziel, zu vergeben und loszulassen, einen kleinen Schritt nähergekommen war. Es kam also einiges in Bewegung. Auch die Telefonate mit Sabine wurden immer lockerer. Sie beinhalteten zwar ausschließlich Alltagsangelegenheiten, aber wenigstens war darüber ein Austausch möglich geworden, so dass ein unproblematisches Zusammentreffen auf dem Geburtstag unseres Vaters Erfolg versprach.

Die Affirmation

Mein erster Bestrahlungstermin rückte näher. Seit meiner Brustoperation waren zwei Monate vergangen, und es drängte mich, den nächsten Schritt hinter mich zu bringen, um zu einem Abschluss zu kommen. Die Markierungen waren immer noch von Pflastern geschützt. Seltsamerweise vertrug ich diese gut, zum ersten Mal in meinem Leben. Nichts juckte oder brannte. Normalerweise bereiteten mir auch hautfreundliche Pflaster schon nach wenigen Tagen Probleme. Jetzt spürte ich gar nichts. Sollten meine Affirmationen Früchte tragen?

Beim Duschen gab ich mir viel Mühe, mich nicht über Gebühr einzuschäumen, damit die Pflaster durchhielten. So stand ich mehr neben dem Wasserstrahl als darunter. Dennoch war ich glücklich. Auch die Anschaffung meiner Bustiers hatten sich als sinnvolle Investition erwiesen. Sie waren nicht nur angenehm im Tragen, sondern auch weich und anschmiegsam, so dass die Pflasterränder nur ein wenig fransig und aufgerollt waren, als ich am Mittag des 6. Juni im Bus zum Klinikum saß. Ich war nervös. Zum ersten Mal im Verlauf meiner Erkrankung hatte mich eine außergewöhnlich große Unruhe beschlichen, die wie ein Wurm durch meine Eingeweide kroch, langsam und unerschrocken. Ich versuchte, eine brauchbare Erklärung für diese in meinen Augen grundlose Sorge zu finden, was mir jedoch nicht so richtig gelingen wollte. Das war seltsam. Bei aller Suche konnte ich nur den Zipfel einer Emotion erwischen und mit ihr den Hauch von, ich möchte es mal Verlorensein nennen. Nicht in dem Sinne, dass ich glaubte, zum Schafott geführt zu werden, also keine Chance oder Zukunft zu haben, das nicht. Es ging mehr in die Richtung von Isolation und Einsamkeit. Das verstand ich nicht, denn ich fühlte mich begleitet und getragen von meinen lieben Freunden und vom Himmel sowieso. Wieder hatten mich in den letzten Tagen Ansichtskarten mit guten Wünschen für die Strahlentherapie und viele Telefonate erreicht. Es war ein so gutes Gefühl, das ich jetzt in mich aufsog und festhielt, um die Turbulenzen in meinem Magen einzudämmen.

Angst vor der eigentlichen Bestrahlung hatte ich nicht. Wenn ich es kraft meiner Gedankenstärke geschafft haben könnte, nicht allergisch auf die Pflaster zu reagieren, konnte es mir auch gelingen, die heilenden, aber gleichzeitig auch zerstörerischen Strahlen ohne Probleme zu überstehen. Ich zweifelte keineswegs an dieser Theorie. Mit einem starken Bewusstsein war alles möglich. Das wusste ich seit langem. Nur so machte für mich der Satz aus der Bibel *Der Glaube kann Berge versetzen* überhaupt einen Sinn. Meine Zweifel betrafen lediglich mich selber. Besaß ich schon die innere Kraft, diesen tiefen Glauben an meine eigene Stärke? Seit Tagen konzentrierte ich mich in meinen Meditationen darauf, alle negativen und angstvollen Gedanken bezüglich meiner Behandlung durch bejahende und annehmende Betrachtungen zu ersetzen und im Folgeschritt diese mit liebevollen Gefühlen einzuhüllen und fest zu verankern. Es kostet Kraft, sein Bewusstsein zu verändern, sich von alten Mustern zu lösen, die so vertraut und fest auf Negativem stehen. Lieben wir es, mit der Angst zu leben? Sie gehört zu uns wie unsere Haut. Sie umfasst unser gesamtes Ich und ist so normal geworden, dass die Angstfreiheit als Lebensziel weder gelehrt noch in unserem Denken verankert ist. Und wenn sich die

Angst sichtbar an die Oberfläche wühlt – und unsere Arzt- und Beratungspraxen zeigen uns sehr deutlich ihren langen Atem – versuchen wir, sie mit allen Mitteln zu verdrängen, anstatt sie zu identifizieren und zu überwinden. Stattdessen lenken wir uns ab und flüchten gerne in die Scheinwelten der Unterhaltungsindustrie, in Gewalt oder in den Konsum, um uns anerkannt, geliebt und nicht mehr klein zu fühlen. Doch die Befriedigung ist meist kurz und oberflächlich, so dass die Karussellfahrt mit der Angst durchaus ein lebenslanges Possenspiel werden konnte.

Ich bin überzeugt davon, dass wir Ängste, und für mich sind sie die Grundlage all unserer Probleme, nur durch eine Bewusstseinsveränderung loslassen können. Aber diesen schweren und für viele auch ungewöhnlichen oder gar unbekannten Weg mögen die Wenigsten beschreiten. Mir fällt immer wieder auf, dass wir Menschen nicht gerne etwas Neues hören möchten, sondern am liebsten unser eigenes Echo. Oft selbst dann, wenn wir im tiefsten Inneren vom Gegenteil unserer Einstellung überzeugt oder auch sehr verzweifelt sind. Wohin führten mich diese Überlegungen in meiner jetzigen Situation?

Es war mir gelungen, einer neuen Gelassenheit mehr und mehr Raum in meinem Dasein einzuräumen. Immer noch arbeitete ich täglich daran, mich selber in vollem Umfang anzunehmen und zu lieben, meiner Familie zu vergeben und mich vom negativen Denken zu befreien. Denn ich wollte gesund werden. Und ich wollte auch angenehm und schmerzfrei durch die Strahlentherapie gelangen. Ich beschäftigte mich intensiv mit den heilenden und kräftigenden Strahlen, die 28 Mal meinen Körper durchbohren würden. Nein, nicht durchbohren, sagte ich mir beispielsweise, sondern mit heilender Energie durchfluten. Einige Minuten lang von verschiedenen Seiten aus und mit enormer Kraft. Ich befasste mich auch mit der Frage, worauf ich meine Gedanken lenken konnte, während ich in dem kalten, von Technik beherrschten Raum läge. Immer wieder schoben sich wie selbstverständlich negative Worte und Zweifel in den Vordergrund.

Hoffentlich treffen die Strahlen auch die richtigen Stellen? Haben sich die Markierungen wirklich nicht verschoben? Wie viele gesunde Zellen werden wohl zerstört? Wie schlimm ist das in einer Brust? Ich muss aufpassen, mich nicht zu erkälten, denn ich darf nicht niesen. Ich darf auf keinen Fall niesen! Und wenn es doch passiert? Oder wenn ich husten muss?

Manchmal bemerkte ich sofort, wenn mein Geist in diese Niederungen abdriftete. Dann konnte ich früh genug einlenken. Andere Male war ich so tief in meine Ängste eingetaucht, dass es mir äußerst schwerfiel, solche Gedanken zu identifizieren und zu korrigieren. Doch ganz langsam wuchs in mir die Sicherheit, dass ich auch die Bestrahlungen mit verhältnismäßig großer Leichtigkeit überstehen würde. Emotional und physisch. Und die Unruhe, die mich jetzt auf meiner Fahrt zur ersten Therapieeinheit erfasst hatte, ordnete ich als Anfangsnervosität ein, die ich mir auch zugestehen wollte.

Ich schlich durch die Gänge des Klinikums, grüßte hin und wieder einen weiß gekleideten Angestellten und sah schon aus einigen Metern Entfernung, dass der Wartebereich für uns Strahlenpatienten relativ leer war. Frau Lange saß an ihrem Platz hinter der offenen Fensterluke. *Dokumentation Krankenbeförderung* stand auf dem Zettel, den ich ihr zuschob, *Bescheinigung der Krankenbeförderung zur Strahlentherapie.* Das Datum hatte ich bereits eingetragen, 06.06.2014, ebenso den Bus als Beförderungsmittel für Hin- und Rückfahrt. Gut gelaunt setzte sie ihr Unterschriftskürzel und einen Stempeldruck in die entsprechenden beiden Spalten. Damit war das Organisatorische schon erledigt.

»Ihre nächsten Termine ab Dienstag nach Pfingsten werden jeweils um 08.15 Uhr sein.«

Frau Lange lächelte. Und ich konnte es kaum glauben.

»Das ist ja fantastisch. Die beste Zeit, die überhaupt möglich ist. Das macht für mich alles einfacher. Ich danke Ihnen vielmals.«

Und mit einem strahlenden Gesicht durfte ich sofort in das Herzstück der Abteilung weiter durchgehen. Wieder blieb ich bei der Anmeldung stehen und nannte meinen Namen. Es war derselbe junge Mann, der mich bei meinem letzten Besuch so nett betreut hatte. Er erkannte mich sofort wieder, hakte mich auf seiner Computerliste ab und bat mich in die Umkleide. Ich machte meinen Oberkörper frei und wickelte mich zufrieden in meinen Badeschal. Dann wurde ich aufgerufen.

»Sie dürfen sich auf ihr Handtuch legen«, sagte er und blieb neben der Liege stehen. Ich befolgte seinen Rat.

»Bitte legen Sie Ihre Arme über den Kopf.«

Sie landeten in der halbierten Banane, die ich bereits vom letzten Mal kannte. Mit kurzen schnellen Rucks befreite er mich von meinen Pflastern, noch bevor mir die Prozedur bewusst wurde.

»Das sieht ja sehr gut aus. Keine allergische Reaktion.«

Ich nickte. »Ja, darüber bin ich auch sehr froh.«

Kaum auszudenken, schon mit angegriffener Haut eine Bestrahlungstherapie beginnen zu müssen. Der Assistent fischte seinen blauen Stift aus der Tasche und zog mit ebenso schnellen Bewegungen die Kreuze auf meinem Oberkörper nach.

»Können Sie noch ein wenig nach unten rutschen?«

Aber ja. Ich tat, wie mir geheißen.

»So ist gut. Jetzt bitte nicht mehr bewegen.«

Dann verschwand er aus meinem Blickfeld und hantierte irgendwo herum. Ich hörte das Rascheln seines Kittels und das Knistern von Papieren. Dann erschien eine zweite Person im Raum, eine Frau mit energischer Stimme.

»Guten Morgen«, sagte sie laut.

»Guten Morgen«, wiederholte ich, ohne mich zu rühren, während meine Augen kreisten, um einen Blick auf sie zu erhaschen. Ich kam mir vor wie eine Eule. Die Frau hatte dunkle Haare, zu einem Pferdeschwanz zusammengebunden. Sie kam an meine Liege und justierte die Geräte. Dann packte sie rechts und links meine Schulter, sagte »Jetzt nicht bewegen« und schob mich ein winziges Stück nach links. Wie eine Puppe ließ ich alles mit mir geschehen. Was sollte ich auch sonst tun? Mich beruhigte die Sorgfalt, mit der ich gebettet wurde, enorm. In ihr kam eine Ernsthaftigkeit zum Ausdruck, die Sicherheit ausstrahlte und mir das Gefühl gab, in erfahrenen Händen zu sein.

»So ist gut.«

Als sie fertig war, legte mir ihr Kollege wieder ein Handtuch über meinen nackten Oberkörper. Eine Geste, für die ich ihm zum zweiten Mal sehr dankbar war. Okay, lernte ich, für das nächste Mal waren also zwei Handtücher angesagt.

»Ab jetzt bitte wirklich nicht mehr bewegen«, sagte die Frau von irgendwoher. »Wir verlassen jetzt den Raum, während das Gerät arbeitet. Bitte bewegen Sie sich auch noch nicht, wenn wir wieder zurückkommen, und warten Sie auf unser Okay.«

»Ist gut«, antwortete ich und war allein. Es war ein seltsames Gefühl. Irgendwie kam ich mir ausgeliefert vor. Zum einen der technischen Apparatur. Aber zum anderen vor allem den räumlichen Gegebenheiten. Wurde ich durch eine Kamera oder ein unsichtbares Fenster beobachtet? Die ganze Zeit? Würde jemand bemerken, wenn mich eine Panikattacke überfiele und ich von der Liege hopste? Oder würden sie das nur an den veränderten Daten erkennen? Welche Möglichkeiten hätte ich in einer solchen Situation? Wie könnte ich den Raum verlassen? In meinem Kopf drehten sich die Gedanken, während die Maschinerie ansprang und eine riesige

Schaufel am Ende eines schwenkbaren Armes in Etappen um meinen Körper herumwanderte. Trotz oder vielleicht auch wegen dieser automatisierten Beweglichkeit erschien mir alles starr und statisch. Ein wenig roboterhaft. Bei der Herstellung dieser Maschine hatte wohl allein die Effektivität im Vordergrund gestanden und nicht der Komfort, denn das Gerät dröhnte ziemlich laut und unmelodisch in meinen Ohren. Ich atmete tief durch, die einzige mir gestattete Bewegung neben dem Kreisen meiner Augäpfel. Plötzlich hielt die Maschine an und das Rattern wurde durch ein noch lauteres dunkles Tuten unterbrochen. Dieses Geräusch hatte ich bei meinem letzten Besuch bereits im Wartebereich gehört, aber nicht zuordnen können. Jetzt vermutete ich, dass die Strahlen schossen. Ohne Uhr gelang es mir nicht einzuschätzen, wie lange eine solche Einheit dauerte? Wenige Augenblicke oder ein paar Minuten? Ich kann nur sagen, mir kam es lang vor. Dann ratterte der Arm geräuschvoll weiter zu seiner nächsten Position, wo wieder dieses beängstigende Dröhnen einsetzte. Ich hatte mich nie durchringen können, mitzuzählen, wie oft der Apparat seine Stellung veränderte. Im Grunde genommen spielte es auch keine Rolle.

Nachdem mir der Ablauf ein wenig vertraut war, versuchte ich mich zu entspannen und rief mir meinen Plan in Erinnerung, diese Minuten ganz bewusst anders zu füllen. Auf keinen Fall mit nagenden Fragen! Ich schaute an die Decke, dem krassen Gegensatz zur emotionslosen Mechanik um mich herum. Fast könnte man einer Sinnestäuschung erliegen und tatsächlich glauben, in einen strahlend blauen Himmel zu schauen, der mit wenigen weißen Kumuluswolken der Sonne reichlich Platz bot, alles unter ihr zu erwärmen, anstatt in einem dunklen Kellertrakt zwei Stockwerke unter der Erde zu liegen. Auch die Blätter eines gefächerten Zweiges waren sichtbar, so dass die Vision nahegelegt wurde, unter einem Baum zu liegen und in den Sommerhimmel zu schauen. Mir gefiel dieses von innen beleuchtete Deckenbild ausgesprochen gut. Es bot mir die Möglichkeit zu fliegen und in andere Sphären zu driften. Ich nahm das Angebot liebend gern an, mich für einige Minuten von der Realität abzulenken, wandelte jedoch die Sonnenstrahlen ein wenig um. Ich passte sie meinen Bedürfnissen an und begann, den folgenden Satz zu denken:

Goldene Sonnenstrahlen durchfluten meinen Körper. Es sind die Energiestrahlen Gottes, die jede Zelle meines Körpers berühren, sie ausfüllen und heilen. Danke.

Wie ein Mantra wiederholte ich die Sätze immer und immer wieder und ließ sie durch meinen Körper fließen. Und ich lächelte dabei. Zum einen weil ich mich wirklich freute, diesen Weg der Heilung gefunden zu haben, und zum anderen weil ich an die Wechselwirkung zwischen Körper und Geist glaube.

Und dann war es vorbei. Die große Schaufel links von mir wanderte geräuschvoll um meinen Körper herum in ihre Ausgangsposition auf der rechten Seite zurück. Ich hatte es geschafft. Das erste Mal war überstanden und mit ihm auch alle Unsicherheiten des Unbekannten. Ich hatte weder geniest noch gehustet und es hatte mich auch an keiner Körperstelle gejuckt. Die starre Lage mit den über dem Kopf liegenden Armen stellte auch kein Problem für mich dar, wenn ich es mir einmal gemütlich eingerichtet hatte. Und der Sonnenhimmel half mir, die Strahlen virtuell umzuwandeln.

Kurz nachdem die Technik zur Ruhe gekommen war, vernahm ich schon die Stimme der Assistentin.

»Bitte noch nicht bewegen.«

Sie ging zu dem Rechner auf dem Sideboard rechts von mir. Ich hörte nur leise Klicks und reimte mir zusammen, dass sie das entsprechende Programm ordnungsgemäß beendete. Dann kam sie zu mir.

»Jetzt dürfen Sie die Arme herunternehmen.«

Sofort entfernte sie die Schale über meinem Kopf und half mir beim Aufrichten. Ich schmunzelte innerlich.

Am Abend schrieb ich ein Gedicht.

Strahlen

Der Himmel ist bestechend klar
wie jede Hoffnung vage
und Schäfchenwolken bauschig, nah.
Mein Kopfteil drückt in dieser Lage.

Ich blinzel durch die Birkenblätter,
um mich herum ist's klinisch kalt.
Muss träumen mich ins Sommerwetter
als unbewegliche Gestalt.

Der Himmel ist ein Viereck bloß,
genug zum Meditieren,
wo Sonnenstrahlen burschikos
die künstlichen kaschieren.

Welch guter Geist schuf dieses Bild,
das täglich mich erfreut
und meinen Wunsch auf Leben stillt
beim Strahlentherapeut?

Die Familie

Ich stellte mir die Frage, was das Leben für mich gerade jetzt bedeutete, konfrontiert mit meiner lebensbedrohenden Krankheit. Während ich als junge Frau eine stabile Liebesbeziehung, gute Familienverhältnisse und ein sicheres Auskommen in den Vordergrund gestellt hätte in der Gewissheit, daraus Glück und Zufriedenheit zu schöpfen, erschienen mir inzwischen übergeordnete und innere Zustände von größerer Bedeutung zu sein. Zum Beispiel war ich überzeugt davon, dass nur das Gute und Edle in uns eine Beziehung zum Himmel aufzeigte, auch wenn diese Tatsache nicht permanent in unser Bewusstsein drang. Verkümmerte diese Verbindung, war meiner Meinung nach keine Zukunft möglich. Für nichts und niemanden.

Ohne mir darüber im Klaren zu sein, hatte ich immer nach einer Weltanschauung gesucht, die im Geist stark und frei machte. Die Zusammenhänge aufzeigte, ohne Verhaltensvorschriften zu gebieten. Die eine enge Verbindung schaffte zwischen Wissen und Erfahrung, also zwischen Kenntnis und Erkenntnis. Denn nur eine empfundene Erfahrung veranlasste uns zu lernen, umzudenken oder anders zu handeln.

So hieß Leben für mich jetzt in erster Linie, die Bedeutung des eigenen seelischen Wachsens zur Kenntnis zu nehmen und wertzuschätzen. Es hatte Einfluss auf alles andere und war die Grundlage meiner Existenz, weil nur sie eine Entwicklung ermöglichte. Leben hieß Wachsen. Und Wachsen hieß Veränderung. Warum musste ich 60 Jahre alt werden, um dieses Grundprinzip zu verinnerlichen? Es wirkte im Großen wie im Kleinen, im Außen ebenso wie im Innen. Auf diese Weise betrachtet war jede Veränderung eine Entwicklung, die in meiner Verantwortung lag. In meiner Außenwelt war dieser Gedanke Normalität. Mit großer Selbstverständlichkeit traf ich täglich Entscheidungen, ordnete sie ein und berichtigte sie, wenn nötig. Aber in meinem Innenleben war ich lange Zeit weit von all dem entfernt gewesen. Einmal erwachsen geworden, hatte ich mich wie die meisten Menschen für eine fertige Persönlichkeit gehalten. Sicher nicht immer perfekt oder pflegeleicht, aber doch ganz akzeptabel und den Mitmenschen zumutbar.

Über all diese Dinge dachte ich nach, als ich zum Geburtstag meines Vaters fuhr. All das machte ich mir bewusst, um diese erste und wichtigste Hürde zu nehmen auf dem Weg zu meiner psychischen Heilung. Auf meine Familie zuzugehen mit offenem und liebendem Herzen. Mich ihnen zugehörig zu fühlen, obwohl uns so wenig verband. Sie ohne Wenn und Aber als Teil von mir, als meine Familie anzuerkennen. Würde mir dieser Schritt gelingen? Wie konnte ich mich darauf vorbereiten? Ich wusste es nicht. Ich wusste nicht, was mich erwartete. Ich wusste lediglich, dass 90 Jahre ein langes Leben hieß, in dem es uns beiden nicht gelungen war, nah zueinander zu rücken. Doch vielleicht war dieses Begehren auch eine einseitige Angelegenheit und nur ich wünschte mir eine tiefere Beziehung? Ich erkannte, dass meine eigene Messlatte stets zu hoch gehangen hatte. So war ich immer von dem Wunsch beseelt gewesen, die anderen mögen sich ebenso Harmonie und echte tiefe Beziehungen wünschen wie ich. Sicherlich eine verständliche Hoffnung. Auch eine berechtigte als

Tochter und Schwester. Aber funktionierte das Leben auf diese Weise? All diese Gedankenspiele führten mich zu einer Familienhürde zurück, die ich in mir selber aufgebaut hatte. Vielleicht geschah das aus dem einfachen Grunde, weil ich nur diese selber abzutragen vermochte. Und damit wollte ich heute beginnen.

Ich fuhr mit dem Auto ins Münsterland, meiner alten Heimat. Es war Pfingstsonntag. Die Straßen waren noch leer, denn die Pfingsturlauber hatten ihr Ziel bereits erreicht und die Tagesreisenden schliefen noch. Ich hatte mich zum späten Vormittag angemeldet und rechnete mit guten zwei Stunden Fahrt. Da ich erst eine Bestrahlungseinheit hinter mir hatte, ging es mir gesundheitlich gut, so dass ich die Fahrt in vollen Zügen genoss. Wie so oft verließ ich auch an diesem Tag die Autobahn viel früher als nötig, denn ich liebte die Landschaft des Münsterlandes und nahm mir wenn möglich die Zeit, einige Kilometer über Land zu fahren. Der Wechsel zwischen den sattgrünen Wiesen, Feldern und kleinen Wäldchen, verbunden mit bequemen asphaltierten Radwegen, den ordentlichen Bauerngehöften, oftmals von alten Kastanienbäumen umsäumt und durch lange Zufahrten mit den Hauptstraßen verbunden, all das weckte viele schöne Erinnerungen. Und es öffnete mein Herz auf eine Art und Weise, für die ich nur schwer Worte fand. Jeder fest verwurzelte Mensch würde wahrscheinlich ohne Zögern den Begriff Heimat nennen und damit einen ganzen Strauß an Geborgenheitsgefühlen einschließen. Ich war mir jedoch noch nie eines starken Heimatgefühls bewusst gewesen, unabhängig davon, wo ich gewohnt hatte. Natürlich waren mir die Orte, in denen ich gelebt hatte, ans Herz gewachsen. Auch hatte ich mich überall ausgesprochen wohl gefühlt. Dennoch würde ich behaupten, dass in mir nie das Gefühl einer tiefen Verwurzelung gewachsen war, welches es mir zum Beispiel unmöglich machte, wegzuziehen. Vielleicht lag dieser

Umstand an der Tatsache, in einer Flüchtlingsfamilie groß geworden zu sein, in der die Themen Trennung und Vertreibung stets präsent gewesen waren. Oder an der Begleiterscheinung, dass die Verwandtschaft nie greifbar gewesen war, weil sie verstreut in der ganzen Republik lebte, je nach dem, wohin es sie nach dem Krieg verschlagen hatte. Vielleicht aber auch an der Tatsache, dass es mich selber schon früh in die Welt hinausgetrieben hatte. Oder doch an meinen komplizierten inneren Strukturen.

An diesem Tag jedoch hatte ich andere Dinge im Kopf. So sog ich alle Empfindungen von Geborgenheit und Verbundenheit unbekannter Herkunft in mich auf. Ein Lächeln breitete sich in meinem Herzen aus und ich versuchte, dieses Lächeln auf meine heutigen Ziele zu übertragen. Ganz bei mir zu sein, hatte oberste Priorität. Ich wollte aus meinem Inneren heraus präsent sein und leuchten. Nur für mich selber. Und unabhängig von allen Erfahrungen, die mich jahrzehntelang geknebelt hatten, wollte ich auf jeden Einzelnen offen und ehrlich zugehen und all das mit Freude annehmen, was sie mir schenken wollten an Nähe, Anteilnahme oder Herzlichkeit. Vor allem aber wollte ich nichts vermissen, was nicht kommen würde.

Als ich mein Elternhaus erreichte, war ich aufgefüllt mit Zuneigung und Dankbarkeit, mit Gelassenheit und Ruhe. Und vor allem mit viel innerer Stärke. Der Eingangsbereich war geschmückt; eine goldene 90 strahlte über der Tür. Ich betrat das Haus wie gewohnt durch die Hintertür und begrüßte bereits auf der Terrasse das Geburtstagskind und einen Teil seiner Geschwister, deren Anwesenheit ich bereits an den Autokennzeichen abgelesen hatte. Auch sie waren in die Jahre gekommen. Meine Tanten kamen mir nicht mehr entgegengelaufen wie früher, jetzt blieben sie auf ihren Stühlen sitzen und ich beugte mich zu ihnen hinunter. Sie waren unbeweglicher geworden und litten unter diversen gesundheitlichen Problemen wie auch mein Onkel. Das war etwas ungewohnt, aber ich hatte sie auch alle lange nicht gesehen. Mein Vater als Ältester von den Geschwistern machte auf mich einen sehr rüstigen Eindruck. Er freute sich über meinen Besuch und ich gönnte ihm dieses Fest von Herzen, wusste ich doch, dass er solche Feiern immer geliebt hatte.

Meine Schwester traf ich in der Küche an. Drei Jahre hatte die Sprachlosigkeit zwischen uns gedauert und es waren erst wenige Monate vergangen, seitdem wir wieder miteinander telefonierten. Jetzt begegneten wir uns persönlich und ich spürte eine große Verunsicherung bei ihr. Auch ich war nicht ganz unbefangen, gab mir jedoch viel Mühe, locker und möglichst unbeschwert auf sie zuzugehen. So war bereits nach der Begrüßung der Bann gebrochen und uns beiden klar, dass wir den Tag in Frieden und gutem Miteinander verbringen würden. Für mich war das der erste Meilenstein, den es an diesem Tag zu bewältigen galt. Ich verwendete all meine Kraft darauf, die Behinderung meiner Schwester als einen Teil von ihr zu sehen, als einen vertrauten Anblick meinerseits, der kein Mitleid mehr in mir hervorrufen musste, keinen Druck und kein falsches Verantwortungsgefühl. Solche Gefühle zerstörten mich, das hatte die Vergangenheit zur Genüge gezeigt. Und sie halfen auch meiner Schwester nicht, dienten ausschließlich als Grundlage für Machtspiele, denen ich nie gewachsen gewesen war. Hoffentlich gelang es mir an diesem Tag, die gewonnene zarte Freiheit aufrecht zu erhalten. Der Zugang zu meinem Bauchgefühl war die einzige Möglichkeit, rechtzeitig vor Negativem gewarnt zu werden. So hoffte ich, dass es mir in dem bevorstehenden Geburtstagstrubel gelingen würde, immer mal wieder in mich selbst hineinzuhorchen, um rechtzeitig mein Denken und Verhalten korrigieren zu können.

Der Tag verlief sehr abwechslungsreich. Zum Mittagessen traf sich die ganze Familiensippe, es handelte sich um etwa 30 Personen, in einem asiatischen Lokal im Nachbarort. Dort begegnete ich auch meinen beiden anderen Geschwistern und ihren Familien, Kindern und Enkelkindern. Auf einen Schlag verjüngte sich der Altersschnitt der Gruppe erheblich, die Stimmung lockerte entsprechend auf und es zog mehr Fröhlichkeit ein. Da ich mir vorgenommen hatte, im Nachhinein ein Fotobuch für meinen Vater zu erstellen, wanderte ich ständig mit dem Fotoapparat herum, damit mir kein Gast entging. Das war eine wunderbare Ablenkung und Aufgabe, für die ich von Tisch zu Tisch ziehen konnte. Nach dem Mittagessen zog die Karawane weiter zum Kaffeetrinken in ein Café, das sich sehr schön an einem kleinen See unweit meines Elternhauses befand. Das Wetter war herrlich. Wer wollte und gut zu Fuß war, drehte eine Runde um den kleinen See. Ich nutzte die Gelegenheit, ein paar Worte mit denjenigen zu wechseln, die ich noch nicht gesprochen hatte, und meine Geschwister bei der Organisation zu unterstützen. Es wurden noch ungefähr zwanzig Personen aus dem Freundes- und Nachbarschaftskreis erwartet, die ich begrüßte und so zu platzieren half, dass sie sich wohl fühlen konnten. Mein Vater hatte die Übersicht verloren. Sicherlich fehlte ihm auch sein Mittagsschlaf, aber er hielt sich tapfer. Wir hatten ihm einen Platz ausgesucht, der ihm einen Überblick über all seine Gäste ermöglichte.

Und dann kam meine Freundin Naomi. Ich freute mich riesig darüber und positionierte sie zwischen meine Familie. Naomi ist eine aufgeschlossene extrovertierte Frau, die sehr schnell mit allen ins Gespräch kommt. So brauchte ich mir um sie keine weiteren Gedanken zu machen und konnte mich weiterhin um die Betreuung und Versorgung der übrigen Gäste kümmern. Ich saß am Kopfende einer langen Tischreihe mit einem guten Überblick über den gesamten Raum. Es waren tatsächlich alle Stühle besetzt, die Stimmung war herzlich und mit der Gemütlichkeit stieg auch der

Geräuschpegel. Ich beobachtete meinen Vater, der seinen Kuchen aß und das Geschehen um ihn herum einfach geschehen ließ. Der Tod unserer Mutter hatte ihn einsam werden lassen, trotz seiner großen Familie. Nein, das war nicht richtig. Im Grunde genommen war er schon lange vorher einsam gewesen, ebenso wie seine Frau, ebenso wie meine Schwester. Es war das Band der Gewohnheit und des Vertrauten, das die Strukturen fest zusammenhielt. So wie wahrscheinlich in vielen, vielen anderen Familien auch. Doch dieser äußere Zusammenhalt verbarg ebenso kategorisch die Isolation jedes Einzelnen.

Es ist gut, ein Fotobuch zu erstellen, unterbrach ich meine traurigen Gedanken, *damit Papa wenigstens im Nachhinein an seinem Geburtstag teilnehmen kann, so oft er möchte.*

Der Nachmittag verging schnell. Leider gelang es mir nicht, mich mit jedem Gast ein wenig zu unterhalten. Doch als ich mich am frühen Abend von allen verabschiedete, hatte ich insgesamt ein gutes Gefühl. Es war mir gelungen, mein Herz frei und leicht zu halten. Ein guter Anfang war geschafft.

»Bist du sicher, dass du noch selber fahren kannst?«, fragte Naomi wiederholt, als wir im Auto saßen.

»Aber ja. Es geht mir sehr gut. Und das Fahren wird mir helfen, wieder runterzukommen.«

Ich spürte jetzt, dass meine heutige Leichtigkeit innerhalb der Familie erst ein dünnes Fundament besaß. Wie soll ich das Gefühl beschreiben? Ich war nicht angespannt, das nicht, aber vielleicht ein wenig derangiert. Ich liebe dieses vornehme veraltete Wort, das in meinen Augen so viel Liebevolles enthält. Ja, das Neue musste sich noch setzen, damit alles in meinem Inneren wieder an die richtige Stelle rangiert würde.

»Hast du dich einigermaßen gut unterhalten können?«

»Auf jeden Fall. Mach dir keine Gedanken. Es war total

spannend für mich, deine gesamte Familie zu erleben. Ich kenne die meisten ja nur von deinen Erzählungen.«

Naomi lachte.

»Dass dein Vater das alles durchgestanden hat ohne einzuschlafen, ist schon enorm.«

»Da hast du Recht. Er ist schon eine Ausnahmeerscheinung. Mit 90 Jahren noch so fit zu sein ist unglaublich.«

»Ich habe mich ein wenig mit ihm unterhalten können. Geistig ist er total auf der Höhe.«

»Ja, das stimmt. Er ist manchmal ein wenig vergesslich, aber das darf man ja in seinem Alter ruhig sein.«

»Allerdings. Und wie hast du dich gefühlt? Erzähl!«

Und so verging die Autofahrt wie im Flug. Alle Familienmitglieder wurden zugeordnet und der Tagesablauf, das Ambiente der Örtlichkeiten, besonders das Café mit seiner herrlichen Lage am See, die Geschenke, die Kleidung einzelner Gäste und so manche Frisur besprochen. Naomi berichtete mir munter, was ihr aufgefallen war, und mir tat es gut, die Dinge zu erfahren, die mir entgangen waren.

Naomi und ich verbrachten das restliche Pfingstwochenende zusammen und natürlich bot die Geburtstagsfeier meines Vaters immer wieder Anlass für Gesprächsstoff. Mir half diese Auseinandersetzung sehr bei meiner eigenen Aufarbeitung dieses Tages, so dass alle neuen Eindrücke einen dünnen Faden des Friedens in mir knüpften. So genoss ich jeden Augenblick mit ihr.

Am Dienstag nach Pfingsten rollte meine Strahlentherapie richtig an. Es war auch der Tag der Abreise meiner Freundin. Die neue Zeit um 8.15 Uhr war ideal. Ich hatte mir für den Hin- und Rückweg ein Taxi bestellt, damit ich keine Zeit verlor und anschließend noch mit Naomi ausgiebig frühstücken konnte, bevor ich sie zum Bahnhof bringen würde. Ganz beiläufig schaute ich aus dem Fenster auf die Straße. Lange vor der vereinbarten Zeit wartete das Taxi bereits auf der gegenüber liegenden Straßenseite. Natürlich hätte ich diesen Umstand als Zuverlässigkeit oder Überpünktlichkeit abhaken können, ich jedoch empfand das bunt plakatierte Fahrzeug als Mahnmal für die ganze Straße: *Schaut her, hier wird ein Mensch abgeholt und nach kurzer Zeit wieder zurückgebracht. Wenn das mal kein Krankentransport ist!*

Ich malte mir die Gedanken der Nachbarschaft, zu denen ich keine Beziehung hatte, aus, wie sie mich täglich dabei beobachtete, abgeholt und eine Stunde später wieder nach Hause gebracht zu werden. Nein, das ging gar nicht. Das konnte und wollte ich nicht. Selbst im Haus wusste kaum einer von meiner Krankheit und so sollte das auch bleiben. Während ich meine Tasche griff und leise aus dem Haus schlich, nahm ich mir vor, nur im Ausnahmefall ein Taxi zu benutzen.

»Bitte füllen Sie den Taxischein für diesen Krankentransport aus«, bat mich der Fahrer, als wir das Klinikum erreichten.

»Genügt denn nicht diese Bescheinigung zur Krankenbeförderung?«, fragte ich, während ich den Zettel aus der Tasche zog, den ich von der Klinik erhalten hatte.

»Nein, die ist nur für das Klinikum. Wir brauchen jedes Mal diesen Schein.«

Ich nahm eine Art Quittungsblock entgegen und begann zu schreiben: Name, Vorname, Adresse, Ziel, Datum, Unterschrift.

»Und das muss ich wirklich jedes Mal neu ausfüllen?«

»Ja«, lächelte der Taxifahrer milde. Vielleicht schüttelte er innerlich seinen Kopf über meine Verwunderung. Aber ich empfand den Aufwand als überflüssig und lästig. Nichtsdestotrotz gab ich ihm mein ausgefülltes Exemplar.

»Kann ich mir denn ein Blankoformular nehmen und es zu Hause entsprechend vorbereiten?«

»Aber gerne. Reißen Sie sich einfach das nächste Blatt ab.«

Ich bedankte mich, gab ihm etwas Trinkgeld und machte mich auf den Weg.

Frau Lange saß bereits an ihrem Platz. Ordentlich wie ich war hatte ich auf meinem Beförderungszettel die beiden Taxifahrten unter meine bisherigen Busfahrten eingetragen, so dass sie nur noch unterschreiben und stempeln musste.

»Heute bin ich mit dem Taxi gekommen«, sagte ich fröhlich nach der Begrüßung.

»Ja, aber so geht das nicht. Wir können nicht unterschiedliche Beförderungsmittel auf dieselbe Bescheinigung schreiben.«

»Wieso das denn nicht?«

»Das ist einfach so. Ich rufe Frau Grundmann an. Lassen Sie sich gleich von ihr noch einen weiteren Bogen für die Taxifahrten geben.«

Ich verstand zwar nicht den dahinterliegenden Grund, aber irgendeinen tieferen Sinn würde dieser organisatorische Mehraufwand schon haben. So füllte ich ein zweites Blatt aus, bevor ich in die Umkleidekabine gerufen wurde. Nach der Bestrahlung wartete das Taxi bereits auf mich und brachte mich wieder nach Hause. Es war ein anderer Fahrer und dieses Mal füllte ich den Schein aus ohne Diskussion.

Als ich meine Wohnung betrat, kam mir ein herrlicher Kaffeeduft entgegen. Naomi hatte schon das Frühstück vorbereitet. Wunderbar. Ich verspürte auch großen Hunger. Wir langten beide kräftig zu und nahmen uns viel Zeit für diese letzte Mahlzeit ihres Besuches. Anschließend brachte ich sie zum Bahnhof.

Die Müdigkeit

Nach zwei Wochen und neun Bestrahlungen war es soweit. Fatique, eines der häufigsten und stark belastenden Begleitsymptome der Strahlentherapie erfasste auch mich. Wie kann ich diesen Zustand treffend beschreiben? Er unterscheidet sich gravierend von der normalen Müdigkeit nach einer durchgefeierten Nacht, einer sportlichen Anstrengung oder längerer Überarbeitung. Befindlichkeiten, die wir alle kennen und schon durchgestanden haben.

Fatique bedeutet eine außerordentliche Müdigkeit, eine geradezu quälende Mattigkeit, die in keinem Zusammenhang zur vorausgegangenen Aktivität steht. Die Symptome bessern sich auch nicht durch ausreichenden Schlaf.

Ich wusste das Krankheitsbild einzuordnen, denn ich war im Vorgespräch darüber aufgeklärt worden. Doch meine Hoffnung, nicht betroffen zu werden, war groß gewesen. Vielleicht auch zu groß, denn sie beruhte nur auf zwei Grundsäulen: Zum einen hatte ich auch diesen Punkt in meine Affirmationen mit aufgenommen, um mich mental zu stärken und mein Bewusstsein auf Kraft und Stärke und nicht auf Müdigkeit zu eichen. Zum anderen hatte ich mir den von meiner Freundin Lona erhaltenen Krafttrunk für diese Phase meiner Krankheit aufbewahrt. Seit Beginn der Bestrahlung nahm ich nun schon die vorgeschriebene tägliche Dosis zu mir, wobei es sich um eine Kombination aus über 70 perfekt aufeinander abgestimmten Lebensmitteln handelte. So stand es in der Beschreibung. Die Basis dieses Konzentrates bestand aus Obst, Gemüse, Kräutern und pflanzlichen Ölen. Ein reines Naturprodukt, das erstaunlich gut schmeckte.

Mein körperlicher Einbruch erfolgte völlig unerwartet und plötzlich. Ohne einen Gedanken daran verschwendet zu haben, fühlte mich von einer Minute auf die andere total ermattet, geradezu erschlagen und völlig kraftlos. Während ich eine normale Müdigkeit oder Übermüdung zumindest kurzfristig mit Kaffee oder Aktivität überlisten und zuversichtlich auf Kraftreserven zurückgreifen konnte, fühlte ich mich jetzt restlos ausgepowert. Und das Gefühl, auf keinerlei Energiereserven zurückgreifen zu können, erschreckte mich und erfüllte mich mit großer Sorge. Glücklicherweise überfiel es mich an einem Samstagmittag zu Hause, so dass ich mich ruhig hängen lassen konnte. Es war eine ungewöhnliche Uhrzeit für mich, wieder ins Bett zu gehen. Doch genau das tat ich.

An die täglichen Fahrten zum Klinikum, an den organisatorischen Ablauf in den unterirdischen Arealen und meine totenstarre Lage während der lauten mechanischen Arbeit der Maschinen hatte ich mich längst gewöhnt. Inzwischen verging auch die reine Bestrahlungszeit recht schnell. Ich feilte immer mehr an meinen Affirmationen und konzentrierte mich auf mein Mantra, auf meinen persönlichen himmlischen Coach und auf das Universum. Wie schnell das ging. Wie schnell sich der Mensch an veränderte, auch unangenehme Umstände gewöhnte. In der ersten Woche galt es fast täglich, irgendeine Kleinigkeit anzupassen. Irgendetwas Organisatorisches im Klinikum oder bei den Fahrten. Morgens nahm ich grundsätzlich den Bus und verfeinerte von Tag zu Tag den Ablauf so weit, dass ich weder zu früh noch zu spät ankam. Inzwischen kannte ich die Mitpatienten und die Reihenfolge. In der Regel lief alles wie am Schnürchen ab. Nach der Bestrahlung nahm ich ebenfalls den Bus, entweder nach Hause oder ins Büro. Oft stand er schon bereit. Manchmal musste ich warten, doch nie länger als zehn Minuten. Wenn ich morgens schon einen Termin im Büro hatte, fuhr ich mit dem Taxi. Die entsprechenden Scheine hatte ich inzwischen so vorbereitet, dass ich nur noch das Datum eintragen und unterschreiben musste. Auf diese Weise und durch die frühe Uhrzeit empfand ich den täglichen Aufwand für die Strahlentherapie als erstaunlich gering. Er störte meinen normalen Tagesablauf kaum. Mein Arbeitsbeginn im Büro hatte sich um eine Stunde nach hinten verlegt, das war alles. Damit war das Thema aus meinem Kopf bis zum nächsten Tag. Jetzt hatte ich Sorge, dass sich dieser Zustand ändern könnte. Musste ich das freundliche Angebot meines Chefs annehmen und ab und zu oder regelmäßig wegen der Müdigkeit nach Hause gehen? Oder schlimmer noch: Würde ich meinen Arbeitstag nicht mehr bewältigen können?

Ich schlief volle zwei Stunden. Wider Erwarten wachte ich erfrischt und gut erholt auf und freute mich darüber, mich nicht aus dem Bett quälen und durch den restlichen Tag schleppen zu müssen. Ich nahm mir vor, diesen Anfall als einmaligen Ausrutscher anzusehen und nicht weiter darüber nachzudenken.

Eine Woche später hatte ich Bergfest. 14 Strahleneinheiten waren schon geschafft. Es ging mir immer noch sehr gut. Meine Haut fühlte sich wunderbar zart und gesund an. Ich puderte meine Brust und die Markierungen mehrmals täglich sorgfältig ein und konnte mich oft eines Grinsens nicht erwehren, wenn mir die linke Hälfte meines Oberkörpers schneeweiß entgegenleuchtete. Im Grunde genommen war dieser Teil meiner Therapie für die Außenwelt, also Freunde, Bekannte, Kollegen, kaum wahrnehmbar, so dass ich diesen Anlass zum Feiern alleine genoss. Es war ein Freitag und ein Freund hatte mich zum Essen eingeladen. Welch ein passendes Zusammenspiel. So nutzte ich während des Abends einen günstigen Augenblick zur inneren Sammlung, um ein paar Worte des Dankes in Richtung Universum zu formulieren und einen kleinen Schluck auf dieses Ereignis zu trinken. Am nächsten Tag hängte ich ein Maßband in mein Arbeitszimmer für die letzten 14 Tage. Nun zählte ich schon rückwärts.

Auch mit den Müdigkeitssymptomen während der letzten drei Wochen konnte ich gut umgehen. Ich hatte mir vorsorglich die gesamten Wochenenden in diesem Zeitintervall von Terminen freigehalten und nutzte sie intensiv, um mich auszuruhen. Ebenso die Abende innerhalb der Woche. So verabredete ich mich nur spontan, wenn es mir gut ging. Doch die meiste Zeit verbrachte ich zu Hause. Es war Sommer. Ich saß auf dem Balkon, las viel, fuhr mit dem Rad oder ging spazieren. Mittags legte ich mich hin. Ein Vorgeschmack auf das Rentnerleben, lachte ich, spürte aber mit jeder Faser meines Körpers, dass ich das Richtige tat. Es war das Jahr der Fußball-Weltmeisterschaft. Obwohl ich mich nicht für diesen Sport interessierte, schaute ich mir einige Spiele an. Und wie immer bestürzte mich das ungenierte Spucken und Rotzen der Spieler auf das Fußballfeld. Wurden sie nicht von Millionen Menschen beobachtet? Kannten sie keine Manieren? Fiel ihnen nicht eine Vorbildfunktion zu? So entstand mein Gedicht:

Fußball-Knigge

Der Ball verdribbelt im Gewühl,
die Emotionen kochen.
Kein Fan, der kalt bleibt im Gefühl,
ein Fußballkrimi, wie versprochen.

Dann fliegt der Ball in Richtung Tor.
Ne Riesenchance, die Beine zucken.
Sehr schmal, der freie Korridor …
Er schießt vorbei. Jetzt erst mal spucken.

Auf dieses unspektakuläre Leben führte ich die Tatsache zurück, dass ich meinen Alltag so gut bewältigte. Ungefähr einmal wöchentlich erfasste mich Fatique. Es überfiel mich immer unverhofft, fast ohne Vorankündigung, so dass ich mich jedes Mal beeilen musste, nach Hause und ins Bett zu kommen. Und bis zuletzt blieb es so, dass ich nach einem zweistündigen Tiefschlaf erholt und frisch wieder aufwachte. Mit solchen Umständen konnte ich gut zurechtkommen.

Für meinen letzten Behandlungstag im Klinikum hatte ich mir etwas mehr Zeit eingeräumt, denn es stand ein Abschlussgespräch bei Dr. Heil an. Ich richtete mich auf eine längere Wartezeit ein. Dann sah ich sie. Nicht zum ersten Mal und immer mit ihrem Mann. Ich wusste nicht, wer von den beiden Alten krank war, vermutete aber, dass er es war. An diesem Tag war sie allein. Ihre gesamte Erscheinung wirkte traurig und resigniert. Den Oberkörper leicht vorgebeugt, schaute sie auf ihre ineinander gelegten Hände. Die grauen Haare waren ordentlich nach hinten gekämmt. Reste der letzten Dauerwelle taten ihr Bestes, einzelnen Strähnen etwas Dynamik zu verleihen. Sie trug einen hellgrauen Rock mit einer schlichten weißen Bluse darüber und wirkte so unscheinbar, dass ich sonst nichts realisierte. Trug sie Strümpfe? Feste Schuhe oder Sandalen? Wie sah ihre Handtasche aus? Als ich mich neben sie setzte, schauten mich ihre graublauen Augen offen an. Doch auch sie reihten sich mühelos in das gesamte müde Erscheinungsbild dieser Frau ein. Nur ihr Mund lächelte, als sie mein »Guten Morgen« beantwortete. Und als habe sie seit Wochen auf diesen Augenblick gewartet, mit jemandem reden zu können, fragte sie:

»Wie geht es Ihnen?«

»Sehr gut. Vielen Dank.«, antwortete ich im vollen Bewusstsein der Tatsache, dass ich dieser Frau niemals etwas Betrübliches würde sagen können.

»Das ist schön.« Ihre schlichten, ehrlichen Worte berührten mich.

»Und Ihnen? Wie geht es Ihnen?«, fragte ich, um einen lockeren Ton bemüht.

»Ach. Meinem Mann geht es nicht gut. Es ist nicht leicht.«

»Ja. Das glaube ich.«

»Er ist schon 82«, erklärte sie, als würde das Alter den Krebs rechtfertigen.

Ich nickte und mir fiel ihre warme Stimme auf, voller Liebe und Empathie.

»Aber Ihnen geht es gut?«

»Ja. Mir geht es sehr gut«, antwortete ich erneut. »Mein Vater ist übrigens gerade 90 geworden«, sagte ich, um dem Alter die Schärfe zu nehmen.

»Tatsächlich?« Ich hatte ihr Interesse geweckt.

»Aber ja.«

Eine junge Ärztin eilte an uns vorüber und wir schauten ihr nach, so, wie man jede Bewegung begleitet, wenn das Umfeld wie ausgestorben scheint.

»Das ist sehr schön«, nahm die Fremde den Faden wieder auf, vielleicht in der Hoffnung, dass ihrem Mann und ihr auch dieses gesegnete Alter geschenkt würde.

»Seit kurzem ist diese junge Frau hier«, sagte sie dann. »Haben Sie sie auch schon gesehen?«

»Ja, das habe ich.«

»Ist das nicht furchtbar? Noch so jung.«

»Ja, das ist furchtbar«, bestätigte ich.

»Aber Ihnen geht es gut?«

»Ja«, sagte ich lächelnd, »mir geht es gut.«

»Das ist sehr schön.«

»Welchen Krebs hat Ihr Mann denn?«

»Prostatakrebs.«

»Und wie oft muss er bestrahlt werden?«

»33 Mal.«

Bei mir waren es 28 Einheiten gewesen. Wahrscheinlich erhielt er aufgrund seines Alters eine geringere Dosis. Aber 33mal diesen Aufwand zu betreiben, war schon eine harte Nummer.

»Wie gut, dass es diese Therapie gibt, nicht wahr?«, versuchte ich, die Situation neu zu beleuchten.

»Das stimmt«, bestätigte mir die Frau sofort.

»Ich glaube, das ist der Fußboden«, sagte sie dann und einen Moment lang wusste ich nicht, wovon sie sprach. Doch dann hörte auch ich das Knirschen von Gesundheitssandalen auf dem Fußboden. Ein Mann mit dickem schwarzen Pferdeschwanz und einem langen weißen Kittel kam auf uns zu, grüßte und knarzte weiter.

»Vielleicht auch die Schuhe«, antwortete ich. »Bei mir knirscht es nicht.«

»Ja«, sagte die Frau, »aber die Hauptsache ist, es geht Ihnen gut.« Dann stand sie auf. »Ich geh mal nach meinem Mann schauen. Alles Gute für Sie.«

»Vielen Dank. Alles Gute auch für Sie und Ihren Mann«, sagte ich zu ihrem Rücken, denn sie hatte sich schon auf den Weg gemacht.

»Auch für Ihren Vater, obwohl ich ihn nicht kenne.«

Lächelnd drehte sie sich noch einmal um. Dann ging sie langsam und schwerfällig den Gang entlang und bei jedem Schritt knarzten ihre Sandalen laut und fröhlich in die Stille hinein.

Ich sah sie nie wieder. Aber das Gefühl des Alleinseins, das sie ausgestrahlt hatte, obwohl sie durch ihren Mann nicht alleine war, beschäftigte mich noch lange.

Das Gespräch mit Dr. Heil verlief erwartungsgemäß kurz und unspektakulär. Er untersuchte meinen bestrahlten Körper und ließ sich mein Befinden schildern. Er freute sich mit mir, dass ich die Behandlung so gut überstanden hatte. Inzwischen war meine linke Brust rot angelaufen, was ziemlich lustig aussah. Die Färbung würde mit der Zeit wieder verschwinden, sicherte mir Dr. Heil zu. Ansonsten war die Haut gesund und unbeschädigt, vielleicht ein wenig empfindlicher als vor der Bestrahlung. Zufriedenheit auf beiden Seiten also. Abschließend erklärte er mir, dass ich noch einen Nachsorgetermin im September erhalten würde, da Spätfolgen möglich wären, aber selten vorkämen.

Die Belohnung

»Das sieht alles wunderbar aus. Dr. Crommert hat hervorragende Arbeit geleistet.«

Ich hatte meinen Gynäkologen seit drei Monaten nicht gesehen. Jetzt, nach der Beendigung der Strahlentherapie, trat er in die engmaschig gestrickte Nachsorge ein.

»Ja, das stimmt«, antwortete ich voller Überzeugung. »Ich bin hochzufrieden mit dem Ergebnis der Operation.«

»Sie waren in den besten Händen.«

Ich lächelte.

»Zur Bestrahlung waren Sie im Klinikum?«

»Ja. Auch dort war ich sehr zufrieden, wirklich. Die Betreuung war ausgezeichnet.«

»Und Sie haben auch diese Therapie ausgesprochen gut überstanden. Ihre Haut ist völlig unbeschadet.«

»Na ja, mit dieser einen roten Brust fühle ich mich schon wie ein Indianer auf Kriegspfad.«

Wir lachten beide, wie wir bei jedem Besuch miteinander lachten, wenn nicht gerade eine Krebsdiagnose gestellt wurde.

»Und sonst?«

»Ich bin noch recht müde. Das habe ich nicht vollständig in den Griff bekommen.«

»Aber im Gegensatz zu vielen meiner Patientinnen haben Sie alles hervorragend durchgestanden, sowohl emotional als auch physisch.«

»Das ist richtig. Und dafür bin ich auch überaus dankbar. Aber die Betreuung durch das Brustzentrum im Luisenhospital war auch einzigartig. Ich weiß nicht, wie das alles gelaufen wäre, wenn mir dort nicht die gesamte organisatorische Arbeit abgenommen worden wäre.«

»Unser Brustzentrum gehört zu den besten Deutschlands.«

»Diesen Ruf hat es wahrlich verdient. Und es war nicht nur die perfekte Organisation, sondern auch die persönliche Betreuung. Ich bekam eine bestens ausgebildete Krankenschwester an meine Seite gestellt. Sie konnte mir alle Fragen beantworten und hatte immer ausreichend Zeit.«

»Wie ich Sie kenne, gab es da nicht allzu viel zu tun.«

Dr. Beilen grinste. Er kannte mich schon gut.

»Das stimmt, aber es war ein sehr gutes Gefühl, diese Möglichkeit zu haben. Und am Anfang war ich doch recht unsicher.«

Sein Gesicht wurde wieder ernst und er nickte wissend.

»Es ist tatsächlich so, dass ich im letzten halben Jahr das große Glück hatte, ausgesprochen gut betreut und begleitet worden zu sein. Das hilft sehr in dieser Situation.«

»Ja, das ist ein wichtiger Punkt. Haben Sie sich auch über die Antihormontherapie Gedanken gemacht? Sie steht jetzt an.«

»Zuerst einmal wurde ich vom Brustzentrum gebeten, an einer Studie teilzunehmen, für die noch passende Probanden gesucht wurden. Sie kennen die ADAPT-Studie sicher?«

Dr. Beilen nickte. »Das ist gut, dann ist die Betreuung noch intensiver.«

»Ich habe mich bereit erklärt, meine Daten zur Verfügung zu stellen, und mich am Ende entschieden, es mit Tamoxifen zu versuchen.«

»Was hat Sie zu dieser Entscheidung bewogen?«

»Ein sehr langes und intensives Gespräch mit Dr. Crommert, der mir noch einmal die verschiedenen Wirkweisen der beiden Therapieformen erklärt hat. Und mich mehr als ermuntert hat, nicht auf die Tabletteneinnahme zu verzichten.«

Dr. Beilen hörte mir sehr interessiert zu und unterbrach mich nicht.

»Ich habe mich dann nach langer Überlegung für Tamoxifen entschieden, weil mir die Wirkungsweise nicht so brutal erschien. Allerdings möchte ich noch einen Monat lang auf die Einnahme verzichten.«

Bevor Dr. Beilen seine Einwände vorbringen konnte, legte ich ihm meine Beweggründe auseinander. Er kannte meine Ängste vor den früheren Wechseljahresbeschwerden nur zu gut. Er wusste, wie sehr ich gelitten hatte. Und ihm war auch meine Lebensphilosophie in Ansätzen bekannt, besonders die Tatsache, keine Angst vor einem erneuten Ausbruch des Krebses zu haben. So war es nicht schwierig, ihm zu verdeutlichen, wie wichtig es für mich war, meinem Körper die Chance zu geben, sich ohne Einwirkung von außen zu regenerieren. Ich wollte einfach wieder einmal spüren, wie er sich im normalen natürlichen Zustand anfühlte. Ob ich die lange Phase der Wechseljahre endlich überstanden oder immer noch unter den alt bekannten Beschwerden zu leiden hatte? Wie sollte ich sonst erkennen, wie ich mögliche Nebenwirkungen einzuordnen hatte? Waren diese dann auf den Hormonmangel oder auf die Tabletteneinnahme zurückzuführen? Der Weg, einen Monat lang tablettenfrei zu leben, schien mir der einzig richtige zu sein.

»Spricht irgendetwas dagegen, diese Pause einzulegen?«, beendete ich meine Erklärung.

Dr. Beilen schaute mich lange an. Dann sagte er:

»Nein, es spricht nichts dagegen. Nehmen Sie Ihr Rezept mit und beginnen Sie in einem Monat.«

Ein glückliches Strahlen erhellte mein Gesicht. Natürlich hätte ich seine Zustimmung nicht gebraucht, aber so war es mir viel lieber.

Wenige Tage später fuhr ich an die holländische Küste. Ich hatte mir in meinem Lieblingsort Domburg für ein langes Wochenende ein Zimmer in einem Wellnesshotel gebucht. Das musste jetzt einfach sein. Ein wenig Erholung. Sowohl körperlich als auch psychisch. Ich fuhr allein, damit ich auf nichts und niemanden Rücksicht nehmen musste, auch wenn es vielleicht zwischendurch mal langweilig würde. Aber so konnte ich mir den Tag nach meinen Befindlichkeiten einteilen. Schließlich war ich noch längst nicht fit.

Es lag so vieles hinter mir: Die Krebsdiagnose, die Operation, die Strahlentherapie und die Auseinandersetzung mit mir selber. Das alles hatte eine große Portion Kraft gekostet. So stieß ich jeden Tag an mein körperliches Limit und spürte ebenso mein emotionales Ausgelaugtsein. Ich hatte von verschiedenen Seiten erfahren, dass andere Frauen in meiner Situation mindestens ein halbes Jahr krankgefeiert hatten. Diese Schonung hatte ich mir nicht gegönnt, sie aber auch nicht gebraucht oder gewollt. Und in der Rückschau war diese Entscheidung auch gut und richtig für mich gewesen. Dennoch war es jetzt wichtig und notwendig, meine Speicher wieder zu füllen. Und das Meer war der ideale Lebensraum dafür.

Schon immer war es mir an der Küste gelungen, zur Ruhe zu kommen und aufzutanken. Schon immer war die Kreativität geflossen, sobald ich den ersten langen Strandspaziergang genossen hatte. Von wenigen Gedichten abgesehen, hatte ich lange nichts mehr geschrieben. Insbesondere, weil mir die Energie dafür fehlte. Das sollte sich jetzt ändern. Das wollte ich ändern, denn alle Ereignisse der letzten Wochen waberten in meinem Inneren ohne Struktur und Halt. Es drängte mich, alles aufzuarbeiten und mein Innenleben zu sortieren. Dazu brauchte ich Ruhe und Zeit. Und Alleinsein.

Ein kleines Wellnessprogramm hatte ich mitgebucht, bestehend aus einer Ganzkörpermassage, einer Gesichtsbehandlung und einem leckeren 3-Gänge-Menü. Aber viel entscheidender war, dass mein Laptop bereitstand, denn ich würde zwischen meinen Spaziergängen viel Zeit in meinem Zimmer, im Garten oder auf der Hotelterrasse verbringen und schreiben.

Schon am vollen Parkplatz konnte ich erkennen, dass das Haus ausgebucht war. Kein Wunder, wir hatten Hochsommer, das letzte Juliwochenende und außerdem Schulferien. So kam absolut keine Langeweile auf. Die vielen Gäste regten mich zu eingehenden Beobachtungen an, die ich später in kurze Geschichten verwandeln sollte. An einem Nachmittag besuchte mich eine befreundete Familie, die gerade zu dieser Zeit im Nachbarort Oostkapelle Urlaub machte. Alle vier kamen gemütlich angeradelt und ich erlebte eine schöne Unterbrechung meines Kurztrips.

Ich genoss die Zeit sehr, es waren kostbare Tage. Der Grundstein für körperliche Stabilität. Ich liebte lange Strandwanderungen, doch sie waren mir leider noch nicht möglich. So konzentrierte ich mich auf häufigere kurze Spaziergänge am Wasser oder in den Dünen und schaute auf das, was in meinem Inneren rumorte. Ich setzte mich auf Bänke oder in den Sand und notierte alles, was mich bewegte. Und ich formulierte Ziele für meine kommende Wegstrecke.

In den nächsten vier Wochen lebte ich so normal wie möglich. »Seien Sie für sich da!«, las ich bei Louise Hay. Ja, das wollte ich tun. Das musste ich aber auch, denn die Bestrahlungen hatten mehr Energie aus meinem Körper gezogen, als ich für möglich gehalten hätte. Ich schlief sehr viel. Meinen beruflichen Alltag erledigte ich wie gewohnt, doch danach war ich oft sehr erschöpft. Eine reine physische Erschöpfung. Eine Kraftlosigkeit, die immer noch recht plötzlich auftrat. Ganz langsam lernte ich, mir meine Aufgaben gut einzuteilen. Im privaten Bereich sagte ich immer noch viele Verabredungen ab, so dass die Abende und Wochenenden überwiegend meiner Erholung dienten.

Im Grunde genommen war diese Phase der Krankheit die schwierigste für mich. Ich litt unter meiner Hinfälligkeit. Sie erinnerte mich unangenehm an die schlimme Zeit meiner Wechseljahre, bevor ich die rettenden Hormontabletten erhalten hatte, die mir einen halbwegs annehmbaren Zustand ermöglichten. Ein Mindestmaß an Lebensqualität.

»Für mich ist jede einzelne Bestrahlung eine kleine Operation«, erklärte mir mein Internist und gab mir damit sehr deutlich zu verstehen, dass die absolvierte Therapie keine Bagatelle gewesen war. Hatte ich alles zu leichtgenommen? Es lagen also 28 Operationen in einem Zeitraum von sechs Wochen hinter mir. Aus dieser Perspektive betrachtet war die Bestrahlung wirklich keine Kleinigkeit gewesen. Seine Aussage half mir auch, mich mit meinem Körper ein wenig auszusöhnen. Ich nahm mir vor, nicht länger gegen ihn anzukämpfen und ständig in mich hinein zu horchen, stattdessen lieber die Auffassung zu manifestieren, dass mein Körper bisher alles vorbildlich gemeistert hatte. Die Brustoperation war wunderbar verlaufen, die Wunden schnell und gut verheilt. Und die Strahlentherapie hatte meiner Haut nicht geschadet, von dieser kurzzeitigen Verfärbung einmal abgesehen. Nichts, wirklich gar nichts hätte besser laufen können. Ich durfte nicht undankbar sein und vor allem eines nicht vergessen: Auch meine emotionale Auseinandersetzung mit dem Krebs hatte Energie gekostet und war noch lange nicht abgeschlossen. Unter Berücksichtigung all dieser Faktoren war es wohl eher angesagt, mich bei meinem Körper zu bedanken als ihm Vorwürfe zu machen.

So begann ich mit dem Aufbau einer friedlichen Haltung mir selbst gegenüber und räumte meinem Körper das Recht ein, erschöpft sein zu dürfen. In diesem Zusammenhang ging es nicht darum, noch inaktiver zu leben, sondern mein Denken zu korrigieren. Ich wollte den Umstand, dass mein Körper schnell ermüdete, akzeptieren und mich nicht weiter klagend mit dieser Tatsache beschäftigen oder unter ihr leiden. Kein einfaches Unterfangen, aber es gelang mir von Woche zu Woche besser. Dennoch gab es leichte und weniger leichte Tage. Insgesamt half mir wieder das Schreiben, die Dinge ins rechte Lot zu setzen. Da der Mensch dazu neigt, nur große Veränderungen wahrzunehmen, wird er oft unzufrieden. Gerade Gesundungsprozesse, egal ob im physischen oder psychischen Bereich, unterliegen eigenen Gesetzmäßigkeiten. Selten verlaufen sie geradlinig und wahrnehmbar zügig. Meistens benötigen wir eine ordentliche Portion Geduld und Gelassenheit. Meine Tagebuchaufzeichnungen dienten mir als hervorragende Möglichkeit, auch geringfügige Veränderungen zu registrieren. Ich las einfach nach, was mich Wochen vorher beschäftigt hatte, so konnte nichts untergehen. Und ich musste mir selber eingestehen, dass es stetig aufwärtsging. Allerdings ziemlich langsam. Mein Ziel, mich spätestens sechs Wochen später zum geplanten und schon vor dem Ausbruch meiner Krankheit gebuchten Kreta-Urlaub wieder fit und vollständig gesund zu fühlen, erfüllte sich nicht. Eine weitere körperliche Beeinträchtigung stellte sich ein. Wenn ich lange auf meinen Beinen stand, sprichwörtlich auf meinen Füßen, dann schmerzten diese. Und erholten sich erst wieder, wenn ich mich ein Weilchen hinsetzte. So fiel mir an manchen Tagen das Gehen schwer. Ein lästiges, doch akzeptables Problem. Andere Symptome stellten sich nicht ein, und ich zog insgesamt ein positives und zufriedenstellendes Resümee.

So begann ich nach vier Wochen mit meiner Antihormontherapie. Ich packte den Beipackzettel aus. Die Liste möglicher Nebenwirkungen war ellenlang. Ich rollte den Zettel ungelesen wieder zusammen und steckte ihn zurück in die Schachtel. Solange ich keine zusätzlichen Auffälligkeiten bemerken würde, wollte ich mich mit dieser Thematik nicht auseinandersetzen. Meine körperlichen Handicaps kannte ich inzwischen. Sie waren längst aufgetreten, so dass ich sie nicht auf die Einnahme der Tabletten schieben konnte. Das jedenfalls hatte die Verzögerung der Einnahme bewirkt und ich war sehr froh über diese Information.

Gedankenstärketherapie. Ich lächelte bei diesem Ausdruck. Natürlich hatte ich die vergangenen Wochen dazu genutzt, alle belastenden Gedanken bezogen auf das Tamoxifen zu vertreiben. So hatte ich mein Bewusstsein mehr und mehr darauf geeicht, die Tabletten gut zu vertragen, und meine alten Ängste systematisch abgebaut. Ich sagte mir immer wieder, dass das Medikament meinen Körper heilte. Eine andere Funktion hatte es nicht. Nur Heilung. Also nur etwas Positives, Gutes. Ich ließ keine Zweifel, Fragen oder Sorgen mehr zu. Jeden Morgen nahm ich eine Tablette in die Hand, konzentrierte mich auf sie und ehrte sie in der Gewissheit, dass sie mich gesund machte.

Ich verstehe sehr gut, wenn meine Methode auf andere seltsam wirkt. Auch für mich war es das erste Mal, auf diese Weise mit Medikamenten umzugehen. Aber ich wollte es ausprobieren. Was konnte ich auch anderes tun? Die Alternative war, nichts zu tun und meine Gedanken meinen Ängsten zu überlassen. Aber das kam für mich nicht mehr in Frage. Nein. Ich hatte mich für den anderen Weg entschieden und meine innere Stimme sagte mir, dass er gelingen konnte. Das beflügelte mich und machte mir Mut. Fünf Jahre Tabletteneinnahme lagen noch vor mit. Das war eine sehr lange Zeit. Und in dieser Zeit wollte ich nicht leiden. So erschien mir dieser spirituelle Weg einen Versuch wert zu sein. Als ich dann sechs Wochen später nach Kreta flog, hatten sich meine bekannten körperlichen Symptome nicht verstärkt. Ich war sehr glücklich darüber und betrachtete die Reise als wunderbare Belohnung für die Anstrengungen des zurückliegenden halben Jahres.

Schlussgedanken

Ich habe mich oft gefragt, wie es mir wohl ergangen wäre, wenn ich das Buch von Louise Hay nicht in die Hände bekommen hätte? Genau am Tag meiner Diagnose. Wie wäre ich dann mit meiner Krankheit umgegangen? Hätte ich den Krebs annehmen können? Wäre ich so intensiv auf Spurensuche gegangen? Da ich schon seit langem der Überzeugung bin, dass sich Körper und Seele gegenseitig bis in die tiefsten Zellen unseres Bewusstseins hinein berühren, hätte ich mich sicherlich auch ohne diese Lektüre auf die entsprechende Suche in meiner Seele gemacht und mit Hilfe meines himmlischen Coaches meinen Familienknoten aufgedeckt. Aber die tägliche Arbeit an mir selber, die vielen praktischen Anleitungen und die motivierenden Worte der Autorin, ein Ergebnis ihrer eigenen Erlebnisse und langjährigen beruflichen Erfahrungen, haben mich durch diese schwere Zeit geleitet und immer wieder Mut gemacht. Viel Mut. So weiß ich eines mit großer Sicherheit: Ihr Buch war von Anfang an meine Hauptstütze in der täglichen praktischen Arbeit an und mit mir selber.

Mit zielstrebiger Sicherheit legte sie immer wieder den Finger in meine größte Wunde: Mich selber nicht genug zu lieben und ständig an mir zu zweifeln. In diesem Mangel sah Louise Hay in ihrer Lektüre die Grundlage vieler unserer Probleme und vor allem auch vieler Krankheiten. Ich fand den Zusammenhang bei mir bestätigt. In den ersten Monaten meiner Krebserkrankung wurde mir bewusst, wie stark die Denkweise, nicht wertvoll genug zu sein, in mir verankert war. Immer noch verankert war, möchte ich sagen, da ich schon seit Jahren an mir arbeitete und davon überzeugt war, den größten Teil dieses Defizits bereits geheilt zu haben.

Aber vor allem hat mir das Buch klargemacht, wie viele Möglichkeiten selbst bei einer schweren Krankheit in meinen eigenen Händen liegen. Wieviel Veränderung noch möglich ist. Und nötig. Und ich habe begriffen, dass ich allein die Verantwortung dafür trage. Selbst wenn die Ursache für viele meiner Probleme in unverschuldeten Umständen der Vergangenheit liegt, bin ich inzwischen selber für mich verantwortlich und kann entscheiden, ob und was ich verändern möchte. Doch das Loslassen alter Denkstrukturen und festgefahrener Verhaltensmuster ist ein schwieriger und langsamer Prozess. Umso dankbarer war ich für die vielen praktischen Anleitungen in dem Buch. Nicht zu allen gelang mir der Zugang, so dass ich mir manche eigene Wege suchte. Zum Beispiel unterstrich Louise Hay die Notwendigkeit, seine Wut herauszulassen. Das ist sicher ein im Grundsatz richtiger Ansatz. Dennoch entsprach es nicht meiner Art, zu schreien oder auf Kissen zu schlagen. Ich zog es vor, mir alles von der Seele zu schreiben und bin überzeugt davon, dass dieser Weg für mich der richtige war.

Andere Vorschläge erwiesen sich als äußerst hilfreich und zielführend. Hier möchte ich die Meditationsübungen für den Bereich Vergebung herausgreifen. Ich hatte sie intensiv angewendet und herausgefunden, dass sich immer noch unvermutet Anteile von Wut und Schuldzuweisungen in mir versteckt hielten. Allein dieses Wissen hatte mich motiviert, weiter daran zu arbeiten, meine inneren Verkrustungen zu heilen. So hatte ich in kleinen Schritten erreicht, dass ich mich von einer tief verwurzelten inneren Schwere befreite, ohne diese an Schuldige zu heften. Schuldige in meinen Augen. Ich hatte sie alle freigesprochen. Nicht von der Verantwortung für ihr eigenes Tun, sondern von der Zuständigkeit für meine Ängste und Erwartungen. Endlich hatte ich damit begonnen, mein selbstmitleidiges Suhlen in dieser Misere aufzugeben und neue Strukturen in meinem Kopf anzulegen. Strukturen der Freiheit und Leichtigkeit. Und Vergebung war der Grundstein für dieses zarte Pflänzchen meiner Unabhängigkeit.

Wenn wir solche Lebensbücher lesen, aber nicht offen für neue Ansätze sind, reichen oft schon eine unpassende Übung oder eine unakzeptable Einstellung des Autors aus, die Lektüre beiseite zu legen. Manchmal verurteilen wir den Inhalt auch sogleich als Hirngespinste, Scharlatanerie oder Luftschlösser. Auch in dem Buch von Louise Hay gab es Ansätze, mit denen ich mich nicht identifizieren konnte. Ich fand das normal und fokussierte mich auf das Wesentliche, nämlich die Treffer ihrer Einschätzungen meiner Ängste.

Natürlich berücksichtigte ich bei jeder Zeile auch das Alter des Buches, das schon Anfang der Neunziger Jahre geschrieben worden war. Die Zeit war weiter geschritten und Dinge veränderten sich. Kein Problem. Dann hatte ich einfach weitergelesen oder einen Abschnitt überschlagen. Für mich waren die Kerngedanken das Wichtigste. Waren sie in meinem Inneren auf fruchtbaren Boden gefallen, so konnte ich weiter in dieser Richtung an mir arbeiten und in meiner Entwicklung vorankommen. War das nicht der Fall gewesen, so hatte ich einen anderen Weg gesucht. Doch in jedem Fall hatte ich mich auf meine innere Stimme verlassen können, die mich zuverlässig Schritt für Schritt durch meine Krise führte.

In meiner Einleitung schreibe ich, dass das Leben für mich mehr und mehr einem Theaterstück gleicht, in dem ich versuche, die Bühne meines inneren und äußeren Dramas auf einem gemeinsamen Podium zu vereinen, um einen größeren Lerneffekt, ein Miteinander und dadurch mehr Lebensqualität und Freude zu erzielen. Mich selber sehe ich dabei ein wenig als Tänzerin. Biegsam, kraftvoll, ausdrucksstark und immer in Bewegung. So der Idealzustand. Womit ich ausdrücken möchte, dass die Grundlage unseres Lebens die Veränderung ist. Der Tanz ist festgeschrieben, doch die Schrittfolgen, die Schnelligkeit des Tanzes, der Szenenverlauf unterliegen meiner persönlichen Freiheit.

Oft tanze ich mit Masken, um unerkannt zu bleiben oder eine fremde Rolle anzunehmen. Mein persönliches Ziel besteht jedoch darin, alle Masken abzulegen. Abzuarbeiten ist wohl besser ausgedrückt, denn es handelt sich dabei immer um Masken, die sich unser Ego zugelegt hat. Zu seinem Schutz. Zu seiner Sicherheit. Zu seiner Existenz. Kenne ich einen Menschen ohne Maske? Ich glaube nicht. Hatte Jesus ohne eine Maske gelebt? Eine interessante Frage.

Was bedeutet das Ablegen von Masken für uns, für mich? Freiheit oder Bloßstellung? Ich glaube, wenn wir eine Maske in vollem Bewusstsein und Einklang mit uns ablegen, führt uns dieser Schritt zu größerer Freiheit und positiver Macht über uns selber. Im anderen Fall nur zur Enthüllung von Eigenschaften, die wir im Grunde genommen nicht oder noch nicht preisgeben wollen.

Meine Masken hatte ich in meiner Familie getragen. Sie waren fest etabliert und ließen sich nicht so leicht beiseitelegen. Zeit meines Lebens hatten sie mich daran gehindert, das umzusetzen, was ich fühlte und leben wollte. Ich hatte mich angepasst und stets versucht, es allen recht zu machen, weil ich nicht ertragen konnte, dass andere litten. Offensichtlich war meine Familienmaske schon so fest mit mir verwachsen gewesen, dass nur ein operativer Eingriff sie entfernen konnte. Wie auch immer. Für mich ist es nicht notwendig, alle Zusammenhänge des Lebens zu verstehen. Dazu ist das Universum zu vielfältig und kompliziert und mit unseren einfach gestrickten Sinnen nicht erfassbar. Es ist wie in der Wissenschaft. Gelingt es uns, eine Tür der Erkenntnis zu öffnen und freudig hindurchzuschreiten, stoßen wir auf einen Saal mit tausend neuen Türen.

Eine andere Maske von mir beinhaltet die Offenbarung, an Schutzengel zu glauben und bei schwierigen Fragen ihre Unterstützung zu suchen. Jahrelang war dieser Bereich meines Lebens, meines Glaubens nur wenigen Freunden bekannt. So ist dieses Buch ein großer Schritt für mich, auch dazu zu stehen.

Also bedeutet Leben für mich unendliches Lernen, nicht nur im äußeren Bereich, sondern vor allem auch in unserer Innenwelt. Völlig unabhängig davon, ob wir uns dieser Tatsache bewusst sind oder nicht. Der Unterschied liegt in den Möglichkeiten, durch bewusstes Wachstum unnötige Schleifen und Umwege zu vermeiden, weil sie oft nur Leid und Schmerzen bedeuten.

Ich bin glücklich über den Verlauf meiner Heilung. Er war verhältnismäßig unkompliziert verlaufen. Auf physischer Ebene hatte ich meine Brust behalten dürfen und die Strahlentherapie gut vertragen. Die Betreuung war erstklassig gewesen und ausgesprochen persönlich und ehrlich. Ich bin fest davon überzeugt, dass mein frühes Annehmen des Krebses auch diesen Prozess erleichtert hatte. Von Anfang an war mir jeder Gedanke, einen Kampf gegen meinen Krebs zu führen, fremd gewesen. Alles in mir sträubte sich gegen eine solche Einstellung, denn ich wollte meinen eigenen Körper nicht als Feind, sondern ausschließlich als Freund betrachten.

So war das Entscheidende für mich das Auffinden meines Knotens auf emotionaler Ebene gewesen. Ich bin überzeugt davon, dass eine dauerhafte Heilung beide Bereiche umfassen muss. Möchte ich also nachhaltig von meinem

Brustkrebs geheilt werden, so habe ich noch einige emotionale Herausforderungen zu meistern. Meiner Erfahrung nach besitzt jede Familie und damit auch jeder Angehörige, also jeder Einzelne von uns eine eigene Historie alter, nicht aufgearbeiteter Probleme und Lasten. Manchmal sind es offenkundige oder offen ausgetragene Schwierigkeiten, in vielen Fällen jedoch handelt es sich um Sachverhalte, die das Tageslicht scheuen. Ihnen allen ist eines gemein: Sie werden von Generation zu Generation weitergetragen. Diesen Prozess der Wellenbewegung möchte ich in meinem eigenen Inneren, also für meine Person zum Stillstand bringen oder verzögern. Zum einen um mich selber zu heilen und zum anderen in der Hoffnung auf eine potentielle Wirkung in das Innere derjenigen hinein, die sich eine gewisse Offenheit für den Weg des Friedens bewahrt haben. Innerhalb und außerhalb meiner Familie.

Die ersten kleinen Schritte habe ich erfolgreich absolviert. Weitere müssen folgen, wenn ich gesund bleiben und nicht das Risiko eingehen möchte, dass der Tumor wieder zu wuchern beginnt oder sich an anderen Körperteilen sein Recht verschafft. Sein Recht, auf Probleme aufmerksam zu machen, die ich nicht sehen möchte.

Das klingt nach einem anstrengenden Weg, der auf viele sicherlich fremd und abschreckend wirkt. Weil wir nie gelernt haben, unsere eigene Entwicklung bewusst zu begleiten. Unsere Energie fließt zum größten Teil in unser äußeres Leben. In die Aufgaben des Alltags, den beruflichen Werdegang, die Gestaltung der Freizeit. Unsere psychischen Probleme werden vielfach ausgelagert. Aus unserem Gesichtskreis verbannt, wenn es irgendwie möglich ist. Meistens verschließen wir unser Seelenleben und lassen bestenfalls einen schmalen Zugang für uns selber zu. Oder wir unterdrücken alles mit Tabletten. Ein anderer Weg ist, unsere Seelenprobleme hinter verschlossenen Türen zu bearbeiten oder lieber noch bearbeiten zu lassen in psychiatrischen Kliniken, Praxen und Beratungsstellen. Am liebsten mit schnell wirkenden Tabletten oder Spritzen. Und immer mehr Kinder gehören zu den Patienten. Eine erschreckende Entwicklung.

Dabei ist es so spannend und erfüllend zu beobachten, wie kleine Schritte zu manchmal großen Erfolgen führen können. Oder zu vielen kleinen. Auf jeden Fall bewirkte jede Veränderung, die ich mich zu leben traute, eine positive Resonanz. Und wenn es mir weiterhin gelingt, diese Erfolge zu erkennen, finde ich einen Strauß von Freude und Lachen in mir selber. Das Leben ist Bewegung. Im Großen wie im Kleinen. Im Innen wie im Außen. Bewegung ist die Kraft, die das Universum zusammenhält. Bewegung ist der Zauber, aus dem sich das Universum entfaltet. Wenn es uns gelingt, mit zu schwimmen und mit zu fliegen, werden wir mehr und mehr ein aktiver und vitaler Teil des großen Ganzen.

Dazu wünsche ich Ihnen und mir von Herzen die notwendige Einsicht und Kraft.